CHAVISTAS EN EL IMPERIO

CHAVISTAS EN EL IMPERIO

SECRETOS, TÁCTICAS Y ESCÁNDALOS
DE LA REVOLUCIÓN BOLIVARIANA EN
ESTADOS UNIDOS

CASTO OCANDO

Chavistas en el Imperio.
Secretos, tácticas y escándalos de la Revolución Bolivariana en Estados Unidos.

©Casto Ocando, 2014

Todos Los Derechos Reservados

Diseño de Portada: Carpio Graphics Design.
Maquetación y diseño interior: Plaza Editorial, Inc.
Imagen de Portada: El mandatario venezolano Hugo Chávez regala un libro al presidente norteamericano Barack Obama durante la Cumbre de las Américas en Trinidad y Tobago, en abril de 2009.
©Getty Images.

Publicado por Factual Editores, subsidiaria de VFactual LLC, Miami, Florida, USA.
Primera Edición, Marzo de 2014.
www.chavistasenelimperio.com

ISBN-13: 978-1495351846
ISBN-10: 149535184X

Los conceptos emitidos en este libro son responsabilidad exclusiva del autor y no comprometen bajo ninguna circunstancia a Univision Communications Inc.

ÍNDICE

INTRODUCCIÓN

Desde su llegada al poder en 1999, el presidente Hugo Chávez empleó de manera persistente una retórica amenazante contra Estados Unidos, que fue interpretada por algunos como un valiente desafío, y por otros como una sordina hueca.

En diversas ocasiones, aprovechando todos los escenarios a su alcance, Chávez atacó el sistema capitalista tildándolo de salvaje, y calificando el estilo de vida norteamericano como una amenaza a la civilización.

Sin embargo, tales palabras terminaron reflejando las profundas contradicciones de su revolución bolivariana.

A la vista pública quedaron muchas evidencias para mostrar las inconsistencias ideológicas de los chavistas frente al llamado "imperialismo norteamericano", que se resumía en la popular frase de "critican al imperio, pero cómo les encanta el imperio".

Desde el principio de la década del 2000 me tocó personalmente investigar y recopilar muchas de estas evidencias, que revelaban básicamente una escandalosa conducta de doble rasero.

Desde los primeros vuelos en aviones privados a Disney World de generales chavistas que comenzaban a desarrollar proyectos conjuntos con Cuba en el 2000, hasta las aspiraciones del hijastro de la Fiscal Luisa Ortega Díaz de ampliar su línea aérea de vuelos chárter basada en República Dominicana hasta el Sur de la Florida, las contradicciones del alto chavismo desafiaron la imaginación.

Uno de los casos más ilustrativos implicaba a Jorge Rodríguez, un comunista de línea dura y psiquiatra de profesión, que como presidente del Consejo Nacional Electoral (CNE) de Venezuela, en 2004, negoció un contrato de más de $100 millones con la firma tecnológica Smartmatic, con sede en Boca Ratón, Florida. Rodríguez había aceptado pagos ilegales por parte de Smartmatic para cubrir una estadía suya en el opulento Boca Ratón Resort and Club, un centro vacacional construido en 1926 y frecuentado por estrellas de Hollywood.

El anecdotario de historias similares que me tocó cubrir como periodista superó mis expectativas. Todos tenían en común que implicaban a funcionarios gubernamentales, activistas, empresarios, banqueros y criminales de amplio prontuario conectados con el chavismo, operando y haciendo negocios en el corazón del imperio enemigo.

Cuando me enfoqué, por ejemplo, en el dinero que Chávez le había pagado a prestigiosos políticos, bufetes, organizaciones no gubernamentales y cabilderos norteamericanos para promover su revolución en Estados Unidos, descubrí que la cifra superaba los $300 millones en poco más de una década, mucho más de lo que su gobierno acusaba a Washington de entregarle a opositores en Venezuela.

Parte sustancial de ese dinero se había distribuido a través de subsidios petroleros, lo cual resultaba en otra escandalosa contradicción: un país tercermundista con un alto nivel de pobreza, crítico feroz del imperialismo norteamericano, que subsidiaba costoso combustible a los estadounidenses.

Para mí resultó interesante confirmar que a lo largo de más de una década de poder chavista, una de las firmas más beneficiadas por las políticas energéticas de Hugo Chávez fue Chevron, una de las mayores multinacionales del mundo y un ícono del criticado imperialismo norteamericano. Durante 15 años de chavismo, Chevron fue la única petrolera que operó en Venezuela ininterrumpidamente, gracias a una alianza estrecha con la estatal Pdvsa.

Durante mis años como reportero de investigación me tocó cubrir numerosos casos en cortes federales de Estados Unidos.

Nunca dejé de sorprenderme por la gran cantidad de casos criminales que implicaban a altas figuras de la administración Chávez.

Como una premonición, el primer caso criminal de un chavista en Estados Unidos se produjo antes de la llegada de Chávez al poder. Implicaba a un activista bolivariano de Miami que terminó en la cárcel federal por tráfico de cocaína. Entre 1999 y 2014, abundaron los casos de individuos y entidades vinculadas al gobierno venezolano que violaron las leyes norteamericanas bajo acusaciones de delitos tan variados como corrupción, fraude, extorsión, soborno, lavado de dinero, narcotráfico y espionaje, estableciendo récords históricos y fenómenos sin precedentes, como el número de oficiales activos acusados de cooperar con la importación de miles de toneladas de drogas a territorio norteamericano, y la cantidad de cuentas bancarias congeladas en bancos de Estados Unidos por presuntos movimientos irregulares.

A lo largo de la administración Chávez, se repitió el patrón de chavistas radicales que buscaban con ansias una conexión "salvadora" con el odiado Imperio. En algunos casos, para proteger en cuentas bancarias y propiedades de lujo las fabulosas fortunas que acumularon gracias a contratos con el gobierno, como ocurrió con decenas de banqueros y financistas boligarcas que establecieron su base de operaciones en Miami y Nueva York. En otros casos, para garantizar acuerdos de cooperación con las autoridades federales y evitar un futuro de persecución sin fin, como decidieron hacer el ex ministro de Finanzas y ex gobernador Rafael Isea y el ex magistrado del Tribunal Supremo de Justicia Eladio Aponte Aponte.

Este libro es la crónica detallada de esa doble conducta que en Venezuela no sólo no es castigado, sino que, paradojas del Socialismo del Siglo XXI, es objeto de reconocimiento y sirve oficiosamente como el modelo de la sociedad creada por Hugo Chávez, y prolongada en una deteriorada versión por su heredero, Nicolás Maduro.

1
CONEXIONES IMPERIALES

"I want to be your friend".

Hugo Chávez a George W. Bush
en la III Cumbre de las Américas en Quebec, Canadá,
21 de abril de 2001.

L a perspectiva de que la revolución bolivariana fundada en 1999 en Venezuela pudiera llegar a su fin tras la
muerte de Hugo Chávez, llevó al angustiado militar del
ejército venezolano Hugo Carvajal a considerar seriamente su
decisión.

Las conversaciones iniciales con agentes federales de Estados Unidos se habían efectuado por mediación de un abogado
norteamericano de origen mexicano, que en el pasado había
sido funcionario del Departamento de Justicia. El objetivo era
intentar llegar a un acuerdo confidencial con Washington, a
cambio de protección para él y su familia.

El principal temor del general, ex jefe de la Dirección de
Inteligencia Militar (DIM), eran sus enemigos dentro del chavismo. Había sido desplazado de un cargo que ostentó por una
década, y era una figura incómoda para importantes grupos oficialistas por la cantidad de información que manejaba. Temía

que, al morir Chávez, sus enemigos desataran una cacería en su contra.

Al mismo tiempo mostraba preocupación por otro factor no menos peligroso para su futuro: su inclusión en la lista del Departamento del Tesoro como Capo de la Droga en septiembre de 2008, lo cual lo convirtió en un objetivo de primer orden de agencias federales como la DEA y la CIA.

La designación de la Oficina de Control de Bienes Extranjeros (OFAC), encargada de documentar las designaciones en el Departamento del Tesoro, señalaba a Carvajal como protector de cargamentos de cocaína de la guerrilla colombiana que pasaban por territorio venezolano, y al mismo tiempo como proveedor de armamentos a las Fuerzas Armadas Revolucionarias de Colombia (FARC).

También era acusado de permitir el establecimiento de bases guerrilleras en zonas inhabitadas del Arauca venezolano, y de entregar a miembros de las FARC documentos que los identificaban como funcionarios gubernamentales, a fin de que viajaran hacia y desde Venezuela con facilidad[1].

Su inclusión en la llamada Lista Clinton o KingPin List lo había obligado a viajar con gran cautela fuera de Venezuela. El general se movía en aviones privados que circulaban por las islas del Caribe y Centroamérica. De acuerdo con fuentes de inteligencia venezolanas y estadounidenses consultadas por el autor, Carvajal viajaba con frecuencia con pasaportes falsos, y usaba pelucas para ocultar su ominosa calvicie.

En una ocasión las autoridades norteamericanas estuvieron a punto de capturarlo en el aeropuerto de Panamá, luego que una de sus acompañantes filtró un posible itinerario de su llegada a la capital panameña, que al final nunca se produjo.

No era la primera vez que el general de inteligencia militar había intentado arreglar su situación con el gobierno estadounidense.

A fines de 2011, Carvajal envió a Miami a un abogado venezolano de su confianza para explorar la contratación de un bufete que lo representara ante el Departamento del Tesoro, en un esfuerzo por demostrar que las acusaciones de que protegía a la narcoguerrilla colombiana eran infundadas.

El abogado elaboró un extenso dossier que incluía fotocopias de artículos de prensa y boletines oficiales para demostrar que, desde la DIM, Carvajal condujo numerosas operaciones anti-drogas y capturó a importantes capos del narcotráfico colombiano en Venezuela, que fueron posteriormente extraditados a Estados Unidos.

Estas primeras negociaciones, sin embargo, se suspendieron por inconvenientes inesperados. Los expertos legales contactados en Miami exigieron una alta suma como pago inicial, estimada en $400,000 para comenzar las gestiones en Washington. Adicionalmente, Carvajal debía demostrar que el dinero usado para su defensa tenía un origen legítimo, una condición básica para iniciar una batalla legal ante el Departamento del Tesoro.

Las negociaciones pasaron a otro nivel en diciembre de 2011, cuando Carvajal fue defenestrado de la DIM por orden directa de Chávez, y sustituido por el general Wilfredo Figueroa Chacín. El mandatario dijo que el ex jefe de inteligencia pasaría a cumplir otras funciones sin precisar cuáles[2].

El panorama se complicó en mayo de 2012 para funcionarios chavistas como Carvajal, después que el magistrado Eladio Aponte Aponte, ex miembro del Tribunal Supremo de Justicia de Venezuela, negoció un acuerdo de protección a cambio de testificar en tribunales federales contra altos chavistas y sus lazos con el narcotráfico, el lavado de dinero y el tráfico de armas.

En una jugada audaz, el magistrado Aponte había salido de Venezuela a fines de abril rumbo a Costa Rica, y de allí a un destino desconocido en territorio norteamericano en un avión del FBI, tras aceptar actuar como testigo protegido ante varios tribunales en Nueva York y Miami que procesaban causas contra importantes chavistas en la lista negra del gobierno norteamericano, incluyendo el propio ex jefe de la inteligencia militar venezolana.

Para entonces, la versión de que Carvajal negociaba con agencias federales era un rumor no confirmado en círculos políticos de la capital venezolana. El diputado Ismael García, un ex aliado del chavismo que pasó a la oposición, aseguró que el general había salido del país[3].

Sin un cargo oficial y marginado del poder, el general creyó que, ante la perspectiva irreversible de la muerte de Chávez, su seguridad personal y familiar estaba seriamente comprometida. A mediados de 2012, tras comunicaciones secretas entre Caracas, Miami y Washington, comenzó a organizarse una reunión de alto nivel en un tercer país para facilitar conversaciones directas entre Carvajal y sus perseguidores.

El lugar de reunión escogido fue Panamá. Hasta allí viajó una delegación de agentes de la DEA y abogados intermediarios radicados en Miami. Carvajal, que había solicitado un documento firmado de inmunidad, viajó desde Venezuela.

Las conversaciones llegaron pronto a un callejón sin salida cuando Carvajal propuso incluir en el acuerdo de protección a varios de sus más estrechos colaboradores. Cuando los agentes federales pusieron resistencia a la proposición, que implicaba indultar posiblemente una docena de personas, las negociaciones fueron puestas en el congelador.

El ex jefe del DIM suspendió definitivamente las negociaciones en octubre de 2012, cuando en una reunión con Chávez, días después de la reelección presidencial de éste, le informó abiertamente sobre sus encuentros con la DEA. Apreciando su sinceridad, Chávez le abrió los brazos nuevamente. Carvajal tomó finalmente la decisión: su futuro no iba a estar en el estrado de un tribunal federal en Washington o Nueva York, sino en el corazón de la revolución bolivariana, a pesar de todos los riesgos.

En ese momento el militar fue nombrado miembro del gabinete chavista como director de la Oficina Nacional Contra la Delincuencia Organizada y Financiamiento del Terrorismo, una designación que lució como una ironía para muchos dentro y fuera de Venezuela[4].

Carvajal no fue el único funcionario que estableció, en el complejo juego de las relaciones entre Estados Unidos y Venezuela, vínculos de cooperación con el Imperio enemigo.

A lo largo de 14 años de revolución chavista se desarrolló una historia paralela a la estridente retórica antinorteamericana, llena de paradojas, pactos secretos y negociaciones con el llamado "capitalismo salvaje", abiertamente reñidas con la ideología radical de izquierda profesada por Chávez, que definió un estilo de doble estándar cuya vigencia continúa en el post-chavismo presidido por Nicolás Maduro.

CHÁVEZ EN EL IMPERIO

La tarde del 10 de abril de 1999, un avión Falcon Dassault de tres turbinas perteneciente a la estatal Petróleos de Venezuela (Pdvsa) arribó en un perfecto aterrizaje a la vieja base Ellington, en las cercanías de Houston, un aeropuerto en parte controlado por el ejército norteamericano que había servido como centro de operaciones militares durante la Segunda Guerra Mundial. La aeronave procedía de Nueva York con un pasajero entusiasta y ambicioso, pero para muchos impredecible.

La famosa ciudad texana, conocida como la capital petrolera de Estados Unidos, era la última parada de la gira que cuatro días antes había iniciado el nuevo presidente venezolano Hugo Chávez, para calmar las ansiedades de políticos, magnates e inversionistas, y dar fe del carácter amistoso del nuevo gobierno.

En Washington ya se había reunido con el presidente Bill Clinton, y el jefe máximo del Fondo Monetario Internacional, Michel Camdessus. En Nueva York fue recibido con los brazos abiertos por la poderosa élite de Wall Street y el influyente Consejo de las Américas, el organismo creado por el magnate David Rockefeller para promover el libre comercio en la región.

En Houston planeaba encuentros con directivos de gigantes transnacionales del petróleo como Texaco, Conoco y Phillips, y con una poderosa familia texana que pronto se convertiría en la némesis de su gobierno.

Al día siguiente de su llegada a Texas, según lo pautado en la apretada agenda, Chávez acudió puntual a primera hora de la mañana a la residencia del ex secretario de Comercio Robert

Mosbacher, miembro directivo del Consejo de las Américas. Entre los destacados invitados al desayuno se encontraban el ex presidente George Bush, que al día siguiente celebraba su cumpleaños 75[5], y sus dos hijos: Jeb, entonces gobernador de la Florida, y el primogénito George W., gobernador de Texas y futuro presidente de Estados Unidos[6].

Los detalles de lo que se habló en ese desayuno no se dieron a conocer públicamente. "Vengo en misión de paz", declaró Chávez posteriormente ese día en Houston, el final de su segunda visita a Estados Unidos en seis meses[7].

El antiamericanismo de Chávez todavía era una pulsación oculta. Desde el punto de vista de la ideología de izquierda que profesaba el comandante, se encontraba en la boca del lobo. Pero su interés era cautivar a los más poderosos sectores de la política y la economía estadounidenses, antes de emprender planes de cambios radicales.

De hecho, Chávez primero y posteriormente otros altos chavistas desarrollaron una relación ambivalente con los sectores del poder norteamericano no sólo desde el principio de la revolución bolivariana el 2 de febrero de 1999, sino desde los tiempos de conspiración en el ejército venezolano, en las décadas de los 80 y los 90 del siglo pasado.

Aparte de su afición al beisbol, el comandante siempre profesó una sistemática inquina contra los gobiernos y la cultura norteamericanas, tras largos años de una clandestina formación ideológica de izquierda en su carrera dentro del ejército venezolano, que lo llevó a comandar una conspiración militar que lo catapultó a la fama y eventualmente a la presidencia de Venezuela.

Pero tras mantenerse durante más de una década en el poder de una forma casi absolutista, la ideología no impidió ni a Chávez ni a los chavistas promover alianzas estratégicas con importantes familias de la política norteamericana como las de Kennedy y Carter, ni firmar jugosos contratos con las transnacionales JP Morgan y Chevron, la única petrolera norteamericana que nunca ha dejado de hacer negocios con el gobierno chavista en Venezuela. Esa militancia ideológica tampoco fue óbice para recibir, según se le ha atribuido, apoyo para su conspiración de 1992 proveniente de la Agencia Central de Inteligencia (CIA), la misma tantas veces usada por él para acusar y perseguir a sus opositores en Venezuela.

Como parte de esta estrategia ambivalente, Hugo Chávez buscó y obtuvo el visto bueno y la bendición de Washington desde antes que se instalara oficialmente como el nuevo presidente de Venezuela.

Diecisiete días antes de la toma de posesión formal el 2 de febrero de 1999, el entonces embajador norteamericano en Caracas John Maisto declaró que Estados Unidos estaba dispuesto a prestar todo el apoyo necesario al naciente gobierno chavista.

"Estamos comprometidos al éxito del nuevo gobierno y haremos lo que podamos para ayudarlo a cumplir que la democracia funcione", dijo Maisto en un encuentro con gobernadores en Barquisimeto el 16 de enero[8].

El inefable diplomático se empeñó en difuminar las diferencias que marcaron la campaña presidencial de 1998 entre Estados Unidos y Chávez.

Pero las tensiones entre el líder revolucionario y Washington no eran nuevas y se remontaban hasta mediados de los 90, principalmente después que el comandante golpista salió de prisión en 1994 gracias a un perdón presidencial, y buscó infructuosamente la forma de viajar al paraíso del capitalismo mundial.

En 1996, cuando se encontraba en su campaña personal para promover cambios estructurales en Venezuela, Chávez acudió a la embajada norteamericana en Caracas para solicitar una visa de turista, pero la petición le fue negada debido a su participación en el golpe de Estado contra el gobierno de Carlos Andrés Pérez, en febrero de 1992[9].

En la recta final de la campaña electoral de 1998, cuando Chávez ya se perfilaba como virtual ganador de los comicios presidenciales en Venezuela, el Departamento de Estado le volvió a negar la visa para asistir a un debate televisivo en Miami.

Varios esfuerzos a través de discretos emisarios a fin de allanar el camino de una visita a territorio norteamericano no rindieron frutos. Entre otras gestiones, Chávez contrató al diplomático norteamericano Diego Asencio, que fue embajador de Estados Unidos en Bogotá cuando la organización guerrillera M-19 tomó por asalto la embajada de República Dominicana en 1980. Asencio viajó especialmente desde Miami a Caracas para llevar a cabo las negociaciones oficiosas con el entonces candidato, pero sin éxito[10].

Los obstáculos finalmente desaparecieron cuando el comandante ganó las elecciones presidenciales. El 18 de diciembre de 1998, dos semanas después de su triunfo, Chávez solicitó por tercera vez una visa ante la embajada de Estados Unidos en Caracas[11].

En pocos días, el propio embajador Maisto anunció que no sólo se le había aprobado el documento de viaje, sino que ya estaba programada una visita oficiosa de Chávez a Estados Unidos para reunirse con los sectores más representativos del poder político y económico, incluyendo líderes que poco tiempo después pasarían a formar parte de la galería de enemigos favoritos de la propaganda revolucionaria chavista.

La concesión estadounidense, sin embargo, no era gratuita. A pesar de los gestos de cortesía diplomática, Maisto no perdió oportunidad para hacer algunas recomendaciones sobre la polémica reforma constitucional en la que Chávez basó su plataforma electoral, y en la que ya estaba trabajando desde que ocupó la silla presidencial.

El embajador subrayó que los cambios debían realizarse dentro de un marco democrático constitucional y legal, garantizando la continuidad de las instituciones democráticas, y respetando las libertades ciudadanas.

Eran tiempos en que Estados Unidos esperaba establecer una relación viable con el militar izquierdista, en momentos en que las intenciones profundas de Chávez permanecían en estado latente.

Era también la época del pragmatismo estadounidense frente al líder populista que el embajador Maisto inmortalizó con la máxima de "no pongas atención a lo que dice, sino a lo que hace".

UN REVOLUCIONARIO EN WALL STREET

La primera visita de Chávez a Estados Unidos se organizó principalmente para calmar los ánimos luego de una campaña electoral de fuerte tono populista y mesiánico, en la que Chávez recibió el apoyo de una coalición de izquierda que disparó las alarmas entre políticos e inversionistas norteamericanos.

Chávez había aceptado una invitación de la Casa Blanca, con el presidente Bill Clinton al mando, para una visita la última semana de enero de 1999, pocos días antes de que asumiera el poder en Caracas. Las expectativas en Washington eran enormes[12].

Venezuela es "un importante amigo y aliado" de Estados Unidos, con "una larga historia de amistad", y Washington desea "ayudar a las reformas, especialmente contra la corrupción", dijo el 13 de enero Peter Romero, subsecretario de Estado para Asuntos Latinoamericanos[13].

Chávez, que venía de una intensa gira por Europa, Suramérica, Canadá y Cuba, y ya era conocido por su aversión al protocolo, se vio obligado a aplazar por un día su viaje a Washington, presuntamente debido a una inflamación del colon.

"Lo que pasó es que le dio una diarrea imparable, pero no lo podíamos decir públicamente", le dijo al autor el periodista Alfredo Peña, entonces ministro de la Secretaría de la Presidencia, a quien le tocó informar sobre el embarazoso incidente.

Pero ya el miércoles 27 de enero por la tarde estaba sentado frente al presidente Clinton en la Casa Blanca[14].

El diálogo duró apenas 20 minutos, pero fueron suficientes para mostrar que entre los dos líderes se produjo "una buena química", afirmó entonces el asesor de Clinton para América Latina, Jim Dobbins[15].

Chávez recibió un mayor respaldo del que esperaba de la Administración Clinton. "Necesito un reformador" y "le deseo que tenga éxito", le dijo el presidente norteamericano a Chávez, según relató posteriormente el subsecretario Romero[16].

En Venezuela "hubo una elección democrática" y Chávez "fue la avasallante opción escogida por el pueblo de Venezuela, y esperamos poder trabajar con él y darle la bienvenida en Washington", declaró James Foley, portavoz del Departamento de Estado[17].

Chávez aseguró a Clinton que Venezuela continuaría siendo bajo su mandato un proveedor "importante y seguro" de petróleo para Estados Unidos.

Significativamente, el comandante nunca se atrevió a violar esa promesa que le hizo a Clinton hasta el momento de su muerte, catorce años más tarde.

En Washington el mandatario electo se reunió también con Michel Camdessus, director del Fondo Monetario Internacional, a fin de pedirle una extensión de los plazos para pagar las cuotas pendientes de la deuda externa venezolana[18].

La gira norteamericana de Chávez incluyó además encuentros con la élite del Consejo de las Américas, y personalidades destacadas de los círculos políticos e intelectuales de Estados Unidos, seducidos por la novedad del buen revolucionario.

El comandante culminó su visita a tiempo para volver a Caracas y presidir la ceremonia de traspaso de poder el 2 de febrero de 1999.

Chávez volvió entusiasta a Estados Unidos cuatro meses después, ya como presidente en funciones. El presidente Clinton lo invitó oficialmente en una carta que le envió el lunes 26 de abril, un día después del abrumador triunfo del referéndum consultivo para reformar la constitución venezolana.

"Acepto con mucho agrado una invitación que su excelencia me hace para que visite su país", le expresó Chávez a Clinton en una carta de respuesta que le envió al día siguiente de recibir la invitación[19].

En esta segunda visita a Estados Unidos Chávez realizó una gira más extensa, en la que sostuvo encuentros con las más representativas personalidades de la élite estadounidense, incluyendo una reunión con los magnates de Wall Street en Nueva York.

BREVE COOPERACIÓN MILITAR

Chávez mantuvo relaciones cordiales con Estados Unidos durante los últimos meses de la presidencia de Bill Clinton en 1999, incluso en el sensible tema militar. Por ejemplo, no se opuso a que tuviera lugar una serie de operaciones especiales conjuntas entre soldados de la Delta Force, la fuerza élite de la armada norteamericana, y efectivos de la Guardia Nacional, tanto en las afueras de Caracas como en una zona agreste fronteriza del estado Apure, que habían sido programadas previamente[20].

El entrenamiento llevó a territorio venezolano a un sofisticado equipo de comando desde la base de operaciones especiales en Fort Bragg, Carolina del Norte, hasta la base militar de Palo Negro, en el estado Aragua.

La cooperación entre militares norteamericanos y fuerzas operativas venezolanas era, antes de la elección de Chávez, una práctica común. De manera que, cuando una inusual tormenta de lluvia de proporciones épicas ocasionó gigantescos deslaves en Caracas y en el litoral central en diciembre de 1999, con saldo de miles de muertos, heridos y damnificados, el Comando Sur de las Fuerzas Armadas norteamericanas, acantonado en Miami, envió un centenar de oficiales que llegaron a Venezuela en 8 helicópteros procedentes de bases estadounidenses en Puerto Rico y Honduras, casi inmediatamente después que se produjo la catástrofe.

En total, los militares norteamericanos realizaron 300 misiones aéreas a un costo de $2.3 millones, incluyendo el rescate de damnificados en techos de viviendas o edificios en el litoral central venezolano asolado por los deslaves[21].

El 26 de diciembre, en una alocución radial, el presidente Bill Clinton resaltó la ayuda prestada por su gobierno para aplacar el impacto del desastre en la costas venezolanas[22].

A fin de ampliar la ayuda, el jefe del Comando Sur, Charles E. Wilhem, viajó a Venezuela para coordinar las acciones *in situ*, junto al embajador John Maisto.

En las siguientes 24 horas, los militares del Comando Sur enviaron cuatro gigantes purificadores de agua para procesar unos 240,000 galones por día, y suministros médicos con vacunas para hepatitis y tétanos, antibióticos y plasma sanguíneo por un valor cercano a los $700,000.

A principios de enero del 2000, el Pentágono decidió ampliar la asistencia con dos barcos militares de ayuda, el USS Tortuga, y el USS Nashville, con un total de 400 miembros del Batallón de Ingeniería de Construcción del ejército estadounidense, para mejorar la vialidad en el estado Vargas a petición del entonces ministro Raúl Salazar.

Sin embargo, la ayuda solicitada nunca llegó a su destino. Sin explicaciones, el presidente venezolano ordenó abruptamente a mediados de enero la suspensión de la presencia norteamericana en Venezuela[23].

La decisión de Chávez, aconsejada por un grupo de asesores cubanos que ya se encontraba en Caracas, generó profundo malestar en Washington. Fue uno de los primeros gestos del gobierno venezolano para desmarcarse de la cooperación que había signado las relaciones binacionales hasta ese momento.

El tono se hizo más amargo a medida que las primeras expresiones democráticas de Chávez dieron paso a un estilo más ambicioso y autocrático de poder.

Cuando influyentes periódicos norteamericanos comenzaron a criticar abiertamente algunos aspectos de su liderazgo, como la estrecha relación que ya exhibía con Fidel Castro, Chávez respondió con acusaciones agresivas que rápidamente extendieron su fama de líder díscolo en todos los sectores de Estados Unidos.

Respondiendo a críticas de tres influyentes diarios, el Washington Post, el New York Times y el New York Post, en noviembre del 2000, los acusó de dirigir una "campaña de desinformación" en su contra[24].

Sin embargo, paralelamente al antiamericanismo de Chávez que comenzaba a mostrar sus garras, la procesión de negociaciones y acuerdos secretos entre chavistas e importantes sectores de la sociedad norteamericana proseguía su marcha indetenible.

LAS REDES BOLIVARIANAS

La aversión personal e ideológica de Chávez contra Estados Unidos no lo abstuvo de desarrollar una ofensiva en frentes simultáneos, para promover su programa político en territorio estadounidense.

Los primeros paladines de esa estrategia propagandística fueron el ex fiscal Isaías Rodríguez y el ex gobernador Tarek William Saab, que visitaron varias ciudades norteamericanas como legisladores para disipar temores generados por la llegada al poder de un militar golpista con ideología de izquierda.

Chávez también contrató varias de las firmas más renombradas para promover un cuidadoso cabildeo en el corazón del poder norteamericano, empleando para ello un ejército de colaboradores bajo el mando de la embajada venezolana en Washington, y pagando decenas de millones de dólares en abultadas facturas de consultoría.

En septiembre de 1999, una misión encabezada por el ex fiscal Rodríguez, entonces primer vicepresidente de la Asamblea Nacional, inició una gira para explicar los cambios promovidos por el régimen chavista, que generaban desasosiego en sectores políticos norteamericanos.

"Venimos a decir que no estamos viviendo una hecatombe política sino una experiencia absolutamente democrática que podría enseñar a América Latina que se pueden producir cambios sin violencia, sin rupturas", declaró el futuro fiscal general de Venezuela[25].

Rodríguez sostuvo encuentros con altos funcionarios como el subsecretario de Estado Thomas Pickering, y con empresarios e inversionistas. Para mostrar una política de unidad, Rodríguez se hizo acompañar del ex candidato presidencial Claudio Fermín, y de Ricardo Combellas, miembro no chavista de la Asamblea Constituyente, encargada de redactar la nueva constitución bolivariana.

El diputado Tarek William Saab asumiría un año después la defensa del régimen durante constantes giras a Miami, Boston,

Washington y otras ciudades, como presidente de la comisión permanente de Política Exterior de la Asamblea Nacional.

Durante una visita a Miami en febrero de 2001, el parlamentario denunció una "campaña contra Venezuela" y una "conspiración informativa" para aislar a Chávez y disminuir su popularidad.

"Se la pasan diciendo que el gobierno va a caer y cada día es más fuerte. Todos los vaticinios han fallado", declaró Saab durante esa visita[26].

Las giras de Saab a Estados Unidos fueron suspendidas en octubre de 2002, luego que la embajada norteamericana en Caracas, dirigida en ese momento por Charles Shapiro, le cancelara la visa por presuntos vínculos del parlamentario con grupos terroristas.

Agencias de inteligencia norteamericanas recibieron información de sus pares europeos que habían grabado a Saab en reuniones secretas en Madrid con representantes de grupos islámicos proscritos por Estados Unidos.

Saab rápidamente rechazó que lo vincularan "con el terrorismo internacional o con grupos subversivos internacionales"[27].

Pero su petición ante la embajada norteamericana para que se reconsiderara la medida de suspensión, no logró modificar la decisión de Shapiro. Saab no regresó nunca más a Estados Unidos.

Además de las visitas para explicar las bondades de la revolución bolivariana, la embajada venezolana en Washington organizó una red desde el año 1999, que desarrolló importantes conexiones con activistas, congresistas y organizaciones estadounidenses que veían favorablemente a Chávez, y estaban dispuestos a apoyarlo y defenderlo.

La amplia red abarcó desde círculos bolivarianos y prestigiosos académicos hasta operaciones propagandísticas que generaron importantes controversias[28].

Las actividades de "penetración" ideológica y activismo pro chavista en Estados Unidos contaron con el respaldo político y financiero del gobierno en Caracas, y se intensificaron a partir de 2004, con la apertura de una agencia exclusivamente dedicada al cabildeo, la Venezuelan Information Office (VIO), fundada en Weston y Fort Lauderdale por un grupo de venezolanos con conexiones en el negocio petrolero[29].

El objetivo de la VIO era utilizar a analistas y cabilderos, pagándoles cientos de miles de dólares, para hacer un seguimiento pormenorizado de lo que se hacía, decía y publicaba en contra de la administración Chávez, tanto en los principales medios de información norteamericanos como en las sesiones del Congreso de los Estados Unidos.

En un discurso en Fuerte Tiuna en noviembre del 2004, el propio Chávez admitió que "incluso dentro de los Estados Unidos hay grupos de apoyo", y especificó que "a veces son individualidades; a veces son grupos y corrientes de más fuerza"[30].

En una polémica declaración en marzo de 2005, el entonces ministro de Información Andrés Izarra, un periodista que en el pasado había trabajado para las cadenas norteamericanas NBC en Charlotte, Carolina del Norte y CNN en Atlanta, Georgia, dijo que Venezuela mantenía una red en territorio estadounidense que había penetrado las agencias federales de inteligencia, incluyendo la Agencia Central de Inteligencia (CIA).

"Dentro del servicio de inteligencia de Estados Unidos tenemos gente que nos habla y que nos dice. Tenemos más amigos de lo que se cree", afirmó Izarra, generando inquietud sobre la existencia de una red de espionaje chavista en territorio norteamericano[31].

Para 2005, casi una veintena de círculos bolivarianos respaldados por Caracas funcionaban en más de una docena de las más importantes urbes estadounidenses y canadienses, algunos de los cuales recibían apoyo directo de los consulados venezolanos en esas ciudades.

Las redes incluían productores y locutores radiales, que elaboraban y transmitían varias horas de programación semanal en inglés y en español en tres ciudades, incluyendo una emisora con transmisiones las 24 horas del día a través de la internet, con base de operaciones en un apartamento de Hialeah[32].

Algunos de los locutores chavistas tuvieron enfrentamientos con agencias de la ley como el FBI y la Policía de Nueva York.

La estrategia del chavismo en el Imperio abarcó también conexiones con organizaciones de la izquierda tradicional norteamericana, como el radical Partido de los Trabajadores y el Sindicato de Trabajadores del Metro, ambos en Nueva York; la organización político-ambientalista Global Exchange, con sede en San Francisco, y TransAfrica Forum, la fundación dirigida por el actor Danny Glover y cuya directiva incluye conocidos artistas liberales como Harry Belafonte y Rubén Blades, todos simpatizantes de la revolución venezolana.

El sofisticado mundo artístico de Hollywood tampoco fue inmune a los efluvios del chavismo militante.

A través de una oficina de cabildeo en California, dirigida desde el consulado venezolano en San Francisco, el régimen chavista logró enlistar importantes nombres de artistas y productores del mundo del celuloide, logrando incluir el nombre de Venezuela e imágenes y referencias al gobierno venezolano en destacadas producciones cinematográficas como Avatar, del realizador James Cameron, donde el héroe de la película, el ex marine Jake Sully, es enviado a la luna Pandora en el año 2154 luego de una significativa pasantía humanista en Venezuela, uno de los pocos países que habían sobrevivido a una hecatombe ficticia[33].

Uno de los más entusiastas seguidores de Chávez, el actor y director californiano Sean Penn, se involucró de un modo tan íntimo con la revolución bolivariana, que pasaba horas conversando con Chávez en el palacio de Miraflores, y viajaba en su avión presidencial. Fue de hecho una de las pocas figuras norteamericanas en participar en las exequias del mandatario venezolano, en marzo de 2013, en la Academia Militar de Caracas.

Los tentáculos del chavismo se extendieron incluso hasta áreas conservadoras como Salt Lake City, Utah, cuartel general de la Iglesia de Jesucristo de los Santos de los Últimos Días o Iglesia Mormona, donde funcionaba el círculo bolivariano "Emiliano Zapata", en honor al revolucionario mexicano.

También en California, un movimiento bolivariano que operó en Los Ángeles llevaba el nombre del tatarabuelo del presidente Chávez: "Maisanta".

En Chicago, el círculo bolivariano "Amada Libertad" exhibió en su página electrónica un curioso eslogan: "Defendiendo a Venezuela desde las entrañas del monstruo".

De hecho, Chicago fue desde el principio una de las ciudades más activas para las agrupaciones chavistas. En esa ciudad fue organizada la primera cumbre nacional de círculos bolivarianos de Estados Unidos y Canadá, el 12 de febrero de 2005, para definir "asuntos de estructura interna del comité nacional", y organizar el Encuentro Internacional de la Juventud y los Estudiantes, programado para agosto de ese año en Caracas, con el objetivo de reunir a todos los grupos bolivarianos del mundo[34].

Paralelamente a una intensa agenda de activismo político e ideológico, las agrupaciones y dirigentes que defendían abierta o anónimamente la revolución de Hugo Chávez en los Estados Unidos generaron controversias y enfrentaron desde el inicio problemas con las leyes y las autoridades norteamericanas, entre ellas agencias como el FBI y la DEA, y cuerpos policiales de Nueva York y Tampa.

Activistas en Tampa, una ciudad cuatro horas al noroeste de Miami, denunciaron ante la policía local y el FBI una serie de amenazas anónimas recibidas por venezolanos residentes que prestaban apoyo a grupos antichavistas en esa ciudad. Las denuncias provocaron pesquisas policiales que, sin embargo, no produjeron arrestos[35].

"Algunas veces funcionan como agentes foráneos en territorio norteamericano en contra del gobierno de Estados Unidos, y otras veces en contra de ciudadanos norteamericanos ejerciendo presión con amenazas", precisó Curtis Reed, presidente de Free Venezuela, una agrupación opositora de Tampa.

Reed acusó a los círculos bolivarianos de actuar como potenciales agentes a favor de una potencia extranjera, para lo cual debían estar registrados como tales según la ley FARA (Foreign Agents Registration Act), una legislación creada durante la Segunda Guerra Mundial para combatir el espionaje alemán en Estados Unidos, y que prohíbe las actividades en favor de regímenes foráneos sin notificar al Departamento de Justicia.

La opinión de Reed fue motivo de debates entre expertos, sobre la naturaleza legal de los círculos bolivarianos.

La profesora Luz Nagle, experta en leyes de la Universidad de Stenson, en Tampa, y asesora del Pentágono y del Comando Sur, le dijo al autor que los grupos bolivarianos desempeñaban "actividades políticas: haciendo relaciones públicas para el gobierno venezolano, solicitando donaciones y representando al gobierno venezolano aquí en los Estados Unidos". Y por lo tanto, "podrían ser considerados agentes extranjeros como lo describe la Ley FARA en la sección 611".

En una diligente reacción, el activista pro chavista Napoleón Coronado, en marzo de 2005 dirigente nacional de los círculos bolivarianos y residente de Miami, aclaró que el movimiento tenía un carácter ideológico pero no político, y aseguró que ni hacían proselitismo chavista ni recibían fondos del gobierno venezolano[36].

Antes del incidente con los círculos bolivarianos en Tampa, tuvo lugar un impasse que todavía permanece bajo la categoría de "clasificado" por las autoridades de inmigración. En junio de 2004, una comisión de funcionarios chavistas terminó deportada al día siguiente de llegar al aeropuerto John F. Kennedy de Nueva York, luego de que oficiales de inmigración le prohibieron la entrada aduciendo razones confidenciales.

La comisión, presidida por Gustavo Rosario, un funcionario de la alcaldía de Caracas, acudió a recibir un donativo de la Organización Mundial por el Derecho de los Pueblos a la Salud, con sede en Nueva York, destinado a programas sociales en Caracas. Rosario se hizo acompañar a la cita en Nueva York por Jesús Soto, presidente del círculo bolivariano Teniente Carregal Cruz de Miami.

Las autoridades de inmigración, que monitoreaban al funcionario chavista, impidieron su ingreso a territorio estadounidense y lo pusieron en un avión de vuelta a Venezuela por razones que no fueron divulgadas. Luego de la expulsión de Rosario, el activista Soto recibió una notificación de advertencia del Departamento de Estado sobre una posible suspensión de su estatus de residente legal[37].

Soto ya tenía antecedentes de trabajar en favor del régimen chavista como director del Movimiento Quinta República (MVR) en Estados Unidos. Entre 1999 y 2002 fue el chavista más visible en los medios de comunicación del sur de la Florida. En 1999 organizó la campaña "Un bolívar por cada venezolano", que recaudó $328 para ayudar a pagar a Chávez una multa de $10,400 en Venezuela, por violar regulaciones del Consejo Nacional Electoral (CNE)[38].

Tres meses después de estos hechos, en septiembre del 2004, un comando de agentes del FBI irrumpió en el local de una emisora radial en Knoxville, Tennessee, para cortar las transmisiones con una orden judicial, debido a que no contaban con el permiso correspondiente. El allanamiento federal obligó a sacar del aire al locutor venezolano Jesús Rivas, miembro de los Círculos Bolivarianos Internacionales, que conducía un programa en inglés, The Axis of Good (El Eje del Bien), en el que presentaba puntos de vista favorables al chavismo a través de la emisora KFAR 90.9 FM.

Rivas declaró que había iniciado la primera media hora de su programa cuando se produjo el allanamiento del FBI. Se justificó argumentando que "muchas de las personas con orientación progresista y liberal preguntan acerca del proceso venezolano", y que "en Estados Unidos es difícil encontrar información confiable en tópicos o intereses relacionados con el proceso (bolivariano), especialmente en inglés".

Pero, según la versión oficial del FBI, el allanamiento nunca se produjo durante el programa de Rivas, y la estación radial estaba funcionando sin licencia como una radio pirata, por lo que le fueron confiscados todos los equipos de transmisión[39].

En otro episodio conflictivo frente a la sede de la Organización de las Naciones Unidas en Nueva York, los líderes de un grupo de 30 activistas pro chavistas del círculo bolivariano Profesor Alberto Lovera, que protestaban contra el presunto intervencionismo norteamericano en Venezuela, fueron detenidos temporalmente por la policía neoyorquina.

Entre ellos resultó apresado el venezolano-americano William Camacaro, un activista bolivariano que entonces dirigía el programa dominical Raíces, en la emisora FM 90.3, acusado de violar las leyes de protesta.

SIMPATÍAS ACADÉMICAS

La ofensiva ideológica chavista en Estados Unidos recibió un apoyo particular en los ambientes de académicos, científicos sociales, estudiantes universitarios, religiosos católicos y protestantes, activistas sociales y luchadores antiglobalización. Las alianzas se promovieron cuidadosa y activamente desde la embajada venezolana en Washington, que desde el edificio de ladrillos rojos ubicado en el noroeste de la capital norteamericana promovió y logró conexiones con académicos de universidades como Harvard, Nueva York, Tampa, Ohio y California; organizaciones como el Centro de Investigaciones Económicas y Políticas, de Washington, y grupos antiglobalización como la Huelga Mundial de Mujeres, de Filadelfia.

Entre los religiosos más receptivos y entusiastas para defender el gobierno chavista estaban la congregación católica Misioneros de Maryknoll, que cuenta con una importante obra en barrios populares de Venezuela, y el pastor episcopal Luis Barrios, de la iglesia San Romero de las Américas de Nueva York, que sostuvo varios encuentros con Chávez cuando visitó Nueva York.

En enero de 2005 las redes académicas pro chavistas se pronunciaron en una carta abierta de solidaridad enviada a Chávez, firmada entre otros por James Petras, profesor de Sociología de la Universidad Binghamton, de Nueva York, y asesor del Movimiento de los Sin Tierra en Brasil y de los Piqueteros de Argentina; el conocido lingüista del Massachusetts Institute of Technology (MIT) de Boston, Noam Chomsky; y William Blum, ex funcionario del Departamento de Estado norteamericano conocido por sus posiciones "antiimperialistas"[40].

Muchas actividades pro chavistas en el mundo intelectual norteamericano fueron patrocinadas por la petrolera Citgo, como la visita en marzo de 2005 de altos funcionarios venezolanos a la Universidad de Harvard y al MIT, para hablar de la revolución bolivariana.

La agrupación Global Exchange, con sede en la ciudad californiana de San Francisco, comenzó en 2004 a organizar "giras de realismo" a Venezuela enviando a decenas de escolares, académicos y religiosos para que participaran en una "inmersión" en el proceso revolucionario mediante atractivos paquetes turísticos.

"La popularidad de Chávez entre los pobres de Venezuela, que fue demostrada recientemente por su victoria en el referéndum revocatorio del 15 de agosto, es estimulada por sus programas de justicia social que benefician a aquellos que tradicionalmente han quedado al margen de las ganancias petroleras del país", promocionaban los avisos de Global Exchange para atraer participantes, a un costo de $1,200 por 12 noches y 13 días[41].

Un numeroso grupo de simpatizantes viajó desde Estados Unidos expresamente para asistir al tercer aniversario del regreso al poder de Chávez el 13 de abril de 2002, en un programa que incluyó reuniones con círculos bolivarianos, visitas a barrios de Caracas donde se aplican programas sociales, y encuentros con políticos chavistas y de oposición[42].

Estos viajes de turismo político generaron fuertes controversias en algunos estados.

Un plan similar al de Global Exchange, organizado por la agrupación YMCA en la Universidad de Minneapolis, fue cancelado luego que grupos antichavistas protestaron por la utilización de YMCA con fines de proselitismo político[43].

En diciembre de 2002, en medio del paro nacional convocado por la oposición, un grupo de activistas prochavistas crearon la campaña Hands Off Venezuela (Manos Fuera de Venezuela), como una respuesta de la izquierda norteamericana ante el paro opositor.

El movimiento se organizó, de acuerdo con los documentos de su fundación, para "defender la revolución venezolana" contra "los ataques del imperialismo y sus agentes locales, la oligarquía venezolana"[44].

Algunos de los académicos que defendían al gobierno venezolano sintieron la presión de agencias federales como el FBI, que buscaban vínculos sospechosos del terrorismo internacional en territorio norteamericano, principalmente luego de los ataques del 11 de septiembre de 2001.

A principios del 2006, un grupo de agentes del FBI y de la oficina del alguacil del condado de Los Ángeles interrogaron al académico venezolano-americano Miguel Tinker Salas, profesor del Pomona College de Claremont, California, un defensor público de la política exterior "pluripolar" de Chávez, y de las relaciones entre Venezuela e Irán.

Según un comunicado del FBI en ese momento, el objetivo era "buscar información" sobre potenciales vínculos con grupos terroristas. Aunque Tinker Salas no mantenía en apariencia vínculos con el gobierno venezolano, la embajada de Venezuela en Washington emitió una nota diplomática de protesta contra el gobierno norteamericano[45].

Otra de las organizaciones activas era la Venezuelan Solidarity Committee, fundado por Eva Golinger, una abogada neoyorquina con raíces venezolanas, que ha jugado un papel controversial en la defensa del régimen chavista[46].

CHÁVEZ Y LA CIA

Desde que llegó al poder, Chávez y sus más cercanos colaboradores utilizaron la leyenda negra de las conspiraciones urdidas por la Agencia Central de Inteligencia norteamericana (CIA), a fin de acusar a sus opositores de participar en oscuros planes para derrocarlo, con financiamiento del Imperio.

Las acusaciones se hicieron más insistentes luego que la abogada neoyorquina Eva Golinger, activa propagandista del gobierno venezolano, demandó con éxito al gobierno federal en 2004 para que revelara documentos que presuntamente involucraban a la agencia de inteligencia con el alzamiento militar de abril de 2002.

Golinger logró el acceso a documentos clasificados mediante la Ley de Libertad de Información (Freedom of Information Act, FOIA) que, a diferencia de Venezuela, permite el acceso sin restricciones por parte de ciudadanos comunes a información clasificada sobre las operaciones del gobierno en un amplio rango de temas.

Como producto de la recopilación de estos documentos, Golinger escribió un libro que fue usado en la campaña internacional del chavismo contra la hipotética intervención norteamericana en Venezuela, en el que estableció la tesis de que el golpe de abril del 2002 fue una conspiración conjunta entre sectores de la oposición radical antichavista y la CIA.

Según la abogada, la CIA conocía con anticipación detalles del alzamiento militar contra Chávez, y por lo menos 200 altos funcionarios de los servicios de inteligencia norteamericanos estaban al tanto de los planes.

En uno de los reportes, aseguró Golinger, se advierte que "facciones de militares disidentes y un grupo de jóvenes oficiales radicales, están aumentando esfuerzos para organizar un golpe de Estado contra el presidente Chávez, posiblemente tan pronto como este mes". En su escrito, la CIA en Caracas presuntamente detalló que los oficiales planeaban detener a Chávez y a otros 10 altos oficiales[47].

Entre otros aspectos, Golinger dijo que la CIA sabía de los presuntos planes conspirativos desde el 25 de marzo de 2002, y que los conspiradores utilizarían protestas callejeras para crear las condiciones que condujeran a un levantamiento militar.

Golinger también promovió la tesis de que los planes conspirativos fueron alentados con los aportes monetarios de la National Endowment for Democracy (NED), un organismo patrocinado por el Congreso norteamericano para promover la democracia en el mundo, y que había suministrando recursos económicos a diversas organizaciones opositoras en Venezuela.

A pesar de que según la abogada los documentos demostraran la participación activa de la CIA en la conspiración, un informe elaborado por el Departamento de Estado en julio del 2002 para establecer la participación norteamericana en los hechos, a petición del senador demócrata por Connecticut, Christopher Dodd, concluyó que ninguna agencia u oficina de ese departamento promovió el golpe, y que, por el contrario, Washington advirtió al propio Chávez sobre conspiraciones en su contra.

"Lejos de trabajar para promover su derrocamiento, Estados Unidos alertó al presidente Chávez de intentos de golpe y le advirtió sobre amenazas creíbles de asesinato en su contra", indicó el reporte de la Oficina del Inspector General del Departamento de Estado[48].

Desmintiendo la tesis de Golinger, el documento concluyó que "la OIG no encontró nada que indicara que el Departamento o la embajada en Caracas planeó, participó, ayudó o estimuló la breve salida del poder del presidente venezolano Hugo Chávez en abril"[49].

La participación de la CIA en el alzamiento de abril del 2002 no fue, sin embargo, la primera vez que el presidente Chávez se cruzó en su camino con la famosa agencia de inteligencia.

Antes de que llegara al poder en 1999, el comandante presidente ya tenía experiencia en conspiraciones con agentes de la inteligencia norteamericana, de acuerdo a las controversiales revelaciones de un ex oficial de la Fuerza Armada estadounidense.

Según el capitán Ed Geary, ex oficial del Servicio de Guardacostas de Estados Unidos, que estaba destacado en Venezuela desde antes de 1992, cuando tuvo lugar el golpe de estado dirigido por Chávez contra el presidente Carlos Andrés Pérez, la CIA ayudó a financiar la conspiración chavista del 4 de febrero a través de un grupo de complotados que rodeaban al entonces teniente coronel del ejército venezolano.

El capitán Geary ofreció los detalles de la participación de la CIA en la organización del golpe dirigido por Chávez, que conoció por su relación cercana con uno de los agentes en Venezuela, que mantenía contactos estrechos con los conspiradores[50].

De acuerdo con Geary, la CIA quería apoyar a Chávez porque era el único de los conspiradores capaz de garantizar el flujo ininterrumpido de petróleo a Estados Unidos.

Es una historia "verdadera basada en hecho reales", dijo Geary en una entrevista con el autor[51].

Geary dijo que conoció de las conexiones de la CIA con el golpe de Chávez gracias a un encuentro en noviembre de 1993 con otro agente en la base Roosevelt Roads de Puerto Rico, un año y nueve meses después del primer golpe chavista que terminó en el fracaso.

Geary se reunió con Joseph J. Vellin, entonces agregado comercial en la embajada de Estados Unidos en Venezuela, y simultáneamente agente encubierto de la CIA. Según el relato, el agente de la CIA le dijo a Geary que la entidad había financiado a un grupo de apoyo a la conspiración golpista de Chávez.

"En 1992 nosotros apoyamos a Chávez, y creímos que teníamos todo resuelto, pero ahora nos damos cuenta de que cometimos un error de cálculo", dijo Vellin a Geary[52].

Tras el fracaso del golpe, el agente también le informó que la CIA estaba "trabajando con el equipo de Caldera para arreglar la pronta liberación de Chávez de la prisión"[53].

La CIA contemplaba asimismo un plan denominado Deep Six, para financiar una potencial campaña electoral de Chávez una vez liberado de la prisión de Yare, con dineros del National Endowment for Democracy, NED.

"Los militares que organizamos para apoyar a Chávez en el golpe de febrero se retiraron a última hora y nuestro plan fracasó, esta vez no cometeremos el mismo error", dijo a Geary el agente de la CIA[54].

Geary indicó que la conversación se produjo como parte de un intento de Vellin de reclutarlo como agente de inteligencia, debido a su gran amistad y confianza con altos mandos militares en Venezuela.

Su testimonio fue la única prueba que Geary presentó para probar su encuentro con la CIA. Sin embargo, la evidencia de que su negativa a participar en el plan tuvo consecuencias desastrosas para su carrera, la sustentó con documentos de una demanda que presentó contra el Servicio Guardacostas de Estados Unidos en el Tribunal Federal de Miami en 1995.

En el proceso legal, que se prolongó por nueve años, Geary alegó que fue despedido intempestivamente tras haberse negado a ceder a la propuesta de Vellin de entregar la información personal, familiar y financiera que pudiera obtener sobre altos mandos oficiales de la Armada y el Servicio Guardacostas de Venezuela.

Aunque nunca se revelaron detalles por razones de seguridad nacional, ambas partes llegaron a un acuerdo confidencial en virtud del cual Geary fue restituido en su cargo y recuperó todas sus condecoraciones.

La supuesta operación de la CIA con Chávez, quien entonces se encontraba en prisión acusado de un fallido intento de golpe de Estado el 4 de febrero de 1992, no fue mencionada en los pocos documentos del caso que se hicieron públicos.

Sin embargo, Geary insistió en que "a pesar de que suene como una locura, la CIA creía entonces en Chávez". Geary aseguró que la CIA le hizo una buena oferta económica por su colaboración.

"Me dijeron: 'Lo vamos a ascender a capitán de escuadra, le abrimos una cuenta, va a hacer mucha plata si coopera, si nos entrega esta información; los ingresos serán libres de impuestos y se pagarán en una cuenta en paraíso fiscal'", aseguró Geary[55].

Décadas después y sin ayuda de la CIA, Chávez alcanzó el poder y, con mucho dinero a su alcance producto de la renta petrolera, se proponía infiltrar eficazmente el corazón político del Imperio con la ayuda de poderosos aliados.

2
EL *LOBBY*
MULTIMILLONARIO

"Estados Unidos es el gran intervencionista".

Chávez en la Cumbre Extraordinaria
de la Unión de Naciones Sudamericanas (Unasur)
Santiago de Chile, 15 de septiembre de 2008.

A principios de agosto de 2012, un comando fronterizo de la Guardia Nacional detuvo a un joven dominicano que portaba un pasaporte estadounidense, cuando intentaba ingresar a territorio venezolano desde Colombia, a través de la frontera en el estado Táchira, en el occidente de Venezuela.

Las autoridades detuvieron a Eduardo Acosta Mejía, de 30 años, cuando se negó a explicar el motivo de su presencia en el país, y por qué su pasaporte incluía entradas a países como Iraq, Afganistán y Libia.

Acosta Mejía portaba consigo un cuaderno con anotaciones y coordenadas, que intentó destruir cuando fue detenido, lo cual incrementó las sospechas de los cuerpos de inteligencia venezolanos.

Cuatro días después del arresto, la noticia fue divulgada durante un mitin político por el propio presidente Chávez, que se encontraba en plena campaña para reelegirse por tercera vez en los comicios presidenciales de octubre.

"Tiene toda la apariencia de ser un mercenario", dijo Chávez. "Esto es una poderosa señal", lo cual "nos obliga a activar mucho más las alarmas en todas partes", acotó, aprovechando para acusar a sus opositores de preparar acciones para desconocer los resultados de las elecciones, en caso de que él resultara favorecido[56].

El ciudadano dominicano-estadounidense confesó poco después haber servido en el cuerpo de los Marines de Estados Unidos. Pero su presencia en Venezuela no tenía nada que ver cono conspiración alguna, sino a su escape de una prisión en Colombia, donde purgaba una condena por tráfico de drogas.

Chávez no reveló esta información sino que denunció la coincidencia de que el "mercenario norteamericano" hubiese sido detenido pocas semanas antes de las elecciones presidenciales, sugiriendo un posible complot en su contra impulsado por Washington.

A lo largo de su gobierno de casi 14 años, el presidente venezolano Hugo Chávez hizo de la intromisión norteamericana en Venezuela una de sus denuncias más recurrentes, especialmente la amenaza de una potencial invasión militar.

El mandatario nunca perdió ocasión de exacerbar la imaginación popular con oscuros planes imperialistas para penetrar la revolución bolivariana, ya fuese el envío de fuerzas especiales o mercenarios para derrocar su gobierno, o la inoculación de células cancerígenas mortales para dejarlo fuera de combate.

Como parte de esta conspiración, Chávez promovió una especial campaña contra organizaciones como la National Endowment for Democracy (NED), acusando a esta entidad del Congreso norteamericano de financiar supuestos alzamientos militares para imponer en Venezuela una dictadura de derechas.

Sin embargo, irónicamente, el gobierno venezolano gastó en donaciones, activistas y firmas de cabildeo norteamericanas, centenares de millones de dólares en fondos, registrados o no oficialmente, empleando centenares de abogados, asesores, periodistas y activistas, para establecer una extensa red de promoción de la agenda chavista en el "Imperio". Mucho más de lo que la NED nunca soñó gastar para promover los valores de la democracia estadounidense en la Venezuela de Hugo Chávez.

"Chávez ciertamente tiene toneladas de dinero y se alegra mucho gastándolo en cabilderos", dijo A. C. Clark, un académico que analizó el impacto del cabildeo chavista en Estados Unidos[57].

Con un poderoso lobby pagado por la embajada venezolana en Washington, por la estatal Petróleos de Venezuela y la Cancillería, Chávez atacó a todos quienes lo criticaron, principalmente periodistas y juntas editoriales, y trató de seducir, a veces con éxito, a cientos de senadores y representantes, funcionarios gubernamentales, renombrados académicos y hasta influyentes familias políticas norteamericanas.

UN CONTRATO DE $11 MILLONES

Entre los primeros contratos de cabildeo contratados en Washington estuvo el de Arnold & Porter, una vieja firma que representó los intereses de Venezuela desde mucho antes de que llegara Chávez al poder.

Desde 1964 hasta 1994 esta empresa actuó para la embajada de Venezuela en Washington, abogando por numerosas peticiones oficiales. A mediados de los 80 representó también a la firma Venezolana de Aviación, S.A. (Viasa), que mantenía rutas aéreas a varias ciudades norteamericanas[58].

El primer contrato entre el gobierno de Chávez y Arnold & Porter fue firmado por el ministro de Finanzas José Alejandro Rojas Ramírez el 2 de Julio de 1999, y formalizado en la gaceta oficial 36,735 de la misma fecha.

El tema principal de la asesoría se concentraba en los aspectos legales de la reestructuración de la deuda externa venezolana.

El convenio abarcaba todo el año 1999, y tenía un costo original de $1.5 millones, que se podía incrementar hasta $2.7 millones con los gastos adicionales. Y si este monto no era suficiente, el contrato estipulaba reembolsos por transporte y viáticos de hasta $1 millón extras, de acuerdo a la base de datos de la Ley de Registro de Agentes Extranjeros (FARA) del Departamento de Justicia norteamericano[59].

El contrato se mantuvo vigente con los mismos objetivos durante el año 2000, pero al año siguiente se amplió para abarcar "cualquier otro asunto jurídico o extra-jurídico de carácter financiero en que tenga interés la República Bolivariana de Venezuela".

En consecuencia, el monto subió de $2.7 millones hasta $3.2 millones, más $1 millón adicional para pasajes y viáticos, hasta que el contrato se venció en diciembre de 2000.

Los documentos registrados en FARA nunca mostraron la naturaleza del cabildeo organizado por la empresa, o si se obtuvieron las metas deseadas. Pero al cabo de tres años de servicios, Chávez pagó a Arnold & Porter una suma cercana a los $11.4 millones por sus buenos oficios en Washington.

La entrada de Patton Boggs

Una jugada más ambiciosa del chavismo fue prolongar el contrato con la poderosa Patton Boggs, uno de las más prestigiosos bufetes de abogados y cabilderos de los Estados Unidos.

Era calificada como una de las 100 firmas legales más influyentes, con un ejército de centenares de abogados en una decena de oficinas en territorio estadounidense[60].

El primer contrato de 1999, que había suscrito Esther de Margulis, presidenta del Fondo de Garantías de Depósitos (Fogade), con Thomas Hale Boggs, hijo del fundador, se enfocó en resolver la disputa legal en la que estaba envuelto el Eastern National Bank de Miami, cuya propiedad era reclamada por el estado venezolano[61].

Los archivos de FARA indican que el siguiente contrato fue firmado el 1 de octubre de 2003 por el nuevo embajador Bernardo Álvarez, y registrado veinte días después.

El objetivo del acuerdo era identificar los temas de interés para mejorar la relación entre Venezuela y Estados Unidos, y diseñar una estrategia para promover y alcanzar tales mejoras, a un costo de hasta $105,000 mensuales durante tres meses, entre octubre y diciembre de 2003[62].

Las influencias de Patton Boggs en esos primeros tres meses comenzaron a mostrar resultados visibles. A fines de noviembre de 2003, cuando se extremaba la polarización política en Venezuela por la convocatoria al referéndum revocatorio contra Chávez, y la credibilidad del Consejo Nacional Electoral (CNE) estaba en tela de juicio, un grupo de congresistas norteamericanos llegaron a Caracas para expresar respaldo a las gestiones oficiales y al organismo electoral.

En esa visita, el congresista Cass Ballenger (republicano por Carolina del Norte) y la Diane Watson (demócrata por California), participaron el 30 de noviembre en una jornada de observación del proceso de recolección de firmas para validar el referéndum, organizada por el CNE, en la que visitaron centros donde las firmas estaban siendo recogidas.

"La delegación del Congreso observó que el proceso se llevó a cabo en orden y parecía cumplir con los lineamientos establecidos por el Consejo Nacional Electoral bajo la autoridad de la Constitución de la República Bolivariana de Venezuela", declararon solemnemente los congresistas, en una carta enviada posteriormente a Chávez[63].

La delegación estadounidense fue más lejos: pidió a la oposición que aceptara al CNE como "árbitro independiente" y elogió elocuentemente el liderazgo de Chávez.

"Señor Presidente, Usted ha cambiado el curso de la historia venezolana. Usted tuvo la previsión de incluir el mecanismo en la Constitución Bolivariana para permitir que el pueblo venezolano pudiera expresarse libremente a través de dicho proceso electoral. Estamos seguros que durante su mandato, dicho proceso electoral traerá una reconciliación nacional que Venezuela necesita y merece", precisó la misiva[64].

El contrato de asesoría se renovó en enero de 2004, por un plazo de un año, y con honorarios que se fijaron en $1,210,000, incluyendo gastos adicionales.

Se señalaron objetivos específicos en esta nueva etapa de cabildeo. Entre ellos, trazar estrategias para minar el Plan Colombia, un programa establecido por la administración Bush con el propósito de incrementar la ayuda militar para la lucha antiguerrillera en territorio colombiano; neutralizar los comentarios negativos sobre la relación de Chávez con Cuba; reforzar el comercio bilateral a través del US Venezuelan Business Council; cultivar relaciones con congresistas y funcionarios norteamericanos que mostraran alguna afinidad con los intereses chavistas; y frenar la intervención "inapropiada" de Estados Unidos en el proceso político venezolano[65].

El gobierno estaba preocupado por el impacto que estaban teniendo revelaciones como los nexos de Caracas con la guerrilla colombiana, la falta de compromiso del gobierno chavista en la lucha antidrogas, y la utilización de informaciones negativas por parte de la oposición para "inflar" la propaganda antichavista.

La columnista Mary Anastasia O'Grady, de The Wall Street Journal, que reveló por primera vez los acuerdos entre Venezuela y Patton Boggs, escribió en una nota de abril de 2004 que la firma utilizaría la estrategia de cabildear instancias como los departamentos de Estado y de Defensa, y la Agencia contra las Drogas (DEA), entre otras, para sembrar el escepticismo sobre lo que se había reportado contra Chávez en la región[66].

O'Grady advirtió además sobre las "peligrosas predilecciones" y "el enorme dinero" de Chávez, y la protección venezolana a la guerrilla colombiana y grupos radicales en Bolivia.

Un memorándum que trascendió poco tiempo después confirmó cuán lejos estaban llegando las estrategias de penetración propagandística que estaba cultivando el gobierno venezolano en Estados Unidos.

El documento, fechado el 12 de febrero de 2004, indicaba las principales preocupaciones de la firma cabildera, entre ellas "dos delicadas acusaciones contra Venezuela" que podrían tener consecuencias tanto en el Departamento de Estado como en la Comisión de Presupuesto del Senado, que tenía entre sus manos aprobar un incremento de la ayuda militar a Colombia.

Las dos acusaciones eran que Venezuela no había cooperado lo suficiente con Estados Unidos y Colombia en la lucha contra las drogas y el narcoterrorismo; y que habría prestado apoyo a grupos guerrilleros colombianos designados por Washington como terroristas[67].

El memorándum insistía en la necesidad de penetrar y cultivar influyentes comités del congreso como el de Relaciones Exteriores, dirigido entonces por el senador Richard Lugar (republicano por Indiana), y más de una docena de subcomités dedicados al terrorismo, narcotráfico, derechos humanos y de amenazas emergentes a la seguridad nacional, a fin de intentar modificar los "ampliamente sostenidos errores de percepción" que según la firma "persisten en la mente de algunos líderes de la administración, el Congreso y los militares de Estados Unidos", sobre el gobierno chavista.

La firma difundió la idea de que los medios de comunicación venezolanos "controlados por la oposición" estaban unidos en la intriga con medios colombianos, y los responsabilizó de haber "presentado al presidente Chávez como una amenaza externa y patrocinador de la guerrilla izquierdista" colombiana, de acuerdo con el anexo 3 del escrito.

La embajada venezolana reaccionó de inmediato a la publicación del memorándum.

"No estamos haciendo ninguna campaña para influir, sino para informar sobre el esfuerzo que Venezuela está haciendo en la lucha contra el narcotráfico y el terrorismo", dijo entonces al autor Andrés Izarra, vocero de la sede diplomática.

Izarra se vio obligado a reconocer que el agregado militar de la embajada, entre otros, había sostenido encuentros con congresistas y funcionarios de la administración Bush, bajo la asesoría de Patton Boggs.

El documento reveló aún más detalles. Los cabilderos designaron como "blancos selectos" en la estrategia a los senadores republicanos Richard Lugar (Indiana), Norm Coleman

(Minnesota), John Sununu (Nueva Hampshire) Mitch McConnell (Kentucky), Peter Fitzgerald (Illinois), Jon Kyl (Arizona) y Thad Cochran (Minnesota), y los senadores demócratas Joseph Biden (Delaware, futuro vicepresidente en la administración de Barack Obama), Chris Dodd (Connecticut), Bill Nelson (Florida), Patrick Leahy (Vermont), Daniel Akaka (Hawaii), Dianne Feinstein (California) y Robert Byrd (West Virginia), todos miembros de diversos subcomités del poderoso comité de Relaciones Exteriores del Senado, en donde se discutían temas cruciales para la diplomacia chavista.

Tanto Richard Lugar como Bill Nelson habían expresado abiertamente opiniones duramente críticas contra la administración de Hugo Chávez. Mientras Lugar calificó a Chávez de "protegido de Castro" y a Venezuela como un país "más cerca de un régimen autoritario total", el senador Nelson advirtió que "podríamos llegar al punto en que los Estados Unidos tenga que tratar a este gobierno (de Chávez) como un gobierno hostil", luego de una gira por Venezuela en 2003.

Otro grupo de objetivos incluyó a los representantes republicanos Henry Hyde (Illinois), Cass Ballenger (Carolina del Norte), Elton Gallegly (California), Jim Kolbe (Arizona), Christopher Shays (Connecticut), Mark Souder (Indiana), James Gibbons (Nevada) y Harold Rogers (Kentucky); y a los demócratas Tom Lantos (California), Brad Sherman (California), Nita Lowey (Nueva York), Elijah Cummings (Maryland), James Langevin (Rhode Island) y Martin Olav Sabo (Minnesota) y Bob Menéndez (Nueva Jersey), de origen hispano.

En la larga lista aparecían además dos oficiales de la DEA, dos funcionarios de la Oficina de Seguridad Internacional de Narcóticos del Departamento de Estado, y cuatro oficiales del Pentágono, incluyendo al general brigadier Michael Lehnert, jefe del estado mayor del Comando Sur, estacionado en Miami.

Curiosamente, los estrategas de Patton Boggs destacaron la necesidad de mantener "armado con la información más actualizada" al entonces representante de Estados Unidos en la OEA John Maisto, que había sido embajador en Venezuela y consideraron al entonces embajador en Caracas, Charles Shapiro, como "punto de contacto útil" en el Departamento de Estado[68].

La revelación de que el gobierno chavista había firmado un contrato millonario con Patton Boggs generó cuestionamientos de opositores y organizaciones no gubernamentales dentro y fuera de Venezuela.

El experto petrolero Gustavo Coronel, frecuente crítico de Chávez, escribió que el contrato de $1.2 millones anuales serviría "para aliviar las necesidades de los 200,000 niños de la calle que deambulan sin objetivo en las ciudades de Venezuela"[69].

Cristal Montañez, ex reina de belleza venezolana que presidía el International Venezuelan Council for Democracy (IVCD), con sede en Houston, envió numerosas misivas a los congresistas y funcionarios norteamericanos mencionados en el memorándum, para advertirles que se trataba de "una campaña de encubrimiento de lo que está pasando en Venezuela", según afirmó entonces al autor.

Las críticas provocaron una modificación inmediata del contrato luego de tres reuniones de emergencia entre los asesores de la firma y la embajada venezolana, en la segunda quincena de abril de 2004.

El embajador modificó los montos de honorarios por las asesorías, rebajándolos de $60,000 a $30,000 mensuales, con gastos "directos e indirectos" que podían alcanzar sólo hasta $1,200 mensuales, en vez de los $5,000 acordados inicialmente.

El contrato reorientó la asesoría a una serie de objetivos sensibles, entre los que destacaban los temas de seguridad, cooperación militar, antiterrorismo y narcóticos; facilitar el diálogo con el Comando Sur, los departamentos de Estado (particularmente la oficina de Derechos Humanos) y Defensa, la DEA, el Consejo Nacional de Seguridad y otras agencias oficiales y organizaciones no gubernamentales dedicadas a esos temas; concertar citas, reuniones y conferencias para el personal de la embajada, miembros de las Fuerzas Armadas venezolanas y algunos representantes del poder ejecutivo venezolano; y facilitar reuniones con congresistas y sus asistentes[70].

La asesoría de Patton Boggs continuó sin cambios hasta fines de diciembre de 2004, cuando se venció el contrato que tuvo un costo aproximado de $968,000. Para entonces, el gobierno de Chávez ya estaba organizando su propia ofensiva en los círculos de poder en Washington.

EL *LOBBY* DE TOBÍAS NÓBREGA

Además de atacar el flanco de la opinión pública con énfasis en la crisis política, los sectores económicos del gobierno lanzaron otra campaña para limar las asperezas de las relaciones comerciales.

Fue en ese contexto en que el entonces ministro de Finanzas, Tobías Nóbrega, firmó un convenio con la empresa I Imagine Entertainment (IIE), de Alexandria, Virginia, el 26 de febrero de 2003, para "proveer un servicio de valoración en el área de los mercados financieros, con el fin de obtener una percepción positiva en ellos usando diversas tácticas y estrategias"[71].

Entre las obligaciones del contratista se encontraban difundir noticias positivas sobre el mercado venezolano en periódicos, revistas, emisoras de radio y televisión de Estados Unidos y América Latina, y proveer un programa de estrategias para lograr las metas del ministro Nóbrega.

La firma también se comprometió a trabajar en tareas de relaciones públicas, mercado y publicidad, y a servir de intermediario en las relaciones de Venezuela con Estados Unidos.

El contrato estableció una vigencia de 11 meses, entre el 1 de febrero y el 31 de diciembre del 2003. Se estipuló un pago mensual de $35,000, que incluía la asesoría de los tres principales socios de la firma: Don Walter, Ed Grefe y Lyn Nofziger.

También obligaba a pagar entre $40 y $145 la hora a cualquier personal extra si era necesaria su utilización para cumplir con los objetivos, además de costos causados por pasajes y viáticos.

De acuerdo con el registro de actividades en favor del gobierno venezolano, IIE incluyó "la redacción de notas de prensa, organizar conferencias de prensa, elaborar piezas de opinión para su publicación, y otras tácticas de relaciones públicas"[72].

El contrato firmado por Nóbrega se inició, según los registros de FARA, el 19 de junio y culminó el 1 de septiembre de 2003. La embajada venezolana pagó un total de $86,000 por los dos meses y 13 días de servicios que ofreció la empresa, sin incluir los gastos extras o de pasajes y viáticos.

LA VENEZUELA INFORMATION OFFICE (VIO)

Paralelamente a la asistencia que recibía de los expertos de Patton Boggs y l'Imagine Entertainment, el gobierno desarrolló discretamente su propio mecanismo de cabildeo, principalmente para contener la cobertura crítica y con frecuencia negativa de medios norteamericanos contra la gestión de Chávez.

Para contrarrestar la "guerra mediática", la embajada venezolana en Washington auspició la creación de la Venezuela Information Office (VIO), establecida como una compañía de responsabilidad limitada (LLC, en inglés) bajo las leyes del Distrito de Columbia, el 30 de junio de 2003[73].

La nueva oficina se registró formalmente como una cabildera tres meses después, el 17 de septiembre, bajo la dirección de las norteamericanas Jennifer Rusell y Bev Hoffman, ambas residentes de Washington.

En la directiva también aparecía el ex misionero católico Glenn Rabut, que poco tiempo antes se había mudado a Baltimore desde Barquisimeto, una ciudad del centro occidente venezolano en cuyos barrios había servido como misionero laico de la congregación católica de los Padres Maryknoll[74].

De ese trío fundacional, Rabut era el único que tenía experiencia en carne propia de la revolución chavista. Mientras residió en Venezuela, Rabut trabajó con grupos y movimientos populares y de base, muchos de ellos inspirados en la Teología de la Liberación, entre los cuales el chavismo tenía una gran aceptación[75].

En enero de 2003, en un comunicado de activistas y religiosos católicos que trabajaban en comunidades marginadas de Barquisimeto, Rabut se adhirió a la condena del paro petrolero organizado por la oposición, que mantenía bajo enorme presión al gobierno.

"Venezuela ha llegado a un momento crítico en su historia. Tiene que elegir entre la continuidad del modelo viejo de sociedad, una sociedad de dominación por una élite y la exclusión de la mayoría, y el nacimiento de un nuevo paradigma de la vida humana donde la riqueza y el poder estén compartidos entre todo el pueblo y la dignidad de cada uno y una sea respetada sin excepción, en una estructura más horizontal", indicó el documento titulado "No podemos callar más", suscrito por el misionero[76].

Aunque la presencia de Rabut en VIO se prolongó por dos meses y diez días, contribuyó decisivamente, junto a Rusell y Hoffman, a desarrollar una intensa actividad propagandística.

Entre julio de 2003 y enero de 2004, la VIO diseminó numerosos artículos, notas de prensa, eventos y películas en inglés y español en revistas, periódicos, emisoras de radio y televisión, panfletos, cartas, telegramas, discursos y conferencias y a través de la internet, dirigidos a periodistas, editores, funcionarios públicos, grupos y asociaciones civiles y congresistas, como pocas veces había hecho el gobierno venezolano en el pasado[77].

Desde el 30 de julio hasta el 9 de diciembre de 2003, la directora de VIO, Jennifer Rusell, organizó 46 encuentros entre activistas y funcionarios venezolanos, incluido un desayuno con la abogada Eva Golinger, entonces activista de la organización neoyorquina Venezuela Solidarity Committee, y el ministro de Información venezolano Jesse Chacón, de visita en Washington. Según el reporte de la VIO, Chacón invitó a la Golinger a "venir" a Venezuela por primera vez[78].

Entre los contactados por Bev Hoffman estuvieron medios de comunicación como Los Ángeles Times, organizaciones como TransAfrica Forum y Global Exchange, centros académicos como Stanford University y congresistas como William Delahunt, demócrata por Massachussets, una figura que en el futuro jugaría un papel vital en los negocios petroleros de Chávez para cautivar a importantes círculos de poder en Estados Unidos.

Dos eventos organizados por VIO destacaron de forma especial. El primero fue una cena para 75 invitados el 8 de diciembre de 2003, en el restaurante Mon Ami Gabi de Bethesda, Maryland, presidida por el actor americano-jamaiquino Harry Belafonte, con el objeto de recolectar donaciones médicas para los pobres venezolanos. El segundo fue la proyección, esa misma noche, de la película "La revolución no será televisada", la versión chavista del alzamiento militar de abril del 2002, que propaló la tesis de que Chávez había sido víctima de un golpe de Estado organizado por la oposición con apoyo de Estados Unidos.

En ambos eventos se promovió la idea de que el presidente venezolano estaba intrínsecamente ligado al destino de los pobres de su país.

Una de las primeras estrategias de VIO fue crear un equipo de "respuesta rápida" para atacar y contestar artículos negativos contra Chávez.

Nathan Converse, uno de los analistas contratados por VIO, lanzó una campaña por correo electrónico para reclamar contra las "imprecisiones" e "injusticias" que aparecían en artículos sobre Venezuela publicados por prestigiosos medios de prensa como New York Times, Washington Post y Financial Times, escritos por notables periodistas como Juan Forero, Scott Wilson y Andy Webb-Vidal.

En un correo del 8 de septiembre de 2003, Converse solicitó la redacción de una nota de opinión para responder un artículo "injusto" de Marc Cooper, periodista de Los Ángeles Times, a dos activas colaboradoras de VIO: la directora de Global Exchange, Deborah James, y la abogada Eva Golinger.

Dos semanas después, el 25 de septiembre, Converse escribió a Golinger un mensaje electrónico pidiéndole "escribir una carta para responder a las falsas declaraciones del artículo" publicado ese mismo día en el International Herald Tribune, sobre la Venezuela de Chávez[79].

La VIO también contrató a la activista Stasy McDougall en los primeros días de 2004, para desarrollar más contactos y corregir más "imprecisiones" periodísticas.

En total, durante los primeros seis meses de la incorporación de VIO como cabildera a favor de Chávez, la embajada venezolana destinó $553,699.43 para pagar salarios, seguros médicos, equipos de oficina, pasajes, viáticos y otros gastos con el fin de promover la imagen del mandatario venezolano.

Ocho meses después de su creación, la VIO pasó a ser controlada por otra empresa, la VIO Investment Corporation, registrada por una pareja de venezolanos residentes en la Florida, el 18 de febrero de 2004.

Como agente principal apareció Isaura Gilmond, y la sede se ubicó en la ciudad de Weston, conocida entre los venezolanos como *Westonzuela*, ubicada a media hora al noroeste de Miami[80].

La empresa tenía otro agente principal: la firma Millenium Net Corporation, también con sede en Weston, que estaba bajo el comando de Evelio Gilmond, esposo de Isaura.

Evelio Gilmond era hijo del ex comandante Evelio José Gilmond Báez, un viejo militar que participó en el primer golpe de Estado contra el dictador Marcos Pérez Jiménez el 1 de enero de 1958, dirigido por el comandante Hugo Trejo[81].

Gilmond Báez se retiró con el grado de general de Brigada antes de que Chávez llegara al poder. Mostró su apoyo al naciente gobierno en 1999, pero ya en 2002 expresó públicamente su oposición al radicalismo chavista[82].

El empresario Gilmond tenía una forma de ver las cosas distinta a la de su padre. Tenía vínculos en varias compañías con otros empresarios conectados con el gobierno de Venezuela, como Rogelio Salges, fundador de la firma de Miami *Exim Brickell*, una empresa que distribuyó productos petroleros de Pdvsa en Estados Unidos, y vendió 26,000 toneladas de leche dentro del programa de distribución de alimentos Pdval, administrado por la petrolera estatal venezolana[83].

Cuando la VIO se registró en la Florida ya era un hecho la realización del referéndum revocatorio, con el cual la oposición buscaba destituir a Chávez a mitad de su mandato, en agosto de 2004.

No sólo existía una posibilidad de que la oposición triunfara en esa consulta, sino que la reacción iracunda de Chávez para tratar de impedir a todo trance el evento estaba provocando críticas internacionales y disparando las alarmas entre gobiernos aliados e inversionistas.

Una semana antes de la incorporación de VIO en la Florida, el presidente brasileño Lula da Silva envió a Caracas a un emisario de alto nivel, el asesor internacional Marco Aurelio García, para "convencer al presidente Hugo Chávez de bajar el tono frente al referéndum revocatorio de su mandato"[84].

Cuatro días antes de la creación de VIO Investments Corp. en Tallahasse, importantes grupos financieros internacionales comenzaron a mostrar abiertamente su respaldo a la legitimidad de la convocatoria al referéndum.

"Hay suficientes firmas para activar el referéndum revocatorio contra Chávez y la evidencia ya fue distribuida entre los actores internacionales", indicó un reporte de análisis del conglomerado financiero Citigroup dedicado a la crisis política venezolana, que responsabilizaba al CNE de obstaculizar la consulta[85].

Los Gilmond continuaron la ofensiva para mejorar la imagen de Chávez, principalmente de cara al referéndum.

En un reporte del Departamento de Justicia sobre las actividades de VIO en el primer semestre de 2004, aparecen registradas miles de llamadas, correos electrónicos o contactos personales realizados por los empleados de la VIO para este fin[86].

Por ejemplo, cuando el ex presidente Jimmy Carter expresó en marzo de 2004 su apoyo a que los millones de firmas recolectadas por la oposición para solicitar el referéndum revocatorio debían volver a recogerse, la VIO contactó a más de 40 periodistas y medios para transmitir la noticia.

Entre marzo y julio de ese año, la activista de VIO Deborah James visitó a 45 congresistas en sus despachos para exigir que apoyaran una posición de no intervención por parte de Estados Unidos en el proceso venezolano.

James era una de las directoras principales de Global Exchange, una organización con sede en San Francisco, California, cuya misión era oponerse a la ampliación de los tratados de libre comercio entre Estados Unidos y los países de América Latina.

Durante su paso por Global Exchange, James ayudó a sembradores de café del continente a negociar mejores condiciones para sus productos con empresas como Starbuck y Procter & Gamble, y mejorar los salarios de los trabajadores de Nike y GAP[87].

Después que Chávez ganó el referéndum de agosto de 2004, los mensajes se concentraron en promover una perspectiva de estabilidad política en la Venezuela post-referéndum[88].

La VIO reforzó también su estrategia de respuesta rápida, atacando a periodistas y medios que escribían comentarios negativos sobre Chávez y su gobierno, y pidiendo la cooperación de activistas para que escribieran cartas en su defensa.

Por ejemplo, cuando el diario Washington Post publicó un editorial el 20 de noviembre de 2004 criticando los ataques de Chávez a medios y opositores[89], la VIO organizó una campaña e hizo llegar al día siguiente 32 correos electrónicos al diario en protesta por el editorial, empleando una red de académicos, activistas prochavistas y particulares[90].

REFERÉNDUM, ROCKEFELLER Y POSADA CARRILES

A mediados de 2004, la VIO contrató los servicios de la firma Lumina Strategies (LS) con sede en El Cerrito, California, con el objetivo inicial de contactar a congresistas y medios de comunicación que resultaban de interés para el gobierno venezolano, en su esfuerzo para contrarrestar la movilización nacional e internacional de la oposición durante el proceso de recolección de firmas para el referéndum de ese año.

El principal estratega de LS era Michael Shellenberger, un experto en relaciones públicas que había conducido en el pasado campañas en defensa de la reserva natural californiana Headwaters Forest, y para mejorar las condiciones de los trabajadores de Nike.

Shellenberger jugó un papel crucial en la defensa del triunfo del referéndum por parte de Chávez, en agosto de 2004. Cuando la oposición denunció que había obtenido más votos que el chavismo en la consulta, tomando como base una encuesta a boca de urnas (*exit polls*) de la firma norteamericana Penn & Shoen, Shellenberger atacó la credibilidad de la encuesta diciendo que había sido pagada por la ONG Súmate, crítica del chavismo, y que esta organización estaba recibiendo fondos del gobierno de Estados Unidos.

LS se registró ante FARA el 19 de mayo de 2004, presentando un plan estratégico para trabajar junto al embajador Bernardo Álvarez y su asistente de prensa Andrés Izarra en giras por Estados Unidos, y organizar reuniones con juntas editoriales de los principales periódicos norteamericanos[91].

El plan previsto por la firma incluyó también supervisar y responder a la cobertura noticiosa en Estados Unidos sobre el proceso de reparo de las firmas para el referéndum, y el evento refrendario en sí mismo, que tendría lugar en agosto de ese año.

Las responsabilidades incluían también redactar durante seis meses discursos para el embajador Álvarez, visitas a consejos editoriales en Nueva York, Chicago, Miami, Dallas, Houston, Fort Worth, San Diego, Los Ángeles y San Francisco a fines de mayo, y viajes a Venezuela una vez al mes, a un costo de $60,000 "sin incluir gastos extras"[92].

LS a su vez contrató los servicios de Erin Malec, un defensor de los derechos de los homosexuales y de las mujeres con cáncer que trabajaba al mismo tiempo como estratega de The Breakthrough Institute, un centro de análisis sin fines de lucro creado para "rejuvenecer el pensamiento liberal en el siglo XXI", patrocinado por la Rockefeller Philanthropy Advisors Inc, de California[93], una organización filantrópica sostenida por los descendientes del titán petrolero John Rockefeller[94].

Erin Malec y LS continuaron trabajando con la embajada venezolana hasta el 31 de mayo de 2005, cuando el contrato llegó a su fin. En total, la firma de cabildeo recibió $90,000, sin incluir gastos extras, transporte y viáticos.

Durante 2005, los estrategas de VIO organizaron numerosos eventos en varias ciudades, entre ellas Boston y San Juan, Puerto Rico, para hacer proselitismo y promover viajes a Venezuela[95].

Otro de los temas promovidos, principalmente entre congresistas, era la solicitud de extradición del activista anticastrista Luis Posada Carriles, acusado por Venezuela de organizar la voladura del avión de Cubana de Aviación en 1976, en el que murieron 78 personas, entre ellas 24 deportistas cubanos.

La asesoría legal para el caso de Posada Carrilles fue contratada a la firma Pertierra & Toro, de Washington. El abogado al frente de la firma, el cubanoamericano José Pertierra, cobró un estimado de $361,000 en honorarios entre 2005 y 2009, de acuerdo con los registros de FARA.

La actividad de respuesta rápida continuó su curso, para contrarrestar artículos y temas como la adquisición de armas por parte de Venezuela a Rusia y España, y los esfuerzos gubernamentales contra el tráfico humano; y para diseminar una reciente encuesta que otorgaba a Chávez un 70.5 por ciento de popularidad[96].

Entre los mensajes diseminados por VIO de acuerdo con los registros de FARA de 2005, destacaron un boletín de prensa en el que se aseguraba que Venezuela trabajaba intensamente para prevenir el tráfico y la proliferación de armas, y otro en el que se describía el país como "un punto brillante de democracia", citando una medición de la firma Latinobarómetro[97].

En marzo de 2005, el diario *El Universal* de Caracas publicó un artículo en el que sugería que el gobierno estaba pagando a periodistas y profesionales extranjeros para defender la imagen internacional de Chávez.

"Venezuela paga supuestos analistas y opinadores de oficio para los medios del 'imperio' a fin de hablar en buenos términos de la revolución", escribió el periodista Oscar Medina, en un trabajo especial dedicado a las actividades de la VIO en Estados Unidos[98].

Andrés Izarra, que ya había dejado su cargo de agregado de prensa y ahora era el ministro de Comunicación e Información, negó que el gobierno estuviera pagando a escritores para que hablasen bien de Chávez, pero admitió que la VIO y su personal estaban siendo pagados con recursos de la cancillería venezolana.

Izarra insistió en que el gobierno no estaba contratando periodistas sino analistas que "hacen recomendaciones con base en la percepción pública que sobre Venezuela hay en Estados Unidos"[99].

LA VIO Y EL EX-MONJE

En julio de 2005 el gobierno venezolano contrató por seis meses y a un costo de $60,000 los servicios del asesor Segundo Mercado-Llorens, especialmente para investigar "el rol de la National Endowment for Democracy (NED) en Venezuela", un organismo patrocinado por el Congreso norteamericano para promover los sistemas democráticos en el mundo.

Mercado-Llorens, tenía una trayectoria como representante de sindicatos y organizaciones de izquierda, que desarrolló después de abandonar sus hábitos de monje católico[100].

En la década de los 90, fue miembro de la Coalición para una Nueva Política Exterior, que se oponía a la participación norteamericana en guerras internacionales, y defendió los intereses del Sindicato Internacional de Trabajadores de Alimentos y Comercio de Estados Unidos[101].

Tras el primer contrato de seis meses, Mercado-Llorens firmó un segundo entre enero y junio de 2006, a un precio de unos $60,000 para influir en la redacción de leyes que estaban siendo debatidas en el Congreso estadounidense, y que interesaban a la embajada venezolana.

Entre dichas leyes estaba la resolución 328 de la Cámara de Representantes, que expresaba "preocupación" por varios temas de política interna y de relaciones internacionales de Venezuela.

Mercado-Llorens también monitoreó la resolución 400 de la cámara baja, referente a las políticas de la lucha contra el narcotráfico y relativas al sistema de elecciones, especialmente la auditoría a los registros electorales y la posibilidad de un conteo manual de los votos[102].

El segundo semestre de 2006, la firma de Mercado-Llorens facturó a la embajada $75,000 para intensificar el cabildeo en contra de la resolución 400, que había introducido el representante republicano Dan Burton (Indiana), y que criticaba al gobierno venezolano en temas vinculados a la lucha contra el narcotráfico, la compra de equipo militar y el proceso electoral en Venezuela[103].

Entre enero y marzo de 2007, el cabildero recibió $45,000 por promover temas de política exterior favorables a Venezuela, que no fueron especificados en los registros del congreso. El contrato de Mercado-Llorens expiró el 31 de marzo de ese año[104]. En total, recibió $240,000 en pagos por su trabajo a favor del gobierno venezolano.

RCTV, FARC y Piedad Córdoba

Durante 2006, el tema predominante para los cabilderos de la embajada venezolana fueron los preparativos para las elecciones presidenciales de ese año. Varios boletines de prensa enfatizaron tanto la confiabilidad de las máquinas electrónicas de votación vendidas por la firma Smartmatic, con sede en Boca Ratón, y la independencia del nuevo Consejo Nacional Electoral (CNE)[105].

También se divulgaron artículos demostrando cómo el gasto militar en Venezuela era uno de los más bajos del continente, y cómo Chávez tenía un "amplio" récord en la lucha contra el tráfico humano internacional.

Adicionalmente, la VIO registró a la especialista Olivia Goumbri ante la oficina de cabildeo del Congreso norteamericano, para monitorear varios aspectos de las relaciones binacionales[106].

En 2007, la VIO estuvo particularmente activa buscando apoyo entre académicos y activistas, para defender la decisión del gobierno de ordenar el cierre del canal independiente Radio Caracas Televisión (RCTV).

Cinco días antes del cierre del canal, el 27 de mayo de ese año, la VIO pidió a una veintena de personas, incluyendo periodistas y académicos, que escribieran artículos de opinión o emitieran sus comentarios a favor del cierre del canal privado[107].

A fines de 2007 y principios de 2008, el gobierno divulgó artículos destacando la aceptación de Chávez de los resultados del referéndum consultivo constitucional, celebrado el 2 de diciembre de 2007, y destacando los avances del gobierno venezolano con los sectores indígenas, en la lucha antidrogas, y en la creación del Banco del Sur, un proyecto en el que había participado el economista Mark Weisbrot, cooperador de la embajada venezolana en Washington y notable defensor de las políticas chavistas.

Cuando a principios de marzo de 2008 un comando del ejército colombiano obtuvo evidencias de la vinculación de Chávez con la guerrilla tras un ataque sorpresa a un campamento de las Fuerzas Armadas Revolucionarias de Colombia (FARC) en Ecuador, la VIO hizo circular un documento con la firma de dos docenas de expertos estadounidenses en temas latinoamericanos, supuestamente "independientes", para criticar la consistencia de los hallazgos.

Los expertos concluyeron que el gobierno colombiano había "exagerado substancialmente" el contenido de las computadoras, "quizá por razones políticas"[108].

En diciembre de 2008, la VIO sufrió un cambio cosmético importante que amplió sus objetivos para incluir la defensa de intereses de otros países, organizaciones y personalidades no venezolanas, aliadas con el proyecto chavista.

Tras adoptar un nuevo nombre, Latin American Information Office (LAIO), incluyó entre sus representados a la Fundación

Siglo XXI, creada por el gobierno de Bolivia para mejorar su imagen internacional[109].

Al año siguiente, en mayo de 2009, la LAIO también acordó representar y cabildear a favor del Movimiento Poder Ciudadano Siglo XXI, la organización política creada por la senadora colombiana Piedad Córdoba en 2005 y calificada como el ala de extrema izquierda del Partido Liberal de Colombia[110].

El convenio entre Córdoba y LAIO, sin embargo, estableció que los gastos de las operaciones de lobby, estimados en $40,000, debían ser suministrados por el movimiento de la senadora colombiana. El convenio se extendió hasta mayo de 2010, cuando expiró[111].

LAS AVENTURAS DE EVA GOLINGER

Varias personas jugaron un papel clave en el cabildeo en los círculos de poder y opinión de los Estados Unidos, que el gobierno chavista lanzó desde mediados del 2003 en adelante.

Entre ellas destacó una abogada nacida en Nueva York con antepasados venezolanos, que se convirtió en una de las más activas defensoras del gobierno de Chávez en territorio norteamericano, y luego en suelo venezolano.

Eva Golinger vino por primera vez a Venezuela en 1993, para conocer sus raíces venezolanas en el estado Mérida. Según aseguró en una entrevista en el 2006, su bisabuelo, Francisco Calderón, fue un activista que luchó contra la dictadura de Gómez[112].

Su padre, Ronald Golinger, fue un médico que peleó en la guerra de Vietnam y llegó al grado de Mayor en la Fuerza Aérea norteamericana. Su madre, Elizabeth Calderón, había nacido en Estados Unidos pero era hija de padres venezolanos. Enfermera que luego se hizo abogada, Elizabeth trabajó durante años reclutando a otras enfermeras en países del Caribe para cubrir el déficit que existía de esos profesionales en Estados Unidos.

Entre 1993 y 1998 vivió largas temporadas en Mérida, una pintoresca ciudad universitaria de los Andes venezolanos. "Me fui sola, sin conocer nada, una aventura", dijo en la entrevista.

Allí aprendió a hablar el español con fluidez, se casó por primera vez, y lanzó una incipiente carrera de cantante de rock que abandonó poco tiempo después.

Luego de retornar a Nueva York, se dedicó a trabajar como asesora legal de artistas que necesitaban una visa para viajar a Estados Unidos. Sirvió a bandas y estrellas del pop y el rock latinoamericano como Paulina Rubio, Aterciopelados, Gustavo Cerati y Charlie García. Golinger también fue durante cinco años representante legal de la banda venezolana Amigos Invisibles, pero cuando los músicos se enteraron de que era una chavista comprometida, la despidieron[113].

Golinger, que ha sido calificada por Chávez como "la novia de Venezuela", dijo que se conectó por primera vez con el gobierno venezolano en 2003, cuando recibió la invitación formal del consulado venezolano en Nueva York para viajar a Caracas al primer aniversario del retorno de Chávez al poder, luego de que fuera brevemente depuesto en el golpe del 11 de abril de 2002.

La abogada afirmó que comenzó a cooperar más activamente con la embajada luego de regresar de Venezuela, realizando varios trabajos legales y de traducciones de forma gratuita[114].

Apenas dos meses después, el compromiso de Golinger con la revolución chavista se hizo más radical. El 20 de junio de 2003 fundó su propia organización, Venezuela Solidarity Committee in New York INC (VSC), registrada en el Departamento de Estado de Nueva York como una corporación "doméstica y sin fines de lucro", domiciliada en el dúplex que Golinger ocupaba en el distrito de Brooklyn[115].

El primer objetivo de Golinger y su nueva fundación fue establecer una estrecha cooperación con el periodista Jeremy Bigwood, para emplear su experiencia en sacar a la luz la mayor cantidad posible de documentos sobre las actividades norteamericanas en Venezuela.

Golinger acordó con Bigwood dedicar todas las energías a un objetivo preciso: investigar las contribuciones en Venezuela de la National Endowment for Democracy (NED).

En poco tiempo, Bigwood y Golinger lograron obtener documentos de la NED, que mostraban información detallada de las contribuciones del organismo congresional a través de organizaciones no gubernamentales a varias agrupaciones en Venezuela desde el año 2002, que superaban $1 millón.

Los recursos habían sido distribuidos por la NED a través de organizaciones como el Center for International Private Enterprise, el American Center for International Labor Solidarity, el International Republican Institute y el National Democratic Institute for International Affairs, todos de filiación bipartidista.

Los documentos fueron utilizados por el propio Chávez para denunciar con bombos y platillos el intervencionismo de Estados Unidos en Venezuela. Durante una emisión a principios de febrero de 2004 de su programa de televisión "Aló, Presidente", Chávez aseguró que la NED estaba financiando grupos opositores para derrocarlo, usando como base información entregada por Golinger[116].

Señaló particularmente a Súmate, una organización no gubernamental que monitorea las elecciones en Venezuela, de recibir un total de $53,400 para financiar actividades opositoras a su gobierno en el período que abarcó desde el 12 de septiembre de 2003 hasta el 30 de septiembre de 2004[117].

Los centenares de documentos fueron colocados en un portal de internet llamado www.venezuelafoia.info, pero luego de un breve período el sitio fue desactivado inexplicablemente.

Los documentos fueron utilizados nuevamente dos meses después por el embajador de Venezuela ante la OEA, Jorge Valero, para denunciar una vasta conspiración norteamericana contra Chávez, en una asamblea del organismo regional.

"El gobierno bolivariano denuncia responsablemente ante este foro, que el National Endowment for Democracy ha sido utilizado – y sigue siendo utilizado- por el gobierno de los Estados Unidos, para apoyar actividades antidemocráticas de grupos de oposición en Venezuela, que de manera sistemática están abocados a crear un clima de inestabilidad política y propician el quebrantamiento de la institucionalidad democrática en el país. Acciones dirigidas a alcanzar un fin último: el derrocamiento del presidente constitucional de Venezuela, Hugo Chávez Frías", dijo Valero en una intervención en la OEA el 31 de marzo de 2004.

A raíz de estas denuncias, el gobierno chavista ordenó enjuiciar posteriormente a María Corina Machado, presidenta de Súmate, y a otros tres directivos, bajo cargos de traición a la patria. Sin embargo, nunca pudo demostrarse que los $53,400 recibidos por Súmate fueron utilizados efectivamente para orquestar un golpe de estado contra Chávez.

A partir de esa primera denuncia, Golinger se convirtió en adalid en contra del supuesto intervencionismo de la NED en la política interna venezolana, a través de la entrega de fondos.

"El financiamiento proviene, en algunos casos directos, del Departamento de Estado, hecho por el cual no hay nada que se pueda negar, pues están recibiendo dinero directo de un gobierno extranjero", dijo Golinger el 17 de agosto de 2010, luego de introducir una petición ante la Fiscalía General de Venezuela para investigar a todos los receptores de contribuciones de la NED, mes y medio antes de las elecciones parlamentarias de septiembre de 2010[118].

Las acusaciones de conspiración fueron desmentidas desde el principio por funcionarios de la NED.

Durante una emisión del programa de radio Democracy Now (Democracia Ahora) del 4 de marzo de 2004, transmitido por una red de emisoras a nivel nacional en Estados Unidos y moderado por la periodista de investigación Amy Goodman desde Washington, el funcionario de la NED Chris Sabatini, coordinador de programas para América Latina y el Caribe, desmintió las aseveraciones de Golinger, y aseguró que la verdad sobre el apoyo a organizaciones venezolanas "es mucho menos siniestra de lo que Eva está tratando de hacer creer"[119].

Golinger y Bigwood aplicaron la experiencia obtenida reuniendo los documentos públicos de la NED para un objetivo más ambicioso: establecer la participación de otras agencias del gobierno norteamericano, como la Agencia Central de Inteligencia (CIA), en el golpe de abril de 2002.

Luego de varias peticiones a través de la ley FOIA, el dúo obtuvo finalmente un legajo de correos electrónicos del Departamento de Estado en noviembre de 2004. Con el fajo de documentos Golinger se dedicó a escribir un libro para sustentar la tesis de que Estados Unidos jugó un papel clave en la conspiración del 2002.

Lo que se anunció como una serie de documentos clasificados y reales de la CIA que mostraban cómo la agencia había actuado en los momentos críticos del golpe en 2002, resultó ser una colección de cientos de cables enviados desde la embajada norteamericana en Caracas al Departamento de Estado y otros organismos federales en Washington, muchos de ellos informes rutinarios y no confidenciales que analizaban principalmente reportes de la prensa local en Venezuela.

Pero, según concluyó Golinger en su libro El Código Chávez, los documentos eran una prueba indiscutible de que la inteligencia estadounidense estuvo operando tras bastidores "para determinar cómo debería procederse en la intervención", durante los momentos críticos del golpe de abril de 2002[120].

La recopilación documental de Golinger le valió aplausos en el medio periodístico de la izquierda estadounidense.

"No sólo revela y analiza las nefastas conspiraciones, sino que establece un modelo para investigadores. Estudiantes y profesores deberían imitar el cuidado de Golinger en presentar e interpretar documentos y sacar conclusiones basadas en hechos", dijo en el prólogo Saúl Landau, un cineasta y académico emérito de la Universidad Estatal de California, que fue protector y biógrafo del político chileno Orlando Letelier, ex embajador del gobierno de Salvador Allende en Washington[121].

El libro de Golinger se presentó oficialmente en La Habana y luego en Caracas, la primera ciudad de una gira promocional por toda Venezuela.

Poco tiempo después de ser publicado, el libro recibió una crítica demoledora por parte de Veneconomía, una firma de análisis económico con sede en Caracas.

El análisis señaló más de una docena de imprecisiones y errores, y afirmó que Golinger no mostraba respaldo documental "ni siquiera remoto", para afirmar que la embajada estadounidense en Caracas sabía con antelación del golpe[122].

"Veneconomía leyó los documentos en el apéndice, y luego consultó otros documentos en la página web de Golinger, y ninguno de los documentos substancia sus afirmaciones"[123], indicó el análisis.

En cuanto a la afirmación de que la CIA tenía un íntimo conocimiento de los preparativos del golpe, la tesis central del libro de Golinger, Veneconomía indicó que "los documentos de la CIA que ella cita no tienen un contenido diferente a los reportes que estaban siendo publicados y transmitidos diariamente durante esos tensos días en abril de 2002 por los medios venezolanos".

Los analistas añadieron que "los reportes de la CIA no afirman conocer más acerca del presunto golpe contra Chávez que lo que estaba en los medios locales en ese momento".

Después de El Código Chávez, la abogada publicó una serie de libros en defensa de la revolución chavista, y condenando el intervencionismo norteamericano en Venezuela[124].

Las actividades de Golinger no pasaron inadvertidas para un grupo de activistas venezolanos, que comenzaron a monitorear sus movimientos desde 2004.

De acuerdo a varias denuncias, Golinger aparentemente violó leyes estadounidenses mientras estuvo al frente de la organización Venezuela Solidarity Committee (VSC), en 2003.

Según Aleksander Boyd, editor del portal vcrisis.com, Golinger publicó en el sitio de internet de VSC que su organización estaba inscrita en el Departamento de Rentas Internas (IRS) como sin fines de lucro, cuyos donantes podían deducir sus contribuciones del impuesto sobre la renta.

Sin embargo, para ese momento, VSC no estaba en lista de agrupaciones amparadas bajo el código 501 (c)(3), aplicado a organizaciones sin fines de lucro por el IRS[125].

La abogada negó las acusaciones y afirmó que los fondos que había recibido su organización habían provenido de donantes privados.

Tras la denuncia, el venezolano Javier Cáceres, un acucioso activista venezolano residente de Key Biscayne, Florida, pidió formalmente en una carta a la Unidad de Investigaciones Criminales del IRS, en Houston, indagar si las solicitudes de donaciones deducibles de los impuestos recibidas por Golinger pudieran haber violado las disposiciones legales del organismo[126]. La respuesta del IRS a tal solicitud no fue dada a conocer a los denunciantes.

Golinger también fue acusada de haber recibido pagos por parte de la embajada de Venezuela en Washington durante 2003, por servicios legales prestados, a pesar de que todavía no había obtenido la licencia de abogada por parte de la Asociación de Abogados de Nueva York[127].

La denuncia inicial sobre las actividades como abogado de Golinger habían sido publicadas por el columnista venezolano Orlando Ochoa Terán en el diario *El Universal* de Caracas, que citó documentos de la VIO de 2003 donde aparecía el nombre de Eva Golinger como beneficiaria de pagos por parte de esa firma patrocinada por la embajada venezolana en Washington[128].

Golinger negó los cargos de que había actuado como abogada antes de recibir el permiso oficial. La Bar Association de Nueva York, el organismo que regula la actuación de los abogados en el estado, no le respondió entonces al autor una petición para aclarar el tema, aduciendo confidencialidad.

EL *LOBBY* AFROAMERICANO

A partir de mediados del 2006, la embajada venezolana contrató los servicios de Leila McDowell, una periodista afroamericana que trabajó para importantes cadenas de radio como ABC, CNN, National Public Radio y AP Radio. McDowell, miembro de la directiva de la National Association for the Advancement of Colored People (Asociación Nacional para el Avance de la Gente de Color, NAACP), la más importante organización afroamericana de Estados Unidos, también había sido en el pasado activista del partido Black Panters (Panteras Negras), una organización afroamericana de extrema izquierda[129].

McDowell desarrolló una amplia experiencia en asesoría de personalidades y gobiernos como los ex presidentes Jean Bertrand Aristide, de Haití, y Nelson Mandela, de Sudáfrica, y el ex vicepresidente norteamericano Al Gore; y los gobiernos de Jamaica y Angola, con un enfoque para desarrollar "el poder y el impacto de organizaciones progresistas"[130].

La periodista fue contratada con un salario de $5,000 mensuales para "proveer consejería y asistencia de relaciones públicas", y "ofrecer estrategias para mejorar la imagen de la República de Venezuela", según el documento de su registro en FARA el 8 de septiembre de 2006[131].

Los servicios de McDowell incluyeron también la selección de medios "para corregir inexactitudes y compartir información"; asistir en el arreglo de encuentros con periodistas y eventos de prensa, y prestar asistencia para la publicación de artículos de opinión favorables a Chávez.

McDowell no sólo ayudó a diseminar información positiva sobre Venezuela, sino que en ocasiones actuó como portavoz y publicó sus propios artículos de opinión.

"Trabajo con el personal de la embajada para tratar de darle información al pueblo norteamericano acerca de lo que realmente está pasando en Venezuela, porque hay muchas inexactitudes por ahí", le declaró McDowell en diciembre de 2006 a Gregory Kane, comentarista del portal www.BlackAmerican-Web.com[132].

El 12 de diciembre de 2007, diez días después de realizarse el referéndum consultivo para reformar la constitución, en el que fracasó la propuesta de Chávez, McDowell defendió el carácter democrático del mandatario venezolano, y criticó a quienes lo consideraban un dictador, en un escrito publicado por el rotativo USA Today.

"Contrario a la inferencia de que Chávez es un aspirante a dictador, Venezuela tiene una democracia vibrante", escribió la activista[133], echando mano al difundido argumento de que las múltiples elecciones realizadas por Chávez desde que llegó al poder en 1999 demostraban el carácter democrático de su gobierno.

La reportera sugirió también en su nota que, dados los avances en la democracia política y económica promovidos por el gobierno de Chávez, sus pares en Estados Unidos tendrían mucho "por aprender" de la experiencia venezolana.

Como contratista de la embajada de Venezuela en Washington, McDowell obtuvo $55,000 de acuerdo con los documentos de su registro en FARA.

EL CABILDEO PETROLERO

Desde la llegada de Chávez al poder, el gobierno continuó con la práctica de pagar un extenso cabildeo para proteger o promover aspectos estratégicos de la relación energética de Venezuela con Estados Unidos.

A mediados del 2001, paralelamente a los servicios de Arnold & Porter, el gobierno venezolano, a través de Pdvsa, contrató cabilderos en Washington para una labor específica y de corta duración, por lo que gastó poco menos de $20,000.

Pdvsa contrató a la firma LPI Consulting Inc. para consultas relativas a normas regulatorias que afectaban el clima de inversiones en los Estados Unidos, y que impactaban la actividad económica de la estatal petrolera venezolana en territorio norteamericano.

De acuerdo con los registros de FARA, LPI Consulting realizó el mismo tipo de asesoría en forma simultánea para otros tres gigantes petroleros: la Saudi Aramco, de Arabia Saudita, y Petróleos Mexicanos (Pemex), de México.

Entre junio de 2001 y enero de 2002, Pdvsa pagó a esta firma $17,199.04 por concepto de asesorías. El contrato fue rescindido en febrero de 2002.

Pdvsa también desarrolló una estrategia propia para Citgo, a fin de proteger sus intereses comerciales, que incluían una gigantesca red de más de 14,000 estaciones de servicio a nivel nacional.

Para estos efectos, Pdvsa contrató a la firma de relaciones públicas The DCS Group, con sede en Washington, el 27 de octubre de 1999.

El convenio, establecido "por tiempo indefinido", tenía el objetivo de impulsar una "campaña de medios consistente en desarrollo de mensajes, redacción de boletines de prensa y relaciones con los medios" para mejorar la imagen del conglomerado energético venezolano.

El contrato fue renovado el 1 de agosto de 2001 a través de The Dukto Group, una subsidiaria de DCS, a instancias del entonces embajador en Washington, Ignacio Arcaya, a un costo de $40,000 mensuales. Su vigencia se prolongó hasta el 1 de enero de 2002.

Entre otras actividades, Dukto organizó reuniones y entrevistas de Arcaya con periodistas de importantes medios como The Wall Street Journal y Houston Chronicle, además de encuentros con congresistas y diplomáticos.

Dutko organizó, por ejemplo, varias reuniones de funcionarios venezolanos, entre ellos Bernardo Álvarez, entonces viceministro de Energía y Minas. En los encuentros participó un funcionario medio de Pdvsa que luego había de escalar, como ningún otro, las posiciones dentro de la estructura corporativa de la estatal petrolera: Rafael Ramírez.

Los visitantes se reunieron con los congresistas demócratas Robert Menéndez (Nueva Jersey) y Gene Green (Texas), entre otros, y con el ex embajador en Caracas John Maisto, en ese momento miembro del Consejo de Seguridad Nacional de la Casa Blanca, para promover la agenda energética del gobierno chavista.

En agosto de 2001, los asesores organizaron la visita a Washington del canciller venezolano Luis Alfonso Dávila, y le procuraron encuentros de alto nivel con importantes funcionarios y congresistas[134].

La asesoría de *Dutko* se mantuvo en suspenso hasta principios de 2004, cuando el gobierno decidió comenzar a monitorear proyectos de ley en el congreso estadounidense a los que podría sacar algún provecho.

Así, la embajada venezolana en Washington le pagó a Dutko $90,000 entre enero y junio de 2004[135], a fin de que hiciera un seguimiento a las discusiones sobre importantes leyes como Pride Act, que proyectaba organizar ayudas temporales a personas de escasos recursos; la Ley de Libertad para Viajar a Cuba (S-950); la ley sobre el cambio climático (S-388); y el proyecto S-597, que promovía incentivos a los compradores de vehículos que consumieran menos combustible.

La firma recibió otros $100,000 entre julio y diciembre de 2004 para monitorear los cambios y enmiendas en la Ley de Aire Limpio (Clean Air Act), que preveía establecer nuevas medidas a emisiones de gases tóxicos, que tendrían un potencial impacto en las refinerías de Citgo en territorio norteamericano.

En 2005, Citgo pagó otros $220,000 para monitorear legislaciones que afectaban al sector energético, incluyendo regulaciones para la energía nuclear. Los cabilderos continuaron arreglando contactos con diversos departamentos como los de Energía, Ambiente y Justicia, y la oficina ejecutiva del presidente George W. Bush[136].

Entre enero de 2006 y junio de 2010, Dutko recibió poco más de $2 millones, para supervisar decenas de leyes que se encontraban en discusión en el congreso norteamericano, entre ellas la Ley de Protección de Infraestructura Crítica para la Defensa Nacional (HR 4881), la Ley de Instalaciones Químicas de Antiterrorismo (S. 2145, HR 5695); la Ley de Energía, Diplomacia y Seguridad (S 2435); la Ley de Ampliación de Seguridad en Terminales Marítimas (HR 4880), y varias legislaciones dedicadas el sector de Defensa Nacional en Estados Unidos que podrían tener efectos para Venezuela.

En total, entre agosto de 2001 y mediados del 2010, Citgo pagó a Dutko Worlwide alrededor de $3 millones por cabildeo en Washington.

Otra consultora pagada por Pdvsa fue Shearman & Sterling, que a mediados del 2004 firmó un contrato por $20,000 para contestar un reclamo por expropiación presentado ante el Departamento del Tesoro a nombre de una empresa que se declaraba afectada[137]: la firma tecnológica Science Applications International Corporation (SAIC), socia de Pdvsa que controlaba la informática de la petrolera, y cuya infraestructura en Venezuela había sido expropiada por el gobierno venezolano en 2002.

Al parecer, los esfuerzos de Shearman & Sterling no rindieron los frutos esperados, porque la embajada contrató de seguidas los servicios de la empresa Venn Strategies, para lidiar con el mismo caso.

Como consecuencia de la expropiación, SAIC había interpuesto una reclamación ante la Corporación de Inversiones Privadas en el Extranjero (OPIC), el organismo federal que provee de pólizas de seguro al capital norteamericano que se invierte en el exterior, argumentando pérdidas de más de $7 millones.

Por su parte, el gobierno venezolano quería dilucidar la reclamación de SAIC con la mediación del Banco Mundial.

A través de Venn Strategies, Venezuela quería demostrar ante representantes y senadores que SAIC había ganado $93 millones desde que se había asociado con Pdvsa hasta el momento de su expropiación por órdenes de Chávez, y de que sólo invirtió un total de $2,000 en la sociedad, según declaraciones del entonces ministro de Energía y Minas de Venezuela, Alí Rodríguez Araque[138].

El 20 de julio de 2004, la OPIC emitió un veredicto que favorecía la reclamación de SAIC[139].

También en enero de 2004, Pdsva contrató a otra compañía de asesoramiento, Collier, Shannon, Scott PLLC, para resolver "temas generales con respecto al suministro de petróleo extranjero". En otras palabras, la firma estaba ayudando a la petrolera estatal a vender petróleo venezolano destinado a la reserva estratégica de Estados Unidos.

La firma cobró $120,000 por dedicar a cuatro abogados para cabildear ante representantes y senadores, así como ante funcionarios del departamento de Energía, buscando ampliar la cantidad de petróleo que Estados Unidos adquiría para su reserva estratégica, según el reporte de agosto de ese año presentado por la firma en la oficina de registro de cabilderos del congreso norteamericano[140].

Pdvsa renovó el contrato por otros seis meses, de julio a diciembre de 2004, a un costo de $140,000 en honorarios, para promover estrategias dirigidas a influir además en la redacción de leyes que afectaban las importaciones de crudo y productos petroleros a Estados Unidos[141].

La estrategia continuó en la misma dirección entre 2005 y mediados del 2006, con pagos que totalizaron luego de dos años y medio $600,000.

La firma cabildera sufrió una metamorfosis en abril de 2006, de acuerdo con los registros congresionales[142], y cambió su nombre de registro a Kelley, Drye & Warren, DBA, Kelley, Drye, Collier, Shannon, aunque continuó haciendo el mismo trabajo hasta mediados del 2008.

El contrato fue finalmente rescindido el 30 de junio de 2008. En total, Pdvsa pagó a esta firma $980,000 en cuatro años de cabildeo.

En agosto del 2005, Pdvsa contrató por $20,000 los servicios de la firma Hogan & Hartson LLP, para establecer el impacto para Venezuela de un proyecto de ley en la Cámara Baja que establecía "inmunidad soberana" a países productores de petróleo a fin de que las exportaciones de crudo de estos países no resultaran afectadas en casos de contingencia[143].

La firma se mantuvo inactiva en el 2006 y hasta abril de 2008, cuando fue rescindido el contrato con Pdvsa.

CABILDEO ENTRE INTELECTUALES

La campaña pro chavista en Estados Unidos se anotó importantes éxitos en el estamento intelectual de la izquierda tradicional norteamericana, principalmente entre polemistas como Noam Chomsky, el famoso profesor de lingüística del Instituto Tecnológico de Massachussets (MIT).

Chomsky dedicó por lo menos media docena de sus libros desde 2003 para defender al gobierno venezolano y sus postulados.

Entre otros aspectos, el intelectual defendió la tesis de la legitimidad del gobierno de Chávez por su origen democrático-electoral, y destacó la prominencia de líder mundial del presidente venezolano.

"Chávez ha ganado repetidamente elecciones monitoreadas y referendos a pesar de una sobrecogedora hostilidad de los medios", y sus niveles de popularidad están en el 80 por ciento", escribió en uno de sus libros en 2006[144].

Chomsky también dijo que el discurso de Chávez en la Cumbre de las Naciones Unidas (NU) en Nueva York, en septiembre de 2005, "generó la más ruidosa ronda de aplausos para un líder mundial en la Cumbre, con su irrefrenable ataque en lo que caracterizó como el militarismo y el capitalismo de Estados Unidos"[145].

Al año siguiente y en la misma sede de las Naciones Unidas, durante el famoso discurso en el que llamó "Diablo" a su homólogo norteamericano George W. Bush, el propio Chávez le retribuiría a Chomsky los gestos en su defensa, leyendo extractos de la edición en español del libro Hegemony or Survival[146] (Hegemonía o Supervivencia) que dispararon las ventas del libro por internet[147].

Chomsky también defendió en otra de sus publicaciones el "considerable impacto en los países del Caribe del programa conjunto entre Cuba y Venezuela conocido como Misión Milagro, para "proveer de atención médica a gente que no tiene la esperanza de recibirla", y criticó "el constante sonido del tambor de la propaganda histérica acerca de Chávez en los medios predominantemente de derecha en buena parte de América Latina"[148].

El gobierno venezolano también estableció relaciones con el académico de izquierdas Chesa Boudin, miembro de una familia de radicales marxistas norteamericanos entre los que destacó Leonard Boudin, un abogado que trabajó para Fidel Castro en Nueva York. Los padres de Boudin, Kathy y David Gilbert, fueron encarcelados en la década de los 70 por estar involucrados en el asalto a un camión de transporte de dinero de Brink Bank, en el que tres personas resultaron muertas[149].

Boudin, un becario Rhodes de la Universidad de Oxford y especialista en temas latinoamericanos, tradujo al inglés un libro de conversaciones de Hugo Chávez con la ideóloga chilena Marta Harnecker[150], y coescribió otro volumen en defensa del chavismo dirigido al público estadounidense[151].

Tras vivir una temporada en Venezuela, Boudin escribió el libro en conjunto con Gabriel González, un asesor del gobierno chavista, y Wilmer Rumbos, columnista de la página pro chavista www.aporrea.org.

El libro fue considerado "más como un catecismo exuberante que un análisis académico profundo", que "demuestra considerable simpatía por Chávez y sus esfuerzos", criticó Brendan Driscoll, comentarista de la revista Booklists, órgano de la American Library Association[152].

Otra de las adiciones del gobierno venezolano al arsenal de académicos e intelectuales defensores de la revolución bolivariana fue el economista Mark Weisbrot, co-director del Center for Economic and Policy Research (CEPR), con sede en Washington.

Weisbrot recibió un doctorado en Economía por la Universidad de Michigan, y contribuyó regularmente para numerosas publicaciones periodísticas. Escribió columnas para el rotativo inglés The Guardian; y para la cadena de periódicos McClatchy-Tribune Information Services, y columnas no periódicas de opinión en diarios como The New York Times, Washington Post, Los Angeles Times, de Estados Unidos, y el diario Folha, de Sao Paulo, Brasil[153].

Weisbrot protagonizó un breve pero intenso debate con el economista venezolano Francisco Rodríguez, académico de la Universidad Wesleyan, en Connecticut, tras la publicación, en la edición de marzo/abril de 2008 de la revista Foreign Affairs, de un extenso análisis demostrando que las políticas sociales del gobierno chavista nunca beneficiaron a los pobres en ocho años de gestión.

"Ni las estadísticas oficiales ni las estimaciones independientes muestran ninguna evidencia de que Chávez ha reorientado las prioridades del Estado para beneficiar a los pobres", escribió Rodríguez en un muy difundido artículo[154].

"La mayoría de los indicadores de desarrollo humano y de salud no han mostrado mejoras significativas más allá de lo normal en medio de un boom petrolero. De hecho, algunos han empeorado de forma preocupante, y estimaciones oficiales indican que la desigualdad en los ingresos ha aumentado. La hipótesis de que 'Chávez es bueno para los pobres' es inconsistente con los hechos", subrayó el economista de Wesleyan[155].

Rodríguez analizó una extensa cantidad de datos estadísticos para fundamentar sus demoledoras apreciaciones.

Weisbrot inmediatamente publicó una respuesta de 12 páginas contra el artículo, detallando los supuestos errores cometidos por el economista Rodríguez, y defendiendo el criterio de que, desde la llegada de Chávez al poder, el crecimiento económico en Venezuela ha sido notable.

Weisbrot escribió que "en los cinco años desde que el gobierno del presidente Hugo Chávez ganó el control de la industria petrolera nacional, el Producto Interno Bruto (ajustado a la inflación) ha crecido en más del 87 por ciento", y aseguró que en ese mismo período la pobreza había sido reducida a la mitad, y el desempleo disminuido en más de la mitad[156].

Entre otros aspectos, Weisbrot negó que Chávez hubiera empeorado los indicadores de la desigualdad; y que, por el contrario, el gasto social *per capita* aumentó 314 por ciento en el período 1998-2006[157].

La polémica continuó con otros dos artículos de respuesta, básicamente reforzando los mismos argumentos de ambas partes[158].

Weisbrot también ha sido un activo contribuyente en la defensa del chavismo a través del cine. En 2009 trabajó como escritor y guionista, junto al comentarista británico-paquistaní Tareq Alí, del documental "Al Sur de la Frontera", dirigido por el polémico cineasta estadounidense Oliver Stone[159]. La cinta recibió numerosas críticas por los errores históricos y por ofrecer una perspectiva abiertamente favorable al chavismo, a pesar de que se publicitó como una visión imparcial del tema.

Entre las críticas figura la narración que Stone hizo en el documental sobre el intercambio de disparos en Puente Llaguno el 11 de abril de 2002, en el que se produjeron varias muertes, basado primordialmente en el testimonio de Gregory Wilpert, que presenció parte de los enfrentamientos.

Wilpert fue presentado como un académico estadounidense, pero en el documental se obvió el hecho de que él era esposo de Carol Delgado, cónsul chavista en Nueva York, y editor del portal www.venezuelanalysis.com, que ha recibido numerosas contribuciones por parte del gobierno venezolano[160].

PENETRANDO A OBAMA

Pocos días después de asumir la presidencia Barack Obama, en enero de 2009, las relaciones con Venezuela enfrentaban su peor momento histórico.

Tres meses antes, Chávez había expulsado al embajador norteamericano Patrick Duddy, en solidaridad con el gobierno de Evo Morales, que a su vez había expulsado al embajador Phillip Goldberg acusando a Estados Unidos de conspirar junto a sus opositores en su contra.

La expulsión del embajador Duddy, oficializada el 11 de septiembre de 2008, no fue una simple orden burocrática, sino parte de un show en tono grotesco que fue televisado en cadena nacional.

Tras conceder a Duddy un plazo de 72 horas para abandonar el país, Chávez declaró desafiante en un mitin político el mismo día en el estado Carabobo: "Váyanse al carajo, yanquis de mierda, aquí hay un pueblo digno".

El mandatario ordenó el retorno a Caracas del embajador venezolano en Washington, Bernardo Álvarez, y declaró que restablecerían las relaciones diplomáticas "cuando haya un nuevo gobierno en Estados Unidos", uno que "respete a los pueblos de América Latina"[161].

La reacción norteamericana no fue menos contundente. La administración Bush ordenó al día siguiente la expulsión del embajador Bernardo Álvarez, en represalia por la salida de Duddy, y anunció una medida más drástica aún: la inclusión en la lista de capos y cooperadores de la droga de tres importantes figuras del alto chavismo[162].

El Departamento del Tesoro acusó a los generales Hugo Carvajal y Henry Rangel Silva, altos oficiales activos de la inteligencia venezolana, y al ex ministro de Relaciones Interiores Ramón Rodríguez Chacín, de cooperar con la narcoguerrilla colombiana en actividades de narcotráfico y terrorismo.

A pesar de las agrias diferencias, el potencial triunfo de Barack Obama en las elecciones presidenciales de noviembre abrió un compás de oportunidades para restablecer un nuevo estilo en la relación binacional.

Chávez llegó incluso a invitar a los norteamericanos a votar por el candidato demócrata. "Si fuese estadounidense votaría por Obama; y yo creo que si Obama fuese de Barlovento, o de un barrio de Caracas, votaría por Chávez. Obama es un buen tipo", dijo entusiasta pocos días después de pronunciar sus insultos en público contra los "yanquis"[163].

Aunque la relación con la saliente administración Bush lucía irreparable, discretamente Caracas mantenía una línea de contacto con los asesores demócratas.

De hecho, el asesor de Obama para América Latina, Dan Restrepo, reveló que mantenía contactos con funcionarios venezolanos. Restrepo aseguró que Obama proyectaba iniciar una nueva política de "diplomacia activa", que incluía contactos directos con países hostiles como Venezuela, Cuba e Irán.

El asesor de Obama expresó también la voluntad del candidato de organizar un encuentro futuro con Chávez, "para hablar directamente con él, en el momento adecuado"[164].

Los estrategas de la Cancillería y la embajada venezolana en Washington contrataron a la firma Venable LLP, con el fin de promover un acercamiento con la nueva administración, bajo la esperanza de que podían producirse acuerdos en temas de interés común.

Según el contrato, el objetivo era "proveer asesoría estratégica a la embajada para el fortalecimiento de las relaciones entre

Venezuela y Estados Unidos, y promover reuniones y contactos con congresistas, funcionarios del gobierno estadounidense y el sector privado". En realidad, la embajada buscaba penetrar "discretamente" los secretos de la nueva política de Obama hacia América Latina, y especialmente hacia Venezuela[165].

El contrato estipuló un pago único de $50,000 por tres meses, más gastos operativos "razonables". El gobierno venezolano canceló el contrato cuando se venció el 30 de marzo de 2009.

Para cuando Obama llegó a la Casa Blanca, el 20 de enero de 2009, el ambiente de las relaciones con Caracas comenzó a mejorar paulatinamente. Ambos gobiernos decidieron el restablecimiento de las relaciones diplomáticas, y ordenaron el retorno de los embajadores Duddy y a sus respectivas delegaciones diplomáticas a fines de junio de ese año.

Los esfuerzos para una cumbre Obama-Chávez nunca cristalizaron. Lo más cerca que el presidente venezolano estuvo del jefe de la Casa Blanca fue durante la cumbre de Países Iberoamericanos en Trinidad y Tobago, en abril de 2009, durante el cual Chávez le obsequió un ejemplar del libro Las Venas Abiertas de América Latina, del escritor uruguayo Eduardo Galeano.

EXTRADICIÓN DE POSADA CARRILES

Al retomar sus funciones en Washington, el embajador venezolano se concentró básicamente en un objetivo político: lograr la extradición del luchador anticastrista Luis Posada Carriles, que enfrentaba ya un juicio y estaba acusado de terrorista por los gobiernos de Venezuela y Cuba[166].

volvió a contratar a la firma Pertierra & Toro, de Washington DC., para continuar la asesoría legal y de estrategia de medios en el caso de la extradición de Posada Carriles, con un pago inicial o retainer de $10,000, de acuerdo con documentos federales[167].

El trabajo consistía en prestar asesoría legal a la embajada y promover la difusión pública en conferencias y medios de comunicación del caso de extradición de Posada Carriles, incluyendo una entrevista en el canal oficial Venezolana de Televisión (VTV) y artículos en el blog de izquierda www.counterpunch.org.

La asesoría de Pertierra & Toro continuó hasta mediados de 2012, según los últimos reportes federales registrados en el Departamento de Justicia.

El cabildeo diplomático venezolano en Estados Unidos llegó a un mínimo histórico en agosto de 2010, cuando Chávez rechazó públicamente al candidato propuesto por Washington como nuevo embajador en Caracas, Larry Palmer, un diplomático de larga trayectoria en el Caribe y Centroamérica.

Palmer rápidamente generó la ira de Chávez cuando, en respuesta a un agudo cuestionario enviado por la oficina del senador republicano Richard Lugar, el jefe de la Comisión de Política Exterior del Senado norteamericano, emitió duras críticas a la situación política venezolana, los límites a la libertad de expresión, los vínculos de funcionarios chavistas con la guerrilla colombiana, y una moral "considerablemente baja" en el estamento militar[168].

Palmer "se inhabilitó para venir aquí como embajador, no puede venir de embajador, él mismo se inhabilitó rompiendo todas las leyes de la diplomacia, metiéndose con todos nosotros", respondió Chávez doce días después de la audiencia del senado.

"¿Cómo tú crees, Obama, que yo voy a aceptar a ese caballero como embajador aquí? Lo mejor es que tú lo retires, Obama, no insistas, yo te lo pido", dijo Chávez[169].

El rechazo de Palmer produjo la cancelación de la visa al embajador , lo que implicaba efectivamente una expulsión del diplomático[170].

En 2011 la situación continuó empeorando. El 5 de junio, el canciller Nicolás Maduro admitió que las relaciones con Estados Unidos estaban no sólo congeladas sino que no tenían "perspectivas" de moverse en el futuro inmediato[171].

Maduro criticó que Washington sólo tuviera con el régimen chavista el objetivo de "amedrentar", citando las sanciones impuestas en mayo de 2011 por el Departamento del Tesoro contra Pdvsa por sus vínculos comerciales con Irán.

"Nosotros no queremos ir a una confrontación pero sí queremos que se nos respete. Tenemos el derecho soberano de relacionarnos comercialmente con el mundo entero", explicó[172].

Las relaciones diplomáticas bilaterales no volvieron a restablecerse mientras Chávez se mantuvo con vida. Durante la campaña presidencial norteamericana de 2012, el mandatario venezolano sentenció que, independientemente de quien triunfara en los comicios, Obama o el republicano Mitt Romney, no esperaba cambios en los vínculos.

"No tenemos muchas esperanzas de que ganando uno u otro hayan cambios importantes en la relación de Estados Unidos con el mundo, con América Latina o con Venezuela", indicó Chávez[173].

Las decenas de millones que hasta ese momento se había gastado Venezuela en pagar a las más costosas firmas de cabildeo en Washington, y los multimillonarios acuerdos y contratos con la ayuda de poderosas familias para repartir combustible barato a comunidades pobres de Norteamérica, ya no le funcionaba políticamente a Chávez.

La desaparición física del comandante bolivariano no modificó esencialmente la postura política y diplomática de Venezuela frente a Estados Unidos. Su sucesor, Nicolás Maduro, continuó el mismo tono de confrontación que sumó más enemigos que aliados dentro de la administración Obama. Sin embargo, como era de esperar, no modificó esencialmente la política petrolera del régimen: continuar siendo un confiable proveedor de crudo venezolano a Estados Unidos.

3
LA OFENSIVA ELECTORAL

"El Sistema Electoral venezolano es uno de los mejores del mundo".

Hugo Chávez, 20 de septiembre de 2012.

El pago de millones de dólares a cabilderos para promover la causa del presidente Hugo Chávez en Estados Unidos fue apenas una de las múltiples vías en que los chavistas se verían implicados en negociaciones, disputas y escándalos en territorio norteamericano.

Una completa saga de controversias que se prolongó entre 2004 y 2009 tuvo como protagonista principal a la firma de elecciones Smartmatic, con sede en Boca Ratón, Florida, e implicó a altos funcionarios del gobierno venezolano, incluyendo un vicepresidente y un embajador de Venezuela en Washington, y un grupo de empresarios venezolanos que provocaron desde investigaciones federales hasta cambios radicales en leyes que fueron reforzadas para frenar la penetración extranjera en Estados Unidos.

La expansión de la firma de elecciones en Estados Unidos, después de ayudar a organizar uno de los eventos comiciales más polémicos en la historia de Venezuela, en agosto de 2004, provocó una ola de paranoia desde Miami hasta Washington,

pasando por Chicago y Nueva York, que acabó con las ambiciones de Smartmatic de penetrar el mayor mercado de elecciones
del mundo, debido a conexiones secretas con Venezuela que
nunca terminaron por aclararse.

LOS ORÍGENES

Smartmatic fue creada por primera vez e inscrita oficialmente como una empresa no en Venezuela, de donde eran origina-
rios sus fundadores, sino en el registro de corporaciones del
estado de Delaware, Estados Unidos, el 11 de abril de 2000[174].

Sus propietarios estaban vinculados familiarmente a la firma venezolana Panagroup, una empresa de tecnología informática establecida en 1977 en Caracas[175].

El 11 de septiembre de 2000, cuatro meses después de su
fundación en Delaware, la empresa fue incluida también en
el registro de corporaciones de la Florida, en Tallahassee. De
acuerdo con los documentos, el directivo Alfredo Anzola solicitó autorización para que la firma pudiese funcionar como
empresa extranjera en el estado de la Florida, con una base de
operaciones en el 19591 Dinner Key Drive, de Boca Ratón, a
hora y media al norte de Miami[176].

Smartmatic había surgido como una iniciativa de un grupo
de jóvenes especialistas en computación, liderados por Antonio
Mugica, Alfredo Anzola y Roger Piñate, que tenían la particular
ambición de convertirse en los nuevos Bill Gates de Venezuela.

"Eran muchachos sencillos y brillantes que aspiraban a dejar una huella en el campo de la informática y la tecnología
a nivel mundial", le comentó al autor uno de los directivos de
Smartmatic en Boca Ratón, cuando la firma comenzó a generar
fuertes polémicas en Estados Unidos en 2005.

El fundador, Antonio Mugica, nacido en Caracas en 1974, se
graduó de ingeniero electrónico en la Universidad Simón Bolívar (USB) de Caracas, uno de los centros élite de formación
tecnológica de Venezuela. Junto a su padre Antonio Mugica
Sesma, había sido miembro de la directiva de Panagroup.

Mugica residió brevemente en Boca Ratón, donde desarrolló una investigación sobre robótica en la Florida Atlantic University, donde cursó estudios[177].

El joven ingeniero fue el creador de la "visión" de Smartmatic como una empresa de servicios tecnológicos dirigidos a explotar el prometedor campo de las redes digitales, que permitían conectar diversos equipos de forma instantánea, y de donde surgió el eslogan All Things Connected, que adoptó la compañía[178].

Alfredo Anzola, un ingeniero industrial y amigo de infancia de Mugica, también nacido en 1974, desarrolló la estructura empresarial de la firma. Roger Piñate, otro ingeniero electrónico graduado de la USB, fue el responsable de supervisar la estrategia de producción y el proceso de diseño industrial de los productos de Smartmatic[179].

Aunque establecida en Willmington y Boca Ratón, Smartmatic era la punta de lanza de un ambicioso plan para llevar a cabo nuevos y prometedores negocios en Venezuela, gracias a importantes conexiones con sectores de poder.

Estratégicamente, la firma comenzó a exhibirse como una "compañía de capital mixto alemán, venezolano y estadounidense", con oficinas principales en la Florida[180].

Pero para Mugica, uno de los objetivos principales era diseñar soluciones específicamente dirigidas al gobierno venezolano[181].

Para fines de 2001, Smartmatic ya compartía con Panagroup una cartera de clientes que incluían varios organismos estatales, como Petróleos de Venezuela (Pdvsa) y la Defensoría del Pueblo, un ente creado por Hugo Chávez como parte del naciente Poder Moral, que incluía los organismos contralores del país como la Fiscalía y la Procuraduría General de la República.

El gran salto de la empresa vino en 2003, luego de su registro como corporación en la isla de Curazao, exactamente el 14 de febrero, bajo el nombre de Smartmatic International Group N.V.

A partir de ese momento, Alfredo Anzola inició los arreglos para establecer una alianza estratégica que conectó estrechamente a Smartmatic con el gobierno de Chávez.

Casi inmediatamente después de inscribir Smartmatic como una corporación norteamericana tanto en Delaware como en Florida, Mugica y Anzola también registraron una segunda firma destinada a jugar un papel clave en la estrategia de crecimiento de Smartmatic en Venezuela.

La firma Bizta Corporation fue incorporada por Anzola en Delaware el 12 de abril de 2000, un día después del registro de Smartmatic. La incorporación en el registro de empresas de Tallahassee, Florida, se hizo nueve meses después, el 24 de enero de 2001, también por mano de Anzola y utilizando la misma dirección de Smartmatic.

La empresa se estableció con un capital de 5 millones de bolívares, equivalente a unos $10,000 al cambio oficial de 1997.

Sin embargo, para financiar proyectos ulteriores, Bizta recibió un préstamo que desató el primero de varios escándalos que pusieron a Smartmatic literalmente en el ojo de la tormenta en Venezuela y Estados Unidos.

NEGOCIOS POLÉMICOS

El primer gran negocio que se presentó en el horizonte de Smartmatic surgió tras la llegada del psiquiatra Jorge Rodríguez a la directiva del Consejo Nacional Electoral de Venezuela (CNE), en agosto de 2003.

Previamente, como presidente de la Junta Electoral Nacional, el organismo encargado de los detalles técnicos de elecciones y referendos, Rodríguez promovió intensamente la idea de que el sistema electoral venezolano debía ser "modernizado", a pesar de que el sistema vigente entonces contaba ya con 7,000 máquinas electrónicas de votación en pleno funcionamiento, instaladas en 1998 por la empresa española Indra a un costo de $136 millones[82].

El proceso de licitación para un nuevo sistema estuvo lleno de marchas y contramarchas. Entre las empresas que manifestaron su intención de participar destacaban tres: la norteamericana Election System & Software (ES&S), la mayor firma de elecciones del mundo, que exhibía una experiencia en centenares de comicios en el mundo; la española Indra, que ofrecía actualizar el sistema que ya había instalado en el país; y la pequeña firma de Boca Ratón, cuya tecnología nunca había sido usada previamente en un conteo de votos electrónico.

Contra todo pronóstico, Smartmatic obtuvo la aprobación del CNE para automatizar el sistema de votación a nivel nacional. El organismo no consideró esencial la inexperiencia de Smartmatic, a pesar de que otra firma que tampoco exhibía experiencia electoral fue terminantemente rechazada por el rector Rodríguez con ese mismo argumento[183].

El CNE decidió automatizar totalmente las elecciones para organizar el referéndum revocatorio, la primera consulta nacional sobre si Chávez debía salir del gobierno a mitad de período, en agosto de 2004, o debía concluir su período hasta el final. Este mecanismo de consulta había sido aprobado en la reforma constitucional de 1999, que el propio Chávez había promovido.

El hecho de que por primera vez se automatizasen totalmente los comicios en Venezuela para este decisivo referéndum provocó suspicacias de inmediato.

"Adiós a las boletas electorales rellenadas manualmente. Adiós a los lectores ópticos. Adiós a las 7,350 máquinas de escrutinio que usó la empresa Indra para contar los votos de las últimas 7 elecciones. A partir de ahora, los venezolanos usaremos una nueva tecnología (Touch Screen, pantallas sensibles al tacto) para ejercer el sufragio", editorializó el diario El Nacional de Caracas, expresando un velado escepticismo ante el dramático cambio que había aprobado el CNE.

Conflictos de interés

Smartmatic ganó un contrato de $91 millones que luego se incrementaría a $111 millones[184], tras presentar una plataforma tecnológica en sociedad con otras dos empresas: la corporación Bizta, creada en Florida en el 2000, y la Compañía Anónima

Nacional Teléfonos de Venezuela (Cantv), el principal proveedor de servicios telefónicos en Venezuela[185].

Parte de las acciones de Cantv estaban entonces en manos de la telefónica norteamericana Verizon, mientras que el Estado venezolano controlaba un paquete accionario de 6.6%, el único remanente estatal que quedó luego de la privatización de la telefónica en 1992.

El resultado de esta alianza fue el Consorcio SBC (por las iniciales de Smartmatic, Bizta y Cantv). De acuerdo con el contrato, Smartmatic se haría cargo de diseñar y construir las máquinas *touchscreen*. Por su parte, Bizta tenía la responsabilidad de prestar apoyo técnico local. Y finalmente Cantv tendría bajo su control la transmisión de datos a través de sus redes de telefonía a nivel nacional.

El multimillonario contrato con el CNE significó para Smartmatic un salto dramático: de ser una firma con ventas de apenas $1.47 millones a mediados del 2003, pasó a manejar un presupuesto 25 veces mayor en menos de un año, según un reporte de la firma Dun & Bradstreet, de Nueva Jersey [186].

El consulta sobre si Chávez debía continuar en la presidencia se había aprobado luego de un largo proceso de recolección de firmas por parte de la oposición, que obligó al CNE a dar el visto bueno a la consulta, a pesar de la fuerte oposición del chavismo.

A fines de mayo de 2004, tres meses después de la firma del contrato entre el CNE y el Consorcio SBC, estalló el primer escándalo que puso en serios aprietos a los jóvenes tecnólogos y al gobierno de Chávez.

Sin que nadie lo supiera, el gobierno había logrado controlar casi un tercio de las acciones de una de las empresas que integraban el Consorcio SBS, la corporación Bizta, y de hecho mantenía un representante oficial en la junta directiva de esa empresa[187].

Bizta había recibido una inyección de unos $200,000 por parte del gobierno a través de la Sociedad de Capital a Riesgo (SCR), una empresa perteneciente al gubernamental Fondo Industrial de Crédito.

El capital invertido por SCR le dio el control sobre 3 millones de acciones de Bizta, es decir un 28% de las acciones totales, y el derecho de nombrar a un director en la junta directiva. En enero de 2004, el gobierno chavista designó en esta posición a Omar Montilla, un alto funcionario del Ministerio de Ciencia y Tecnología de Venezuela.

Nadie vio como mera coincidencia que la aprobación del contrato millonario entre el CNE y el consorcio SBC se produjo un mes después de que Montilla se uniera a la junta directiva de Bizta[188].

Aunque voceros de la empresa y del gobierno trataron de minimizar el impacto de las revelaciones, no explicaron por qué nadie en Smartmatic, ni en el CNE ni en el gobierno venezolano, diera a conocer esta asociación estratégica que suponía un abierto conflicto de intereses, y que sembró dudas sobre la credibilidad del Consorcio SBC.

Tanto Mugica, fundador de Bizta, como Anzola, su presidente, dijeron que consideraban la inyección de $200,000 no como una inversión, sino como un préstamo, aunque no explicaron por qué un préstamo le daba al gobierno un importante control accionario sobre la empresa y un puesto en la directiva.

"Bizta recibió un préstamo de Foncrei, una institución del Estado que promueve el desarrollo, y en virtud de ello Omar Montilla forma parte de la junta directiva", admitió Mugica. Sin embargo, para defenderse, dijo que el gobierno no era el mayor accionista de la empresa, y que la telefónica Cantv también tenía una participación oficial que nadie estaba criticando[189].

Mugica estaba en lo cierto. No sólo Bizta tenía representación del gobierno chavista. Cantv "mantiene a dos personas del gobierno dentro de la junta directiva", acotó Mugica de forma malhumorada en una conferencia de prensa.

Las sospechas de que las relaciones entre Smartmatic y el gobierno pudieran poner en riesgo la independencia de la consulta revocatoria, generó preocupaciones entre congresistas norteamericanos.

En una audiencia del Comité de Relaciones Exteriores del senado estadounidense a mediados de 2004 para tratar la situación política venezolana, el senador demócrata por la Florida Bill Nelson expresó su preocupación sobre la posibilidad de que los resultados del referéndum revocatorio fuesen objeto de "manipulación", debido a la participación accionaria del gobierno en el consorcio que iba a realizar las elecciones.

"Estamos preocupados por el hecho de que estas máquinas se están usando por primera vez y por la posibilidad de que se produzca una manipulación de los resultados", declaró entonces el senador Nelson al autor[190].

Nelson recomendó a los representantes del Centro Carter que acudieron a la audiencia en el Capitolio, "observar de cerca" a la firma Smartmatic, debido a que planeaba usar un software "que nunca se ha puesto a prueba en un proceso eleccionario".

El senador Nelson no era el único que dudaba de la confiabilidad de Smartmatic en Estados Unidos. Aviel Rubin, profesor de ciencias de la computación de la Universidad John Hopkins, en Baltimore, y uno de los más reconocidos expertos en sistemas electrónicos automatizados, advirtió que el nuevo sistema contratado por el CNE de Venezuela no era invulnerable.

"El referéndum de Venezuela tiene que ser la más sencilla elección de la que he oído hablar, SI versus NO. Y una boleta de papel con un conteo manual de votos sería la forma más transparente de tener estas elecciones", dijo Rubin[191].

Las críticas vertidas contra Smartmatic en Venezuela y Estados Unidos no iban a ser las únicas. Nuevas vinculaciones peligrosas y escándalos estaban por tocar a la puerta de la pequeña firma de Boca Ratón.

CONEXIONES REVELADORAS

La falta de confiabilidad y las críticas sobre Smartmatic no se debían únicamente al ocultamiento deliberado de relaciones que suponían un abierto conflicto de intereses, como en el caso de la relación Bizta-gobierno, sino a la forma como sus directivos respondieron a las críticas sobre la falta de experiencia electoral de Smartmatic.

Cuando el autor preguntó en abril de 2004 a Alfredo Anzola en Boca Ratón sobre la falta de trayectoria electoral de la firma, su respuesta fue airada: "es falso que no tengamos experiencia electoral". Inmediatamente explicó que contaban con un equipo "que ha participado en 63 procesos electorales en 23 países"[192]. Pero tal respuesta era, en realidad, una verdad a medias.

Desde su creación en el 2000, Smartmatic nunca había conducido elecciones ni en Venezuela ni en cualquier otra parte del mundo. Pero para eliminar toda clase de sospechas si ganaban el contrato con el CNE, la firma contrató al especialista Jorge Tirado, director de la empresa de asesoría electoral Caribbean Government Consultants, con sede en Puerto Rico, y viejo contratista del International Foundation for Election Systems (IFES), un organismo del gobierno norteamericano con sede en Washington que promueve elecciones democráticas en el mundo.

Era Tirado, y no Smarmatic, quien había participado en 63 procesos electorales. Pero su participación no había sido como organizador, sino como simple observador enviado por IFES[193].

El contrato de $91 millones con el organismo electoral venezolano estipulaba el compromiso de Smartmatic de diseñar y producir 20,000 máquinas de votación con pantallas sensibles al tacto.

Pero Smartmatic tampoco tenía una infraestructura de fabricación de las máquinas, por lo cual contrató a otra compañía para cumplir con sus obligaciones. La firma seleccionada fue la italiana Olivetti Tecnost, que no tenía una experiencia fabricando máquinas electorales, sino terminales electrónicos para juegos de lotería.

Lo que Smartmatic ofreció como el último modelo de su máquina *touchscreen* SAES-300 era en realidad una versión reacondicionada del modelo MAEL 205, fabricado por Olivetti como una máquina electrónica para juegos de lotería.

"Las máquinas por medio de las cuales los venezolanos vamos a decidir nuestro destino el 15 de agosto son máquinas de lotería en Perú, India y Túnez. En Túnez las adquirió Promosport en sociedad con el Ministerio de Deportes de ese país; y en India las adquirieron dos compañías especializadas en juegos de envite, azar y entretenimiento", dijo el analista Orlando Ochoa Terán, que reveló por primera vez los detalles de la plataforma tecnológica que Smartmatic estaba ofreciendo a partir de máquinas de lotería[194].

La propia Olivetti reconoció la crítica. La máquina de votación que iba a ser usada en Venezuela, declaró Alvaro Fernández, gerente de Olivetti Tecnost de Argentina, "nació como una terminal de lotería on line, pero al ser tan versátil, se puede utilizar para distintas funciones, como en este caso que se empleará para realizar una votación electrónica"[195].

Además de los lazos entre Smartmatic y el consorcio Bizta, donde el gobierno era propietario de un tercio de las acciones, aparecían ahora más conexiones que implicaban relaciones directas e indirectas con personeros del gobierno.

Por ejemplo, la operación que selló la compra del 28% de las acciones de la corporación Bizta por parte de la empresa Sociedad de Capital de Riesgo C.A., a un monto de unos $200,000, fue notariada legalmente en el Registro Mercantil Quinto de Caracas, al frente del cual estaba Gisela Rangel de D'Armas, hija del vicepresidente José Vicente Rangel[196].

Uno de los fundadores de Smartmatic, Alfredo Anzola, había contraído nupcias dos meses antes de la firma del contrato Smartmatic-CNE, en abril de 2003[197], con la hija de Antonio José Herrera, asesor en el área agrícola del gobierno de Chávez.

Herrera fue uno de los más importantes consejeros del ministro de Agricultura Alejandro Riera en los inicios de la administración chavista, y era primo hermano del embajador de Venezuela en Washington, Bernardo Álvarez Herrera.

Cuando el autor preguntó al embajador la naturaleza de su parentesco familiar con el fundador de Smartmatic, éste respondió que Antonio José Herrera era sólo uno de un extenso grupo de "55 primos hermanos" que tenía en Venezuela[198].

"En efecto, la hija de uno de mis 55 primos hermanos está casada con el Sr. Anzola, a quien creo haber visto no más de un par de veces hace algunos años, en reuniones familiares, cuando ambos eran unos jóvenes adolescentes, y me he enterado por la prensa de la relación de este joven venezolano con la empresa Smartmatic", dijo Álvarez Herrera.

El diplomático agregó que había mantenido relaciones "absolutamente institucionales" con la actual directiva del CNE, y argumentó que no se podía deducir una relación familiar "sin la existencia de evidencia alguna, una conducta ilegal e inmoral de tráfico de influencias".

Sin embargo, para algunos observadores y analistas, las conexiones familiares y políticas en torno a Smartmatic formaban parte de una estrategia para influir en los procesos electorales en Venezuela.

"Hay un círculo de relaciones que tiene su origen en Barquisimeto y Carora, dos ciudades del estado Lara, en el centro occidente de Venezuela, que une a altos funcionarios de gobierno, el CNE, políticos y directivos de Smartmatic, un flagrante y sospechoso conflicto de intereses", dijo el investigador Ochoa Terán.

El referéndum de 2004

La primera prueba crucial de Smartmatic se produjo durante el referéndum revocatorio de agosto de 2004, en el que unos 10 millones de votantes debían decidir si estaban de acuerdo o no con la salida de Chávez de la presidencia de Venezuela.

Tras una serie de pruebas técnicas con la intervención de organismos e ingenieros independientes, incluyendo una misión de supervisión del Centro Carter y la OEA, Mugica declaró satisfecho que resultaba "imposible vulnerar el secreto del voto" empleando las máquinas de lotería, y que su sistema era " el más seguro" de todos los que se habían utilizado en Venezuela en cualquier época.[199].

El Centro Carter le dio el espaldarazo. Las máquinas "funcionarán proveyendo seguridad y protegiendo la privacidad del voto", dijo Francisco Diez, representante en Venezuela de la organización con sede en Atlanta[200].

Debido a la crisis política que sacudía a Venezuela desde el golpe de abril del 2002, y el paro petrolero del 2003, las presiones internacionales estaban tratando de lograr un ambiente confiable para la realización del referéndum.

Para garantizar el éxito, varios sectores promovieron la participación de un grupo de notables, entre ellos el novelista Gabriel García Márquez, el economista Joseph Stiglitz, los dirigentes Nelson Mandela y Mijail Gorvachov, y los activistas Adolfo Pérez Esquivel y Rigoberta Menchú, todos ganadores del premio Nobel[201].

Sin embargo, la realización de la consulta, y principalmente los momentos cruciales del conteo de votos, que se prolongó inusualmente durante más de 5 horas desde la noche del domingo 15 de agosto hasta bien entrada la madrugada del lunes 16, generaron grandes sospechas de que los resultados habían sido manipulados.

Cuando los números de la votación fueron leídos por el presidente del CNE, Francisco Carrasquero, a las 3:50 de la madrugada del lunes 16, había un ganador: con el 59.10% de los votos a favor, y 40.64% en contra, Chávez podía continuar hasta el final de su mandato.

El resultado fue respaldado posteriormente por el propio ex presidente norteamericano Jimmy Carter, los expertos del Centro Carter y el secretario general de la OEA, César Gaviria, quienes acudieron a la sede del CNE en Caracas para verificar las cifras oficiales.

"Las elecciones del 15 de agosto expresaron claramente la voluntad del electorado venezolano", sentenció posteriormente el Centro Carter, en su informe final de observación de las elecciones en Venezuela. El reporte indicó además que el centro no recibió "evidencia creíble de fraude que hubiera cambiado el resultado de la votación"[202].

Durante los días que siguieron al referéndum, sin embargo, surgieron importantes alegaciones de que las máquinas de Smartmatic no sólo eran vulnerables, sino que los mismos resultados pudieron haber sido modificados a voluntad.

Las primeras dudas serias sobre la fiabilidad de los resultados provinieron de la firma de consultoría electoral Penn, Schoen & Bertland, con sedes en Washington y Nueva York. Hacia las 7 y 3 del mismo domingo de las elecciones la firma consultora puso a circular los resultados de una encuesta a boca de urna (exit poll) que había realizado a nivel nacional.

Utilizando una técnica que había producido resultados exitosos en escenarios similares en México y República Dominicana, la empresa norteamericana condujo mediciones en 200 centros de votación en Venezuela, con un total de 20,000 respuestas de votantes. Las cifras que resultaron de los exit polls daban un cómodo triunfo al SI, la opción opuesta a Chávez, en un porcentaje de 59%, versus 41 a favor del NO, favorable al gobierno, casi exactamente contrario al resultado anunciado por el CNE, y certificado por Carter y Gaviria[203].

Al día siguiente de las elecciones la oposición denunció que el gobierno había cometido fraude, y que la vulnerabilidad de la plataforma electoral de Smartmatic ayudó a modificar resultados.

Mugica respondió afirmando que el sistema había funcionado "a la perfección", y ofreció realizar verificaciones y auditorías a las máquinas, "hasta eliminar cualquier duda razonable sobre este evento"[204].

La auditoría que finalmente tuvo lugar, bajo control del CNE, se realizó entre apenas unas 400 máquinas de las 19,000 utilizadas en el evento comicial, una cantidad considerada por expertos como insignificante para descartar un eventual fraude.

Ni las denuncias de la oposición ni la restringida auditoria que permitió el CNE evitaron el reconocimiento internacional del triunfo de Chávez en el referéndum.

LAS DISCREPANCIAS DEL VOTO

Para eliminar cualquier vestigio de dudas, Mugica retó a la oposición a que demostrara científicamente, con "sustentación probatoria", la ocurrencia de un fraude electoral a través de la plataforma tecnológica creada por Smartmatic.

La respuesta al reto vino en poco tiempo, de un grupo de expertos venezolanos formados en Estados Unidos.

María Mercedes Febres Cordero, ingeniera de computación con estudios de postgrado en la Universidad de Nueva York (NYU), introdujo la primera duda razonable sobre un potencial fraude, al afirmar que las máquinas de votación eran capaces de comunicarse de forma bidireccional, es decir que podían enviar o recibir datos siguiendo instrucciones remotas, una característica que desde el principio fue negada tanto por Mugica como por Rodríguez.

Febres Cordero dijo que la firma de Boca Ratón había cambiado los patrones de transmisión de datos, indicando que las máquinas habían transmitido los datos al centro de totalización del CNE, antes de imprimir las actas de votación, con lo cual creó una "duda técnica razonable".

"Es muy distinto que cada máquina por sí sola haya impreso su reporte y después se haya conectado, que lo contrario. Al momento de conectarla, le abres la posibilidad de que le entre un virus", explicó[205].

En otras palabras, Febres Cordero dijo que esta modificación del procedimiento estipulado por Smartmatic pudo haber permitido una intervención externa que modificara los resultados totales antes de ser imprimidos en el acta final de votos.

Poco tiempo después, en un comunicado, la telefónica Cantv admitió la bidireccionalidad de las máquinas de Smartmatic. "Los equipos terminales involucrados establecen sesiones necesariamente de carácter bidireccional, porque se requiere la identificación y el reconocimiento mutuo de las máquinas para establecer la comunicación", indicó el comunicado[206].

El abogado opositor Tulio Álvarez denunció que la admisión por parte de Cantv de la bidireccionalidad de las máquinas de votación constituía una violación de las leyes electorales, que establecen que la transmisión de datos debía producirse "una vez concluido el acto de escrutinio"[207].

Veinte días después del referéndum, otros dos expertos, Ricardo Hausmann, académico de la Universidad de Harvard, y Roberto Rigobón, investigador del Massachussets Institute of Technology (MIT), hicieron otra revelación explosiva: las probabilidades matemáticas de que se hubiera cometido un fraude electoral eran de 99%.

Tras un análisis estadístico de la data oficial del CNE, Hausmann y Rigobón encontraron un patrón de "alteración de resultados" en máquinas que podrían haber sido seleccionadas de forma aleatoria.

De acuerdo a la hipótesis de los académicos, el fraude se habría cometido debido a que desde el Centro de Totalización del CNE se envió información a las máquinas para modificar "de forma inteligente" los resultados, de modo que era difícil detectar.

Los hallazgos preliminares de Hausman y Ribogón fueron confirmados poco tiempo después por un nuevo estudio a cargo de otro grupo de académicos encabezados por Freddy Malpica, ex rector de la Universidad Simón Bolívar.

El estudio concluyó, entre otras cosas, que momentos antes del cierre de la consulta del 15 de agosto de 2004 se produjo un "tráfico inusual" y la "transmisión bidireccional de datos en volúmenes no esperados"[208].

Los expertos encontraron que el 70% de las máquinas de votación no se comportaron "de acuerdo con los patrones esperados según la normativa electoral". Revelaron también que, o bien el sistema fue administrado "con discrecionalidad", o bien existía "más de una versión del sistema de votación-escrutinio instalada en las máquinas"[209].

Tanto Smartmatic como el CNE respondieron a las acusaciones de fraude ratificando la solidez y transparencia del sistema de votación electrónica.

Rodríguez insistió en que, si bien las máquinas de votación tenían capacidad de enviar y recibir información, el software empleado "fue especialmente diseñado para evitar que esto ocurriera"[210].

Mugica, por su parte, defendió una vez más la invulnerabilidad de su tecnología.

"El código fuente fue verificado por ingenieros independientes. Es virtualmente imposible, con los niveles de seguridad electrónica y copia almacenada de cada voto emitido, que los resultados sean falsificados. No podríamos alterarlos si tratáramos de hacerlo", declaró Mugica a periodistas de la Florida[211].

Las denuncias de presunto fraude multiplicaron las peticiones de investigar la actuación de Smartmatic en el proceso refrendario tanto en Venezuela como en Estados Unidos.

A mediados de septiembre, la Fiscalía General de Venezuela informó que había abierto una investigación contra Smartmatic, debido a dos denuncias específicas: sus relaciones con la empresa Bizta Corp, en la que el gobierno venezolano mantuvo un paquete accionario; y la posible vulnerabilidad del software que fue instalado en las máquinas de votación[212].

El gobernador opositor del estado Bolívar, Antonio Rojas Suárez, dijo que si se demostraba la comisión de fraude electrónico, la oposición iba a formalizar una petición de investigación contra Smartmatic ante el Congreso norteamericano, invocando una posible violación a una de las leyes anticorrupción de Estados Unidos –la Foreign Corrupt Pratice Act-, que prohíbe a empresas establecidas en territorio norteamericano participar en actos de corrupción en el extranjero.

"Hay un número de irregularidades que indican que las máquinas fueron utilizadas para manipular los resultados del referéndum, y esta manipulación ha sido suficiente para cambiar el final de las elecciones", declaró Cristal Montañez, coordinadora internacional de la organización no gubernamental Resistencia Civil de Venezolanos en el Exterior (Recivex), con sede en Houston, que también solicitó una investigación congresional en conjunto con sectores opositores a Chávez[213].

Otras organizaciones se unieron a Recivex. El 23 de agosto, las organizaciones no gubernamentales Free Venezuela, de Tampa, y Venezuela Awareness, de Miami, solicitaron al senador demócrata por la Florida, Bill Nelson, la apertura de una investigación sobre un presunto fraude electrónico del referéndum revocatorio realizado con las máquinas de Smartmatic.

Curtis Reed, director de Free Venezuela, pedía en específico al senador Nelson el "uso de sus influencias para iniciar una investigación y para presionar a Smartmatic a explicar en detalle todas las discrepancias" denunciadas por la oposición[214].

A pesar de las presiones, las peticiones para investigar a Smartmatic no se tradujeron en resultados. Sin embargo, la polémica participación de la firma de Boca Ratón en el referéndum venezolano era apenas el primer capítulo de nuevos escándalos que Smartmatic estaba por enfrentar.

Las insólitas maneras de Jorge Rodríguez

A las suspicacias generadas por la propia Smartmatic, se añadió la actuación del rector Jorge Rodríguez antes y después del proceso de licitación del contrato de $91 millones, que introdujo especulaciones y desconfianza sobre la relación entre la firma de Boca Ratón y el chavismo, que nunca fueron aclaradas.

Rodríguez era hijo de un líder del mismo nombre, que perteneció a la agrupación de extrema izquierda Liga Socialista de Venezuela, y que murió violentamente tras ser detenido por la policía política venezolana en 1976[215].

Desde su nombramiento en agosto de 2003 como rector del CNE, Rodríguez fue visto más como una persona cercana al chavismo que como una figura independiente.

Antes de convertirse en el intempestivo rector que ordenó la automatización del sistema electoral venezolano, conocido por su escasa paciencia y sus reacciones iracundas, Rodríguez ejerció privadamente la psiquiatría y fue profesor de postgrado en la Universidad Católica Andrés Bello, de Caracas. En su juventud fue dirigente estudiantil en la Universidad Central de Venezuela, la mayor universidad pública del país. En esa posición cultivó estrechas relaciones con otros dirigentes de la izquierda universitaria que luego se convertirían en importantes figuras del chavismo, como el ex alcalde de Caracas Juan Barreto, y la activista Anahí Arizmendi[216].

Era difícil imaginar que, tras la fachada de político cerebral que exhibía Rodríguez, se escondía un amante de la literatura y un sólido narrador de cuentos cortos. Uno de sus más famosos, Dime cuántos ríos son hechos de tus lágrimas[217], ganó en 1998 el prestigioso concurso de cuentos del diario El Nacional de Caracas, tras superar otras 900 historias que se habían postulado para la competencia[218].

Su llegada a la escena política se produjo a mediados del 2003, cuando su nombre fue incluido entre los candidatos para integrar la directiva del organismo electoral venezolano, con apoyo del Movimiento V República, fundado por Chávez.

A partir de su nombramiento en agosto de 2003 como presidente de la Junta Electoral Nacional, el organismo encargado de organizar técnicamente los procesos electorales en Venezuela, grupos opositores comenzaron a advertir los notables esfuerzos de Rodríguez para obstaculizar el referéndum revocatorio del mandato de Chávez.

Por ejemplo, impuso obligatoriamente máquinas "capta huellas" durante el proceso de referéndum en agosto de 2004, con el argumento de que evitaban que una misma persona votara varias veces. Pero la oposición criticó la decisión porque aumentaba el tiempo de espera de los votantes, y estimulaba la abstención que favorecía al gobierno[219].

Las sospechas sobre Rodríguez se incrementaron cuando una de las rectoras del CNE, Solbella Mejías, denunció que la decisión de escoger a Smartmatic se había tomado en reuniones "secretas"[220].

"A pesar de mi insistencia, no fui convocada a ninguna de las reuniones efectuadas con las otras empresas, ni atendidas mis solicitudes orales para conocer los informes técnicos y legales surgidos de las mencionadas reuniones. Así se lo comuniqué a Rodríguez en sendos escritos enviados el 2 de diciembre de 2003 y el 21 de enero de 2004", aseguró Mejías.

El triunfo obtenido por Chávez en el referéndum revocatorio en agosto de 2004 significó un ascenso en la carrera del rector

Rodríguez. En enero de 2005, fue designado nuevo presidente del CNE[221], un cargo que ejerció durante poco más de un año.

La desconfianza de la oposición frente a Rodríguez era de tal naturaleza, que fue la causa por la cual la oposición renunció a participar en las elecciones parlamentarias de 2005, en las que el chavismo obtuvo el dominio casi absoluto de la Asamblea Nacional.

Las sospechas de que Rodríguez mantenía una estrecha vinculación con el régimen quedaron finalmente disipadas cuando, en enero de 2007, fue nombrado por Chávez como el nuevo vicepresidente de Venezuela.

"Es como si el magistrado de la Corte Suprema de Justicia de Estados Unidos, cuyo voto le valió la Casa Blanca a George W. Bush, un tiempo más tarde hubiera sido premiado con el cargo de vicepresidente", criticó el ex ministro de comunicaciones Fernando Egaña[222].

Nuevas vinculaciones entre Rodríguez y Smartmatic salieron a relucir posteriormente a la contratación de 2004.

Según una investigación que condujo el autor a fines de 2005, Smartmatic había pagado servicios de lujo a Rodríguez, entonces presidente del CNE, en un resort exclusivo de Boca Ratón.

Según documentos confidenciales, la firma tecnológica había pagado a Rodríguez y una acompañante la estadía, comidas y servicios de masajes en el Boca Ratón Resort & Club, un exclusivo complejo de descanso construido en 1926 al estilo morisco, y frecuentado por multimillonarios y estrellas como Robert Redford, John Travolta, Oprah Winfrey y Elton John.

En sus instalaciones funcionan una cancha de golf, un complejo de tenis y un famoso centro de belleza -SPA Palazzo- donde se aplican masajes con caviar sevruga, y tratamientos para la celulitis a base de hierbas exóticas.

La cuenta total del hotel pagada con una tarjeta de crédito de Smartmatic, por un monto de $926.76, no especificó qué tipo de masajes habían ordenado Rodríguez o su pareja. La cifra incluyó pagos por desayunos y almuerzos y el consumo del mini bar en la habitación 1765, ocupada por el señor y la señora Rodríguez, según documentos en poder del autor.

La visita del presidente del CNE se produjo en abril de 2005, dos meses antes de que el organismo electoral aprobara un nuevo contrato de servicios de $26.2 millones a Smartmatic[223].

Las explicaciones ofrecidas, tanto por la firma electoral como por Rodríguez, fueron contradictorias y añadieron más confusión.

Uno de los voceros de Smartmatic, Mitch Stoller, envió al autor un correo electrónico explicando que la firma "pagó por los gastos de hotel del presidente Rodríguez durante su visita para revisar y evaluar nuestro más reciente sistema de votación electrónica. Ese pago es acostumbrado y apropiado"[224].

El presidente del CNE, por su parte, aseguró que acudió a una cita en abril a la Florida a fin de participar en una reunión de trabajo "para evaluar el desarrollo de la máquina de votación SAE-3300".

"Fui alojado en un hotel en la cercanía de la empresa y cancelé los consumos según consta en recibos en mi poder", agregó Rodríguez[225].

Sin embargo, los pagos al hotel fueron realizados con una tarjeta de crédito perteneciente a Antonio Mugica, según documentos en poder del autor.

Las denuncias de los pagos de lujo de Smartmatic a Rodríguez desembocaron en una petición de investigación a la Fiscalía General de Venezuela, introducida por el diputado de oposición Oscar Pérez, bajo el argumento de que tal práctica violó la Ley Contra la Corrupción de Venezuela.

"Desde cualquier ángulo que se examine, la conducta del funcionario infractor es inaceptable. Si era un viaje por razones de servicio, le hubiese bastado obtener viáticos del ente que representa, pero de ninguna manera comportarse como un pedigüeño ante quien está supuesto a mantener una conducta erguida, decorosa, digna, que no deje fisuras, toda vez que mantiene intereses contrapuestos con el Consejo Nacional Electoral", indicó la petición introducida por Pérez el 5 de diciembre de 2005.

JORGE RODRÍGUEZ Y EL VALIJAGATE

Ese mismo año, en agosto, una denuncia periodística introdujo otros elementos inquietantes sobre la relación entre Smartmatic, Rodríguez y el gobierno chavista.

En agosto de 2005, se dio a conocer que Mugica había participado en una reunión secreta en Fuerte Tiuna, la base militar más grande de Venezuela, en la que participaron el presidente Hugo Chávez, el entonces presidente del CNE Jorge Rodríguez, el vicepresidente José Vicente Rangel y el ministro de la Defensa Orlando Maniglia, supuestamente para garantizar el triunfo oficialista en las elecciones parlamentarias de ese año.

El diputado chavista William Lara desmintió el encuentro de forma poco convincente, declarando que la nota publicada no incluía "dato concreto alguno" sobre la supuesta cita[226].

Una conexión no menos explosiva e insólita de Rodríguez quedó al descubierto dos años después, en 2007, cuando ya no era presidente del CNE sino vicepresidente de Venezuela.

En diciembre de ese año resultó apresado en Miami Moisés Maionica, un abogado que había actuado al mismo tiempo como consejero legal de Smartmatic y asesor de Rodríguez en el CNE, y jugó un papel en el cierre del contrato de $91 millones.

Maionica resultó implicado en el escándalo del *Valijagate*, el juicio iniciado en una corte federal de Miami contra un grupo de venezolanos que actuaron como agentes no registrados del gobierno de Hugo Chávez, en una serie de operaciones para "ocultar" el origen de una maleta con $800,000 decomisada en agosto de 2007 al empresario venezolano americano Guido Antonini Wilson, presuntamente para financiar la campaña de la presidenta de Argentina, Cristina Kirchner.

Maionica fue detenido en Miami tras organizar varias reuniones entre Antonini y Antonio Cánchica Gómez, un emisario de la Dirección de los Servicios de Inteligencia y Prevención (Disip), la policía política venezolana.

El objetivo de las reuniones era asegurar que Antonini nunca revelara el verdadero origen del maletín con el dinero, porque podría comprometer a altas figuras del gobierno venezolano.

Según documentos del juicio federal en Miami, Maionica le había confesado a Antonini que su participación en toda esta operación comenzó luego de una conversación que mantuvo en forma simultánea en tres líneas con el vicepresidente Rodríguez y el entonces director de la Disip, Henry Rangel Silva[227], en Caracas. En 2004, Maionica fue al mismo tiempo consultor legal de Smartmatic y asesor de Rodríguez cuando éste presidía la Junta Electoral Nacional, para la adquisición de las máquinas lectoras de huellas dactilares (capta huellas) a la firma Cogent Systems[228].

La relación entre Maionica y Rodríguez era tan estrecha que el ex presidente del CNE "utilizó una camioneta blindada Nissan, dos autos BMW y un Audi de Maionica, y los devolvió a su familia una vez desatado el escándalo en Miami"[229].

Las relaciones de Rodríguez con el caso del maletín influyeron en su despido como vicepresidente de Venezuela por parte de Chávez, y su pase a las "reservas ideológicas" del Partido Socialista Unido de Venezuela (PSUV).

EXPANSIÓN EN ESTADOS UNIDOS

Apenas diez días después de culminado el proceso electoral en Venezuela, el 25 de agosto de 2004, Smartmatic anunció que estaba negociando tres contratos para vender su tecnología de elecciones en Estados Unidos.

Como presidente de la firma tecnológica que se encontraba en el ojo de las críticas, Mugica puso en marcha una maquinaria publicitaria para divulgar que el sistema de votación automática de Smartmatic no sólo era "el más seguro del mundo", sino que estaba teniendo una demanda internacional que probaba su confiabilidad.

En un aviso de página completa en el diario The New York Times el 24 de agosto de 2004, la empresa de elecciones se ufanaba de haber operado un sistema electoral con "cero por ciento de margen de error", y "ningún voto nulo".

El aviso publicitario, publicado en la página 9 del rotativo neoyorquino, definía el sistema electoral de Smartmatic como "el más transparente, seguro y auditable sistema electrónico de votación del mundo"[230].

Para dejar en claro que las investigaciones en torno a la actuación de la firma lo tenían sin cuidado, Mugica declaró a todo quien quiso oírlo que estaban dispuestos a cualquier indagatoria sobre su desempeño.

"Mientras más investigaciones se hagan, mejor para nosotros. Estamos abiertos a cualquier tipo de auditorías y sobre cualquier parte del sistema porque estamos seguros de lo que tenemos", indicó Mugica[231].

El interés de Mugica por lavar la imagen de su firma estaba basado en una razón de peso: Smartmatic estaba buscando una tajada de la torta de $3,900 millones que el congreso norteamericano había aprobado para el año fiscal 2005, a fin de ayudar a los estados de la Unión en la transición hacia sistemas electrónicos de votación.

La empresa contrató los servicios de Jack Blaine y Robert Cook, ex altos ejecutivos del conglomerado tecnológico Unisys, para cabildear en Washington a favor de Smartmatic como firma de elecciones confiable[232].

El resultado fue la adquisición, el 8 de marzo de 2005, de la firma Sequoia Voting Systems, con sede en Oakland, California. Smartmatic pagó un total de $16 millones por Sequoia, el más antiguo fabricante norteamericano de equipos electorales con más de 100 años de experiencia.

La negociación estuvo dirigida por Blaine, a quien Mugica había designado como presidente de Smartmatic en Estados Unidos.

"Con la combinación de Sequoia y Smartmatic", predijo Blaine, "estamos creando el primer líder verdaderamente global en ofrecer soluciones de votación electrónica verificada por los votantes"[233].

La fusión entre Sequoia y Smartmatic tenía el objetivo de "servir mejor tanto a democracias establecidas como a las muchas nuevas que están naciendo hoy", indicó por su parte Tracey Graham, presidente de Sequoia, sin un destello de ironía.

Por ninguna parte en la declaración oficial se mencionaba la actuación de Smartmatic en Venezuela. Se indicaba, en cambio, que la firma tenía una experiencia en ofrecer soluciones de votación "en América Latina".

No era difícil entrever las ambiciones de Mugica y Anzola. Sequoia era la mayor contratista electoral en California, y tenía clientes en otros 19 estados. Por otra parte, desde que el gobierno norteamericano comenzó a promover en 2000 la transición a tecnologías electrónicas de votación, más de 1,000 condados en la nación estaban renovando sus sistemas eleccionarios.

El primer gran reto para el nuevo conglomerado Smartmatic-Sequoia vino a mediados del 2005, cuando selló dos contratos por valor de $51.8 millones para conducir elecciones en Illinois.

El primero fue un convenio por $23.8 millones con el departamento de elecciones del condado de Cook, firmado el 25 de mayo de 2005. El segundo fue un contrato de $28 millones suscrito con la ciudad de Chicago, el 1 de junio de ese año.

Ambos contratos establecían un sistema híbrido, que combinaba máquinas *touchscreen* y lectores ópticos, bajo el control de expertos traídos especialmente por Smartmatic a Chicago.

Cuando cerró el último recinto en Chicago y en el condado de Cook el día de las elecciones primarias, el 21 de marzo de 2006, nadie anticipó el resultado final de la jornada.

La tecnología electoral que se había vendido como una de las más avanzadas del mundo terminó provocando un caos de tal naturaleza, que varios días después de las elecciones del 21 de marzo, más de 400 recintos electorales todavía no habían concluido el conteo de votos.

De acuerdo con un informe del Comité Conjunto sobre las elecciones del 21 de marzo, muchas de las máquinas llegaron a los recintos sin preparación. Adicionalmente, 252 máquinas usadas habían perdido sus cartuchos de memoria, mientras que los funcionarios de elecciones no pudieron encontrar los resultados de las votaciones en 162 recintos electorales.

La contribución tecnológica específica de Smartmatic, que era la transmisión de los datos vía celular, falló en numerosos centros de votación.

"En vez de enviar el total final de los votos vía tecnología celular, los cartuchos con la data fueron enviados vía taxi a la oficina central", ironizó el reporte[234].

Otras fallas resultaban particularmente sospechosas.

En un recinto electoral históricamente dominado por los demócratas, por ejemplo, las máquinas sólo contaban votos a favor del partido Republicano, a pesar de que los técnicos trataron de repararlas cuatro veces[235].

Periodistas y observadores criticaron que los expertos encargados de controlar el proceso de conteo final eran todos extranjeros, en su mayoría venezolanos[236], incluyendo a Roger Piñate, vicepresidente de operaciones especiales de Smartmatic.

El fracaso electoral en Chicago rápidamente comenzó a producir críticas a la habilidad de Sequoia-Smartmatic en prestar un servicio confiable. También generó preguntas incómodas en torno a los verdaderos propietarios del conglomerado, no sólo entre periodistas y activistas que promovían la transparencia electoral, sino entre influyentes concejales y congresistas de Illinois.

¿QUIÉN CONTROLA SMARTMATIC?

Tras el caos electoral en Illinois, el primero en alzar la voz fue el concejal Edward Burke, uno de los más poderosos concejales de Chicago. Fue el primero en lanzar la tesis que luego culminaría en una polémica investigación federal: el caos del conglomerado Sequoia-Smartmatic era parte de una "conspiración internacional para subvertir el proceso electoral en los Estados Unidos"[237].

Burke, cuya esposa era miembro de la Corte Suprema de Justicia del estado de Illinois, acusó directamente a Chávez de urdir la conspiración, como parte de su enfrentamiento con el entonces presidente George W. Bush.

El concejal dijo también que en el proceso del conteo de votos habían participado 15 técnicos venezolanos, y sugirió la posibilidad de que hubiesen trabajado de forma ilegal durante el proceso electoral.

"No conozco a nadie que pudiera contratar una compañía cuyos propietarios están ocultos, y cuyas raíces se remontan a Venezuela, donde han estado involucrados con el dictador de Venezuela, de quien el secretario de Defensa (Donald) Rumsfeld dice que es un enemigo de los Estados Unidos", indicó Burke[238].

En respuesta, Jack Blaine, que entonces había sido designado como el presidente tanto de Smartmatic como de Sequoia, aseguró que no había ninguna conexión de la empresa con el gobierno venezolano.

"La habilidad de Chávez de estar manipulando el voto en Chicago es imposible", dijo Blaine. El presunto caos electoral, argumentó, se debió a un error humano más que a problemas técnicos.

Blaine también dijo que los ataques contra los propietarios de Smartmatic eran pura discriminación basada en estereotipos, por el solo hecho de ser venezolanos[239].

A partir de las declaraciones de Burke, la interrogante de quiénes eran los verdaderos propietarios de Smartmatic y Sequoia comenzó a dominar las controversias en Estados Unidos sobre el tema.

"Si el 11 de septiembre nos enseñó algo, es a sospechar de amenazas asimétricas por parte de entidades hostiles, sin importar el tamaño. Pudiéramos ser emboscados otra vez si el gobierno venezolano termina controlando nuestras elecciones", advirtió un editorial del influyente diario Investor's Business Daily[240].

El tema no era nuevo. Ya en julio de 2005, durante las deliberaciones para firmar el contrato de $23.8 millones con Sequoia, el concejal del condado de Cook, de Chicago, Peter Silvestri, lanzó la pregunta: "¿Quién es el dueño de Sequoia?"

La respuesta vino de David Orr, secretario administrativo del condado: "Smartmatic International, que es propiedad de una compañía de Holanda, es propietaria de Sequoia Voting Systems. Algunos inversionistas claves de dicha compañía holandesa son venezolanos"[241].

La revelación inopinada de Orr, que había jugado un papel clave en la decisión de contratar a la empresa, llevó a reporteros y blogueros venezolanos a indagar en las enrevesadas conexiones de Smartmatic en Holanda[242].

La firma había sido incorporada en Holanda con el nombre de Smartmatic International Holding B.V., el 18 de marzo de 1985, y con el objetivo de "comprar, desarrollar y manejar propiedades y bienes".

Los registros indicaban que los accionistas habían hecho una modificación dos décadas después de la fundación de la compañía, el 13 de abril de 2005. Para esa fecha aprobaron la modificación de los estatutos, e inyectaron un capital social de 90,000 euros[243].

Los documentos de la Cámara de Comercio de Amsterdam registraban además como accionista único a la firma Amola Investments N.V., una firma incorporada en el registro de la Cámara de Comercio de Curazao, bajo el número 91615. Pero en los registros mercantiles de Curazao el número de registro 91615 no correspondía a Amola Investments, sino a una firma con nombre diferente: Smartmatic International Group N.V.

Esta firma registrada en Curazao tenía a su vez como directores principales a uno de los fundadores de Smartmatic, Roger Piñate, y a otras dos firmas también registradas en esa isla: Curazao Corporation Company N.V., y la Netherlands Antilles Corporation Company N.V. Ambas firmas registraban a un total de 28 representantes de otros accionistas. Estas personas que actuaban en nombre de los verdaderos dueños eran todos empleados de la empresa Curazao International Trust Co.

Por otro lado, la dirección de Smartmatic tanto en Holanda como en Curazao coincidía con la misma dirección de la firma Citco Group, un conglomerado holandés de servicios financieros que se especializa en clientes adinerados que buscan confidencialidad[244].

Otras conexiones sospechosas salieron a relucir. Además de utilizar empresas europeas y caribeñas para organizar una compleja estructura corporativa, Smartmatic también desarrolló vínculos con firmas que en el pasado representaron los intereses del dictador indonesio Suharto, que utilizó un laberinto similar para ocultar el origen y el destino del dinero producto de la corrupción administrativa[245].

Lo que aparecía como respuesta a la pregunta de quiénes eran los verdaderos dueños no quedaba suficientemente claro con esta estructura que enlazaba direcciones y subsidiarias desde Boca Ratón, sede de Smartmatic, y Delaware, donde se registró inicialmente, hasta Caracas, pasando por Willemstad, Amsterdam y Oakland, la sede de Sequoia.

La estructura era más compleja. Según documentos corporativos de Smartmatic a los que tuvo acceso el autor, ésta amplió su presencia a Barbados, adonde fue mudado el cuartel general por razones impositivas, y la isla portuguesa de Madeira, un conocido paraíso fiscal en Europa donde aparecen registrados cinco directivos de la firma como accionistas principales[246].

Aunque la compleja arquitectura de propiedad de Smartmatic no mostraba vínculos visibles con el gobierno de Venezuela, según expertos en servicios financieros offshore, las estructuras basadas en lugares como Curazao están con frecuencia diseñadas para "esconder y proteger a los verdaderos dueños y los bienes de la compañía"[247].

El tema de quién era el propietario real de Smartmatic, el comprador de la centenaria Sequoia, pronto llamó la atención de los grandes medios y de influyentes figuras congresionales, que comenzaron a mirar más de cerca a la firma de Boca Ratón.

INDAGACIONES FEDERALES

Lou Dobbs, controversial presentador del canal de noticias CNN, transmitió un programa bajo el título de "Democracia en Venta", alertando sobre la potencial penetración en el sistema electoral norteamericano por parte de una firma con lazos aparentes con el gobierno venezolano.

"Sabemos con quiénes estamos lidiando, y es un gobierno disfuncional que está tratando de hacer precisamente lo mismo con las elecciones", indicó Dobbs refiriéndose a Venezuela[248]. La complicada estructura corporativa de Smartmatic llamó la atención particular de la congresista Carolyn Maloney, representante republicana por Nueva York, y miembro del comité congresional que supervisaba las inversiones extranjeras en Estados Unidos.

A principios de mayo de 2006, Maloney pidió al secretario del Tesoro, John Snow, investigar específicamente si la adquisición de Sequoia por parte de Smartmatic, una compañía sospechosa de tener lazos con el gobierno venezolano, había sido revisada por el Departamento del Tesoro y si había recibido la aprobación del Comité de Inversiones Extranjeras (Committee on Foreign Investments, CFIUS).

En una misiva enviada a Snow, la representante Maloney no se anduvo con rodeos y expresó de entrada su preocupación sobre "posibles inversiones del gobierno venezolano en Smartmatic".

"Como puede imaginar", le dijo Maloney a Snow en tono grave, "el tener un gobierno extranjero invirtiendo o como propietario de una compañía que suministra máquinas de votación para elecciones en Estados Unidos podría causar preocupación por la integridad de las elecciones realizadas con esas máquinas".

La congresista quería saber si el proceso de compra-venta de Sequoia a Smartmatic había sido revisado por CFIUS y si se habían cumplido las normas para proteger los intereses de Estados Unidos.

El inicio de la investigación coincidió con la firma de acuerdos de cooperación militar entre Chávez y Alexander Lukashenko, presidente de Bielorrusia, y el cierre en Rusia de un acuerdo por $1,000 millones para la compra de aviones de combate rusos, un acuerdo criticado por los medios norteamericanos[249].

La presión de Maloney era una consecuencia directa de la controversia que surgió por la aprobación en 2005 del traspaso del manejo de los puertos de Nueva York, Nueva Jersey, Filadelfia, Baltimore, Nueva Orleans y Miami, hasta entonces controlado por la británica Peninsular and Oriental Steam Navigation Company (P&O), al conglomerado extranjero Dubai Ports World, propiedad del gobierno de los Emiratos Árabes Unidos, a cambio de $6,800 millones.

La transferencia del control de siete de los más grandes puertos norteamericanos a una entidad extranjera encendió las alarmas en el congreso, en gran parte debido al temor de congresistas de que el acuerdo haría a Estados Unidos más vulnerable a ataques terroristas.

Eventualmente, el congreso aprobó una legislación destinada a descarrilar el acuerdo firmado entre Dubai Ports World y P&O, pero antes de que se aplicara, el gobierno de Dubai decidió ceder el control de los puertos a la firma norteamericana AIG Global Investment Group[250], terminando la controversia.

Algunos analistas establecieron el paralelismo entre el caso de Dubai Ports World y Smartmatic, y la gravedad que suponía la adquisición de Sequoia para la seguridad del sistema electoral norteamericano.

"El congreso ha dedicado dos semanas reaccionando exageradamente a la noticia de que Dubai Ports World operaría siete puertos estadounidenses, incluyendo el de Miami, pero un mejor objetivo para su histeria sería la adquisición por parte de Smartmatic International de la firma Sequoia Voting Systems, de California, cuyas máquinas sirven a millones de votantes norteamericanos", escribió el periodista Richard Brand[251].

La negociación entre Sequoia y Smartmatic, realizada en marzo de 2005, nunca "recibió ningún escrutinio" por parte de CFIUS para determinar si implicaba riesgos para la seguridad nacional, aseguró Brand.

De hecho, la congresista Maloney temía que el Departamento del Tesoro hubiese obviado una exhaustiva revisión de los riesgos para la seguridad de Estados Unidos en la negociación

Smartmatic-Sequoia, incluyendo posibles lazos con un gobierno hostil a Washington.

"La naturaleza opaca de la propiedad de Smartmatic es particularmente perturbadora ya que Smartmatic ha sido asociada por la prensa con el gobierno venezolano encabezado por Hugo Chávez, que es abiertamente hostil a Estados Unidos", escribió Maloney en una carta enviada al secretario del Tesoro Henry Paulson, en octubre de 2006, para solicitar información sobre el estado de las investigaciones en torno a la firma de Boca Ratón.

Maloney le dijo a Paulson que Smartmatic podría suponer un riesgo para la seguridad nacional ya que las máquinas electrónicas podrían ser intervenidas para modificar los resultados.

También lamentó que hasta ese momento Smartmatic hubiera "fallado en responder totalmente" a las preguntas sobre quienes controlaban realmente la compañía[252].

Lo que estaba en juego no era poco. Como empresa de elecciones, Sequoia operaba máquinas de votación en 17 estados, incluyendo cuatro condados en la Florida, donde estaba el cuartel general de Smartmatic. Adicionalmente, iba a jugar un papel en las elecciones legislativas de noviembre de 2006, consideradas claves para las elecciones presidenciales del 2008.

Algunos críticos temían que, si se demostraba que el gobierno venezolano estaba involucrado, Smartmatic podría ser un caballo de Troya diseñado para avanzar la agenda antinorteamericana de Chávez, en el corazón del sistema electoral de Estados Unidos[253].

El departamento del Tesoro tomó la rara decisión de iniciar formalmente la investigación en torno a la venta de Sequoia a Smartmatic. "Es muy inusual que el Departamento del Tesoro retroceda e investigue a una compañía que ya ha sido vendida, pero lo están haciendo en este caso", declaró la congresista Maloney[254].

En su defensa, Smartmatic argumentó que los productos y servicios ofrecidos por Sequoia no debían ser incluidos "dentro de los parámetros de los asuntos gobernados por CFIUS", relativos a la seguridad nacional, dijo Antonio Mugica en una conferencia de prensa en octubre de ese año.

Mugica volvió a insistir además en que "ningún gobierno extranjero de ningún país ha tenido alguna vez acciones en Smartmatic".

Jeff Bialos, abogado en Washington de la firma de Boca Ratón, declaró que tanto Smartmatic como Sequoia habían pedido voluntariamente al gobierno federal la investigación para aclarar las "infundadas acusaciones" que han afectado "persistentemente" a ambas firmas.

"La compañía tiene una política de total apertura con respecto a estos temas", dijo Bialos[255].

Nuevas acusaciones

El panorama de las indagaciones, sin embargo, se complicó cuando se conoció que otros dos organismos federales habían iniciado por separado nuevas pesquisas relacionadas con Smartmatic y sus directivos.

Agentes del Departamento de Rentas Internas (IRS) y la Oficina Federal de Investigaciones (FBI) comenzaron a investigar operaciones financieras aparentemente irregulares.

Un grupo de personas familiarizadas con las operaciones financieras internas de Smartmatic habían denunciado que la firma de Boca Ratón había pagado una comisión multimillonaria a un conocido ex militar venezolano a fin de obtener un contrato de $90 millones con el CNE para automatizar la votación durante el referéndum del 2004.

Por su parte, el IRS buscaba establecer si la empresa había dejado de pagar al fisco estadounidense más de $12 millones en impuestos en los últimos dos años, incluyendo unos $4 millones que supuestamente transfirió a la casa matriz del holding en Barbados, de los fondos obtenidos por el segundo contrato que ganó con el CNE para las elecciones regionales del 2004 en Venezuela.

Smartmatic calificó las acusaciones de "alegaciones sin fundamento", y las atribuyó a dos ex empleados despedidos por la firma[256].

Las dos indagaciones federales, iniciadas en Washington, el sur de la Florida y Caracas, trataban de determinar si el complejo esquema de compañías creadas por Smartmatic en Curazao, Holanda, Barbados y en el estado de Delaware, supuestamente contribuyó a que la firma evadiera impuestos o si, por el contrario, las operaciones financieras fueron transparentes y legales.

Según los documentos a los que tuvo acceso el autor, Smartmatic realizó siete pagos a Morris Loyo, un capitán retirado de la Fuerza Aérea Venezolana con amplias conexiones en el gobierno chavista antes de realizarse el referéndum revocatorio. Los pagos presuntamente no habían sido reportados al IRS.

De acuerdo con los documentos, Smartmatic ordenó otros dos pagos a Loyo, una vez concluido el evento revocatorio, que sí fueron declarados al IRS, y que formaban parte de un contrato entre Smartmatic y el ex militar. En este acuerdo se estipulaba una comisión de ventas de $1.5 millones por haber ayudado a obtener el contrato de poco más de $90 millones para el referéndum.

En total, la firma de Boca Ratón pagó a Loyo $4,128,850 a través de nueve transferencias a una cuenta del ex militar en el Banco Hapoalim B. M. en Nueva York, indicaron los papeles.

Smartmatic argumentó que Loyo había trabajado para la firma como cabildero y contratista independiente, a fin de "ayudar a asegurar contratos electorales en Venezuela, de la misma forma que muchos vendedores norteamericanos emplean a cabilderos estatales y vendedores para que ayuden a conseguir contratos"[257].

Loyo nunca respondió públicamente ni al autor sobre las alegaciones en su contra.

Otra de las investigaciones del FBI se refería a una denuncia presentada a esa agencia a mediados del 2005 por un ex empleado de Smartmatic, Leonardo Riera, sobre presuntas amenazas de muerte proferidas en su contra por Mugica.

Riera había ocupado posiciones administrativas en la empresa durante varios años, y había cuestionado algunas prácticas administrativas que consideraba irregulares.

Las denuncias alegaban que el presidente de Smartmatic habría advertido a Riera sobre el "peligro" de que se filtrasen documentos internos al dominio público. Según el testimonio de Riera, Mugica también le había advertido sobre sus relaciones estrechas con la Disip, la policía política del gobierno chavista.

"He sido amenazado de muerte, y lo he denunciado ante las autoridades federales, con las cuales he colaborado activamente en las investigaciones", aseveró Riera en una entrevista con el autor.

Otro empleado que rehusó identificarse confirmó las denuncias de Riera y dijo que también había recibido una amenaza velada por parte de Mugica, y que temía ser objeto de represalias por sus críticas al estilo administrativo de los directivos de Smartmatic.

Mugica negó categóricamente haber amenazado a Riera ni a ningún otro empleado de la firma de elecciones.

"No he hecho amenazas [de muerte] ni ahora ni nunca a ninguno de mis empleados. Todos los que me conocen, la mayoría de los empleados que me conocen, saben que esto no está absolutamente en mi naturaleza", aseguró Mugica.

El alto ejecutivo de Smartmatic basó en parte su defensa contra las acusaciones de Riera en el hecho de que era una persona que profesaba el vegetarianismo, debido a su oposición a matar animales para consumirlos como alimento.

"No creo que siquiera está justificado matar un pez para alimento. Ir en contra de una persona es algo impensable para mí", argumentó Mugica[258].

Las indagatorias encabezadas por el IRS buscaban determinar si se había producido un supuesto fraude fiscal en dos auditorías de la corporación realizadas en el 2004 por una empresa de contabilidad de Miami.

Según un dossier de documentos a los que tuvo acceso el autor, la firma Morrison, Brown, Argiz & Farra, LLP, certificó dos auditorías aparentemente contradictorias de las finanzas de Smartmatic durante 2004.

Según la primera auditoría, titulada "Smartmatic LLC (A Wholly-Owned Subsidiary of Smartmatic International Corp.) Financial Statements", del 31 de diciembre del 2004, la firma debía pagar un total de $4,073,809 en impuestos al IRS sobre los ingresos obtenidos de un segundo contrato de $26 millones con el CNE de Venezuela. No obstante, en una segunda auditoría, titulada "Smartmatic International Corporation and Subsidiary (A Wholly-Owned Subsidiary of Smartmatic International Holdings, B.V.), Consolidated Financial Statements", con la misma fecha que la del párrafo anterior, la cifra a pagar en impuestos aparecía reducida a apenas $479,653, una diferencia de $3.6 millones con respecto a la primera auditoría.

De acuerdo con la indagación federal, el cambio de los montos a pagar en impuestos se produjo luego de que se firmara un Acuerdo de Servicio entre Smartmatic International Corporation, registrada en Barbados como la Casa Matriz, y Smartmatic LLC, registrada en el estado de Delaware. El Acuerdo se firmó el 25 de marzo de 2005, después que tuvieron lugar las operaciones por las cuales se estaba pagando impuestos.

La respuesta de la firma sobre el tema fue directa: "Ya sea en el 2004 o en cualquier otro año, Smartmatic siempre ha pagado todos sus impuestos debidos y adeudados en las jurisdicciones donde opera. Al presentar declaraciones de impuestos del 2004 y de otros años, Smartmatic siempre ha recibido el consejo de los mejores profesionales, incluyendo firmas legales y de contabilidad", precisó la declaración.

"Hemos provisto y revelado absolutamente todas nuestras transacciones", agregó Mugica. Smartmatic también informó entonces que había declarado al IRS un total cercano a los $97 millones en contratos recibidos en el 2004, "por trabajo electoral realizado fuera de los Estados Unidos, y por entidades no estadounidenses de Smartmatic".

Las conclusiones de las investigaciones de CFIU, el FBI y el IRS nunca se dieron a conocer. Antes de que se hicieran públicos los resultados de las indagatorias federales, Smartmatic hizo un anuncio inesperado.

"Smartmatic Corporation y Sequoia Voting Systems estarán trazando nuevas direcciones corporativas en 2007 que posicionarán ambas compañías para un amplio crecimiento en el mercado mundial", declaró un comunicado de Smartmatic emitido el 22 de diciembre de 2006, desde Boca Ratón.

Fue el eufemismo que usaron los directivos de la firma de elecciones para informar sobre la decisión de buscar un comprador para la empresa Sequoia, y salir del mercado norteamericano de elecciones.

El anuncio tenía en realidad otro objetivo: detener las investigaciones federales en torno a Smartmatic que se habían iniciado a mediados de 2006.

El anuncio de Smartmatic se produjo luego que CFIUS aceptó permitir a la firma retirarse del proceso de revisión a cambio de buscar un comprador norteamericano para Sequoia, informó Brookly McLaughlin, vocera del Departamento del Tesoro. McLaughlin aclaró sin embargo que CFIUS iba a supervisar detalladamente ese proceso de venta[259].

Mugica justificó la decisión basándose en la "actual preocupación y en el debate público suscitado por el hecho de que empresas extranjeras sean propietarias de compañías estadounidenses en áreas críticas, como la tecnología de elecciones".

La venta de Sequoia se anunció finalmente casi un año después, en noviembre de 2007, "a un grupo de inversionistas privados estadounidenses".

"Smartmatic vendió Sequoia Voting Systems a un grupo de inversionistas privados estadounidenses integrados por el actual equipo gerencial ejecutivo, dirigido por el presidente de Sequoia Jack Blaine, y el jefe de finanzas Peter McManemy", indicó la declaración oficial de la venta[260].

En un tono de suficiencia, Mugica puso punto final a la polémica y breve pasantía de Smartmatic por el mercado electoral de Estados Unidos con una declaración: "Después de este proceso de venta, Smartmatic, más sana que nunca, concentrará todos sus esfuerzos en el mercado internacional, capitalizando las enormes, desaprovechadas oportunidades que ofrece. Nuestros clientes en el resto del mundo se beneficiarán antes de nuestros últimos desarrollos, a medida que seamos capaces de llevar más pronto nuestros productos al mercado. Cuando el mercado de Estados Unidos esté listo para adoptar algunas de las innovaciones que hemos planeado para el futuro, nos encantará ayudar otra vez".

Significativamente, la polémica generada por Smartmatic en el campo eleccionario norteamericano ayudó a aprobar de manera abrumadora la Ley de Inversiones Extranjeras y Seguridad Nacional de 2007 (FINSA), no por casualidad corredactada por la congresista Maloney[261].

Gracias a Maloney y a la controversia generada por casos como Dubai Ports World y Smartmatic, FINSA cambió radicalmente el proceso de revisión de las inversiones controladas por personas o gobiernos extranjeros en Estados Unidos[262].

Tragedias y problemas legales

El 28 de abril de 2008, la tragedia tocó por primera vez la puerta de la firma de elecciones, en un episodio que no dejó de producir escándalo en Venezuela y en Estados Unidos.

La avioneta donde volaba el vicepresidente de Smartmatic, Alfredo Anzola, que acababa de salir en la mañana del lunes 28 desde el aeropuerto internacional de Maiquetía, en la capital venezolana, con rumbo a la isla de Curazao, se precipitó a tierra, cayendo sobre un conjunto de viviendas humildes de Catia La Mar.

Anzola, de 34 años, fue trasladado a un hospital cercano en un helicóptero enviado por órdenes del gobernador del estado Miranda, Diosdado Cabello, considerado uno de los hombres más poderosos del chavismo.

Anzola murió al día siguiente debido a lesiones graves. Antes de fallecer, recibió la visita de Jorge Rodríguez, ex presidente del CNE, cuyas relaciones con Smartmatic no dejaron de provocar críticas[263].

Entre los otros cinco fallecidos, se encontraba Mario Donati, de 43 años, que era el piloto de la aeronave.

Como se reveló posteriormente, Donati tenía un historial delictivo notable. Había sido condenado en febrero de 1999 por una corte federal de la Florida a tres años de prisión por cargos de narcotráfico.

Luego de cumplir con la sentencia, fue condenado en otro caso por transporte ilícito de drogas en Venezuela, donde se le concedió la libertad vigilada en abril del 2007, pero con prohibición de salida del país[264]. Nunca se supo por qué Donati estaba piloteando la aeronave que conducía a Anzola a Curazao.

Ni siquiera la venta de Sequoia por parte de Smartmatic acabó con las polémicas en torno a la empresa de elecciones. El proceso legal de venta no separó una empresa de la otra, sino que cambió los términos de la relación a través de, una vez más, complicados procedimientos jurídicos para ocultar la naturaleza de los vínculos.

Tales conexiones, sin embargo, salieron a relucir durante un juicio mercantil en la Corte de la Cancillería del estado de Delaware, donde está registrada Smartmatic.

De acuerdo con la sentencia de la Corte de Delaware, tras la supuesta venta de Sequioia a un grupo de inversionistas encabezados por Jack Blaine, Smartmatic conservó una nota promisoria (promissory note) por valor de $2 millones en acciones de Sequoia, que podía vender a un tercero si se cumplía con una serie de condiciones.

La venta de estas notas se produjo finalmente en abril del 2008, cuando Smartmatic las negoció con la firma Hart InterCivic Inc., la cuarta mayor firma de elecciones de Estados Unidos, con sede en Austin, Texas. El acuerdo de venta, aprobado por Sequoia, obligaba a la firma texana a pagar $7 millones a Smartmatic en un primer desembolso, así como el 40% del ingreso neto combinado de Hart y Sequoia por los siguientes cinco años (hasta el 2013), con la promesa de pagar como mínimo $9 millones en esos cinco años, para completar el valor que Smartmatic había pagado por Sequoia en 2005, de $16 millones[265].

El acuerdo, alcanzado luego de un intento hostil de control de Sequoia por parte de la empresa texana, incluyó el compromiso de Hart InterCivic de no competir con Smartmatic en el mercado de elecciones de toda América Latina, Filipinas y Bélgica.

Las negociaciones de Smartmatic con Sequioia y Hart fueron monitoreadas por la congresista Maloney para determinar si constituía una violación al compromiso de la firma de Boca Ratón de desvincularse totalmente de Sequoia, y salir del mercado norteamericano de elecciones[266].

Un segundo juicio legal, esta vez en Nueva Jersey, reveló nuevos detalles que Smartmatic quería mantener ocultos.

El juicio se inició como consecuencia de los aparatosos fallos de las máquinas sensibles al tacto provistos por Sequoia, durante las votaciones del 5 de febrero de 2008, cuando tuvieron lugar las primarias para las elecciones presidenciales de ese año, un evento conocido como el Super Martes.

Ese día, las máquinas de Sequoia no se encendieron en muchos lugares, mientras que en otros totalizaron los votos de manera errónea.

Hasta el propio gobernador de Nueva Jersey, John Corzine, se vio obligado a esperar 45 minutos hasta que la máquina en su recinto electoral, con tecnología de Smartamtic, le permitió ejercer su derecho al voto[267].

En otro circuito, las máquinas cambiaban los votos emitidos para la candidata demócrata Hillary Clinton, a favor de su oponente Barack Obama, entonces candidato favorito para las elecciones presidenciales[268].

El 8 de abril de 2008, la jueza superior Linda Feinberg ordenó a los funcionarios de elecciones en seis condados de Nueva Jersey entregar las 60 máquinas que realizaron conteos que no coincidían con los votos emitidos.

La jueza se proponía ordenar que un grupo de expertos evaluaran las máquinas y determinara si podían ser intervenidas para modificar los votos.

Sequoia reaccionó indicando que iba a pelear legalmente para evitar que los secretos de las máquinas fueran revelados tras la investigación, argumentando que ello constituiría una violación a la propiedad intelectual.

En realidad, los derechos de propiedad intelectual de las máquinas *touchscreen* de votación vendidas por Sequoia estaban bajo control de Smartmatic, como lo admitió el propio presidente de Sequoia, Jack Blaine[269].

En otras palabras, aunque ambas compañías habían separado sus caminos en 2007, las miles de máquinas vendidas por Sequoia en 17 estados de la Unión operaban con el software y el hardware concebidos y elaborados por Smartmatic, similares a los utilizados en los cuestionados procesos eleccionarios en Venezuela.

Escena internacional

Aunque Smartmatic dejó de operar en Estados Unidos en 2007, sus actividades internacionales continuaron teniendo resonancias en territorio norteamericano.

En 2009, logró obtener contratos por más de $200 millones para participar en licitaciones vinculadas a tecnología electoral en países como Bolivia, Filipinas, México, Zambia y Bélgica.

En México, los propietarios presentaron a la firma como de origen holandés, y obtuvieron un contrato para proveer tecnología biométrica a la Secretaria de Gobernación (Segob) para la fabricación de cédulas de identidad, a pesar de no contar con experiencia en la materia[270].

En mayo de 2010, un grupo de ciudadanos de Filipinas que eran también ciudadanos norteamericanos, encabezados por la empresaria Loida Nicolas–Lewis, presentó una solicitud en una carta enviada a congresistas norteamericanos y al propio presidente Barack Obama[271].

El grupo de filipinoamericanos quería ayuda del gobierno norteamericano para investigar la estructura enrevesada del conglomerado, y el uso de firmas en Holanda, Curazao y Barbados para ocultar la verdadera propiedad del conglomerado.

En 2009 Smartmatic estableció una alianza en Filipinas con la firma TIM Corporation a fin de participar en un contrato por unos $150 millones para modernizar el sistema electoral filipino. La empresa Smartmatic-TIM ganó la licitación y condujo varios procesos electorales. Las acusaciones de funcionamientos inadecuados de varias de las máquinas provistas por Smartmatic llegaron al congreso filipino[272].

En Bélgica, la firma de elecciones ganó un contrato de diez años para organizar elecciones municipales, pero pronto comenzó a enfrentar problemas, pues las autoridades anunciaron que no iban a realizar el primer pago del contrato. La razón: el sistema de elecciones falló repetidamente sin aparentes explicaciones[273].

Los problemas en Filipinas y Bélgica, que en 2013 continuaban generando debates y batallas legales, no inhibió a Antonio Mugica, a revisitar la idea de retornar al lucrativo mercado norteamericano de elecciones.

Mugica defendió ardorosamente la trayectoria "exitosa" en Venezuela y el compromiso de la polémica firma venezolana para proveer de tecnología avanzada de elecciones, "sin importar cuán pobre sea la nación o cuán manchada esté su cultura política pasada", en un artículo publicado en el portal de The Hill, en octubre de 2012[274].

El artículo generó una ola de críticas y un amplio recordatorio acerca de las sospechas en torno a los dueños verdaderos de Smartmatic que había provocado su salida de Estados Unidos[275].

Las versiones de que una parte de las acciones de Smartmatic estaban bajo control directo del presidente Hugo Chávez nunca fueron confirmadas. Pero al momento de la salida de Smartmatic del mercado norteamericano, otra clase de negocios que sí estaban controlados directamente por el comandante revolucionario ya estaban penetrando importantes sectores de Estados Unidos, no con ayuda de la tecnología avanzada, sino con el poder de uno de las más cotizadas materias primas o *commodities*: el petróleo.

4
NEGOCIOS PETROLEROS

"Esta es una batalla que nos va a llevar,
como ya nos está llevando,
a una confrontación con el interés transnacional
y sus lacayos".

Rafael Ramírez, presidente de Petróleos de Venezuela,
19 de mayo de 2005.

C uando el vicepresidente Nicolás Maduro anunció dra-
máticamente la muerte de Hugo Chávez el 5 de marzo
de 2013, la noticia impactó a muchos sectores dentro y
fuera de Venezuela, pero no a los vendedores de crudo en Nueva York, que literalmente no movieron un músculo ni desataron
el pánico tras el deceso del líder izquierdista.

El precio del crudo superaba ligeramente los $90 el barril,
muy por debajo de los $140 que alcanzó en 2008, y diez veces el
precio del barril de crudo venezolano en 1998, cuando Chávez
llegó al poder.

La inalterabilidad de los precios del crudo tenía una razón de
peso: la cantidad de crudo venezolano importado por Estados
Unidos había llegado a un nivel mínimo, no sólo por el incremento de la producción petrolera norteamericana, sino por la

significativa reducción de la producción de la estatal Petróleos de Venezuela, S.A. (Pdvsa).

Otra razón importante era que la administración Chávez había decidido diversificar la cartera de clientes del crudo venezolano, ampliando exportaciones a China y a países de América Latina y el Caribe que formaban parte de la Alianza Bolivariana de las Américas (ALBA), fundada por Chávez y que operaba como un club de descuento petrolero.

En otras palabras, la influencia del crudo venezolano en la economía norteamericana ya no era la misma del pasado, y disminuía cada día.

Las importaciones de petróleo desde Venezuela, que sumaban unos 46,5 millones de barriles mensuales a mediados de 2003, bajaron a unos 32 millones de barriles en diciembre de 2012, de acuerdo con la Agencia de Información de Energía de EE.UU[276].

Sin embargo, todavía el grueso del dinero obtenido por exportaciones petroleras provenía del Imperio, adonde iba a parar más del 40 por ciento de la producción venezolana.

Las refinerías estadounidenses en la costa del Golfo continuaban siendo clientes cruciales para Venezuela, pero las plantas estaban procesando más petróleo del Golfo de México, o extraído en Texas o Dakota del Norte[277].

Pese a que la data ofrecía un panorama de deterioro en la influencia del negocio petrolero venezolano en Estados Unidos en los últimos meses de vida de Chávez, la realidad había sido otra completamente distinta.

En los catorce años que van desde el inicio de la revolución bolivariana, en febrero de 1999, hasta la muerte de Hugo Chávez en marzo de 2013, el llamado oro negro venezolano jugó un papel preponderante y polémico no sólo por su natural valor estratégico en la relación binacional, sino por las controversias legales y paradójicos escándalos públicos que generó en círculos diplomáticos, políticos y de negocios en Estados Unidos.

Durante más de una década, el gobierno chavista nunca pasó más allá de la retórica virulenta y siempre se cuidó de garantizar los envíos regulares de millones de barriles diarios de petróleo a Estados Unidos. Sin embargo, empleó el negocio petrolero como una de las más eficaces herramientas diplomáticas para avanzar su agenda y promover negocios lucrativos en importantes capitales estadounidenses, desde Washington y Boston, hasta Nueva York y Miami.

La perspectiva de los negocios petroleros con Venezuela, ya fuese en el campo de la comercialización de crudo o en el terreno de las asesorías corporativas, atrajo a importantes apellidos de la alta política norteamericana, incluyendo figuras ubicadas en las antípodas del espectro político en comparación con la ideología bolivariana.

PRIMERAS CONTROVERSIAS

Una de las primeras negociaciones petroleras de la era chavista en Estados Unidos, que generaron controversia en cortes federales norteamericanas, fue el caso de la firma Earth Tech, de California, acusada de haber pagado unos $350,000 en sobornos a un directivo de la estatal Petroquímica de Venezuela (Pequiven), una filial de Pdvsa, como comisión por haber garantizado un multimillonario contrato de suministro a inicios del gobierno de Hugo Chávez.

Un empleado de Earth Tech en Caracas, Sergio Almeida, dio instrucciones a uno de los asociados de la firma para que entregara un cheque por esa cantidad a un importante funcionario de Pequiven, luego que la petroquímica otorgara en 1999 un contrato de $120 millones a la empresa norteamericana para el manejo de aguas industriales en el Complejo Petroquímico José Antonio Anzoátegui, en el estado Anzoátegui, de acuerdo con los papeles de la Corte Federal del centro de la Florida, con sede en Orlando [278].

El funcionario supuestamente sobornado, Enrique Torres Galavís, era el encargado de aprobar los contratos en la petroquímica estatal.

Las revelaciones sobre el soborno habían salido a relucir en una batalla legal entre Earth Tech y el ingeniero venezolano

Miguel Delgado Bello, que reclamaba su derecho a recibir parte de la comisión por haber ayudado a obtener el contrato de Pequiven.

Uno de los testigos del caso, que describió con lujo de detalles el episodio del soborno bajo juramento ante la corte federal, dijo que el empleado de Earth Tech le dio un cheque de $350,000 a nombre del funcionario de Pequiven que estaba siendo sobornado, con la petición de que lo depositara en una cuenta de Citibank en la capital venezolana.

El cheque, sin embargo, no fue aceptado en Citibank "porque era obvio que implicaba un soborno", declaró el testigo[279].

Tras la negativa a depositar el cheque, aseguró el testigo, el representante de Earth Tech en Caracas dijo que lo haría él mismo. De acuerdo al testimonio el cheque fue finalmente entregado al alto funcionario de Pequiven[280].

El presunto pago del soborno fue denunciado ante la oficina del FBI en Miami, porque se trataba de una posible violación a la ley federal contra la corrupción, que se aplica a empresas norteamericanas que operan en el extranjero.

Los acusados negaron las acusaciones de soborno. Torres, el funcionario de Pequiven, negó que tuviera una cuenta en Citibank, y en cambio admitió que poseía una cuenta en el First Union Bank de Florida. Earth Tech, por su parte, aseguró que la negociación con Pequiven fue "totalmente transparente y arreglada a derecho".

El caso fue al fin resuelto "amistosamente", tras negociaciones que no fueron reveladas en el dictamen final del juicio[281]. Tampoco se anunció una investigación ni en Estados Unidos ni en Venezuela sobre el presunto pago de sobornos.

El caso de Earth Tech era apenas el primero de una larga lista de polémicos eventos que involucraron a la petrolera estatal venezolana en cuestionables episodios que mezclaron política, diplomacia y dinero en grandes cantidades.

LOS SECRETOS DE JACK KEMP

A principios del 2003, en medio de un devastador paro petrolero, una decisión completamente inusual del gobierno venezolano produjo alarmas entre expertos energéticos y corredores del mercado internacional del crudo.

Se trataba de un convenio firmado el 17 de enero de ese año entre el Ministerio de Energía y Minas de Venezuela, oficialmente el principal accionista del gobierno en la estatal Pdvsa, y una poco conocida firma de intermediación con sede en Estados Unidos, la Free Market Petroleum (FMP).

Según el acuerdo, Pdvsa se comprometía a vender durante tres años 50,000 barriles diarios del crudo Mesa, un tipo de petróleo de alta calidad, a la Reserva Estratégica de Petróleo de Estados Unidos, utilizando los oficios de FMP.

El convenio, en cuya elaboración participó el vicepresidente de Pdvsa Aires Barreto, establecía además que FMP recibiría el crudo a un precio menor al estipulado en el mercado internacional, con lo cual obtendría una jugosa ganancia por la transacción[282].

Aunque la elaboración y firma del contrato se mantuvo en secreto, los detalles comenzaron a hacerse públicos luego que funcionarios ministeriales que se oponían a las negociaciones filtraron copias del acuerdo.

La negociación llamó la atención de los analistas principalmente porque implicaba una ruptura radical con el modelo de negocios de Pdvsa durante décadas. Era además un contrato firmado después de que el presidente Hugo Chávez había ordenado el despido de unos 18,000 técnicos y expertos de alto nivel de la petrolera estatal, por participar en una masiva huelga petrolera que estuvo a punto de sacarlo del poder.

En primer lugar, argumentaron los expertos, la petrolera estatal venezolana nunca utilizaba intermediarios, ya que estaba en condiciones de negociar directamente con los consumidores finales. De hecho, Pdvsa actuaba ella misma como una intermediaria, debido a que esta actividad era particularmente lucrativa.

En segundo lugar, Free Market Petroleum era una firma completamente desconocida en el mercado de la intermediación petrolera, registrada inicialmente como una firma de responsabilidad limitada (LLC) en el estado de Delaware, con supuestas sedes corporativas en Nueva York y Londres, pero sin trayectoria de negocios y ni siquiera su propio portal de internet, lo cual arrojaba más interrogantes a la transacción.

La imagen de la gigante petrolera Pdvsa contratando a una firma sin historial en el mercado de comercialización de petróleo resultó desconcertante para analistas y expertos de la industria a nivel internacional. La pregunta del día era: ¿Por qué ceder esos atractivos márgenes de ganancia?[283].

Otros aspectos resultaron a lo sumo sospechosos. Por ejemplo, la enorme cantidad del crudo que debía ser suministrado durante tres años, una cantidad equivalente a unos 54.7 millones de barriles de petróleo liviano, una cifra enorme incluso para los parámetros de Pdvsa.

Según diversas estimaciones, el contrato significaría ventas por más de $1,000 millones, y con ganancias estimadas de $55 millones para la firma intermediaria norteamericana.

Como si las ventajas a favor de Free Market no fuesen suficientes, el contrato estipulaba que era la petrolera venezolana la que debía pagar tanto el flete como el seguro de los envíos, unas condiciones totalmente reñidas con las prácticas usuales de Pdvsa.

Otros aspectos también llamaron la atención. Uno de ellos era el hecho, aparentemente ilegal, de que el contrato estuviese firmado no por Pdvsa, como establecía la normativa venezolana, sino por el Ministerio de Energía y Minas, una circunstancia que violaba el artículo 57 de la Ley Orgánica de Hidrocarburos[284].

Otro factor era que el contrato establecía una llamada "cláusula de escape", según la cual si Free Market no lograba por alguna razón vender el crudo a la Reserva Estratégica, podía venderlo en el mercado internacional. Para ello requería la aprobación del gobierno venezolano, pero podía quedarse con las jugosas ganancias.

Las suspicacias dieron un giro inesperado cuando se reveló que detrás de Free Market Petroleum se encontraba un ex héroe de fútbol americano y ex candidato a vicepresidente de Estados Unidos, el influyente republicano Jack Kemp (fallecido en mayo de 2009).

La participación de Kemp en la negociación había sido instigada por Bernardo Álvarez, dirigente del izquierdista partido Patria Para Todos (PPT), miembro de la coalición chavista, que entonces acababa de ser nombrado embajador de Venezuela en Washington.

Captando el interés de Kemp en las negociaciones, Álvarez buscó iniciar una campaña de relaciones públicas con la ayuda del influyente republicano, para mejorar la imagen de la revolución bolivariana.

Sin embargo, a pesar de los intentos, la estrategia de Álvarez y Kemp generó casi de inmediato un masivo efecto boomerang en Venezuela y Estados Unidos.

Una visita de Álvarez a la junta directiva del influyente rotativo The Wall Street Journal, a principios de mayo de 2003, de la mano de Kemp, se convirtió en un desastre mediático cuando la columnista de ese diario, Mary Anastasia O'Grady, escribió un devastador artículo criticando a Álvarez y a Kemp por apoyar a un régimen izquierdista camino de convertirse, en su criterio, en una dictadura totalitaria.

O'Grady criticaba la "hipocresía" del embajador venezolano al alabar los valores estadounidenses, y su "cálida ofensiva" en Estados Unidos, y "en compañía de un conocido republicano", refiriéndose a Kemp, a pesar de la manifiesta posición antiamericana de Hugo Chávez.

"Mientras el señor mariposea por los Estados Unidos brindado falsas alabanzas a los valores norteamericanos, allá en su tierra su partido político –Patria Para Todos, o PPT, de extrema izquierda– presta ayuda nefaria al señor Chávez para vaciarle el último resto de libertad a la sociedad venezolana"[285].

Álvarez se mostró sorprendido por lo que estimó como "ataques personales" de la periodista.

"Me asombra que la señora O'Grady haya empleado ataques personales contra mí, después que intenté explicar, en una reunión que Jack Kemp y yo tuvimos con sus redactores, las acciones de mi gobierno", dijo Álvarez en una carta al diario[286].

La relación del ex congresista conservador y el embajador venezolano, a quienes el humor venezolano calificó como "la pareja dispareja", no podía ser más cuestarriba. Mientras el partido de Álvarez, el PPT, se esforzaba por aparecer como una organización de extrema izquierda, Kemp era uno de los principales ideólogos del conservadurismo republicano.

Kemp había sido congresista y presidente de la Fundación para la Defensa de las Democracias (FDD) que creó junto al ex director de la CIA James Woolsey y otros importantes líderes conservadores pocos días después de los ataques terroristas del 11 de Septiembre de 2001 en Estados Unidos, con el fin de combatir el terrorismo internacional[287].

Previamente, el ex congresista participó en la fundación de Empower America, un organismo sin fines de lucro cuya misión era promover el evangelio del libre mercado y el capitalismo democrático en el mundo, al lado de la ex diplomática Jean Kirckpatrick, ex embajadora del presidente Ronald Reagan ante las Naciones Unidas[288].

La revelación de las negociaciones con Free Market Petroleum aparentemente sorprendieron tanto al entonces presidente de Pdvsa, Alí Rodríguez, como al ministro de Energía y Minas, Rafael Ramírez.

Mientras Rodríguez atinó a decir que desconocía los detalles del contrato, cuando fue abordado por los medios venezolanos, el ministro Ramírez dijo, inexplicablemente, que se trataba de un ensayo "para colocar algunos volúmenes de crudo para obtener el mejor dividendo de la nación"[289].

Una vez que se pusieron al descubierto las sospechas y detalles ocultos de la operación, las críticas dentro y fuera de Venezuela no hicieron más que crecer.

"¿Quién escogió el nombre de Free Market Petroleum para hacer negocios con Venezuela? ¿No sabían que "libre mercado" es una de las expresiones que con celo religioso condena el presidente de la República cada vez que tiene ocasión?", escribió el ex canciller venezolano Simón Alberto Consalvi en una nota de opinión que puso de relieve la relación contra natura de Kemp y el chavismo[290].

El semanario estadounidense The Weekly Standard cuestionó a Kemp no sólo por "abrirle puertas al gobierno de Chávez" en Washington, sino por visitar al mandatario venezolano y a sus ministros en Caracas, y le recomendó que, en vez de cabildear a favor del chavismo, "debería estar ayudando a presionar al régimen de Chávez y publicitar sus acciones antidemocráticas en Venezuela, y no buscar ganancias colaborando con él"[291].

Los analistas encontraron otro filón de preguntas y sospechas en la figura de Arturo Sarmiento, el representante en Venezuela de Free Market Petroleum.

En un informe emitido a mediados de julio de 2003, la firma de inteligencia Stratfor, con sede en Texas, llamó la atención sobre la potencial ilegalidad del acuerdo, y detalló que Sarmiento era conocido en Caracas como "El Rey del Whisky", debido a que hizo su fortuna importando grandes cantidades de escocés a Venezuela.

Stratfor aseguró que Sarmiento se había educado en Inglaterra, era miembro de la junta directiva de la Cámara de Comercio Venezolana-Británica de Caracas, y en el pasado había sido representante del "poderoso Alpha Group de Rusia, propietario de TNK, la tercera mayor compañía petrolera rusa"[292].

Sarmiento era hijo de un oficial del ejército venezolano, y era el primer venezolano en estudiar en Sandhurst, la elitista academia militar inglesa, "donde ganó numerosas medallas y distinciones"[293].

Además de hacer fortuna vendiendo escocés, Sarmiento también obtuvo importantes ganancias importando a Venezuela gasolina durante el paro cívico nacional.

La vinculación de Sarmiento con el Alpha Group de Rusia era particularmente preocupante. Varias firmas de este grupo habían sido calificadas como empresas fachadas de la mafia rusa o de altos funcionarios del gobierno de Vladimir Putin. También se vinculaba a estas firmas con Marc Rich, el notorio multimillonario de origen belga a quien Estados Unidos consideraba como fugitivo por desatender una acusación federal de evasión de impuestos, y que recibió el indulto del presidente Bill Clinton en enero de 2001, apenas minutos antes de abandonar éste la Casa Blanca.

Además de los presuntos lazos con la mafia rusa, otro elemento de ficción puso ribetes novelescos a la trama de Free Market.

En el contrato firmado por Jack Kemp, aparecía otro venezolano como intermediario de FMP, Rafael Rojas, basado en Nueva York. Rojas no era un simple intermediario, sino un operador con un pasado turbulento.

En 1985, Rojas había estado involucrado en el llamado caso de los "Petroespías", un notorio escándalo de manejo de información privilegiada en Pdvsa, que tuvo repercusiones en Estados Unidos.

Aprovechando su acceso a información privilegiada sobre la industria petrolera venezolana gracias a su posición como directivo de mercadeo de Lagoven, entonces una filial de Pdvsa, Rojas enviaba datos sobre los precios del crudo venezolano a operadores en Nueva York por adelantado, lo que les permitía obtener una considerable ganancia.

El escándalo, que entonces sacudió a la industria petrolera venezolana, terminó con varios empleados de Lagoven, la subsidiaria de Pdvsa, tras las rejas. Rojas, que también fue apresado, se las ingenió para escapar de prisión disfrazado de mujer[294].

A principios de junio, The Wall Street Journal publicó un artículo en el que abundaron las críticas de sectores petroleros en Estados Unidos, y se calificaba el acuerdo dirigido por Kemp como "poco ortodoxo" y "no tan transparente como debería ser"[295].

El rotativo reveló que el Departamento de Energía no había suscrito "acuerdos empresariales de ningún tipo con Free Market Petroleum", desmintiendo de esta forma al ministro de Energías y Minas de Venezuela, quien había asegurado en una entrevista que la selección de FMP se había producido como consecuencia de solicitudes presentadas por el propio gobierno de Estados Unidos a fin de establecer "un mecanismo expedito de suministro para la reserva estratégica"[296].

Otro análisis de Petroleum Argus, una firma de inteligencia de mercados petroleros basada en Londres, subrayó el hecho de que las autoridades venezolanas no hubiesen explicado "por qué Pdvsa fue ignorada en el contrato", ni por qué "el contrato se realiza con una empresa sin antecedentes", ni por qué "Pdvsa ha de absorber los costos de transporte", estimados entre 40 centavos de dólar y 1,40 dólares por barril[297].

La resonancia de las críticas que circularon entre Caracas y Washington terminó por hacer colapsar el acuerdo petrolero promovido por Jack Kemp y el embajador Bernardo Álvarez. Pero esta sería apenas la primera de una serie de negociaciones controversiales que emprendió el gobierno de Hugo Chávez utilizando una estrategia inédita para ganar adeptos en las fauces del Imperio mismo.

LA CONEXIÓN CON LOS KENNEDY

Tras el fracaso de Free Market Petroleum y la intermediación de Jack Kemp, el embajador Bernardo Álvarez urdió una nueva táctica, esta vez utilizando a Citgo, la petrolera propiedad del estado venezolano, con un doble objetivo: promover la maquinaria propagandística chavista, y hacer negocios con influyentes políticos norteamericanos, entre ellos una poderosa familia de abolengo en la costa este de Estados Unidos.

La ocasión se mostró perfecta el 27 de octubre de 2005, el día en que doce senadores demócratas, entre ellos figuras de primera línea como Edward Kennedy y John Kerry, ambos senadores por Massachussets, y la senadora por Nueva York Hillary Clinton, firmaron un comunicado conjunto pidiendo a las gigantes transnacionales del petróleo participar en un programa de combustible de calefacción barato para los sectores menos favorecidos de la sociedad norteamericana.

La carta estaba dirigida a firmas como ExxonMobil, Chevron, ConocoPhillips, Sunoco, Valero Energy, Marathon Oil,

Amerada Hess, Tesoro, y también a Citgo, subsidiaria de Pdvsa en Estados Unidos.

El argumento de la petición se basaba en que las corporaciones petroleras estaban recibiendo en ese momento ingresos récord por los altos precios del crudo. De hecho la petición de los congresistas demócratas se publicó el mismo día en que Exxon-Mobil anunciaba que había obtenido ganancias históricas ese trimestre de $9,900 millones, 75 por ciento de incremento en comparación con el año anterior, y la mayor ganancia trimestral en la historia de la transnacional[298].

No hay evidencias de que la estrategia de la carta estuviera promovida secretamente por los agentes prochavistas en Estados Unidos. Sin embargo, coincidentemente el presidente Chávez había anunciado tres semanas antes una medida que daba respuesta casi con exactitud a la petición de los congresistas: poner en marcha un programa de combustible barato para los desposeídos estadounidenses, a través de Citgo.

Para mayor curiosidad, el anuncio de Chávez se realizó durante una visita a Caracas en agosto de 2008 del líder y ex candidato presidencial demócrata, el reverendo Jesse Jackson[299].

No fue casual que, poco tiempo después de publicada la petición de los senadores demócratas, el propio presidente Chávez encabezara una misión oficial al corazón de Nueva York, aprovechando una visita suya a la Asamblea de las Naciones Unidas, para dar inicio a un programa "humanitario" de distribución de combustible para calefacción a un precio módico, con el objeto de beneficiar a centenares de familias de clase baja del Bronx, el enclave hispano por excelencia en la Gran Manzana.

"En septiembre de 2005 llegó Chávez. Habló del Che, criticó la ONU, bailó salsa, tocó las congas, visitó varios centros culturales, se entrevistó con responsables latinos, y prometió salvar al planeta", escribió el portal rebelion.org describiendo la visita del mandatario venezolano. El combustible llegó apenas pocos meses después[300].

"Me encuentro gratamente con el alma del pueblo americano y cuando digo americano no me refiero al estadounidense. Aquí me he encontrado con esta América unida, con este foro de los pueblos de las Américas concentrado en un espacio lleno de vida, magia y música que me impacta", declaró el líder venezolano.

La primera contribución de Citgo fue un envío de 8 millones de galones de carburante para vender a familias de bajos recursos en Nueva York. Durante 2006, Citgo amplió la distribución a casi 24 millones de galones de carburante ofrecido con un descuento del 40 por ciento, y beneficiando a más de 100,000 hogares de Nueva York y Massachussets, un "ahorro" que le costaba a Venezuela varias decenas de millones de dólares.

Yendo todavía más lejos, la petrolera venezolana ofreció adicionalmente un programa de contribuciones a las asociaciones comunitarias del sur del Bronx por unos $4 millones en los siguientes cuatro años, según anunció Fernando Garay, un portavoz de Citgo en Houston[301].

La popularidad del programa de combustible barato ayudó a que otros estados solicitaran participar de la oferta chavista. Para 2007, dos años después de la visita de Chávez al Bronx, el programa ya se extendía a 18 estados de la Unión, incluyendo localidades indígenas de Alaska, Maine, Minnesota, Montana y Michigan, y en comunidades de Vermont, Pennsylvania y Rhode Island. En 2009, el programa alcanzaba ya 23 estados norteamericanos, beneficiando a más de 200,000 hogares de bajos recursos.

Las reacciones críticas no tardaron en llegar. El programa de combustible barato venezolano "no está diseñado para ayudar a los pobres. Chávez es astuto, inteligente, con una gran agenda política", y usa el petróleo para "ridiculizarnos", declaró Larry Goldstein, presidente de la Fundación de Investigación de la Industria Petrolera, un grupo de análisis financiado por las grandes empresas petroleras norteamericanas[302].

Uno de los primeros congresistas en vociferar los beneficios del acuerdo con Citgo fue José Serrano, demócrata por Nueva York, que con bombos y platillos dijo en conferencia de prensa en el Bronx que se trataba de un "programa histórico".

"Citgo está actuando como un buen ciudadano corporativo al hacer una generosa y compasiva donación al pueblo del

Bronx. Aplaudo sus acciones", declaró el congresista de origen puertorriqueño[303].

Otro demócrata, el congresista por Massachussets William Delahunt, un influyente miembro del Comité de Relaciones Exteriores de la cámara de representantes, se llevó el crédito por haber ayudado a concretar el acuerdo para distribuir combustible barato no sólo en Nueva York, sino también en comunidades pobres de Boston que formaban parte de la base electoral demócrata.

Sin embargo, detrás de Delahunt se encontraba un importante operador político, un empresario miembro de una de las familias más poderosas de Estados Unidos, quien se sumó como el más visible apoyo a la campaña energética-proselitista de Chávez.

Fue Joseph Kennedy II, nieto del fundador del mismo nombre de la dinastía de origen bostoniano, hijo del ex fiscal y ex candidato presidencial Robert Kennedy, y sobrino del asesinado presidente John F., quien asumió desde el principio la tarea de distribuir los primeros 9 millones de galones de carburante a unas 45,000 familias de Massachussets, y otros 3 millones de galones a instituciones que prestan servicios a los residentes más pobres de ese estado.

Kennedy utilizó la infraestructura de Citizens Energy Corporation, una firma sin fines de lucro con sede en Boston que se estableció en 1980, para la distribución del combustible.

Ni la propuesta de ofrecer combustible barato era nueva, ni Kennedy era un desconocido en los círculos petroleros venezolanos.

De hecho Citizens nació en 1980 justamente después de que Joseph Kennedy obtuviera un contrato de suministro de combustible por parte de Venezuela. El interés de Kennedy entonces era demostrar que las grandes corporaciones petroleras norteamericanas estaban vendiendo carburante a un precio excesivo a los residentes del noreste de Estados Unidos.

Kennedy obtuvo luz verde para su proyecto por parte del gobierno del entonces presidente Luis Herrera Campins, a cambio de que las ganancias obtenidas por el acuerdo fuesen invertidas en programas de conservación de energía en América Latina, de acuerdo con Pedro Mario Burelli, ex directivo de Pdvsa que ayudó a elaborar y presentar el plan energético de Citizens al entonces ministro de Energía Humberto Calderón Berti, a petición del senador Edward Kennedy, para quien Burelli había trabajado como pasante o interno en 1976.

En contraste con la iniciativa chavista, explicó Burelli, la intención del gobierno de Herrera Campins "no era restregarle en la cara a nadie sus buenas intenciones" con el programa de suministro de combustible[304].

El acuerdo que Joseph Kennedy llevó adelante a partir de 1980 con apoyo del gobierno venezolano fue tan exitoso, que no sólo impulsó las ambiciones políticas del joven empresario, que fue congresista por cuatro términos consecutivos entre 1987 y 1999, sino que le proveyó de importantes ganancias que totalizaron $400,000 anuales en 2003[305].

Pero con el gobierno de Chávez las oportunidades se mostraban mucho más auspiciosas. Kennedy pronto comenzó a moverse con agilidad a fin de promover la alianza energética con Citgo más allá de su propio estado natal. A inicios de 2006, Citizens reclutó al congresista Chaka Fattah, demócrata por Pennsylvania, para distribuir 5 millones de galones de combustible de calefacción para los residentes de Filadelfia y condados vecinos, con un descuento de 60 por ciento sobre el precio del mercado.

Fattah calificó el acuerdo con Citgo y Citizens Energy Corporation como "extraordinario" porque beneficiaba a "decenas de miles" de residentes que eran sus propios electores. El embajador Bernardo Álvarez no desperdició la ocasión para promover la imagen de buen vecino de Chávez.

"Lo que estamos haciendo aquí en Pennsylvania, buscando ayudar a gente de bajos ingresos, es consistente con lo que el gobierno venezolano está tratando de hacer en casa, mejorar la vida de un pueblo que históricamente ha sido dejado a un lado", declaró el diplomático en tono concienzudo[306].

Para promover aún más la iniciativa, el 17 de noviembre de 2006 Kennedy ayudó a lanzar una costosa campaña publicitaria pagada por primera vez por Citgo, en emisoras locales de televisión en 16 estados norteamericanos, exponiendo las bondades del programa con Citizens.

Pero a pesar de la enorme inversión en publicidad, la cooperación entre Kennedy y Chávez no paraba de generar críticas, principalmente por los ataques grotescos del mandatario venezolano contra su homólogo George W. Bush, a quien calificó de "diablo" durante una comparecencia ante la Asamblea General de las Naciones Unidas, en septiembre del 2006.

Para responder a las críticas, Kennedy no dudó en publicar una defensa vigorosa tanto del programa de combustible barato como de los logros del presidente Chávez.

El acuerdo entre Citizens y Citgo, argumentaba en su escrito el ex congresista devenido empresario petrolero, había recibido el visto bueno incluso del secretario de Energía Samuel Bodman, porque beneficiaba a miles de ciudadanos pobres.

En la nota de opinión, publicada por el influyente diario The Boston Globe en diciembre de 2006, Kennedy no ahorró loas a Hugo Chávez.

"En Venezuela, el presidente está socializando las ganancias petroleras del país. La pobreza ha disminuido en 25 por ciento. Y las provisiones patrocinadas por el Estado de las necesidades básicas como alimento y salud se han expandido", indicó Kennedy[307].

La campaña de defensa del congresista se intensificó en 2007 y 2008, pero atrajo nuevos e intensos escrutinios sobre la naturaleza de los acuerdos entre Kennedy y Chávez, y la "matemática" de las negociaciones.

En un detallado análisis publicado a principios del 2008 en el portal HumanEvents.com, el general Donald Baine Smith y el analista Christopher Brown pusieron de relieve graves inconsistencias en la contabilidad del programa, y revelaron aspectos de las transacciones que habían permanecido convenientemente ocultos, como la compleja y laberíntica naturaleza de la corporación Citizens Energy.

Por ejemplo, explicaron que la firma encargada de la venta del combustible de calefacción a descuento no era la corporación sin fines de lucro Citizens Energy, establecida por Jospeh

Kennedy II en 1980 como un grupo de empresas o holding, sino otra corporación llamada Citizens Program, una de nueve empresas "con fines de lucro" que integran la corporación Citizens Enterprises, ésta última la firma que pagaba a Kennedy la mayor parte de su salario de $400,000 anuales[308].

Según el artículo, la corporación Citizens Program, encargada de negociar con Citgo la venta del combustible a comunidades pobres de Nueva York y Massachussets, estaba lejos de comportarse como una empresa caritativa y estaba haciendo grandes negocios. De no tener ni un céntimo en 2004, Citizens Programs pasó a vender en 2006 un total de $16 millones en combustible, con una ganancia de unos $6 millones.

Blaine y Brown descubrieron también severas incongruencias en la contabilidad del holding. Lo primero que encontraron fue que, mientras Citgo aseguraba que en 2007 el programa de combustible benefició a 181,000 hogares, Citizens Energy contabilizó unos 170,000 hogares, es decir, una diferencia de 11,000 hogares.

Pero lo más grave resultaron ser las diferencias en la cantidad de galones que Citgo decía haber entregado a Citizens, y la que las cifras de ésta indicaban que había distribuido.

Mientras Citgo afirmaba haber entregado 40 millones de galones de combustible en 2007 para 181,000 hogares, los analistas calcularon que en realidad Citizens pudo haber distribuido poco más de 2,6 millones de galones, tomando en cuenta el precio promedio de cada galón (de $2.43 la unidad en 2007) y la cifra oficial invertida por la corporación de Kennedy en el programa, de unos $6.46 millones. El resultado de estas cuentas contradictorias era una escandalosa diferencia de más de 37 millones de galones de carburante desaparecidos o no reportados correctamente.

"¿Dónde y cómo se fueron los 37 millones de galones adicionales de carburante, que representan más de noventa millones de dólares según el precio promedio por galón, que Citgo asegura haber distribuido, cuando su punto de distribución (Citizens) asegura haber estado únicamente involucrado en un programa de seis millones de dólares?", fue la pregunta final planteada por los analistas Blaine y Brown.

Escarbando todavía más, los analistas encontraron que el programa favorecía con una mayor cantidad de combustible a una serie de distritos que representaban la base electoral principal de importantes figuras del partido Demócrata cercanos al gobierno chavista.

Por ejemplo, los residentes del estado de Vermont incluidos en el programa recibieron como promedio 166 galones por hogar, pese a tener un invierno más crudo. En contraste, los habitantes del Bronx y de Harlem, ambos distritos representados por los congresistas José Serrano y Charles Rangel, importantes aliados de Chávez en el congreso norteamericano, recibieron en promedio casi el triple de combustible, unos 454 galones por hogar.

En Massachussets el patrón se repitió. Cada hogar recibió un promedio de 240 galones durante todo 2007, en el distrito representado por el congresista William Delahunt, entonces presidente del Subcomité de Organizaciones Internacionales, Derechos Humanos y Vigilancia del poderoso Comité de Relaciones Exteriores de la cámara baja. Otro estado beneficiado con 366 galones por hogar, igualmente bastante por encima del promedio, fue el distrito en Rhode Island representado por Patrick Kennedy, hijo del senador Edward Kennedy, y primo de Joseph.

Aunque Citizens no respondió directamente las alegaciones de HumanEvents.com, un artículo publicado por The Boston Globe en septiembre de 2009 hizo referencia a las declaraciones de impuestos de la corporación Citizens Programs, que maneja el programa de carburante con Citgo. De acuerdo con el artículo, Citizens recibió de la petrolera venezolana un total de $100 millones en combustible en el invierno de 2008, de los cuales $72.1 millones fueron destinados a distribuir el combustible en comunidades pobres de Estados Unidos; otros $11.6 millones se dedicaron a gastos publicitarios; y finalmente $4.6 millones fueron pagados como costos de administración al holding Citizens Energy[309].

Añadiendo más leña al fuego, nueve días después del artículo de HumanEvents.com, el experto James Roberts, de la fundación Heritage, lanzó una nueva andanada de críticas, esta vez dirigidas a subrayar la posible actuación de Kennedy como un cabildero y promotor no registrado a favor de los intereses de un gobierno extranjero, en este caso del gobierno de Venezuela, al participar como intermediario y beneficiario del programa de carburante barato que Chávez utilizaba como maquinaria propagandística.

"El pueblo americano debe entender que, mientras un puñado pudiera estar sacando algún beneficio, al final nuestra nación podría pagar un precio muy alto por este combustible para calefacción debido a la creciente amenaza a la seguridad por parte del rico régimen de Chávez, que está siendo promovido por amigos influyentes en los Estados Unidos", alertó Roberts[310].

Kennedy no sintió en carne propia los efectos políticos de su maridaje con Chávez y Citgo sino hasta agosto 2009, tras la muerte de su tío el senador Edward Kennedy. Presionado por líderes del partido Demócrata en Massachussets, el ex congresista anunció a principios de septiembre de ese año que estaba considerado lanzarse a la campaña para conquistar el escaño senatorial vacante.

Pero casi al mismo tiempo en que anunció sus aspiraciones, las preguntas capciosas en torno al rol jugado por Kennedy como presidente de Citizens Energy Corporation comenzaron a surgir a borbotones en toda la prensa norteamericana.

"Si Joe se convirtiera en candidato, tendría que responder algunas preguntas incómodas acerca de su relación personal y de negocios con Hugo Chávez", declaró a The Boston Globe el consultor político republicano Eric Fehmstrom. "Chávez no es amigo de Estados Unidos, y ha usado su maquinaria de relaciones públicas y su petróleo para diseminar propaganda antiamericana, y usó a Joe Kennedy como un tonto útil", acotó Fehmstrom[311].

A pesar del apoyo que recibió de importantes personalidades políticas de Massachussets, Kennedy finalmente anunció el 7 de septiembre de 2009 su decisión de renunciar a una nueva carrera política como senador por su estado, y heredero de la tradición política de los Kennedy.

"Mi padre llamaba a la política una profesión honorable, y tengo un respeto profundo por aquellos que escogen promover las causas de la justicia social y económica en un cargo de elección popular", dijo Kennedy en una declaración oficial. "Tras muchas consideraciones, he decidido que la mejor manera para mí de contribuir a esas causas es continuar con mi trabajo en Citizens Energy Corporation", apuntó[312].

Durante 2010, Kennedy continuó repartiendo combustible venezolano a descuento en 23 estados y más de 200 comunidades indígenas "desde Alaska hasta Maine", cooperando con una población superior a los 200,000 residentes de escasos recursos, según cifras de la propaganda oficial pro chavista[313].

A fines del 2010 una serie de rumores que circularon tanto en Caracas como en Washington dieron por cancelada la participación de Citgo en el programa de combustible barato. Sin embargo, el 27 de enero de 2011, la petrolera anunció públicamente el inicio del sexto año del programa, que ya alcanzaba 25 estados y el Distrito de Columbia, 250 tribus indígenas en todo el territorio norteamericano, y beneficiaba 234 refugios de desamparados, para un total aproximado de 500,000 norteamericanos de escasos recursos beneficiados[314].

A pesar de las críticas cada vez más ruidosas en Estados Unidos acerca del creciente autoritarismo del gobierno chavista, y la violación de derechos humanos, censura de medios de comunicación y acoso a opositores, Kennedy continuó defendiendo abiertamente sus negocios con el régimen de Hugo Chávez.

En una declaración emitida a principios de febrero de 2011, Kennedy dijo que se sentía "profundamente agradecido a Citgo y al pueblo de Venezuela por su generosidad para con aquellos que necesitan ayuda para darles calor a sus familias".

"Cada año", continuó Joseph Kennedy II en su declaración, "les pedimos a las grandes firmas petroleras y a los países productores de petróleo que ayuden a que nuestros ancianos y nuestros pobres puedan subsistir en el invierno, y sólo una compañía, Citgo, y un país, Venezuela, han respondido a nuestras súplicas".

Citizens Energy Corporation no fue la única firma que utilizó Kennedy para hacer negocios con Venezuela. Desde el año 2000, el ex congresista había actuado como asesor de una firma domiciliada en Caracas y en Miami, que jugó un papel crucial durante la huelga petrolera de 2002-2003 en Venezuela, en la estrategia de canalizar las exportaciones de Pdvsa durante el paro.

Kennedy ayudó en la creación y operación de la empresa Petroleum Electronic Pricing Exchange, Pepex, una firma con sede en la avenida Brickell de Miami, que actuó como enlace electrónico con la sede matriz de Pdvsa en Caracas, dentro de un plan de reestructuración anunciado por el gobierno chavista.

"Se trata de un *site* diseñado para empresas multinacionales y estatales de petróleo con el fin de ofrecer crudos y productos para la compra y la venta", dijo al autor Boris Marchegiani, presidente y fundador de la firma electrónica[315].

El anuncio del acuerdo entre Pepex y Pdvsa se realizó cuando la huelga se extendía ya por 40 días, y con una producción de crudo que apenas promediaba unos 600,000 barriles por día, debido a la casi total paralización de las actividades. Los organizadores del paro criticaron la operación y dijeron que se trataba de un intento por detener los efectos de la huelga, que privaba a la industria de experimentados ejecutivos encargados regularmente de las operaciones de compra-venta de crudo y derivados en el mercado mundial.

Marchegiani, un ex empleado de Corpoven, una antigua subsidiaria del conglomerado petrolero venezolano, dijo que había firmado un contrato estable "de largo plazo" en mayo del 2002, para proveer contactos y vínculos con 169 clientes internacionales, entre multinacionales, empresas estatales, firmas productoras y refinadoras de crudo y productos derivados.

Pepex funcionó como un sitio electrónico de subastas en las que se ofrecía una variada gama de productos petroleros y servicios de distribución personalizados hasta que Pdvsa retomó el control de las exportaciones.

Jack Kemp y Joseph Kennedy II no fueron los únicos políticos norteamericanos influyentes que se unieron a la campaña propagandística del gobierno venezolano, sazonada con dinero y petróleo provistos por Citgo, subsidiaria de la estatal Pdvsa. En marzo de 2007, agencias y medios informativos norteamericanos pusieron al descubierto un nuevo aunque inesperado aliado en la estrategia chavista para influir a la opinión pública estadounidense: el popular ex alcalde de Nueva York y prominente aspirante republicano a la presidencia, Rudy Giuliani.

Según documentos oficiales del estado de Texas, la firma de abogados a la que Giuliani se integró cuatro años después de dejar su cargo como alcalde de Nueva York, Bracewell & Giuliani LLP, estaba registrada como cabildera a nombre de Citgo desde el 2005[316].

De acuerdo con los documentos, Bracewell & Giuliani LLP se registró para representar a Citgo el 26 de abril de 2005, menos de un mes después de que el ex alcalde se hizo socio de la firma. El contrato fue renovado en 2006 y luego en 2007, y estipulaba un pago de $5,000 mensuales para hacerle seguimiento a diversas leyes estatales que podrían tener impacto para los negocios de Citgo.

Tratando de salvar la responsabilidad de Giuliani, uno de los directivos de la firma, Patrick Oxford, declaró que el aspirante presidencial republicano "no tiene ni la más remota idea de Citgo", y que nunca cabildeó personalmente a favor de la firma petrolera bajo ninguna circunstancia.

David McCollum, vocero de Citgo en Houston, dijo por su parte que la petrolera nunca mantuvo una relación directa con Giuliani. "Realmente él no estuvo involucrado personalmente con nosotros. La gente que nosotros estamos usando están aquí en Texas", indicó McCollum[317].

La noticia, que se difundió en momentos en que el entonces presidente George W. Bush culminaba en Buenos Aires una gira latinoamericana, causó preocupación en círculos republicanos.

De hecho el comité exploratorio que apoyaba la candidatura presidencial de Giuliani se apresuró a emitir un comunicado, pero no para disputar las posibles relaciones del aspirante con Citgo, sino para subrayar su posición crítica contra Chávez.

"El alcalde Giuliani cree que Hugo Chávez no es un amigo de los Estados Unidos, y que su influencia sigue aumentando debido a nuestra creciente dependencia en fuentes foráneas de petróleo. Como el alcalde ha declarado consistentemente, el desarrollo de combustibles alternativos es una prioridad que exige una solución a fin de asegurar la independencia energética de Estados Unidos", dijo la declaración.

En una primera reacción, el propio Giuliani defendió los vínculos de su firma con la petrolera venezolana, y pronosticó que usarían la polémica para atacar su candidatura, durante una visita a la Florida para recoger fondos.

"Explotarán todo", dijo Giuliani. Se trata de "uno de estos ataques políticos en los que no tienes nada que ver, no estás involucrado, así que no importa mucho realmente", acotó en una declaración a periodistas durante un partido de entrenamiento de los New York Yankees en Tampa[318].

El ex alcalde argumentó que el trabajo de su firma se concentró en apoyar la labor "legal y honorable" de Citgo "para proteger los empleos de más de 100,000 norteamericanos". También aclaró que consideraba a Chávez "peligroso", y que Estados Unidos debía "aprender cómo lidiar con Chávez".

La revelación de los lazos entre Giuliani y Citgo complicó el escenario para el avance de su candidatura en las primarias presidenciales del partido republicano, en competencia contra aspirantes como el senador John McCaine y el ex gobernador de Massachusetts Mitt Romney . En Miami, por ejemplo, la reacción fue de estupor. "Esto es vergonzoso, despreciable e inaceptable. El votante cubano se va a pegar al techo con esto. Todo el mundo ya sabe quién es Chávez", opinó el comisionado de Miami-Dade Javier Souto, que respaldaba la candidatura del senador McCain[319].

Organizaciones venezolanas en el sur de la Florida le sugirieron públicamente a Giuliani que donara los dineros que su firma había cobrado a Citgo a organizaciones que promueven la lucha democrática en América Latina.

"Ahora que Giuliani sabe que el bufete estaba recibiendo dinero de Citgo, puede donar a organizaciones que promuevan la democracia en la región los fondos que le dio Chávez"", declaró en una conferencia de prensa el activista Ernesto Ackerman, presidente de la organización Independent Venezuelan American Citizens (IVAC)[320].

Ackerman también sugirió a Giuliani que utilizara las influencias de su bufete no sólo para proteger los empleos de Citgo en Estados Unidos, sino para cabildear a favor de los miles de trabajadores despedidos por Chávez durante la huelga petrolera de 2002 en Venezuela, sin reconocerles ningún tipo de beneficio.

"Esos trabajadores sí necesitan de un cabildeo en este momento porque muchos de ellos están huyendo de Venezuela y requieren de un asilo político que se les está negando. ¿Por qué no hace un lobby para eso?", indicó el activista[321].

La intensa polémica que generó el *affaire* Giuliani-Citgo obligó a la firma Bracewell & Giuliani LLP a cancelar el contrato con la petrolera venezolana[322].

EL ESCÁNDALO DE LA VUELTA

Uno de los mayores fraudes financieros que afectó a miles de venezolanos tuvo como materia prima los contratos de la estatal Pdvsa, y sus repercusiones produjeron centenares de millones de dólares en pérdidas tanto en Venezuela como en Estados Unidos.

La magnitud del escándalo financiero, que estalló a mediados de 2005, salpicó por igual a chavistas y opositores, así como a altos directivos de Pdvsa, llevó al borde de la quiebra a unas 700 familias del estado Zulia, y produjo cuantiosas pérdidas a empresarios y particulares venezolanos radicados en Doral y Weston, en el sur de la Florida.

El esquema fraudulento, conocido con el mote de La Vuelta, movilizó entre $600 y $800 millones en poco más de dos años de actividad ilegal, posiblemente dineros del narcotráfico colombiano, y varios de estos millones fueron inyectados desde Miami, reveló una investigación realizada por la Asamblea Nacional de Venezuela.

Entre los afectados fueron documentados los casos de seis venezolanos residentes de Miami, que invirtieron entre $20,000 y $2 millones cada uno, y que nunca recuperaron su dinero[323].

Otros vendieron propiedades y vaciaron sus cuentas de ahorros en Miami y Weston para llevarlas a Venezuela e "invertirlas" en el fraude tipo pirámide, con la esperanza de multiplicar rápidamente sus capitales.

Según expertos e investigadores consultados por el autor, la trama se inició después del paro petrolero de 2003, cuando el gobierno chavista se negó a pagar las deudas que Pdvsa mantenía con centenares de empresas contratistas acusándolas de "contrarrevolucionarias" por haber participado en el paro petrolero.

Las deudas de Pdvsa con las contratistas comenzaron a ser compradas a descuento por un grupo de personas, que adquirían las facturas a un 60 por ciento de su valor, y luego lograban que las deudas fueran pagadas en un 100 por ciento a través de una red de contactos en Pdvsa Occidente, de acuerdo a Edinson Morales, un economista de la Universidad de Zulia que siguió de cerca el escándalo[324].

Por ejemplo, si una empresa tenía una deuda acumulada de $10 millones, vendía las facturas por $6 millones porque necesitaba urgente liquidez. Los compradores, previamente conectados en Pdvsa con los responsables de pagar las facturas, obtenían una ganancia de $4 millones en un plazo promedio de un mes. El plan funcionó durante un tiempo, desatando las ambiciones en familias prominentes, líderes políticos y gente común, incluyendo cuatro alcaldes y empresarios vinculados al chavismo, quienes invirtieron sumas que variaron entre $4,000 y $60 millones con la idea de obtener una ganancia rápida.

La estafa fue fraguada por un grupo de empresarios que establecieron una estructura para captar fondos en dólares en Venezuela y en Miami, ofreciendo un retorno del 20 por ciento mensual sobre la cantidad invertida.

"Con este dinero compraban el 60 por ciento de la deuda, daban el 20 por ciento de retorno al inversionista, y ellos se repartían el otro 20 por ciento de las ganancias", dijo el diputado Julio Montoya, cuyas denuncias de irregularidades en la industria petrolera en el Zulia generó una orden de Chávez de bloquear el pago en dólares de facturas de contratistas petroleras, y desató la debacle de La Vuelta.

El fraude quedó al descubierto cuando los inversionistas no pudieron cobrar los cheques en los que los presuntos estafadores incluirían la cantidad invertida, y las ganancias hasta del 24 por ciento mensual.

La alarma comenzó a sonar cuando, a principios de julio de 2005, algunos de los responsables del fraude salieron secretamente de Venezuela para evitar demandas legales y hasta la cárcel.

Los frustrados inversionistas no sólo dejaron de percibir las ganancias prometidas, sino que vieron en peligro el capital invertido, producto de ahorros y ventas de sus propiedades en Estados Unidos.

Las investigaciones iniciales revelaron que los responsables del fraude habían logrado sacar el dinero de los incautos inversionistas a cuentas Islas Caimán, España, Alemania y Estados Unidos.

Las denuncias del fraude comenzaron a ser aireadas por los propios chavistas. El primer señalado fue Rafael Rosales, director externo de Pdvsa que operó con un grupo de empresarios que utilizaron más de una docena de compañías para desviar los recursos captados, tanto en Venezuela como en Miami, de acuerdo a denuncias del dirigente chavista Giancarlo Di Martino.

Entre los empresarios fue mencionado Nelson Navarro, presidente de la firma venezolana Autoleasing, y que aparecía como gerente de una compañía registrada en la División de

Corporaciones de la Florida en Octubre de 2004 bajo el nombre de Auto Leasing Rent-A-Car, LLC, junto a Juan Moroso, otro de los presuntos implicados en el fraude.

Una tercera persona, Helen Quiñones, aparecía en los documentos de registro oficial de la firma de alquiler de vehículos en Miami como agente representante. Otros registros públicos indicaban que coincidentemente, Quiñones había adquirido pocos meses antes una propiedad en Doral con un valor de $380,000.

Otro involucrado era Freddy Manzano, que de acuerdo a los registros de Miami había adquirido una propiedad de $368,000 en noviembre de 2004.

Los afectados solicitaron a través de sus abogados la intervención del gobierno de Estados Unidos, a fin de ayudar a establecer las responsabilidades del fraude, bajo el argumento de que podía haber violado leyes norteamericanas.

Tras enviarle al entonces embajador en Caracas William Brownfield un dossier con los detalles del caso, los afectados le pidieron que se iniciara una investigación federal para saber si el fraude se había producido utilizando el sistema financiero norteamericano, y si los responsables, que aparentemente habían huido al sur de la Florida, podían ser detenidos y deportados a Venezuela.

Los informes, que fueron remitidos a la oficina en North Miami del FBI, incluyeron como evidencias más de dos docenas de cheques sin fondo emitidos por los responsables del fraude. Varios de estos cheques sin fondo respondían a cuentas en el banco Northern Trust, que tiene filiales en Miami y Weston[325].

Según las denuncias presentadas ante la Fiscalía General de Venezuela, el empresario Nelson Navarro y un grupo de cómplices crearon un sistema fraudulento de inversión que ofrecía ganancias exageradas. Brownfield recibió la visita del dirigente chavista Di Martino para discutir las posibilidades de extraditar a los responsables o de suspenderles la visa.

El gobierno norteamericano nunca dio a conocer si inició la investigación ni si se produjeron los resultados esperados por los afectados.

Como de costumbre, la estatal petrolera negó que personal activo de la corporación estuviera relacionado con el fraude multimillonario.

Las comisiones de Pdvsa

A principios del año 2005, una serie de contratos de suministros de crudo y combustibles comenzaron a circular ampliamente entre expertos petroleros de Miami, que mostraban un nuevo *modus operandi* reñido con los procedimientos de comercialización de la producción petrolera de Venezuela.

Los llamados "Acuerdos Irrevocables de Protección de Contratos" mostraban un detallado panorama de cómo operaba una nueva generación de intermediarios petroleros, autorizados por Pdvsa a vender crudo a terceros, por primera vez en la historia de la industria petrolera de Venezuela, y en aparente violación de las leyes venezolanas[326].

Los intermediarios operaban utilizando una red financiera con conexiones en Caracas, Aruba, Panamá, Miami, Nueva York, Madeira y Suiza, de acuerdo a documentos a los que tuvo acceso el autor[327].

Los documentos incluían información detallada de los beneficiarios, como el número de las cuentas bancarias y, en algunos casos, las claves para transferir el dinero a cuentas cifradas en Nueva York y en Lugano, Suiza.

De acuerdo con un dossier de contratos, una lista de 16 comisionistas venezolanos y un colombiano estaban incluidos como beneficiarios directos de comisiones multimillonarias, aseguradas mediante contratos especiales con compradores internacionales, incluyendo varias empresas norteamericanas.

Cuatro de los intermediarios mantenían cuentas en bancos de Miami como el desaparecido Washington Mutual, Ocean Bank y el antiguo Commerce Bank, subsidiaria del venezolano Banco Mercantil. Entre los beneficiarios se encuentran también personas que integraron la oposición al presidente Hugo Chávez desde el 2003.

En uno de los documentos confidenciales, uno de los intermediarios se adjudicó una comisión de $2.70 por barril de crudo ligero del tipo Mesa 30, en un contrato de 1.5 millones de barriles mensuales con vigencia de un año, suscrito a fines de 2004. El crudo debía ser enviado a los clientes en Europa y Asia de una firma norteamericana con sede en Houston, de acuerdo con los papeles.

La comisión, que ascendía a poco más de $4 millones mensuales, debía pagarse mediante una transferencia internacional a una cuenta personal en el Banco Lugano, en Suiza, a través de Citibank de Nueva York, mediante el uso de una clave secreta.

En un contrato distinto de diciembre del 2004, el mismo intermediario figuraba como beneficiario de una cuantiosa comisión por "consultoría" en la venta de 150,000 toneladas métricas de Diésel D-2. En un tercer contrato, tres intermediarios acordaron distribuirse el 25 por ciento del descuento ofrecido por Pdvsa, sin que se estableciera un monto específico.

En otro documento con fecha 27 de noviembre de 2004, se detallaba la presunta negociación de 1.8 millones de barriles mensuales durante un año de IFO No. 6, un combustible para embarcaciones, para un total de 21.6 millones de barriles, con una comisión de medio dólar por barril. El acuerdo estableció que el pago de unos $10.8 millones quedaría dividido entre dos grupos de mediadores. El primer grupo recibiría el dinero en una cuenta cifrada del Banco Internacional Do Funchal, Banif, en la isla de Madeira, mientras el segundo grupo pidió una transferencia al Ocean Bank de Miami.

Uno de los contratos más curiosos fue el de suministro de 150,000 toneladas métricas mensuales de combustible Diesel D-2 durante 12 meses, renovable, en el que se estableció una comisión de 28 centavos de dólar por galón del combustible. El contrato mostraba cómo los 28 centavos por galón se repartían entre un total de siete comisionistas. Uno de ellos debía recibir 13 centavos, mientras que al resto le correspondía entre 1 y 4 centavos de dólar. La aparentemente insignificante comisión adquiriría proporciones ciclópeas al multiplicarse cada centavo por los 46 millones de galones a los que equivalía el cargamento mensual acordado de 150,000 toneladas métricas de Diésel. La comisión de un centavo por galón se convertía en $461,000 mensuales, casi $5 millones de dólares al año. En total, las comisiones proyectadas en ese específico contrato alcanzaban una cifra anual superior a los $140 millones.

Los documentos confidenciales revelaron que las operaciones se iniciaban cuando un alto funcionario en la petrolera estatal aseguraba una cuota de crudo o combustible, a fin de que el intermediario saliera a ofrecerlo principalmente a representantes de las empresas registradas en Pdvsa, a través del registro conocido como RUCCVE.

Los intermediarios utilizaban una red de empleados para iniciar el contacto con los posibles compradores, a través de llamadas telefónicas o correos electrónicos. Una vez contactada, la empresa debía enviar una carta de intención (Letter of Intention, LOI), y un contrato para asegurar las comisiones (Fee Protection Agreement, FPA), en la mayoría de los casos con firma electrónica y "los originales debidamente notariados", como rezaban las instrucciones enviadas por uno de estos intermediarios. El paso final era la firma del contrato de suministro por parte de un representante legal de la empresa en Venezuela.

Según varios expertos y fuentes familiarizadas con el caso consultadas por el autor, los acuerdos de protección de honorarios se aplicaban por primera vez en la historia de la industria petrolera venezolana, y suponían una violación de las normas de Pdvsa y de las leyes venezolanas. Los contratos circularon con el aparente respaldo de la gerencia de comercialización de la petrolera estatal.

Curiosamente Asdrúbal Chávez, para ese momento gerente de comercialización de Pdvsa y primo del presidente Chávez, había asegurado que la política de comercialización de crudos estaba orientada "hacia el suministro directo a empresas refinadoras, evitando la participación de intermediarios"[328].

La publicación de los documentos generó reacciones de sorpresas y amenazas legales. "Desde su creación en 1975, ésta es la primera vez que Petróleos de Venezuela está utilizando intermediarios para vender sus productos", dijo Humberto Calderón Berti, ex presidente de Pdvsa entre 1983 y 1984, al ser consultado sobre las operaciones. "Si esto está ocurriendo, está al margen de las leyes. La normativa de Petróleos de Venezuela no permite que ocurra algo así. Tienen que ser operaciones al margen de la ley", subrayó Calderón Berti, que también fue ministro de Energía y Minas en el período 1979-1983[329]. En repetidas ocasiones Pdvsa negó el pago de comisiones a intermediarios. Las denuncias sobre el cobro de comisiones nunca fueron investigadas.

Las peripecias de Bariven

La estructura de la industria petrolera venezolana en Estados Unidos no sólo se usó para promover actividades de compraventa de crudo y derivados, muchos de ellos cuestionables, sino también para la negociación de suministros y productos de alimentación que provocaron sonados escándalos que vinculaban a importantes funcionarios chavistas.

El objetivo del nuevo enfoque corporativo en Estados Unidos era atender el nuevo papel "social" asignado a Pdvsa por la revolución del presidente Hugo Chávez.

Negocios de varias decenas de millones de dólares con firmas norteamericanas se promovieron a través de Bariven, una subsidiaria de Pdvsa creada para manejar la adquisición en el exterior de insumos y suministros para la industria petrolera venezolana décadas atrás.

En enero de 2008, por ejemplo, cuando Venezuela atravesaba una aguda escasez de alimentos, el presidente Chávez anunció un programa de $800 millones para comprar y distribuir un "combo" alimentario con productos básicos en la dieta del venezolano, como arroz, granos negros o caraotas, y leche en polvo.

Cuando los paquetes comenzaron a distribuirse en Venezuela, quedó de relieve que muchos habían sido adquiridos a firmas productoras en Estados Unidos. Por ejemplo, el arroz fue comprado a la firma Gulf Pacific, de Houston, Texas; las caraotas o frijoles negros, a Trinidad Benham Corp., con sede en Denver,

Colorado, el mayor distribuidor en Estados Unidos de granos y arroz; y el aceite vegetal, a la firma texana Cal Western Packaging Co[330].

Casi de inmediato, las operaciones de compra de alimentos coordinada a través de Bariven comenzaron a mostrar más costuras de malos manejos.

En una llamativa demanda judicial a mediados del 2008, los dueños de una firma de Miami denunciaron que el gobierno venezolano les canceló un contrato multimillonario, después de que se negaron a pagar un supuesto soborno de $2 millones, según documentos de la Corte del Distrito Sur de la Florida.

La demanda fue presentada por Tomás González y Pablo Cárdenas, propietarios de la firma exportadora de alimentos Dexton Validsa, Inc., registrada como una corporación en la Florida, y alegaba que las empresas estatales venezolanas Bariven, S.A. y PDVSA Services, Inc. (PSI), cancelaron cinco contratos para el suministro de carne de res, pollo y azúcar refinada por un valor de unos $195 millones, que iban a ser destinados al programa alimenticio del gobierno venezolano, debido a la negativa de ambos empresarios de pagar la millonaria comisión.

González y Cárdenas, ambos venezolanos radicados en el sur de la Florida, detallaron en la demanda, iniciada en junio del 2008 en una corte federal de Miami, que un enviado de Bariven de nombre Juan Carlos Chourio, les pidió $2 millones como garantía a fin de que los contratos no fuesen cancelados[331].

La alegada petición de soborno fue reiterada, indicaron los documentos de la demanda, en varios encuentros en Miami. El último encuentro tuvo lugar el 27 de marzo del 2008 en el restaurante Houston, en la concurrida vía conocida como Miracle Mile, en el corazón de Coral Gables. Ese mismo día, como antesala de la ilegal propuesta, Dexton Validsa recibió un correo electrónico desde la sede de Bariven, advirtiéndole que "no había cumplido completamente con los envíos bajo el contrato firmado en el 2007".

Según los demandantes, Chourio dijo que era un enviado de George Kabboul, presidente de Bariven, S.A. y de PSI. También afirmaron que Chourio se presentó a sí mismo como un "cercano confidente" de Luis Hernández, jefe de las operaciones de Bariven en Brasil. De acuerdo con los documentos de la demanda, Chourio aseguró que tanto Hernández como Kabboul "lo habían enviado para que exigiera el pago de la comisión"[332].

La última mención que se hizo sobre el tema del soborno se produjo a principios de abril del 2008 en el hotel Gran Meliá de Sao Paulo, Brasil. González y Cárdenas habían ido a Brasil a reunirse con los directivos de la firma Quatro Marcos, su mayor proveedor de alimentos. Allí, Chourio insistió en el tema diciendo que los contratos de suministro de alimentos "iban a ser cancelados" si no pagaban los $2 millones. La suspensión de los contratos se produjo finalmente el 8 de abril del 2008.

Los abogados de Dexton Validsa en Miami atribuyeron la suspensión de los contratos por parte de Bariven a la negativa a ceder frente a una propuesta de soborno.

"Dexton Validsa se negó a pagar el soborno ilegal, y esa es la única razón por la que estamos en este pleito legal", le dijo al autor Adolfo Jiménez, abogado de la firma Holland & Knight, de Miami, representante de Dexton Validsa.

La justificación formal esgrimida por Bariven para explicar la suspensión de los contratos con Dexton Validsa fue que la firma norteamericana se había retrasado en el cumplimiento de sus obligaciones contractuales, y demostró que no tenía capacidad para cumplir con los contratos.

La posición oficial tanto en PSI como en Bariven fue mantener el bajo perfil. Ninguno de los bufetes en Miami y en Boston que defendían a las empresas demandadas accedió a dar entrevistas. Ninguna de las personas mencionadas en las demandas como George Kabbul o Juan Carlos Chourio quisieron hablar[333].

En su declaración jurada ante la corte federal hecha desde Caracas, Kabboul aseguró que "no he recibido ni recibiré ningún tipo de pago relacionados con este proceso".

Sin embargo, el testimonio de Kabboul se contradijo con respecto a su relación con Chourio. Al principio aseguró que no lo conocía. Luego reconoció saber que Chourio y el segundo a bordo en Bariven, Eusebio Sabate, estaban relacionados. La esposa de Chourio es prima de la de Sabate, según la declaración jurada. También admitió que había ordenado a la Gerencia de Prevención y Control de Pérdidas, la llamada policía de Pdvsa, investigar a Chourio. Pero no reveló las razones que motivaron la pesquisa.

Los abogados de Dexton Validsa también destacaron el hecho de que en abril de 2008 Kabboul viajó en el mismo avión donde iba Chourio rumbo a Sao Paulo, donde Kabboul acudió a firmar acuerdos para comprar alimentos a firmas brasileñas. Coincidentemente también, establecieron los abogados demandantes, ambos se hospedaron en el mismo hotel de la populosa ciudad brasileña.

Kabboul había ido a Sao Paulo sólo por una razón: al romper con Dexton Validsa, se proponía negociar directamente con los proveedores de la empresa exportadora norteamericana, pero no a precios de mercado sino "significativamente más altos", de acuerdo con el texto de la demanda.

Entre las operaciones citadas en los documentos se encuentra la adquisición de 20,000 toneladas métricas de carne de res a la firma brasileña West Meat, a un precio de $4,900 cada tonelada, casi $600 por encima del precio ofrecido por Dexton Validsa. O sea, más de $11.5 millones de sobreprecio.

El escándalo reveló también por primera vez la forma cómo los cubanos operaban tras bastidores en las negociaciones del gobierno venezolano para adquirir alimentos en el exterior.

Los cubanos utilizaron tres firmas, Alimport, Surimpex y Cuba Control, con el fin de adquirir alimentos para Pdvsa en mercados internacionales, principalmente en Brasil, donde trabajaban en cooperación con Luis Hernández, el jefe de operaciones de Bariven en el gigante suramericano.

De acuerdo con los documentos del juicio, las firmas cubanas Alimport y su afiliada Surimpex formaron parte de una de las cinco comisiones que el gobierno venezolano ordenó crear para comprar alimentos en el mercado internacional a fines del 2007, a fin de atender la escasez que sobrevino en Venezuela en ese momento.

La orden de que técnicos cubanos asesoraran al gobierno venezolano en este rubro había sido emitida por Kabboul, de acuerdo a testimonios incluidos en la demanda.

Todas las adquisiciones de alimentos realizadas por Bariven en Brasil fueron inspeccionadas por la empresa Cuba Control, un consorcio de La Habana que inspecciona las compras cubanas de alimentos en Brasil.

En ocasiones los cubanos actuaban como mediadores principales por parte de Bariven en las negociaciones de compra de alimentos, indicaron otros testimonios contenidos en la demanda.

En febrero del 2008, un representante de la firma cubana Alimport, identificado como Ricardo Franco Navas, habló en representación de PDVSA con la productora brasileña de alimentos Quatro Marcos con el propósito de negociar un contrato de suministro para el programa alimentario de Venezuela, aseguró María Clara Malutta, ejecutiva de Quatro Marcos, en una declaración jurada.

La firma brasileña, que mantenía un contrato de exclusividad con Dexton Validsa para suministrar alimentos a Bariven, declinó negociar directamente con Pdvsa.

En una decisión de la corte federal, el juez James Lawrence falló a favor de Dexton Validsa, y ordenó a Bariven reconocer daños por $40.76 millones. Dado que Bariven ya había dado adelantos a Dexton Validsa de $44.58 millones, el juez estableció que la firma radicada en Miami debía devolver un total de $3.82 millones a Bariven.

La decisión, sin embargo, fue apelada por Bariven. A mediados de 2011, exactamente el 9 de junio, la corte del circuito 11 de apelaciones, con sede en Atlanta, Georgia, ordenó a la corte del Distrito Sur de la Florida establecer si Bariven suministró o no a Validsa las "adecuadas garantías de desempeño" antes de romper el contrato para la adquisición de alimentos. En el caso de un resultado positivo, Bariven no sería considerada responsable de daño alguno por parte de Dexton Validsa debido a la ruptura del contrato. Si resultaba ser negativo, Bariven tendría que cubrir los daños reclamados por Dexton Validsa.

Los escándalos legales por los contratos de adquisición de alimentos también incluyeron otras dos firmas estadounidenses: Exim Brickell, con sede en Miami, y Alox International, una subsidiaria de Lab Essential, una empresa establecida en Houston, Texas.

Exim Brickell fue la firma encargada de importar leche en polvo desde China a Venezuela. La firma reclamó en la demanda legal inicial, introducida en la corte federal de Miami en 2008, una compensación de $77 millones por incumplimientos por parte de Bariven.

La leche enviada a Venezuela desde China estaba contaminada con melanina, un aditivo químico agregado a la leche para aumentar su valor proteínico, pero que causó más de 1,300 muertes en China a fines de 2008. La firma argumentó que Bariven no realizó las adecuadas pruebas de laboratorio para certificar la calidad de la leche en polvo, ni realizó las supervisiones necesarias en China para establecer las medidas necesarias para su empaque y distribución.

Exim Brickell también indicó en los documentos de la corte que la leche en polvo permaneció almacenada en condiciones inapropiadas en containers en puertos venezolanos durante más de 6 meses, lo que provocó que el producto sufriera un proceso de descomposición.

Bariven desestimó el caso ante la corte federal, argumentando que Exim Brickell incumplió los términos del contrato para la compra de 16,000 toneladas de leche en polvo.

Por su parte, Alox International LLC exigió unos $6 millones "por violación de contrato y pérdida del pago inicial", de acuerdo con los papeles de la corte de Miami. Alox había firmado un contrato con Bariven para suministrar unas 19,000 toneladas métricas de harina de trigo y 4,000 de margarina en marzo del 2008. El contrato fue suspendido en julio de ese año sin razones aparentes, indicaron los abogados de Alox.

Las buenas relaciones de Chevron

Desde que inició su mandato en febrero de 1999 y hasta bien entrado el 2011, el presidente Chávez sostuvo varios de los episodios más conflictivos con transnacionales del petróleo como Exxon-Mobil y Conoco-Phillips, con juicios internacionales y demandas de compensación que suman varias decenas de miles de millones de dólares. Sólo una firma energética se salvó de la intemperancia del mandatario venezolano: el poderoso conglomerado energético Chevron.

Conocida por poseer y ejercer uno de los mayores poderes de influencia en la política exterior norteamericana, Chevron siempre incorporó a sus juntas directivas a personajes de la alta política norteamericana que abandonaban la vida pública y se acogían a la empresa privada.

Una de las seis mayores compañías petroleras del mundo, con 67,000 empleados en 180 países, Chevron es heredera del imperio creado por John Rockefeller en 1879, con una producción diaria de crudo de 2.5 millones de barriles en 2011, e ingresos brutos anuales que superan el producto interno bruto de Venezuela.

Muy lejos de la alarma que expresaban pública y privadamente los poderosos círculos empresariales estadounidenses sobre Chávez, Chevron vio desde el principio la llegada del comandante bolivariano al poder como una gran oportunidad para hacer negocios.

En la primera semana de enero de 1999, un mes antes de que Chávez asumiera el máximo poder en Venezuela, una delegación de la transnacional con sede en California, presidida por el director corporativo Richard Matzke, sostuvo un encuentro privado con el presidente electo.

De hecho, Chevron fue la primera firma transnacional en sostener un encuentro formal con Chávez, antes que ninguna otra firma privada. "Nos sentimos honrados de conocer al señor Chávez", declaró Matzke al concluir la reunión[334].

Lo que estaba en juego no era poco: Chevron planeaba ampliar su presencia en territorio venezolano, invirtiendo alrededor de $5,500 millones en tres proyectos en campos petroleros de los estados Zulia y Falcón en los siguientes años.

"Nos sentimos muy bien acerca del potencial del petróleo venezolano en este momento en 1999, de la misma manera como nos sentimos en 1945, cuando Chevron descubrió el campo petrolero Boscán", indicó Matzke tras el encuentro con Chávez, enfatizando la histórica presencia de la firma en Venezuela.

Tres meses después, el presidente de la firma energética, Ken Derr, declaró en la reunión anual de accionistas en San Ramón, California, sede corporativa del conglomerado, que los proyectos en Venezuela, entre otros, "nos ayudarán a generar mejores resultados financieros que nuestros competidores"[335].

Para entonces, el barril de crudo estaba cotizado en apenas $11 en el mercado internacional. Una década después, el optimismo inicial de Chevron se vería compensado con creces, cuando el petróleo superó la barrera de los $100 el barril.

A la eficaz gestión de Chevron se debió también la conclusión, en julio de 2002, de un estudio binacional entre Venezuela y Colombia, para un proyectado gasoducto entre la Goajira colombiana y la ciudad de Maracaibo, en el cual la transnacional desempeñó un papel diplomático clave con los gobiernos de Hugo Chávez y Alvaro Uribe.

El proyecto fue finalmente anunciado en diciembre de 2003 por el presidente Uribe. "Me alegra que después de un proceso no fácil por la intervención de todas las instituciones como la Contraloría General y como el Consejo de Estado, se haya podido firmar el contrato de extensión con la ChevronTexaco. Eso le despeja el panorama de disponibilidad de gas del país y también despeja el panorama de poder tener el gasoducto Venezuela-Colombia-Panamá", indicó Uribe[336].

Para mediados del 2008, el gasoducto se encontraba en plena actividad en su etapa Venezuela-Colombia, transportando entre 150 y 200 millones de pies cúbicos de gas natural a Venezuela, proveniente del campo Ballenas, en Colombia, operado por Chevron y la colombiana Ecopetrol, hasta Maracaibo, estado Zulia.

ESPALDARAZO DE CHÁVEZ

Uno de los primeros espaldarazos públicos que Chevron recibió del gobierno venezolano se produjo en marzo de 2004, cuando el propio presidente Hugo Chávez anunció su decisión de concederle a la transnacional la explotación de gas natural en el tercer bloque de la Plataforma Deltana, un área de más de 15,000 millas cuadradas ubicada dentro del mayor depósito de crudo extrapesado del mundo, al sur de Venezuela.

Chávez anunció su aspiración "a que nuestra relación comercial con los Estados Unidos tenga la misma dinámica positiva en lo político, en lo social y en todos los demás órdenes"[337].

El mandatario venezolano alabó la promesa del vicepresidente de Chevron Texaco, Alan Kleier, de contratar el 90 por ciento de empresas venezolanas para llevar a cabo las labores de exploración y explotación, de destinar el 10 por ciento del gas extraído al consumo interno de Venezuela, y el 20 por ciento de las ganancias como regalías al fisco nacional.

"Chevron Texaco merece el aplauso y reconocimiento de todos nosotros", dijo Chávez[338].

Para mediados de 2004, cuando Chávez llegaba a la mitad de su primer período presidencial, las inversiones de Chevron en territorio venezolano alcanzaban la cifra de $400 millones, en proyectos de explotación de gas y petróleo en diversos campos petroleros de Venezuela, según anunció Alí Moshiri, presidente de Chevron Texaco Latinoamérica[339].

A Mochiri no le importó que, una semana antes, Chávez amenazara con cortar el suministro petrolero a Estados Unidos, durante una marcha nacional antiimperialista que encabezó en Caracas. "La política está separada de los negocios", dijo el alto ejecutivo de Chevron. "Los *affairs* políticos domésticos no han evitado que Chevron Texaco expanda su relación con Venezuela", declaró.

Para principios de 2005, Venezuela fue incluida en la lista de cinco países en el mundo donde las operaciones de Chevron experimentaron crecimiento, al lado de Australia, Dinamarca, Kazakhstan y Angola[340].

Ocho meses después, la firma volvió a obtener una nueva concesión para realizar exploraciones de gas frente a la costa occidental de Venezuela, en la primera etapa del llamado proyecto Rafael Urdaneta. El bloque Cardón III fue adjudicado a Chevron luego de una oferta de $5.6 millones.

"Estamos encantados con los resultados de esta ronda de licitaciones y estamos listos para comenzar con las actividades de exploración", declaró John Watson, presidente de Chevron International Exploration and Production Co.

La licitación de Cardón III "respalda nuestra estrategia regional caribeña de gas que incluye fuentes gasíferas en Trinidad y Tobago, Colombia y Venezuela. Estamos comprometidos en desarrollar la infraestructura para el gas natural requerida tanto por la industria local como para la demanda de energía eléctrica", dijo por su parte Moshiri[341].

En los años siguientes, Chevron adquirió una paciencia a prueba de crisis políticas. En 2006, aceptó incrementar su producción para pagar las regalías no con dinero sino con el excedente producido. También mantuvo bajo perfil cuando el presidente Chávez anunció en octubre de ese año que planeaba reducir la participación de las transnacionales en proyectos conjuntos con Pdvsa a menos de la mitad.

En mayo de 2007, cuando se hizo realidad el anuncio presidencial, Chevron aceptó un menor porcentaje en las ganancias. No era la primera vez que aceptaba las condiciones más amargas con tal de mantener su presencia en territorio venezolano[342].

A fines de junio de 2007 Chevron se convirtió en la única gran transnacional norteamericana con presencia en la Faja Petrolífera del Orinoco, luego que las gigantes Exxon Mobil Corp. y ConocoPhillips se negaran a capitular frente a los nuevos términos impuestos por Pdvsa, y exigieron compensación por sus participaciones en diversos proyectos petroleros, a través de procesos de arbitraje internacional.

"Buscaremos continuar nuestra asociación de largo plazo con Venezuela", dijo Leif Sollid, vocero de Chevron, después de los anuncios de Pvdsa[343].

Tras los tragos amargos, ya en febrero de 2008 la firma se encontraba tan a gusto como para hacer público su "felicidad" y su disposición a cultivar una relación de largo plazo con Venezuela.

"Nuestra fortaleza es mantener buenas relaciones con empresas nacionales de petróleo y gobiernos, sin importar donde estemos", dijo el ejecutivo de Chevron Alí Moshiri. Agregó que la transnacional se encontraba "feliz" haciendo negocios en Venezuela. "Si estuviésemos descontentos no estaríamos allí", acotó.

Moshiri predijo que Estados Unidos continuaría importando petróleo desde Venezuela al margen de lo que ocurriera en política, porque "el petróleo irá donde el consumo y las mayores ganancias están"[344].

Las buenas relaciones se pusieron una vez más de manifiesto en marzo de 2009, durante una reunión de la OPEP en Viena. Allí coincidieron los presidentes de Pdvsa, Rafael Ramírez, y de Chevron, David O'Reilly.

Ramírez y O'Reilly revisaron los proyectos que Pdvsa y Chevron adelantaban en Venezuela. "En cuanto a las expectativas de inversión -explicó O'Reilly-, tenemos pensado continuar avanzando en los proyectos que desarrollamos con Pdvsa. Discutimos las oportunidades que tendremos en los próximos meses"[345].

Los proyectos continuaban representando importantes ganancias para Chevron, a pesar de las reducciones de participación en los *joint ventures* con Pdvsa. Para noviembre de 2009, Chevron manejaba un área de 15,000 millas cuadradas de la Plataforma Deltana para explotar gas; una concesión en la península de Paraguaná (Cardón III) también para la producción de gas; y dos asociaciones para la producción de crudo: el 30 por ciento en Petropiar, con capacidad de 180,000 barriles por día; y otro 30 por ciento en Campo Boscán, con una capacidad de 120,000 barriles diarios.

En febrero de 2010, Chevron amplió aún más sus negocios petroleros en Venezuela. En una asociación estratégica con Pdvsa, obtuvo la participación en la explotación de tres bloques de la Faja Petrolífera del Orinoco, en el sureste del país, con un área combinada de 215 millas cuadradas (557 kilómetros cuadrados).

"Estamos satisfechos con el anuncio de hoy y los prospectos de negociar una oportunidad de expandir nuestra sociedad con Petróleos de Venezuela y las comunidades venezolanas", dijo Moshiri al comentar la decisión.

George Kirkland, vicepresidente de Chevron, manifestó por su lado el deseo de "formar parte de esta nueva oportunidad que expanderá el desarrollo en una de las mayores reservas de hidrocarburos conocidas en el mundo"[346].

De acuerdo con diversas fuentes, la estrecha relación de Chevron con el gobierno venezolano fue aprovechada por el presidente Chávez para beneficiarse de la influencia de la petrolera norteamericana en los círculos de poder dentro de Estados Unidos.

Durante una visita de un alto ejecutivo de Chevron a Venezuela, Chávez le dijo que quería la ayuda de Chevron para "mejorar nuestra situación, nuestras relaciones con el gobierno de Estados Unidos"[347].

La alianza de la transnacional con el gobierno venezolano continuó prácticamente inalterada durante el período de convalescencia de Chávez. Al cierre de 2012, la producción de crudo en los proyectos de Chevron alcanzaba los 64,000 barriles diarios de crudo y derivados, y 27 millones de pies cúbicos de gas natural en tres proyectos: Petroboscán, Petro independiente y PetroPiar[348].

Menos de dos meses después del anuncio de la muerte de Chávez, Chevron acordó ampliar su relación con el gobierno de Nicolás Maduro, extendiendo un financiamiento de $2,000 millones para aumentar la producción en el proyecto conjunto con Pdvsa de Petroboscán, en 20,000 barriles diarios adicionales para el 2019, de 107,000 a 127,000 barriles[349].

Chevron siguió el camino de otra transnacional norteamericana-francesa Schlumberger, que a mediados de mayo de 2013 accedió a abrir una línea de crédito a Pdvsa por $1,000 millones, para cubrir deudas pendientes.

Aunque progresivamente en 14 años los negocios petroleros de Venezuela en Estados Unidos se han visto disminuidos en gran parte por la reorientación de la estrategia de Pdvsa hacia otros mercados energéticos, el dinero provisto por la venta del crudo, que ha financiado hasta más del 70 por ciento del presupuesto del país, alimentó una cadena de eventos en territorio norteamericano ligados a la corrupción de los nuevos boligarcas, a un nivel sin precedentes.

5
RICOS, FAMOSOS Y CONTROVERSIALES

"Nosotros no queremos ser ricos.
Ser rico es malo".

Hugo Chávez, 1 de mayo de 2009.

E l imponente y costoso vehículo color negro marca To-
yota, modelo Roraima, arribó con prisa poco antes de
mediodía del 28 de Agosto de 2012 al estacionamiento
del terminal auxiliar del Aeropuerto Internacional Simón Bolívar, en las afueras de Caracas. Protegido por guardaespaldas,
un elusivo pasajero con gafas oscuras descendió con prisa para
embarcar en un avión privado que lo esperaba con las turbinas
encendidas, presto a despegar.

El personaje, el ex militar Alejandro Andrade Cedeño, ex
Tesorero Nacional de Venezuela y poderosa figura de las finanzas chavistas, aún gozaba de la protección de Hugo Chávez. Ese
día se disponía a viajar en un avión Learjet 45, registrado en el
estado norteamericano de Delaware con las siglas N196AT, con
destino a la isla de Curazao, a menos de media hora de distancia, de acuerdo a un reporte de la oficina de Contrainteligencia
del Servicio Bolivariano de Inteligencia (Sebin) que reportaba
todos los pasos de Andrade[350].

El jet de $8 millones en que viajaba Andrade hizo, en efecto, una primera parada en el aeropuerto Hato de Willemstad. Pero el destino final era otro radicalmente distinto: el elitista condado de Palm Beach, a hora y media al norte de Miami, uno de los lugares con más multimillonarios por milla cuadrada de los Estados Unidos.

Tras arribar al aeropuerto internacional de West Palm Beach luego de un vuelo de casi 3 horas, Andrade se trasladó a Wellington, la apacible localidad de 57,000 habitantes considerada la capital norteamericana de los deportes ecuestres en invierno, y sede del Centro Ecuestre Internacional de Palm Beach.

Wellington es una ciudad como pocas en Estados Unidos. Es considerada oficialmente como una "reservación ecuestre", donde los costosos caballos de raza juegan un papel protagónico, ya sea en competencias de salto o en aristocráticos partidos de polo.

Poseen residencias en la ciudad magnates como Bill Gates y Athina Onassis, actores como Robert Duvall y Tommy Lee Jones, cantantes como Bruce Springsteen y Madonna. Y boliburgueses como Alejandro Andrade.

Los Andrade han residido en una mansión campestre a pocos minutos del Centro Ecuestre. Andrade y su familia han usado la residencia como su cuartel de invierno en el Imperio, principalmente durante las primeras doce semanas de cada año al menos desde el 2010, cuando tiene lugar el Festival Ecuestre de Invierno, uno de los eventos internacionales favoritos del ex teniente.

El viaje a la Florida en agosto de 2012 tenía una justificación de peso. El cáncer de Hugo Chávez avanzaba inexorablemente y para todas las personas que integraban el entorno íntimo del comandante, incluyendo el propio ex Tesorero, el futuro lucía inquietante.

Andrade "soñaba con vivir una vida de muy bajo perfil, alejado de las complicaciones políticas de Venezuela, para disfrutar su fortuna junto a sus familiares resguardado por las leyes norteamericanas", de acuerdo a una fuente que conocía de cerca sus actividades.

Discretamente, Andrade había comenzado a establecer conexiones en el sur de la Florida desde 2008 con miras a largo plazo. Obtuvo una visa de inversionista gracias a la pericia de abogados y asesores de inteligencia que contrató en Miami. Con la ayuda de su amigo el también venezolano Gustavo Mirabal, propietario de G&C Farm, una enorme finca de cría y entrenamiento de caballos de salto en Wellington, Andrade comenzó a penetrar los cerrados círculos de la aristocracia de Palm Beach a través de competencias ecuestres, una de sus pasiones que cultivó en Venezuela.

Su interés por el deporte lo impulsó a convertir a su hijo Emanuel en un habilidoso jinete de caballos de salto, pagando los mejores entrenadores y adquiriendo una escuadra de los mejores caballos disponibles en el mercado. La estrategia rindió sus frutos. A fines de febrero de 2014 ya había acumulado decenas de trofeos en competencias contra curtidos jinetes norteamericanos y de otras partes del mundo.

En febrero de 2011, Emanuel participó en el Great Charity Challenge, una competencia organizada por la firma de inteligencia FTI Consulting, asesora de Andrade, como parte del equipo patrocinado por Gustavo y Carolina Mirabal, de G&C Farms. El equipo ganó la competencia, con un premio de $150,000[351].

Al año siguiente, los Andrade obtuvieron el espaldarazo de la Fundación Step by Step, una organización caritativa para niños de escasos recursos, que designó al joven Emanuel como "embajador junior" en las competencias que tuvieron lugar durante la nueva edición del festival ecuestre de invierno 2012, también patrocinado por FTI Consulting.

Emanuel prácticamente dominó la competencia, ganando un total de 23 eventos de salto. Fue saludado como un líder entre campeones de salto en categoría junior. "Estoy realmente orgulloso de los títulos de campeonato", y "estoy contento con mi progreso", declaró el joven a los periodistas que cubrieron el evento. El 2012 fue para Andrade hijo un período de muchas ocupaciones: tras el festival de invierno en Wellington, viajó en mayo a competencias ecuestres en Kentucky. En junio y julio estuvo en Calgary, Canadá, para los torneos de verano, no sólo participando en exhibiciones y competencias sino representando a la Fundación Step by Step como embajador de buena voluntad[352].

Para ese entonces Andrade ya operaba su propio establo de caballos no en la Florida sino en la localidad de Aiken, Carolina del Sur, lejos de la atención pública. La finca Hollow Creek administraba el grupo de costosos y delicados caballos de salto propiedad de la familia, con nombres tan pomposos como Luky des Rocquelines, La Fe Forli, Oxford Vieux Moulin y Reve du Paradis[353].

Al mismo tiempo, Andrade contrató una firma especializada de relaciones públicas con sede en Ottawa, Canadá, para manejar profesionalmente la imagen de su hijo[354].

Incluso cuando Venezuela estaba sumida en la incertidumbre por los rumores de la muerte de Chávez a principios de 2013, Andrade tuvo tiempo para oficiar como uno de los principales patrocinadores de la edición de ese año del Festival Ecuestre de Invierno, una posición que le permitía disfrutar de salones VIP en el complejo ecuestre de Wellington. Las personas o instituciones interesadas en convertirse en patrocinantes del evento pagan hasta $8 millones por el honor.

En febrero de 2013, Andrade se asoció con el polémico empresario bostoniano Mark Bellisimo, presidente y propietario de Equestrian Sport Productions, para financiar por primera vez una competencia de niños y jóvenes jinetes provenientes de América Latina, Canadá y Estados Unidos.

"Estaremos promoviendo el evento a una comunidad internacional mientras, al mismo tiempo, mostraremos nuestro compromiso con el crecimiento del deporte y los equipos del futuro", dijo un entusiasta Bellissimo para anunciar la alianza[355].

Con dinero de su bolsillo, el teniente pagó vuelos charters para traer un total de 47 competidores y sus caballos, de países como Argentina, Brasil, Chile, Colombia, Ecuador, México, Venezuela y Canadá, para participar en el evento.

Cuando la delegación de Ecuador se aprestaba a viajar desde el aeropuerto de Quito, la Federación Ecuestre Internacional

(FEI), el organismo con sede en Suiza que gobierna todos los aspectos del deporte a nivel mundial, emitió una prohibición porque los jinetes ecuatorianos estaban patrocinados por el gobierno de Rafael Correa.

Tras lamentar el episodio, voceros del establo de Andrade, Hollow Creek Farms, aclararon que el financiamiento de la competencia no tenía vínculos con ningún gobierno, incluyendo el gobierno venezolano, a pesar de las conexiones oficiales del ex Tesorero[356].

Al año siguiente, en febrero 2014, mientras las protestas de los venezolanos contra las políticas del presidente Nicolás Maduro se extendían por todo el país, la finca de los Andrade, Hollow Creek Farm, patrocinó una nueva edición de la competencia de jóvenes jinetes, en la que el joven Emanuel fue la sensación.

La actividad desarrollada por Andrade en Wellington y otros santuarios ecuestres de Estados Unidos, no pasó desapercibida tanto para el alto chavismo en Venezuela, como para agencias federales norteamericanos.

Las preguntas que muchos comenzaban a hacerse no eran simple retórica: ¿Cuánta fortuna había logrado acumular el revolucionario teniente Andrade para financiar su nuevo estilo de vida de ricos y famosos? ¿Dónde guardaba la vasta fortuna que se le atribuía? Y sobre todo, ¿cómo había logrado amasarla?

Las respuestas a estas interrogantes estaban en la trayectoria de Andrade desde el inicio del proyecto chavista.

La clave del ascenso de Andrade estuvo desde el principio vinculada a su estrecha amistad con Hugo Chávez. Junto a él participó en el fallido golpe de Estado de febrero de 1992, en el que resultó herido cuando intentó asaltar junto a otros complotados el palacio de Miraflores, la sede presidencial en Venezuela.

Tras ser condenado y encarcelado, se benefició de la amnistía concedida en 1994 por el entonces presidente Rafael Caldera a todos los implicados en el alzamiento militar. Tres años después, en 1997, Andrade era el jefe de seguridad de Hugo Chávez cuando éste comenzaba sus primeras andanzas como candidato presidencial[357].

Cuando Chávez llegó al poder en febrero de 1999, Andrade trabajó brevemente como asesor de la alcaldía de Caracas para la administración de mercados populares, antes de ser designado subsecretario de la recién creada Asamblea Nacional Constituyente y correlator de la nueva constitución aprobada ese año.

En 2001 fue designado presidente de la Fundación Pueblo Soberano, un organismo estatal orientado a distribuir ayuda económica a los más necesitados. Su gestión fue cuestionada por "desorden administrativo, ineficiencia e indolencia", de acuerdo a una investigación de la Asamblea Nacional[358].

Al año siguiente, Chávez nombró al teniente retirado como presidente del Fondo Único Social (FUS), para enfrentar situaciones de emergencia social. Fue su primer cargo como operador de las finanzas públicas.

No llegó a ese cargo porque poseyera cualidades excepcionales para la administración de dineros públicos, sino a raíz de un infortunado accidente que lo dejó lisiado de por vida.

De acuerdo a diversas fuentes consultadas, el episodio tuvo lugar durante un juego de "chapitas", una especie de beisbol callejero popular en los barrios de Venezuela en el cual se usa las tapas de los refrescos y cervezas como pelotas, y un palo de escoba como bate. En uno de los frecuentes partidos jugados en Miraflores, el teniente Andrade resultó impactado por una de las "chapas" lanzada por Chávez, que le vació por completo su ojo izquierdo.

"Chávez queda como quien dice, muy preocupado, de una forma de cómo compensar a su amigo Andrade. Y lo nombra presidente del Fondo Único Social (FUS). Y ahí empieza a rodearse de banqueros y manejar grandes sumas de dinero de la Nación", aseguró Carlos Fernández, ex presidente de Fedecámaras, el más importante organismo empresarial de Venezuela.

Tras presidir el FUS, la carrera del teniente fue en ascenso. Posteriormente fue nombrado en importantes cargos financieros dentro del gobierno de Hugo Chávez, entre ellos presidente del Banco de Desarrollo Social (Bandes) y del Banco del Tesoro, posición que lo llevó a ser el jefe del Tesoro Nacional en Venezuela.

Para 2008 Andrade tenía participación directa en el manejo de los fondos y recursos excedentes no incluidos en el presupuesto nacional; en las operaciones del Banco Central de Venezuela y en la distribución de los recursos acumulados en los principales bancos de desarrollo estatales, entre ellos el Banco de Venezuela, adquirido por orden de Chávez al grupo Santander de España en 2009, a un costo de $1,050 millones[359] [360].

Sin embargo la más polémica de sus actuaciones fue su participación en las negociaciones de papeles de la deuda que Venezuela compró en 2008 a Argentina, Ecuador, Bolivia y Bielorrusia, por un monto calculado en $10,000 millones, y la adquisición de bancos privados con dineros públicos. Según el diputado Ismael García, entonces jefe de la Comisión de Finanzas de la Asamblea Nacional, Andrade era "el gran colocador del dinero en la banca", como presidente de Bandes[361].

Las actividades del ex guardaespaldas de Chávez no eran desconocidas para las autoridades norteamericanas. Un cable del Departamento de Estado, filtrado por Wikileaks, lo describió como miembro de una "red de corrupción" del gobierno venezolano, encabezada por Diosdado Cabello.

"Cabello y varios otros ex oficiales militares (específicamente el viceministro de Finanzas Alejandro Andrade, el gobernador de Aragua y ex ministro de Finanzas Rafael Isea, y el ministro de Ciencia y Tecnología Jesse Chacón) recientemente respaldaron la compra de varios bancos pequeños y firmas de seguro", indicó el reporte escrito por el consejero económico Darnall Steuart y enviado a Washington en julio de 2009[362].

Andrade cayó bajo los radares del FBI cuando agentes de la división de delitos financieros comenzaron a investigar transacciones ilegales en 2008 de un grupo de operadores vinculados al estatal Banco de Desarrollo Social (Bandes), cuando el teniente era presidente de la entidad bancaria. La investigación condujo a la detención a mediados de 2013, de cuatro personas, una de ellas la ejecutiva de Bandes María de los Ángeles González de Hernández, por el pago de millones de dólares en sobornos usando el sistema financiero norteamericano. Las indagaciones continuaban en proceso a principios de 2014[363].

Mientras el FBI adelantaba las pesquisas en el caso Bandes, funcionarios en Washington comenzaron a notar el estilo de vida que Andrade llevaba en Wellington. Un alto oficial del Departamento de Estado solicitó a la oficina de visas y a la embajada en Caracas los registros sobre la aplicación y aprobación de la visa que había sido otorgada a Andrade, buscando detalles de cómo había sido el proceso de aprobación.

El teniente no sólo estaba incluido en la lista de personas que participaron en el golpe de Estado de febrero de 1992, una razón suficiente para negar el visado. También era considerado una "persona expuesta políticamente" (PEP), por sus amplias conexiones con el gobierno chavista.

El funcionario encontró que los registros del caso Andrade en la embajada en Caracas habían sido "purgados", de acuerdo a un ex funcionario en Washington que conoció el caso. Tras las indagaciones, el Departamento de Estado canceló la visa de Andrade.

Sin embargo, el ex teniente era mucho más previsivo que otros boligarcas en materia de sus relaciones con el Imperio. Andrade inició conversaciones sobre un posible acuerdo de cooperación con el gobierno norteamericano a fines del verano de 2013, tras las indagaciones federales sobre Bandes. De acuerdo a fuentes, el ex Tesorero Nacional aprovechó también las negociaciones de un ex alto funcionario venezolano con la agencia antidrogas DEA, para obtener un trato benigno y recuperar el acceso a Estados Unidos. El hecho de que las negociaciones fueron fructíferas lo demostró su presencia durante las competencias de salto en Wellington en febrero y marzo de 2014.

EL BANQUERO DE ORO

Andrade no era el único magnate venezolano con amplios lazos con el gobierno de Hugo Chávez que practicaba los deportes ecuestres en Wellington sin escatimar recursos.

Con suficientes cuentas abultadas para permitirse llevar un estilo de vida rodeado de privilegios, el banquero Víctor Vargas Irausquín tenía importantes propiedades en el condado de Palm

Beach. Entre ellas, destacaba el establo de caballos de Polo, el costoso deporte aristocrático que el banquero practica con entusiasmo y con una generosa chequera para mantener en excelente condición a más de una docena de ponies especialmente entrenados para su equipo Lechuza Caracas, que fundó a mediados del 2000 en Wellington.

Durante los primeros meses de cada año la familia residía en una casa cercana al complejo ecuestre, para asistir en primera línea a los concurridos campeonatos de Polo.

Pero cuando el banquero y su esposa Leonor Santaella se convirtieron en abuelos en 2005, Vargas tomó la decisión de buscar una propiedad más adecuada al crecimiento de la familia.

Cuando encontró lo que quería, le tomó sólo 30 segundos para decidir la compra de la propiedad, una mansión con playa privada en West Palm Beach, de acuerdo a un cronista de la prestigiosa publicación Architectural Digest.

La mansión, ubicada en el número 1960 del bulevar South Ocean, fue adquirida a un precio de $33.6 millones, con un área de construcción de 33,336 pies cuadrados (3,096 metros cuadrados) en un terreno de 2.79 acres.

Vargas encargó a uno de sus yernos a que se dedicara a contratar a un diseñador de interiores para remodelar la extensa propiedad. La búsqueda fue tan breve como el tiempo que al banquero le tomó para decidir comprar la mansión: una llamada telefónica al diseñador de origen chileno Juan Pablo Molyneux.

Los Vargas le dieron a Molyneux hasta enero del 2006 para concluir las renovaciones, es decir, un plazo de 12 meses que al final se redujeron a 10. Las instrucciones fueron escuetas: "preserva lo más posible, pero haz tanto como puedas".

Lo que ocurrió fue una transformación de la propiedad en un clásico palacio de invierno con elementos europeos. Modificó la entrada a la mansión para que luciera tan luminosa como un faro. Incorporó una chimenea en cada una de las habitaciones de la mansión, una de ellas construida con piedras traídas de un castillo francés construido en el siglo 17; añadió piezas históricas como una alfombra persa que había sido encargada por un sha de Irán para uno de sus palacios; dos espejos neoclásicos provinieron de un palacio de la dinastía Borghesi en Italia; una elaborada lámpara de cristal estilo Luis XIV, un librero del siglo 18 y una butaca pintada estilo Luis XVI fueron traídas de Francia. Decoró la biblioteca con antigüedades de Inglaterra y Rusia y una costosa pintura de Fernand Léger de 1946. Colmó una repisa estilo Rey Sol con piezas de cerámicas elaboradas por Pablo Picasso[364].

De acuerdo a los registros de propiedades del condado, los gastos de renovación y mejoramiento de la propiedad superaron los $8 millones de dólares, sin incluir los gastos en mobiliario, antigüedades y obras de arte.

Tres años después, en julio de 2008, Vargas compró una segunda propiedad mucho más costosa y opulenta, una decisión que desató rumores en Caracas y coincidió con la crisis matrimonial del banquero, que en ese momento se encontraba en la cúspide de sus relaciones con el gobierno de Hugo Chávez.

La propiedad, que no estaba en venta, fue adquirida por la fabulosa cifra de $68.5 millones, hasta ese momento una de las más cara mansiones de West Palm Beach. Vargas pagó la cifra a los coleccionistas George y Frayda Lindemann, a través de White Sea Holdings, LLC, con sede en Wellington, una firma en la cual Vargas era director, presidida por Emma Cisneros, operadora del banquero en Estados Unidos[365].

La nueva mansión con la dirección 60 Blossom Way, era todo un símbolo de hasta dónde llegaban las ambiciones de la nueva generación de hombres de negocios enriquecidos en la revolución socialista de Chávez.

De acuerdo a los planos oficiales del registro de propiedades del condado de West Palm Beach, la mansión cuenta con 8 cuartos y 10 baños, pisos de mármol, dos piscinas, un elevador, dos estacionamientos para su colección de automóviles y extensas áreas para jardines y fuentes decorativas. La propiedad ocupa un total de 30,000 pies cuadrados (2,800 metros cuadrados). Poco después de mudarse, Vargas gastó poco más de $10 millones en renovaciones que convirtieron a la propiedad en una gema arquitectónica de colección.

Vargas también había logrado adquirir un yate de prosapia, el "Ronin", de 191 pies de eslora (58.5 metros). Construido en 1993 por los fabricantes Lurssen Yatchs de Bremen, Alemania, y diseñado por la firma londinense Foster & Partners con forma de una patrulla de Guardacostas pero con un interior de lujo, el yate había pertenecido previamente con el nombre de "Izanami" a Larry Ellison, presidente del conglomerado tecnológico Oracle, quien se lo vendió a Vargas por una suma no revelada[366].

La embarcación, que navega con bandera de las Islas Caimán, tiene un rango de desplazamiento de 3,700 millas náuticas y una velocidad máxima de 34 nudos, lo que le permite cruzar océanos y viajar por el mundo prácticamente sin restricciones. El diseño de Ronin permitía acomodar 10 personas y 14 tripulantes. Un sistema sofisticado de estabilización reducía al mínimo el movimiento dentro del yate[367].

"Nosotros nos alineamos"

Vargas desestimaba los comentarios que lo señalaban como el banquero que se había hecho rico gracias al socialismo de Hugo Chávez.

"¡He sido rico toda mi vida!", dijo en una entrevista célebre con el diario norteamericano The Wall Street Journal[368].

Sin embargo, la afirmación no era del todo exacta. Vargas se había iniciado en el sector bancario en la década de los 80 no como un banquero de tradición sino como empleado. Al graduarse de abogado, trabajó en un prestigioso bufete en Caracas, pero fue su matrimonio con Carmen Leonor Santaella, hija del parlamentario y diplomático Héctor Santaella, la clave de su ascenso en los círculos de la aristocracia venezolana, de acuerdo a fuentes cercanas a la familia.

Junto a su socio el paraguayo-venezolano Victor Gill, adquirió la Sociedad Financiera Cordillera y posteriormente el Banco Barinas, la plataforma inicial para impulsar otros proyectos bancarios.

A principios de la década de los 90, Vargas intentó adquirir un pequeño banco en Nueva York, para internacionalizar sus operaciones. Pero Vargas tuvo problemas tras mentir a las autoridades del Banco de la Reserva Federal de Nueva York, diciendo que desconocía que los ejecutivos del banco que pensaba comprar, habían cometido fraude en la misma entidad bancaria. Como consecuencia, las autoridades abrieron una investigación contra Vargas por violar regulaciones federales.

El banquero llegó a un acuerdo en 1993 con la Reserva Federal y a cambio de pagar una multa de $1.5 millones, no fue declarado culpable del delito. Sin embargo, a Vargas se le prohibió invertir u operar bancos en Estados Unidos sin un permiso especial del gobierno, razón por la cual el magnate venezolano nunca pudo operar como banquero en Wall Street, una ambición que quedó frustrada[369].

Cuando Chávez llegó al poder en 1999, Vargas ya era propietario del Banco Occidental de Descuento (BOD), la entidad bancaria con la que Vargas acumuló parte de su actual fortuna.

El BOD expandió notablemente sus operaciones después de servir de plataforma para el multimillonario negocio de la emisión de bonos de la deuda pública venezolana, una lucrativa actividad que Vargas logró por sus conexiones de alto nivel con el gobierno chavista, y que le reportó de acuerdo a diversas fuentes varios centenares de millones de dólares en ganancias en un tiempo relativamente corto.

De acuerdo a expertos, varias entidades bancarias como el BOD y otras adquirieron estos bonos de la deuda que pagaban en bolívares, para venderlos en dólares en el mercado internacional de valores. Los dólares eran cambiados en Venezuela al triple de la tasa oficial. Con ese dinero se adquirían nuevos bonos que se vendían en el mercado internacional, alimentando un ciclo que generó gigantescas ganancias a los intermediadores bancarios.

Los analistas económicos de la embajada norteamericana en Caracas estudiaron muy de cerca el mecanismo y la participación del banquero. En un reporte especial, informaron a Washington cómo los vínculos de Vargas con la emisión de las llamadas notas estructuradas, le generó enormes ganancias, de acuerdo a un cable filtrado por Wikileaks con fecha 23 de Julio de 2008.

"Vargas, de quien se dice que obtuvo ganancias de esas negociaciones, es un banquero cuya estrella se ha elevado grandemente durante la presidencia de Chávez", indicó el cable[370].

Durante la crisis bancaria del 2009, por ejemplo, Vargas fue especialmente colaborador del gobierno de Chávez en su posición como presidente de la Asociación Bancaria Nacional, para enfrentar el cierre de más de media docena de bancos privados que habían sido vaciados escandalosamente de sus fondos o que habían sido adquiridos con fondos de otros bancos.

"Nosotros nos alineamos con esta política del gobierno, porque consideramos que lo han hecho de manera correcta. E incluso nosotros estamos dispuestos a colaborar, como siempre lo hemos estado, en todo lo que sea necesario", indicó Vargas en una entrevista[371].

"O es increíblemente empresarial y astuto políticamente para poder mantenerse al margen de la línea de fuego, o está colaborando activamente con el régimen de Chávez", dijo el académico Jerry Haar, profesor de gerencia y negocios internacionales de la Universidad Internacional de la Florida (FIU), para definir a Vargas[372].

Testimonios publicados por importantes medios en España describían a Vargas como el banquero "que tiene mejor acceso a Chávez, y en caso de conflicto, sabe hacer de interlocutor entre los unos y los otros"[373].

Había una razón de peso por la cual los medios españoles se enfocaban con detalle en las actividades de Vargas. En 2004, su hija María Margarita se había casado con Luis Alfonso de Borbón, pretendiente legitimista al trono de Francia, duque de Anjou y bisnieto del dictador español Francisco Franco. El casamiento, que tuvo lugar en República Dominicana con más de 1,500 invitados, dio un giro aristocrático a la vida social de Vargas. El banquero "de un plumazo pasó de ser Víctor Vargas, a Víctor José de Vargas e Irausquín", ironizó la crónica social del diario El Mundo de Madrid, que estimó su fortuna en $1,200 millones[374].

El exclusivo estilo de vida de Vargas quedó retratado en la bitácora de vuelo uno de sus aviones privados, un Gulfstream siglas N5VS valorado en unos $30 millones y registrado a nombre de Quorom Management Corporation, una firma inscrita en Wellington por Emma Cisneros y Pedro Rendón, dos empleados de Vargas.

Entre 2007 y 2011, el avión del magnate realizó más de 400 vuelos alrededor del mundo, a un costo de más de $5.5 millones, a destinos tan variados como Farnborough, un centro de polo en el sur de Inglaterra; St John's, capital de Antigua, un paraíso fiscal, y los Hampton, un popular zona de resorts para millonarios al norte de Nueva York; y parajes tan remotos como Rodas, Grecia, uno de los destinos más costosos en el presupuesto de viajes de Vargas: $51,000 el vuelo de ida desde Venezuela, de acuerdo a registros oficiales y estimaciones independientes[375].

Los vuelos fueron realizados principalmente desde los aeropuertos de West Palm Beach, Florida, y Maiquetía, en Venezuela. Entre los lugares más frecuentados estuvieron las localidades de White Planes, Nueva York, donde la familia residía por temporadas; Madrid, en España, donde la familia tiene propiedades; La Romana en República Dominicana, un destino favorito para los boligarcas; y casi todas las capitales europeas: Londres, París, Roma, Milán, Niza, Ginebra, Copenhagen, Maastrich y Atenas, entre otras.

PASIÓN HÍPICA

Víctor Vargas y Alejandro Andrade no eran los únicos hombres de negocio vinculados estrechamente al Chavismo que compartían la misma pasión por las grandes sumas de dinero y los caballos de raza.

En la selecta lista también resaltaba Arné Chacón Escamillo, hermano de Jesse Chacón, uno de los hombres más poderosos del entorno chavista y uno de los ministros favoritos de Chávez.

Al igual que su hermano ministro, Arné era un militar retirado que compartía los ideales de la revolución bolivariana.

No le apenaba admitir su origen humilde. "A mi no me da pena decir que vengo de una familia muy humilde. Mi infancia la viví en un barrio de Caracas, en un ranchito de 5 por 5 metros, de cartón y zinc, y tuvimos educación gracias a que mi mamá planchaba y limpiaba en casas de familia y mi papá era policía", relató en una ocasión[376].

Sin embargo, no planeaba mantenerse por el resto de su vida viviendo en la humildad de sus padres, sino que tenía otras aspiraciones.

De ser empleado del gobierno en 2000, cuando Chávez apenas llevaba un año en la presidencia, Arné se convirtió en empresario, y de un momento a otro pasó a ser un sofisticado banquero para sorpresa de muchos, incluyendo a Chávez.

"Yo no me explico cómo Arné Chacón, que viene de la Marina, de ser un pata en el suelo como nosotros, ahora aparece como presidente de un banco", indicó el mandatario venezolano durante una alocución televisiva en 2009.

En menos de una década, Chacón había pasado de ser auditor del Servicio Integrado de Administración Aduanera y Tributaria (Seniat, el equivalente venezolano del IRS) y funcionario de la Vicepresidencia de Venezuela, a manejar su primera empresa, la franquicia de Kino Táchira, una de las mayores loterías públicas de Venezuela. Tras un paso fugaz como directivo de los estatales Banfoandes y el Banco Industrial de Venezuela (BIV), Chacón se convirtió en presidente y dueño del 49 por ciento de las acciones del banco privado Baninvest, gracias a su asociación con Pedro Torres Ciliberto, un banquero con cercanas relaciones con el entonces Vicepresidente José Vicente Rangel.

Posteriormente a la adquisición de Baninvest, Chacón amplió sus intereses a otras entidades como Banco Real y Central Banco Universal.

Mientras ascendía en el competido mundo del chavismo financiero, Arné desarrolló la afición de toda su vida por los caballos pura sangre. En Venezuela poseía fincas que albergaban más de 50 caballos con un valor promedio unos $40,000 cada uno[377].

Su pasión hípica la trasladó más allá de las fronteras venezolanas, al sur de la Florida, en el criticado "Imperio" norteamericano.

En marzo de 2009 Chacón fundó su propio establo de caballos de carrera en la localidad de Pembroke Pines, media hora al norte de Miami, bajo el nombre de Gadu Racing Stable Corp. Gadu era el sugestivo acrónimo de Grandes Arquitectos del Universo, un nombre derivado de la Masonería.

Los caballos de Chacón competían en los hipódromos de Calder, en Miami, y Gulfstream, en Hollywood, Florida, y obtuvieron cuantiosas ganancias. Entre sus más exitosos se encontraba el caballo South Handyman, un pura sangre con importantes participaciones en competencias hípicas internacionales y un largo pedigree[378].

A fines de 2009, Chacón fue enviado a prisión tras ser acusado de distracción de recursos y apropiación indebida de fondos, en conexión a la adquisición y las operaciones de los bancos privado de los que fue directivo y accionista, que fueron intervenidos por orden de Chávez.

Un año más tarde, el 24 de Septiembre de 2010, Chacón se vio obligado a cerrar su empresa Gadu en Pembroke Pines, y poner en venta los caballos. Permaneció en prisión hasta fines de 2012, cuando fue liberado[379].

Dos meses después de la detención de Chacón, en la misma dirección donde estaba registrado el establo Gadú, y con el mismo agente usado por el banquero para inscribir su corporación en el registro de corporaciones de la Florida, se fundó otra empresa también dedicada a los caballos de carrera, con un nombre distinto: Rontos Racing Stable Corp[380].

Según los registros oficiales, la firma fue fundada por Ronald Sánchez, hermano de Tomás Sánchez, Superintendente Nacional de Valores de Venezuela. Rontos era una combinación de las primeras sílabas de los dos nombres de los hermanos Sánchez.

El Superintendente Sánchez tenía tras sí una trayectoria controversial. Era un favorito de Jorge Giordani, el poderoso ministro de Finanzas de Chávez, que dirigió una ofensiva para intervenir bancos y casas de bolsa en 2009 que provocó una gigantesca crisis en el sector financiero privado de Venezuela.

Nombrado Superintendente en agosto de 2010, Sánchez inmediatamente intervino una larga lista de Casas de Bolsa que operaban en Venezuela, entre ellas Econoinvest y Unovalores Casa de Bolsa, y ordenó el congelamiento de activos dentro y fuera del país.

Sánchez fue cuestionado cuando designó amigos personales como directivos de las firmas intervenidas, con salarios astronómicos y bonos de compensación a pesar de que las empresas de valores se encontraban inactivas.

El Superintendente manejó decenas de millones de dólares en fondos represados en países como Colombia, Panamá y Suiza, sobre los cuales tuvo control discrecional, de acuerdo a documentos revisados por el autor.

Las controversias de Tomás Sánchez llegaron a las cortes de Miami. Su nombre fue mencionado en un sonado escándalo de extorsión, en el que estuvo implicado uno de sus subalternos, Rafael Ramos de la Rosa, interventor de la casa de bolsa Unovalores. Tras una investigación federal, Ramos de la Rosa fue apresado en octubre de 2010 cuando intentaba extorsionar al banquero venezolano Tomás Vásquez, propietario de Unovalores, intervenida por orden de Sánchez. Ramos fue detenido por el FBI en un hotel de Miami tras aceptar un cheque de $750,000 como pago para elaborar un informe favorable a Unovalores[381].

Según testimonios del banquero Vásquez a los agentes del FBI que investigaron el caso, el superintendente Sánchez Mejía no sólo estaba al tanto del esquema de extorsión de Ramos de la Rosa, sino que había viajado a Miami mientras tuvieron lugar varias de las reuniones extorsivas[382].

Al mismo tiempo que ejercía de Supervisor Nacional de Valores, Sánchez dedicaba tiempo y cuantiosos recursos a su hobby favorito: las apuestas en competencias hípicas y la adquisición de purasangres.

Sánchez fundó la firma Rontos junto a su hermano Ronald, un asesor de la empresa de seguros La Previsora, nacionalizada por el gobierno venezolano en 2009 y presidida por su padre, Tomás Sánchez Rondón, un chavista conectado a Diosdado Cabello[383].

Desde su fundación, el establo Rontos ha sido particularmente productivo. Entre noviembre de 2011 y marzo de 2014, los caballos de los Sánchez produjeron más de $2.1 millones en premios en hipódromos estadounidenses, según la firma especializada Equibase[384].

La firma de los Sánchez en Pembroke Pines aparece en los registros de propiedad del condado de Miami-Dade como propietaria de un lujoso apartamento de 1,500 pies cuadrados en las exclusivas torres construidas por Donald Trump en Miami Beach. El apartamento fue adquirido en 2011 en $625,000.

LAS DELICIAS DEL CAPITALISMO

Invertir o guardar dinero en el imperio, abierta o discretamente, o a través de testaferros; enviar familiares o amigos para protegerlos de la inseguridad revolucionaria a ciudades como Weston o Boston, o encargarles la compra de codiciados productos como relojes de colección en Bal Harbour o apartamentos de lujo en Brickell y Manhattan, ha sido una verdadera constante entre chavistas de alta alcurnia desde el principio del régimen.

Entre los primeros estuvo el general Cruz Weffer, máxima autoridad del Plan Bolívar 2000, que fue responsable por el manejo de miles de millones de dólares que debían ser invertidos en ambiciosos proyectos de impacto social, como centrales azucareros de tecnología cubana. Los proyectos nunca vieron la luz, pero el general Weffer no perdía oportunidad en viajar a Miami y Las Vegas en los aviones privados de los hombres de negocios con quienes estaba vinculado.

Tras asumir el cargo de ministro de Educación en 2001, el ex alcalde de Caracas Aristóbulo Istúriz decidió abandonar su pasado de político pobre, y en poco tiempo elevó su estandar de vida gracias a sus vínculos con el banquero Leopoldo Castillo Bozo, que contrató con Istúriz unos $700 millones al año para la cobertura de centenares de miles de educadores públicos a través de Banvalor, una firma que mantenía operaciones en la avenida Brickell de Miami.

Empresarios vinculados al ex ministro del Interior y Justicia y gobernador de Aragua, Tarek El Aissami, que controlaban docenas de empresas comerciales y de bienes raíces en Venezuela, tenían parte de sus cuentas bancarias en las sucursales de Bank of America y Regions Bank en la Florida, y de Wells Fargo en California, de acuerdo a un detallado informe de las operaciones de El Aissami en poder de agencias federales norteamericanas.

La familia del general Miguel Rodríguez Torres, ex jefe de inteligencia política y ministro del Interior y Justicia, fundó Industrial Finishing Systems, Inc., una firma establecida en Fort Lauderdale en abril de 2001 y dirigida por Alcido Antonio Medina, cuñado de Rodríguez Torres, para ampliar los negocios familiares[385].

Un alto funcionario del chavismo vinculado a Rodríguez Torres mantenía secretamente una inversión familiar en un resort con sede en la ciudad de North Miami, que le daba la posibilidad de disfrutar de vacaciones en varias ciudades de Estados Unidos[386].

Elio Betancourt, directivo de la estatal Venezolana de Industrias Tecnológicas (VIT), y hermano de Edmée Betancourt, ex presidenta del Banco Central de Venezuela, compró en 2005 una acción a la firma Westgate Resorts, que ofrece a sus asociados destinos de lujo en Miami, Orlando y Daytona Beach, en la Florida; Las Vegas, Nevada; Myrtle Beach, Carolina del Sur; Gatlinburg, Tennessee, y en Williamsburg, Virginia, la antigua ciudad que jugó un papel crucial para la independencia norteamericana.

Importantes militares como el general Hugo Carvajal, un hombre particularmente aficionado a los relojes de marca, enviaban emisarios a costosas joyerías de Miami para adquirir piezas de colección, de acuerdo con fuentes cercanas al militar. Carvajal habría pagado entre $80,000 y $150,000 por diseños exclusivos de relojería suiza que no estaban disponibles en Panamá o Aruba, dos de los destinos frecuentados por el jefe de inteligencia militar chavista acusado por Estados Unidos de cooperar con la narcoguerrilla colombiana.

Una de las tiendas favoritas de los chavistas de alcurnia se encontraba en el exclusivo centro comercial de Bal Harbour, al norte de Miami Beach. Las tiendas de lujo incluyen diseñadores famosos, joyerías de clase mundial y ventas de sofisticados equipos electrónicos.

Entre los más populares se encuentra la tienda Futuretronics. De acuerdo a su propietario, Ofir Ben-Eliezer, a los chavistas les atrae particularmente equipos como iPhones con diamantes incrustados, que pueden adquirirse a $75,000 cada uno, o mini iPads de oro macizo, a un precio de $45,000. Muchos chavistas "llegan, ven el producto y lo compran", aseguró Ben-Eliezer[387].

La afición de los militares bolivarianos por el capitalismo era muy visible en la oficina de adquisiciones de la Fuerza Armada, ubicada en el sector de Doral, a pocas cuadras de la gigantesca tienda de descuentos Walmart, donde muchos coroneles y generales mandaban a comprar sus vituallas para la vida diaria en Venezuela.

Durante los primeros siete años del chavismo, salió desde Miami todas las semanas un avión Hércules C-130 de la Fuerza Aérea venezolana con destino a la base militar de Palo Negro, hora y media al sur de Caracas, cargado con toda clase de suministros como televisores, equipos de alta definición, artículos de tocador, motos acuáticas y hasta vehículos, al lado de los usuales envíos de municiones y equipamiento militar. El cierre de esta oficina por orden del Departamento de Estado en septiembre de 2006 causó consternación en la alta oficialidad chavista[388].

Un grupo de estos militares chavistas, atraídos por la idea de invertir sus ganancias en un sistema económico estable como norteamericano, aceptaron la propuesta de adquirir un edificio de condominios en el corazón de Coral Gables, gracias a los oficios de banqueros boliburgueses como Pedro Torres Ciliberto[389].

El consulado de Venezuela en Miami se convirtió en un fabuloso centro de negocios e inversiones, que floreció gracias al envío de bienes a Venezuela, principalmente costosos vehículos de último modelo.

De hecho la adquisición de propiedades y negocios en territorio norteamericano por parte de prominentes funcionarios chavistas se convirtió en una práctica más extendida de lo que podría esperarse, siempre asociada a controversiales denuncias de corrupción.

En abril de 2005, el vicepresidente de Finanzas de la estatal Petróleos de Venezuela (Pdvsa), Eudomario Carruyo, dispuso de $1.7 millones para adquirir un espacioso apartamento de 3,257 pies cuadrados en un edificio de Brickell Key, una exclusiva isla a escasa distancia del consulado de Venezuela en Miami.

Carruyo, también directivo de la petrolera Citgo, propiedad de Pdvsa, desembolsó un total de $510,000 de sus ahorros y solicitó un préstamo de $1.19 millones al Colonial Bank, donde el alto ejecutivo petrolero tenía cuentas. El contrato de compra por un total de $1.7 millones se firmó el 7 de abril de 2005, de acuerdo a los registros del condado de Miami-Dade.

El hijo de Carruyo, Eudo Enrique, de 35 años, también mostró interés en hacer negocios en el sur de la Florida. Registró su propia empresa de aviación con sede en Coral Gables, Transatlantic Flight, LLC, que tenía como directivos al joven Carruyo y a un asociado de nombre Manuel López, de acuerdo a documentos oficiales.

La vida que Eudo Enrique llevaba en Miami no tenía nada que ver con los predicamentos de la revolución chavista. Vivía en una residencia en Coral Gables y se desplazaba en un costoso Lamborghini Gallardo equipado con un motor de 10 cilindros y 5 litros de capacidad, valorado en más de $140,000.

El hijo del alto ejecutivo de Pdvsa era aficionado a los clubes de moda de Miami Beach, que frecuentaba junto a un grupo de amigos de su juventud, también conectados con la revolución chavista.

Lo que parecía una oportunidad de echar raíces y promover inversiones en el imperio para la familia Carruyo, sin embargo, se trastocó en tragedia de la noche a la mañana.

En la madrugada del 17 de abril de 2005, cuando regresaba a su casa tras asistir a una fiesta en Key Biscayne, Eudo Enrique perdió el control de su vehículo, estrellándose a alta velocidad contra un árbol.

Un pasajero que lo acompañaba, el joven de 31 años Tulio Velandria, "murió en el impacto", indicó el reporte policial.

El cuerpo de bomberos de Key Biscayne acudió a la escena y suministró los primeros auxilios a Velandria y Carruyo. "En ese momento un fuerte olor a bebida alcohólica se sintió en el aliento del acusado", escribió en su reporte W. Hervey, el agente de policía que investigó el accidente.

Carruyo fue trasladado de inmediato al Centro Ryder del Hospital Jackson Memorial, donde fue puesto bajo arresto, acusado de conducir bajo efectos del alcohol (DUI) y de homicidio culposo o involuntario.

En la primera audiencia, la juez Jackeline Hogan Scola le asignó una fianza de $100,000. Eudo atendió las cuatro audiencias que tuvieron lugar entre el 8 y el 11 de agosto, pero no se presentó en la audiencia del lunes 15 ni a ninguna otra. El fin de semana previo a la audiencia judicial, Eudo Enrique salió clandestinamente fuera del estado de la Florida por temor a recibir una larga condena.

La salida fue tan intempestiva, que Carruyo dejó estacionado en el aeropuerto de Tamiami, en el suroeste de Miami, un avión Gulfstream II de su propiedad, valorado en unos $2.5 millones.

El mismo día de su llegada a territorio venezolano, Carruyo celebró por lo alto en los centros nocturnos más exclusivos de la capital venezolana, su audaz escape de la justicia imperial.

Tras la desaparición del acusado, la jueza Hogan Scola ordenó su captura inmediata. La policía del condado de Miami-Dade emitió una orden precisando que "el acusado será arrestado si es encontrado en el estado de la Florida"[390].

La firma ABC Bail Bonds, que actuó como fiadora de la fianza de Carruyo hijo, publicó una oferta de recompensa de $10,000 por información que condujera a la captura del fugitivo[391].

Los Carruyo no fueron los únicos funcionarios "socialistas" de Pdvsa que adquirieron propiedades en Norteamérica. Juan Montes, un gerente bajo órdenes de Carruyo que dirigía la colocación de dinero del Fondo de Pensiones de la petrolera estatal, adquirió un apartamento en una exclusiva zona de Aventura con vista al mar con un precio de alrededor de $500,000.

La propiedad, adquirida en febrero de 2011 por intermedio de la empresa The First Blue Ocean LLC, fue registrada a nombre de Montes y Carlota Rodríguez, con la firma Davos Financial Advisors LLC, como agente de registro.

Montes no era un empleado común de Pdvsa. Tenía a su cargo la colocación de más de $2,500 millones del fondo de pensionados petroleros, en firmas financieras y de inversión internacionales, principalmente en Estados Unidos. El destino de estas colocaciones, sin embargo, era un trabajo que le producía a Montes escandalosas comisiones ilegales.

Para cuando adquirió la propiedad en Aventura, Montes ya era objeto de una investigación secreta de la división financiera del FBI por sus vínculos con un fraude masivo de más de $500 millones en el cual estaba implicado el grupo económico Michael Kenwood Group, dirigido por el venezolano Francisco Illarramendi.

De acuerdo a una demanda introducida posteriormente en una corte federal de Connecticut, Montes autorizaba la transferencia de fondos de los trabajadores de Pdvsa al grupo de Illarramendi, a cambio de jugosas comisiones. Las investigaciones federales encontraron que Montes recibió directa o indirectamente $35.7 millones en sobornos por parte de Illarramendi[392].

Tras el estallido del escándalo, Montes decidió cooperar con las autoridades federales en las investigaciones, aportando información crucial, según fuentes familiarizadas con el caso.

El affaire Montes puso de relieve por primera vez la actuación de grupos financieros en Estados Unidos que mantenían vínculos con el gobierno venezolano. Parte de los recursos recibidos por Montes fueron transferidos posteriormente a firmas vinculadas al financista Moris Beracha, ex asesor del ministerio de Finanzas de Venezuela que acumuló una fabulosa fortuna gracias en parte a su participación en operaciones de estructuración de bonos venezolanos llevadas a cabo por el ministro Rafael Isea.

Naviero con toque de Midas

Otro hombre que multiplicó sus cuentas bancarias gracias a los negocios con la estatal petrolera Pdvsa, no escondió su interés en convertirse en un magnate de categoría mundial, combinando los negocios arriesgados con la filantropía en el corazón del imperio.

William Ruperti, un ex oficial de la marina mercante venezolana, se convirtió en multimillonario tras ayudar a Chávez a mantener fluidas las exportaciones de crudo durante la huelga petrolera de 2002-2003 en Venezuela.

En pocos años, el empresario naviero estableció su propia flotilla de cargueros que puso a disposición de Pdvsa para transportar petróleo venezolano a diversos destinos en America Latina y Estados Unidos.

A través de firmas como Maroil y Global Ship Management, Ruperti construyó un imperio naviero que él mismo valoró en $1,400 millones, y que abarcó 50 empresas y 19 buques con una capacidad de carga total de 1 millón de toneladas de peso muerto. El método de enriquecimiento lo describió el propio Ruperti: fletaba buques a un precio muy bajo, y los realquilaba a sus clientes por hasta siete veces su valor[393].

Así lo hizo con grandes empresas internacionales de comercialización de petróleo como las suizas Glencore y Vitol, la holandesa Trafigura y Novoship, un conglomerado controlado por el estado ruso.

La práctica le generó serios problemas en una corte federal de Nueva York principalmente con los rusos, que lo acusaron de cometer fraude en perjuicio de Rusia.

De acuerdo a la demanda introducida a fines de 2007 en la corte federal del distrito Sur de Manhattan por cuatro navieras rusas, Ruperti fue acusado de supuesta violación de acuerdos de flete desde octubre de 2002, poco antes del paro.

Según los documentos de la corte, Ruperti habría sobornado a Vladimir Mikhaylyuk, gerente general de las empresas demandantes, para que hiciera ver a los rusos que estaban negociando directamente con Pdvsa.

En realidad, los barcos de Novoship estaban siendo contratados no por Pdvsa sino por dos empresas de Ruperti en Panamá, una de ellas llamada, convenientemente, Pdvsa Marketing International Trading (PMI), que no tenía relación con la estatal petrolera venezolana.

De acuerdo a la demanda de Novoship, Ruperti obtuvo ganancias ilegales por más de $17 millones.

Este no fue el único escándalo que enfrentó el empresario. Tres años antes, Ruperti fue acusado de facturar dos veces a Pdvsa un cargamento de combustible por un valor de $14 millones, de acuerdo a una investigación de la comisión de contraloría de la Asamblea Nacional.

El diputado César Rincones, que preside la comisión, denunció que Pdvsa pagó dos veces el combustible a la empresa Trafigura Beheer, propiedad de Ruperti. El presunto doble pago fue negado por Pdvsa y nunca se investigó a fondo[394].

Los barcos de Ruperti tenían con frecuencia destino en los puertos petroleros norteamericanos ubicados en la Costa del Golfo de México, para la entrega a refinerías estadounidenses.

Ruperti no pasó desapercibido para diplomáticos y agencias federales de Estados Unidos. Mencionado en un cable enviado desde la embajada norteamericana en Tegucigalpa, Honduras, en julio de 2006, Ruperti fue descrito como un hombre con "estrechas conexiones con el presidente venezolano Hugo Chávez".

"Jugó un papel clave en ayudar a Chávez a sobrevivir la potencialmente devastadora huelga petrolera en 2002 y 2003", indicó el comentario del embajador Charles A. Ford, acotando que los escándalos de doble facturación en los que tuvo involucrado Ruperti en sus negociaciones con Pdvsa, eran parte de la "premiación" que le concedió Chávez por su ayuda durante el paro petrolero[395].

Ruperti ha vivido en Estados Unidos sin escatimar recursos y sin imponerse limitaciones para satisfacer sus gustos y alimentar su imagen de hombre sensible.

Residió en una mansión de la exclusiva Star Island, en Miami Beach propiedad del empresario cubano-americano Emilio Estefan.

Fundó dos firmas en marzo de 2005, Ruperti Services LLC y Ruperti Management LLC, domiciliadas ambas en Coral Gables, a través de las cuales manejó sus negocios durante los siguientes cuatro años, hasta el cierre de las empresas en septiembre de 2009.

Ruperti viajó con Estefan en su avión privado, un Gulfstream 550 de $30 millones, a un evento de caridad en Boston en febrero de 2010 para recoger fondos de ayuda a los haitianos afectados por el devastador terremoto de principios de ese año. En el evento, Ruperti donó $100,000 para un fondo colectado por el empresario bostoniano de construcción Jim Ansara, para el Fondo de Reconstrucción y Alivio de Haití[396].

Ha mantenido una relación estrecha con la Academia Naval de Massachussets, a la cual donó $600,000 para cubrir becas de estudio para seis aspirantes a oficiales de marina mercante procedentes de América Latina[397].

El magnate naviero es además es un confeso admirador de las reliquias relacionadas al héroe venezolano del siglo 19 Simón Bolívar.

En 2004 adquirió por $1.6 millones en una subasta en Nueva York dos pistolas bañadas en oro que le regaló Manuela Sáenz, amante del Libertador. Ruperti donó posteriormente las pistolas al presidente Chávez, que las exhibió orgullosamente en un discurso transmitido por cadena nacional en Venezuela[398].

Ruperti también adquirió una espada que perteneció a uno de los edecanes de Bolívar en Perú, una pieza por la que pagó $600,000. Asimismo posee un baúl de madera que perteneció al prócer venezolano Francisco de Miranda.

El empresario naviero es propietario del Canal I, una estación de televisión a través del cual ha expresado apoyo al régimen en Venezuela.

A mediados de 2013, Ruperti se vio implicado en un escándalo que mostró que continuaba prestando su apoyo al gobierno venezolano. En ese momento fue acusado de publicar una grabación ilegal en el que aparecía un diputado opositor en medio de negociaciones de aceptar dinero a cambio de "controlar" otros dirigentes opuestos al gobierno de Nicolás Maduro.

El diputado opositor que aparecía en la grabación, Juan Carlos Caldera, reveló a su vez otro audio en el que presuntamente aparece Ruperti junto a un supuesto funcionario de la inteligencia militar venezolana, presuntamente tramando para realizar la grabación al diputado[399].

En la lista de hombre de negocios que se enriquecieron mediante grandes contratos con la petrolera estatal venezolana y mantenían inversiones en Miami se encontraba el polémico empresario asegurador Omar Farías Luces, propietario de Seguros Constitución.

Farías Luces tenía un historial de negocios con el gobierno chavista. Su firma Vida y Patrimonio tenía importantes contratos de seguro y reaseguro con Pdvsa, sumados a contratos de asesoría a diversas gerencias de la petrolera que le reprotaban decenas de millones de dólares anuales.

En Miami el empresario asegurador estableció dos empresas, Metropolitan 1104 Investment LLC, 109 Copters LLC y otra firma en Gainesville, seis horas al norte de Miami, bajo el nombre de Porbonita Investments Corp. Adquirió también una mansión en el Country Club de Miami por un valor de poco más de $1 millón, de acuerdo a registros públicos de la Florida.

Farías Luces fue investigado en 2009 por presunto lavado de dinero cuando las autoridades de Ecuador cuestionaron su compra por $8.3 millones de la empresa de seguros Memoser, usando cuentas suyas en Miami, Andorra y Suiza para realizar los pagos.

La firma ecuatoriana, que luego cambió su nombre a Seguros Constitución, tenía contratos con varias empresas y organismos estatales en Ecuador, entre ellas Transportes Aéreos Militares de Ecuador (TAME), Servicios de Rentas Internas (SRI), Ministerio de Turismo y el Consejo Nacional Electoral.[400]

LOS HOMBRES DE DIOSDADO

Otro financista con importantes lazos con altos chavistas era Rafael Sarría, un empresario que inició sus actividades como vendedor de seguros y se convirtió en uno de los boligarcas más acaudalados de Venezuela, gracias a su estrecha relación con Diosdado Cabello.

Sarría integró el primer equipo de seguridad de Chávez durante la campaña electoral de 1998, que llevó al comandante golpista a la presidencia. Fue convocado por Cabello que había sido su amigo de la infancia, según algunos reportes.

Debido a que ya Sarría tenía experiencia empresarial y financiera como corredor de bolsa, formó parte del primer grupo de empresarios chavistas que se organizaron para contrarrestar la influencia de la federación venezolana de empresarios, Fedecámaras. Tras el fracaso del alzamiento militar de abril de 2002, Sarría vio ascender su estrella en el chavismo y desplegó sus habilidades para obtener importantes contratos gubernamentales[401].

El empresario revolucionario no perdió tiempo en ampliar sus conexiones con el Imperio.

Sólo cuatro meses después de la intentona, el 29 de agosto de 2002, cuando todavía el país no se recuperaba de la crisis política, Sarría fundó en Miami la firma GlobalCorp Investment, Inc.

La empresa registrada en la Florida no era la primera propiedad de Sarría en territorio norteamericano. En 1993, ya había establecido junto a su hermano Edgar la firma Grober & Vertiz, Inc, registrada en Boca Ratón. La corporación permaneció activa durante 10 años y fue cerrada en 2003, de acuerdo a la base de datos de empresas floridanas.

En marzo de 2000, cuando la revolución chavista apenas alcanzaba los 13 meses, los Sarría adquirieron un apartamento en el edificio El Viento, en el condominio Boca Point, en Boca Ratón, a un precio de $156,000. El empresario vendió la propiedad año y medio después por $170,000, con una ganancia de $14,000[402].

En septiembre de 2001, Sarría compró una casa de 3 habitaciones con piscina con un total de 4,500 pies cuadrados (unos 418 metros cuadrados) de área, en el exclusivo Arvida Country Club de Boca Ratón, a un precio de $555,000[403].

Los negocios desarrollados por Sarría estaban estrechamente ligados a las posiciones ocupadas por Cabello, de acuerdo a fuentes cercanas al empresario, principalmente durante el período en que Cabello ocupó el ministerio de Infraestructura, entre 2002 y 2003, y la gobernación de Miranda, entre 2004 y 2008.

Sarria no mantuvo negocios visibles hasta 2009, cuando su hijo Rafael Sarría-Díaz registró una nueva firma en la Florida, SAI Advisors, Inc. El registro en la empresa, sin embargo, incluía elementos inusuales. La dirección principal estaba a nombre de una firma de abogados en Dupont Circle, Washington DC. Tenía un apartado postal en Maryland, y como agente de registro aparecía la firma Incorp Services, Inc, con sede en la localidad de Loxahatchee, Florida, una hora al norte de Miami.

La empresa abrió una oficina en el concurrido bulevar Las Olas, en Fort Lauderdale, para ofrecer servicios de planificación financiera y de negocios[404], clamando una experiencia de más de 35 años en el mercado[405].

Los negocios eran tan productivos que los Sarría adquirieron en julio de 2009 una nueva propiedad de lujo en uno de los mercados más costosos de Estados Unidos: Park Avenue, en el corazón de Manhattan. El empresario pagó sin chistar y con una sola transferencia, un total de $6.95 millones por un apartamento que pertenecía a una millonaria de Miami.

Poco tiempo después, en enero de 2010, Sarría-Díaz fundó una segunda empresa exactamente con los mismos datos de registro de SAI Advisors, Inc. La firma, Noor Plantation Investments LLC, usada para adquirir, al igual que SAI Advisors, una serie de 11 lotes de terrenos a un costo de más de $20 millones, en la localidad campestre de Plantation, media hora al norte de Miami.

Las adquisiciones se hicieron el 15 de abril, apenas dos semanas antes de que las autoridades de la Comisión Nacional de Valores en Venezuela intervinieran la firma bandera de que Sarría mantenía con su hermano Edgar, Global Corp Casa de bolsa, el 28 de abril, tras detectar irregularidades en sus operaciones.

La intervención de la casa de bolsa de Sarría fue revertida al mes siguiente, gracias a sus contactos en el alto gobierno chavista.

Las conexiones de Sarría no pasaron desapercibidas. Cuando en junio de 2010 salió a renovar sus documentos de inmigración en su propio avión privado en Nassau, capital de Bahamas, las autoridades inmigratorias decidieron interrogarlo. De acuerdo a una fuente familiarizada con el episodio, Sarría no pudo explicar satisfactoriamente el origen de la fortuna que mantenía en el sistema financiero norteamericano. Dada la discrecionalidad que tienen los funcionarios de inmigración de Estados Unidos, Sarría no pudo renovar sus documentos inmigratorios. La familia se vio obligada a abandonar el país en un breve lapso.

Rafael Sarría pudo retornar al Imperio a mediados de 2013, tres años después, tras alcanzar un arreglo que le permitió renovar su visa.

Sarría era el más notable de los hombres de negocios de Cabello, pero no el único. Otro de sus asociados claves, el ex ministro de Finanzas y ex gobernador Rafael Isea, llegó intempestivamente a Washington el 19 de Septiembre de 2013 tras una serie de negociaciones secretas con agentes federales antidrogas.

Isea, un ex militar que participó junto a Chávez en el golpe de Estado de 1992 en Venezuela, se vio obligado a negociar con el Imperio enemigo luego que fuese acusado por sus propios correligionarios, de participar en el envío de 1.4 toneladas de cocaína en un avión que salió desde el aeropuerto de Valencia, la tercera mayor ciudad de Venezuela, y fue capturado en Islas Canarias, en España.

La investigación sobre la avioneta fue inicialmente realizada en agosto de 2012 por el entonces ministro del Interior y Justicia Tarek El Aissami, que sucedió luego a Isea como gobernador de Aragua en 2013[406].

Isea contactó a agentes de la DEA en Washington que dirigen las pesquisas en Venezuela desde 2005. Tras varios encuentros en República Dominicana para discutir los términos del acuerdo, el ex ministro de Finanzas viajó a la capital norteamericana.

Cuando la noticia se filtró en Venezuela a través de las redes sociales, el ministro intentó desmentir el acuerdo, afirmando que se encontraba en Washington para culminar estudios de maestría "que interrumpí hace 9 años"[407].

Isea no explicó, sin embargo, que hacía en la capital del Imperio un alto funcionario del gobierno de Chávez como él, que manejaba información privilegiada sobre escandalosos casos de presunta corrupción administrativa en las finanzas públicas, y sobre los vínculos de chavistas en casos de narcotráfico.

Isea había sido acusado por el diputado venezolano Ismael García de haber otorgado bonos de la deuda pública a empresas de servicios financieros con los que tenía estrechos lazos, sin que fueran sometidos a subasta como establece las leyes venezolanas[408].

Entre otras acusaciones, Isea fue también acusado durante la campaña para las elecciones regionales de 2012, de destinar presupuesto para 38 escuelas inexistentes. "Se pagan sueldos, equipos y cualquier cantidad de recursos para maestros ficticios", denunció Ruth Rodríguez, candidata del partido Organización Renovadora Auténtica (ORA)[409].

El área de Washington no era desconocida para Isea. En noviembre de 2002, cuando Venezuela se encontraba atravesando un período de protestas masivas contra las políticas de Hugo Chávez, Isea adquirió una propiedad de tres habitaciones en la ciudad de Rockville, Maryland, a escasas millas de la capital estadounidense, a un costo de $335,000[410].

La zona, conocida por albergar complejos residenciales de empleados y funcionarios del gobierno federal, también ofrecía a los Isea una abundancia de campos de golf, el deporte preferido del ex ministro.

De Caracas al "Ziello"

Un empresario con vínculos que llegaban directo a Miraflores se ufanaba de relacionarse con los más destacados prohombres de la revolución.

Como muchos otros financistas bien conectados con el chavismo, Gonzalo Morales acumuló una sustancial fortuna como operador financiero y contratista con varios entes estatales. Una de las firmas llevaba sus iniciales: GMB Suministros, C.A., de acuerdo al Registro Nacional de Contratistas de Venezuela.

Se le atribuyeron vínculos con un amplio número de figuras, entre ellas Rafael Ramírez, presidente de Pdvsa, y el general Miguel Rodríguez Torres.

Morales rápidamente lanzó puentes con el Imperio, visiblemente en el negocio de restaurantes. Con sus iniciales fundó la empresa GM 77 Investments, LLC, con sede en un pent house de Brickell, el distrito financiero de Miami, que también tenía como agente de registro la firma SJB Corporate Services LLC.

A través de GM 77 Investments, fundó GV Positano Doral, LLC, una firma registrada en el mismo pent house de Brickell, y Positano Trattoria, LLC, una firma en la que Morales aparecía como gerente. Ambas firmas controlaban el restaurant Il Positano, ubicado en Doral, la capital del exilio venezolano en Estados Unidos.

Buscando ganarse un lugar de respetabilidad en la comunidad empresarial del Sur de la Florida, Morales abrió un restaurant de lujo en el corazón de Coral Gables, que pronto se convirtió en un lugar de referencia para la aristocracia local.

El resataurant Zielo abrió sus puertas a fines de agosto de 2012 con una degustación de cocina italiana-peruana para 100 invitados especiales. De acuerdo a la crónica social, el resaturante fue descrito como un lugar "elegante" que es al mismo tiempo "romántico e impresionante", con una sala privada con chimenea para reuniones "muy especiales".[411]

MAGNATE A LA VELOCIDAD DE LA LUZ

Otro de los hombres asociados a Diosdado Cabello era el empresario Ricardo Fernández Barrueco, una controversial figura que personificó el sueño de los boligarcas: una persona que saltó de un origen modesto a ser propietario de una multimillonaria fortuna.

Lo que tomaría décadas para el más habilidoso de los emprendedores capitalistas en Estados Unidos, Fernández Barrueco lo logró en el curso de pocos años principalmente sus contactos dentro del régimen chavista.

Fernández se convirtió en la opción del régimen para establecer un monopolio para suministrar alimentos a Mercal, la cadena estatal de tiendas de alimentos subsidiados, a fin de combatir la influencia del privado Grupo Polar sobre el mercado de consumo masivo de alimentos en Venezuela.[412]

El empresario se había ganado el favor de Chávez durante el paro petrolero de 2002, cuando ayudó al gobierno a transportar alimentos con su flota de camiones y superar la paralización general de actividades promovida por la oposición.

A partir de ese momento, los negocios fueron en aumento. Pasó de ser un modesto propietario de parqueaderos en Caracas, a un industrial en el sector de alimentos masivos cuyo cliente principal era el gobierno de Venezuela.

En enero de 2002, Fernández abrió su primera empresa en Miami, la American Air Conditioner International Inc., con sede en el exclusivo Brickell Key de Miami, junto a sus socios Sarkis Arslanian y Gustavo Sánchez, éste último miembro de la Comisión Nacional de Abastecimiento de Venezuela, y con importantes contactos en el sector militar chavista.

A mediados de 2003 los negocios eran tan buenos que Fernández decidió comprar un apartamento en el exclusivo edifico Jade, a escasa distancia de su oficina en Brickell Key, donde residían famosos como el cantante Luis Miguel, la actriz mexicana Patricia Monterola y el piloto de Fórmula 1 Juan Pablo Montoya, y en el cual una propiedad podía costar hasta $2 millones.

Para 2004, Fernández era propietario de un conglomerado de más de 70 empresas, entre ellas las fabricantes de harina de maíz Proarepa y Monaca, y la atunera Fextún, en Venezuela, y firmas comerciales en Panamá, Ecuador y Estados Unidos.

Era dueño de una flota de 12 barcos atuneros, varios tanqueros, procesadoras de pescado, un astillero con 1,500 empleados[413].

La fortuna certificada de Fernández ascendía para fines de 2005 a unos $1,600 millones, de acuerdo a una auditoría certificada por la firma norteamericana KPMG.

El reporte indicaba la magnitud de los negocios de Fernández: $148 millones en depósitos colocados a plazos en instituciones financieras; $66 millones en bonos y notas de Brasil; $78 millones en bonos globales de Venezuela, casi $20 millones en bonos argentinos. Y finalmente, $42.9 millones en bonos del Tesoro norteamericano.

Además tenía acciones en 15 empresas dentro y fuera de Venezuela por más de $1,000 millones.

El gobierno norteamericano ya conocía de la existencia y las relaciones de Fernández Barrueco desde por lo menos 2004. El campanazo vino en diciembre de ese año, cuando su socio Arslanian fue deportado a su llegada al aeropuerto de Atlanta, procedente de Caracas. Junto a Arslanian viajaba también una gerente de Fextún en Panamá que era la hermana de la esposa de Fernández. Las autoridades inmigratorias cancelaron la visa de Arslanian por motivos desconocidos.

En 2007 otro episodio puso a Fernández en aprietos. Agentes de la DEA le confiscaron el avión ejecutivo Raytheon Hawker 800 que había adquirido por $5 millones, en el aeropuerto de Fort Lauderdale.

De acuerdo a una declaración jurada, el avión había sido registrado con matrícula N de Estados Unidos, a pesar de que ninguno de los dueños de la firma bajo el cual estaba registrada la aeronave, American Food Grain, eran ciudadanos estadounidenses, de acuerdo a la normativa legal.

Después de negociaciones entre la fiscalía federal de Miami y el bufete de abogados Tew Cárdenas, que representaba a Fernández, se llegó a un acuerdo que imponía al empresario una multa de $1 millón, además de la obligación de vender el avión a un tercero.

El acuerdo generó sospechas en sectores oficiales de Venezuela, por el temor de que Fernández hubiese llegado a un acuerdo de cooperación con la DEA para compartir información que pudiera comprometer a otros boligarcas, una versión que su entonces abogado Joseph de María, negó rotundamente.

En 2008, el ambicioso hombre de negocios saltó inesperadamente al negocio bancario, y adquirió tres bancos privados: Banpro, Confederado y Bolívar Banco. Al año siguiente adquirió una cuarta entidad financiera, Banco Canarias, y la Casa de Bolsa U21. Ofreció $800 millones para adquirir Digitel, la tercera empresa de telefonía celular de Venezuela, pero la oferta no fue aceptada.

En agosto de 2009 estableció la empresa International Tuna Trading Corp., con sede en un correo postal de Coral Gables, registrándola bajo su propio nombre. Dos meses después, en octubre, Fernández fundó la firma Admiral Tankers Holding, Inc, también con sede en Coral Gables, una empresa que registró junto a Frank Holder, un controversial ex analista de la Fuerza Aérea norteamericana que era el jefe para América Latina de FTI Consulting, una firma de inteligencia corporativa que ha prestado servicios a una amplia lista de boligarcas.[414]

A fines de 2009, por razones desconocidas, Fernández cayó en desgracia. Sus bancos fueron intervenidos y sus empresas estatizadas por orden de Chávez. En noviembre de ese año, fue encarcelado acusado de apropiación de fondos de los ahorristas y de créditos, así como también de asociación para delinquir. Fernández fue finalmente liberado en marzo de este 2013, tras cuatro años encarcelado.[415]

Funcionarios venezolanos que trabajaron en entes gubernamentales controlados por Cabello desplegaron a sus anchas inversiones y empresas de exportación en Miami, como única vía para proteger las ganancias obtenidas a través de contrataciones con el gobierno venezolano.

El joven empresario Carlos Michel Fumero, socio de Gustavo Cabello Canales, primo de Diosdado Cabello, utilizó el mismo nombre de su firma de construcción con la cual hizo negocios en Venezuela, para registrar una empresa en el suroeste de Miami. La empresa Camik LLC, se estableció en septiembre de 2010 de acuerdo al os registros de empesas de la Florida.

La empresa de Michel Fumero en Venezuela, Camik C.A., había obtenido jugosos contratos de varias entidades oficiales, entre ellas el Fondo para el Desarrollo Endógeno, presidido por Cabello Canales, para desarrollar varias obras públicas cuya realización fue objeto de cuestionamientos posteriores.[416]

Michel adquirió en marzo de 2009 y septiembre de 2010 adquirió dos propiedades por un valor de $350,000. A fines de 2010 fundó la firma de exportaciones Aducarga LLC, domiciliada en el suroeste de Miami, que funcionó durante un año

A principios de 2013, junto a otros dos socios Michel fundó la empresa de exportaciones South Bridge Global Cargo 2013 Inc., con sede en la ciudad de Doral. La empresa ofrecía un servicio especial. "Realizar sus compras en Estados Unidos cancelándolas en Bolívares Fuertes nunca ha sido tan fácil, rápido y seguro. South Bridge Global Cargo pone a su disposición el servicio de comprar y recibir sus productos en la comodidad de su casa u oficina. No pague el doble del costo de sus productos y déjenos ayudarle", indicaba el portal electrónico de la empresa.[417]

Las relaciones de Diosdado Cabello con hombres de finanzas no se limitaron a Sarría, Isea y Fernández, sino a un más amplio grupo de representantes que promovieron negocios en territorio norteamericano, de acuerdo a investigaciones y fuentes federales.

En su empeño por investigar a fondo hasta donde llegaban las actividades de Cabello, la fiscalía del distrito sur de la Florida, estableció una práctica estándar para lograr este objetivo: emitió numerosas citaciones o *subpoenas* a personas que arribaban a Estados Unidos, y que podrían aportar información crucial sobre presidente de la Asamblea Nacional de Venezuela, principalmente sus vínculos con la corrupción y el narcotráfico.

Las citaciones que ordenaban comparecer en forma obligatoria a posibles testigos con información sobre Diosdado Cabello ante un Gran Jurado, debieron contar con una aprobación de un juez federal. De acuerdo a expertos consultados por el autor, las citaciones de la fiscalía federal buscando información sobre Cabello confirmaban la existencia de una acusación federal en curso, en etapa de acumulación secreta de evidencias.

LOS NEGOCIOS DEL VICEPRESIDENTE

A mediados de 2006, un informe confidencial del Tribunal Supremo de Justicia, emitido por la Dirección General de Seguridad adscrita a la Dirección General de la Magistratura, incluyó una serie de propiedades en territorio norteamericano supuestamente adquiridas por el entonces vicepresidente José Vicente Rangel.

En el reporte, elaborado por el teniente coronel Luis Enrique Viloria García, se le atribuyeron a Rangel una serie de propiedades como un apartamento en Manhattan, tres residencias en la ciudad de Doral, Miami, una de ellas con un valor de $800,000, y otra propiedad y varias corporaciones en el estado de Alabama. También se le atribuyeron 8 vehículos de lujo registrados en los estados de Florida y California, entre ellos varios Mercedes Benz, un Aston Martin y dos Range Rovers.

Las alegaciones del reporte, consignado por el magistrado Luis Velásquez Alvaray ante el alto tribunal venezolano, nunca fueron probadas fehacientemente y tampoco generaron investigación oficial alguna.

Sin embargo, parte de los millonarios negocios que se atribuían a la familia Rangel en Venezuela, presuntamente producto de las relaciones con el alto chavismo y las conexiones políticas del Vicepresidente, tuvieron eco en Miami, a juzgar por los registros oficiales del sur de la Florida.

En diciembre de 2008, la diseñadora de trajes de baño Gabriela Chacón, una destacada miembro del clan de los Rangel, abrió sus primeros negocios en Miami con una corporación que no pretendía ocultar su identidad. La firma, Inversiones Gabriela Chacón, Inc., fue incorporada el 8 de Diciembre en la capital del estado de la Florida, con una dirección en Coconut Grove, la misma donde poco tiempo después comenzó a funcionar una tienda de ropa de playa bajo el nombre de "Gabriela Chacon. A jewel of a Swimsuit" (Gabriela Chacón, una joya de traje de baño).

Chacón no era sólo una conocida diseñadora de modas en Venezuela. Parte de su fama se debía a que era la esposa del hijo de Rangel, José Vicente Rangel Ávalos, que había sido alcalde del municipio Sucre, en la capital venezolana, entre 2004 y 2008.

Como Primera Dama del municipio, Chacón desarrolló una serie de negocios que a la postre resultaron cuestionados, bajo acusaciones de nepotismo y manejos inapropiados de recursos públicos.

Por ejemplo, entre 2004 y 2008 la alcaldía otorgó 360 contratos por un valor superior a los $30 millones a un grupo de empresas vinculadas a Kiko y Oswaldo Chacón, hermanos de la diseñadora.

Una de estas empresas, Obras y Proyectos Maga, que fue inscrita en el Registro Mercantil Quinto, dirigida Gisela Rangel Ávalos, hermana del alcalde, con un capital de unos $40,000, incrementó sus ingresos 50 veces en cuatro años, gracias a los contratos con la alcaldía de Sucre.[418]

Un contrato de $10 millones para construir un centro de asistencia para niños de escasos recursos, fue otorgado a la firma Obras y Proyectos Milenium 2000, que operaba en la misma oficina privada de la diseñadora.[419]

La corporación que la diseñadora Chacón registró en Miami entró en funcionamiento el 8 de diciembre de 2008, dos semanas después de que entregara su cargo como Primera Dama a un nuevo alcalde de la oposición.

Mientras Chacón se ocupaba de montar su tienda en Coconut Grove, las nuevas autoridades del municipio investigaban los contratos otorgados por ella y su esposo. El expediente enumeraba una lista de más de 10 irregularidades, entre ellas el pago de un cuantioso contrato a una firma propiedad de Oswaldo Chacón por un edificio que ya existía.

El nuevo alcalde Carlos Ocariz consignó un voluminoso expediente con 14 cajas de evidencias ante la Contraloría General de la República, sobre las irregularidades de la administración de Rangel. De acuerdo a Ocariz, la mayoría de los jugosos contratos de construcción se entregaron a cuatro empresas que pertenecían al clan familiar de los Rangel Chacón.[420]

Las denuncias nunca prosperaron ni las irregularidades fueron sancionadas. A principios de 2010, una de las firmas cuestionadas, Proyectos y Obras Maga, devolvió un cheque de $134,000 que correspondían a uno de los contratos no concluidos.[421]

El proyecto de la tienda de trajes de baño en Coconut Grove culminó en septiembre de 2010, cuando la corporación Inversiones Gabriela Chacón fue disuelta administrativamente.

LA DANZA DE LOS BANQUEROS

Otro empresario vinculado estrechamente con la familia Rangel, llegó intempestivamente a Miami el día de Acción de Gracias de 2009 junto a su familia, justo a tiempo para evitar ser apresado por el gobierno venezolano acusado de cometer una variedad de delitos financieros.

El banquero Pedro Torres Ciliberto, uno de los operadores favoritos de Rangel, huía de las acusaciones que el propio Hugo Chávez lanzó contra importantes banqueros y financistas prochavistas, que adquirieron bancos privados virtualmente con dineros oficiales.

Torres se había beneficiado casi desde el principio de la administración Chávez, de una serie de contratos de suministro y servicios a diversas instancias del gobierno venezolano, principalmente por sus vínculos con Rangel.

Un cable de la embajada de Venezuela en Caracas sobre la crisis bancaria de 2009 en Venezuela, filtrado por Wikileaks, describió a Torres como "socio de negocios" de Rangel.[422]

En una entrevista pocos meses antes de escapar a Estados Unidos, el banquero admitió abiertamente que era un chavista convencido. "Yo comulgo con las ideas de Hugo Chávez. Yo apoyo al presidente Chávez", declaró.[423]

El mejor momento de la relación de Torres con el chavismo fue en 2005, cuando se asoció con un poderoso aliado: Arné Chacón Escamillo, hermano de Jesse Chacón, ministro favorito de Chávez.

Tras un acuerdo cuyos términos fueron motivo de controversia en Venezuela, Torres le cedió a Chacón el 49 por ciento de una entidad financiera de su propiedad, Baninvest, a cambio de un acuerdo de pago a largo plazo.

Durante los próximos 4 años, Torres invirtió unos $350 millones para adquirir dos entidades bancarias, Central Banco y Banco Real, y la aseguradora Premier, e inició conversaciones para adquirir otra aseguradora, Seguros La Previsora, valorada en $170 millones.[424]

En noviembre de 2009, Chávez ordenó la intervención de varios bancos y aseguradoras por irregularidades que abarcaban desde incrementos de capital no autorizados hasta utilización de fondos de origen desconocido para realizar operaciones financieras.

Los tres bancos de Torres y las aseguradoras cayeron en la lista de las instituciones intervenidas. El banquero fue acusado de dos delitos: apropiación de recursos financieros y asociación para delinquir. Pero cuando los auditores trataron de hacer un balance en las instituciones financieras intervenidas, los bienes "habían sido saqueados", de acuerdo a una denuncia contra Torres del diputado opositor Henry Ramos Allup.[425]

Dos meses después de su llegada a Miami, a fines de enero de 2010, la oficina central de Interpol en Lyon, Francia, emitió una alerta roja contra Torres y su hijo Torres Picón, tras una solicitud emitida por la fiscalía venezolana.[426]

En julio, el magistrado del Tribunal Supremo de Justicia Eladio Aponte, firmó una orden enviada por la cancillería venezolana a Washington solicitando la extradición de Torres.

El banquero entonces decidió recorrer el camino que había transitado otro hombre de las finanzas que seis meses antes se había declarado enemigo de Chávez y perseguido de su gobierno a su llegada a Miami.

Eligio Cedeño, ex presidente de los bancos Canarias, Bolívar y BanPro, solicitó asilo político a su llegada al aeropuerto internacional de Miami el 23 de diciembre de 2009. Tras un breve período de detención de cuatro días en una cárcel de inmigración, fue puesto en libertad mientras se procesaba su petición de asilo.

Cedeño había sido liberado dos semanas antes por decisión de la juez María Afiuni, quien en consecuencia resultó detenida indefinidamente por orden de Hugo Chávez.

Cedeño había permanecido encarcelado en Venezuela por 2 años y diez meses desde 2007, esperando por el inicio del juicio en su contra. El gobierno lo acusaba de haber solicitado $27 millones de dólares preferenciales para importar computadoras a través de la firma Microstar, que nunca entraron al país.

El banquero, que fue presidente del banco Canarias y posteriormente del Grupo Fianciero Bolívar-BanPro, también era acusado de haber ayudado a sacar del país a dirigentes y activistas de oposición, entre ellos el sindicalista Carlos Ortega, y de apoyar a líderes estudiantiles en manifestaciones contra el gobierno.

Al igual que Cedeño, Torres también enfrentaba una solicitud de extradición por parte del TSJ. Anticipando la medida, el banquero introdujo desde principios de 2010 una petición de asilo por razones políticas.

El argumento de Torres: Chávez había ordenado intervenir sus bancos en represalia por su relación con el general Raúl Baduel, un alto militar disidente que el mandatario venezolano mantenía encarcelado.

Chávez "sabía de mi verdadera amistad con Raúl (Baduel). No creo que me lo haya perdonado nunca", dijo en una entrevista. Torres, que poco antes de salir de Venezuela se había declarado un ferviente chavista, criticó que Venezuela estaba "cubanizándose poco a poco".[427]

La familia Torres no era un desconocidos en Estados Unidos. El banquero fundó su primera firma en el Imperio en 1978, Mipaca-Miami-Inc, que funcionaba en una oficina del suroeste de Miami, teniendo como socios su esposa Cecilia de Torres y su hermano Alejandro Torres-Ciliberto. Pero no fue hasta la llegada de Chávez al poder cuando las empresas de Torres en Florida se multiplicaron.

En 2001, fundó en Miami la firma Baninvest Investment, usando el mismo nombre del banco de inversión que era de su propiedad en Venezuela. La firma fue registrada en la propiedad de los Torres en la ciudad de Aventura, y se mantuvo activa hasta septiembre de 2010, cuando el banquero llevaba casi un año "exiliado" en Nueva York.

En mayo de 2006, el hijo del banquero, que ejerció como directivo en la empresa de su padre en Venezuela, fundó su propia firma, Quotidian Technologies Inc., con sede en la misma propiedad de Aventura, que para marzo de 2014 se mantenía activa.

Seis meses más tarde, en septiembre de 2006, Torres junior fundó una segunda empresa, 88 Couryards Investment Corp, con sede en la ciudad de Doral, la capital del exilio venezolano en Estados Unidos.

Registros oficiales muestran que la familia Torres ha estado asociada a una propiedad de unos $700,000 en la ciudad de Doral; y también en varias propiedades en North Palm Beach y Nueva York.

A pesar de todas las conexiones con el gobierno venezolano que mantuvo por casi una década, el banquero logró convencer a las autoridades de inmigración de Estados Unidos a que le concedieran el asilo político.

Torres Ciliberto fue sólo uno en la concurrida lista de banqueros, financistas, y funcionarios vinculados a la finanzas públicas en Venezuela que escogieron al Imperio como el mejor sitio para refugiarse del discurso de "ser rico es malo", propalado con frecuencia por Chávez.

La lista incluía nombres como Gonzalo Tirado, cuya fama traspasó las fronteras con la debacle en Estados Unidos de Stanford Bank a principios de 2009, un banco que se tragó más de $3,000 millones en ahorros de venezolanos, que conformaban la mitad de toda la clientela del banco.

Uno de los clientes de Stanford Bank era Edgar Hernández Behrens, un ex militar chavista que "renació" como cristiano evangélico y presidió Cadivi, el organismo encargado de aprobar dólares regulados.

El funcionario quedó tan sorprendido y molesto cuando los fondos en su bien provista cuenta en Antigua se esfumaron, que discutió la posibilidad con un abogado de Miami de demandar al banco en una corte norteamericana. Pero la posibilidad de verse obligado a revelar públicamente el origen de esos fondos, lo llevó a desechar la idea.

Tirado había protagonizado una pelea de varios años en tribunales venezolanos contra su antiguo socio Allen Stanford por presuntas irregularidades. Pero se vio obligado a salir del país cuando las entidades financieras a las que estaba asociado en Venezuela, entre ellas Inverunión Banca Comercial y Mi Casa Entidad de Ahorro y Préstamo, reflejaron pérdidas extraordinarias y desaparición de recursos financieros. Según estimaciones independientes, en sólo 10 meses, las pérdidas superaron los $600 millones, a razón de $11.6 millones por día en promedio.[428]

Los contactos de Tirado con el establishment político chavista, para muchos la única manera de hacer negocios financieros en Venezuela, no lo salvó de una serie de fuertes medidas judiciales.

En agosto de 2010, el Tribunal Supremo de Justicia aprobó una solicitud de extradición de Tirado que fue enviada al Departamento de Estado en Washington. En enero de 2011, un tribunal de Caracas dictó una medida de detención en su contra en calidad de presidente del Grupo Stanford en Venezuela, y tres meses después, lo acusó de cometer fraude tributario.[429]

A su llegada a Miami, Tirado adquirió una propiedad valorada en $858,000 en la ciudad de Aventura, según registros oficiales. La compra la hizo a través de una firma que fundó en Coral Gables, Opus X Real Estate Investments Inc, a través de la cual amplió sus inversiones en Estados Unidos.

Entre septiembre de 2010 y enero de 2014, Tirado fundó numerosas firmas, entre ellas Lujusan Estates Corporation, Lujusan Homes Florida Corp., Opus X Investments Inc., Opus XII Investmens, Inc., Sekura Group LLC y Tirado Mar Azul, Inc, todas con sede en Coral Gables.

Estableciendo una sociedad con ex agentes de inteligencia e inmigración norteamericanos, Tirado se hizo socio de la firma de seguridad e investigaciones Command Consulting, una firma de seguridad e investigaciones de la que trabajaban como asesores personalidades como Eduardo Aguirre, ex director del Servicio de Inmigración y Ciudadanía y Ralph Basham, ex director del Servicio Secreto de Estados Unidos.[430]

La alianza de Tirado con Command Consulting concluyó presuntamente cuando el banquero comenzó a enfrentar dificultades financieras, de acuerdo a fuentes familiarizadas.

DE BANQUERO A PALADÍN DE LA DEMOCRACIA

Otro banquero que remontó exitosamente la cuesta de los negocios del chavismo hasta caer en picada llegó a Miami a principios de 2010 huyendo, al igual que Pedro Torres Ciliberto y Gonzalo Tirado, a la ola de intervenciones y acusaciones penales en contra de banqueros ordenada por Chávez.

Comerciante de orígenes modestos, José Zambrano ascendió vertiginosamente en los negocios gracias a sus relaciones con la estatal Pdvsa. En 2007, pasó de ejecutivo bancario a manejar su propia firma aseguradora, Seguros Bancentro, pagando $9 millones.

Un año más tarde, subió la apuesta y adquirió un banco por $52 millones al banquero Carlos Gill. A través de esta nueva entidad, Banorte, Zambrano se propuso alinearse a las políticas socialistas de Chávez con una nueva estrategia crediticia para beneficiar los consejos comunales[431].

El origen del dinero para comprar Banorte generó posteriormente controversias en Caracas y Estados Unidos. Zambrano recibió un préstamo de $30.7 millones de Highview Point Fund, una firma presidida por Francisco Illarramendi para manejar parte de los recursos del Fondo de Pensión de los trabajadores de Pdvsa, que terminó envuelta en acusaciones federales por fraude masivo[432].

El préstamo se hizo a través de un fondo master administrado por Illarramendi en Islas Gran Caimán a la empresa Intact Business Ltd, perteneciente a Zambrano en Barbados, en enero de 2008. El dinero fue a su vez enviado a cuentas de Zambrano en Nueva York para pagar las acciones de compra de Banorte. Sin embargo, la cifra era insuficiente no sólo para cubrir el resto de la deuda, sino para enfrentar las obligaciones del banco.

El banco fue finalmente intervenido en diciembre de 2009 por falta de liquidez. Pero varios meses antes de la intervención, Zambrano había aprobado la colocación de una serie de préstamos millonarios a empresas de papel, pese a que el banco no contaba con recursos excedentes para conceder tales préstamos[433].

La Fiscalía de Venezuela terminó acusando a Zambrano de fraude, crimen organizado y crimen transnacional, e interpuso una solicitud para su arresto ante la Interpol en noviembre de 2010.

Pero establecido en Miami, Zambrano no se ocultó sino que comenzó a exhibir su riqueza. Se desplazaba en un Rolls Royce Phantom, uno de su vehículos favoritos, que se cotiza en $450,000 o más. Se hizo miembro de la exclusiva Casa Tua, en Miami Beach, un costo restaurante de Miami Beach que permite a sus socios exhibir un menú personalizado a sus invitados.

El banquero fundó en la Florida media docena de firmas para operar diversos tipos de negocios.

En agosto de 2010, fundó dos empresas, JZ Financial LLC, y 275 Ocean LLC, ambas domiciliadas en Aventura, que fueron disueltas dos años después. Un mes después, en septiembre, fundó otra firma, Sign & Spend Inc (Firma y gasta), que sólo se mantuvo un año operando en Aventura.

En julio de 2011, abrió JZL Management, LLC, una firma establecida en West Park que aún permanece activa, y la Zambrano Family Collection LLC, basada en Aventura y que cerró en noviembre de 2012.

Para hacerse más visible en una luz completamente nueva, el banquero estableció la Fundación Zambrano en enero de 2012 con seis directores y domicilio en Fort Lauderdale, para promover la democracia en el continente a través de simposios y talleres a jóvenes líderes en Miami y Colombia.

A través de la fundación se promocionó como un "visionario y pionero en la arena financiera", y como un líder que "cree firmemente en devolver los beneficios a la comunidad"[434].

El primer simposio de la fundación, organizado en septiembre de 2012 en la Universidad de Miami, contó con invitados como el ex presidente de Costa Rica y Premio Nóbel de la Paz, Oscar Arias y Gene Sharp, fundador del Instituto Albert Einstein y promotor destacado de un método no violento para derrocar dictaduras[435].

El anuncio de la Fundación Zambrano provocó reacciones críticas e ironías. El sitio blog Venepirámides, por ejemplo, cuestionó en un artículo titulado "José Zambrano: de prófugo de la justicia a paladín de la democracia", que en la biografía oficial del banquero en el portal de la fundación, se hubiera omitido toda referencia a las operaciones controversiales por las cuales la Fiscalía de Venezuela ordenó su captura[436].

EL "TERAPEUTA" AMERICANO DE MADURO

Aunque a Nicolás Maduro no se le conocía en Washington más que como un canciller folclórico que mantenía estrechos vínculos con las FARC, y que en una ocasión intentó comprar tres pasajes de primera en American Airlines con un fajo de $12,000 en efectivo en el aeropuerto John F. Kennedy de Nueva

York, pocos conocían que uno de sus asesores mas cercanos tenía un largo historial de vida y formación en el corazón del imperio enemigo.

En el entorno íntimo de Maduro, al ex militar Rodulfo Cirilo se le consideraba no sólo como un confidente y consejero del canciller y luego presidente de Venezuela. Era visto además como un enviado de Sai Baba, el desaparecido místico animista hindú por cuyas enseñanzas Maduro ha sentido una profunda devoción.

Cirilo no era un militar cualquiera. Siendo cadete del Ejército de Venezuela, Cirilo se formó en la famosa Escuela de las Américas, con sede en Fort Benning, Georgia, en 1969, cuando el movimiento guerrillero llegaba a su último apogeo en Venezuela. De acuerdo a registros militares de Estados Unidos, Cirilo se formó en los métodos de la guerra irregular, un entrenamiento que abarcaba desde guerra de guerrillas hasta el uso de unidades paramilitares[437].

Desde entonces, el oficial quedó conectado con el Imperio. En 1994, el mismo año en que Chávez salió de prisión tres recibir un indulto del presidente Rafael Caldera, Cirilo obtuvo un número de la seguridad social, su primer documento oficial que le permitía estabilizarse en territorio norteamericano.

Al principio residió en las exclusivas islas de Bay Harbor, al norte de Miami Beach, y en varias localidades del sureste de Miami. En 1995 estableció su primera firma, Narayana International Corporation, con sede en la exclusiva Fisher Island, en Miami Beach. En 1996 se mudó a West Flagler, en esa época una zona favorita para los venezolanos. Dos años más tarde, en 1998, estableció una oficina para ofrecer un tipo específico de servicio: hipnoterapia.

En septiembre de 2001, usando un nombre hindú fundó su segunda empresa: Shiva Nataraya International Corp. En agosto de 2002, estableció una tercera: Agel Shiva Nataraya, Inc., domiciliada en la ciudad de South Miami. Para 2003, Cirilo ya era un ciudadano norteamericano en toda regla. En agosto de 2003, se registró como votante a favor del partido Demócrata.

Los vínculos de Maduro y Cirilo, alimentados en la compartida creencia de las enseñanzas de Sai Baba, jugaron un papel crucial después de su nombramiento como Canciller de Venezuela en 2006.

La influencia de Cirilo llegó a ser decisiva dentro del consulado de Venezuela en Miami. Su hijo del mismo nombre, ocupó un cargo de cónsul de segunda, un nombramiento que causó resquemor entre los empleados del consulado venezolano y que provocó un escándalo en 2011 tras la publicación de un video donde Cirilo junior aparecía exhibiendo un corportamiento inapropiado para un diplomático[438].

Tras el ascenso de Maduro al poder, en abril de 2013, la influencia de Cirilo se multiplicó. De acuerdo a fuentes consultadas por el autor, el asesor de Maduro ha viajado con frecuencia con el mandatario y presta una consejería místico-terapéutica que resulta de gran utilidad para el presidente venezolano.

Nuevas generaciones y los 'bolichicos'

Escoger entre la propuesta de Hugo Chávez de vivir en medio de la austeridad socialista y el prospecto de una vida de abundancia y prosperidad en el sistema capitalista, no fue un dilema para la nueva casta de chavistas, entre ellos los hijos y familiares de la alta dirigencia revolucionaria.

Cuando a principios de 2013 se dio a conocer una importante colección de fotografías que mostraba a la familia Chávez disfrutando de los privilegios del poder, en destinos turísticos y en aviones privados inalcanzables para el común de la gente, quedó claro que las nuevas generaciones de chavistas no estaban interesados privarse de una vida de ricos y famosos conectados al Imperio enemigo.

Era el caso de Antonio Chávez, sobrino del presidente venezolano, cuyas poses al lado de la figura de cera de Michael Jordan en Orlando, en una granja de caimanes en San Agustin, Florida o al borde de los precipicios del Gran Cañón del Colorado dieron la vuelta al mundo[439].

María Gabriela Chávez no tuvo problema en hacerse fotografiar al lado del actor Shia LaBeouf en el set cinematográfico de "Wall Street" en Nueva York en 2009, por invitación del prochavista director de cine Oliver Stone[440].

La hija menor de Chávez, Rosinés, usó su cuenta de Instagram para exhibir un fajo de dólares en forma de abanico, la moneda del imperio cuya posesión era penada en Venezuela; y varias fotos con celebridades, entre ellas al lado de los cantantes Justin Bieber[441] y Miley Cyrus[442].

Otros vástagos de próceres chavistas se desmarcaron desde el principio y decidieron tomar rumbos distintos a los de sus padres, orientados por el "anatema" de los negocios con Estados Unidos.

Tal era el caso de Germán Ferrer, hijo del diputado del Partido Socialista Unido de Venezuela (PSUV) German Darío Ferrer, esposo de la Fiscal General de Venezuela, Luisa Ortega Díaz.

El diputado Ferrer era un revolucionario de prosapia. En la década de los 60 se formó en Cuba durante 5 años con el objetivo de incorporarse a la guerrilla castrista que trataba de derrocar al gobierno de Rómulo Betancourt. No logró su cometido, pero nunca abandonó el fervor procastrista[443].

A diferencia de su padre, el joven Germán decidió seguir su propio camino: hacerse piloto y fundar su propia aerolínea con vuelos al Imperio.

En lugar de formarse como piloto en aeródromos venezolanos, Ferrer junior ingresó a la prestigiosa Embry-Riddle Aeronautical University, una de las más populares escuelas de aviación de la Florida, a escasa distancia de Orlando, en Daytona Beach[444].

En 2009 comenzó a organizar su propia aerolínea con base no en Venezuela sino en República Dominicana. GECA Airlines, la empresa de aviación propiedad de Ferrer[445], ofrece vuelos charters a 22 destinos en el caribe, entre ellos los paraísos fiscales de Antigua y Bahamas, y siete localidades dominicanas, incluyendo La Romana y Punta Cana[446].

GECA Airlines ofrece vuelos a dos destinos especiales en territorio norteamericano: Puerto Rico y el sur de la Florida. "Cualquiera que sea su aeropuerto de destino, en la República Dominicana, Islas del Caribe y Centro-América, Venezuela o Sur de la Florida (EEUU); bien sea por negocios o placer, la flota de Servicios Aéreos GECA, S.R.L. estará a su entera disposición. Usted sólo tiene que decirnos fecha y hora, nosotros haremos posible su vuelo", puede leerse en el portal electrónico de la aerolínea.

Ferrer ha sido exitoso en una estrategia en la que fracasan las nuevas generaciones de boligarcas, conocidos en el argot popular de Venezuela como "bolichicos": el bajo perfil.

La nueva oligarquía chavista exhibe sin rubor su desmedido poder adquisitivo: decenas de costosos aviones privados, muchos de ellos personalizados con materiales de lujo; propiedades en ciudades como Nueva York, Key Biscayne o Vail, Colorado, el exclusivo resort de invierno; villas mansiones en Palm Beach o Madrid, cuentas abultadas en Suiza o Nueva Zelanda; y costosas colecciones de arte moderno.

Varios de los más destacados "bolichicos" en Venezuela, propietarios de la firma Derwick Associates, exhibieron un suntuoso estilo de vida que incluía costosos aviones y helicópteros para uso personal, residencias en Caracas, Manhattan y España, y viajes alrededor del mundo.

Los bolichicos habían obtenido grandes ganancias gracias a contratos obtenidos con empresas estatales como la Corporación Venezolana de Guayana (CVG) y la estatal petrolera Pdvsa, para suministrar equipos de generación eléctrica.

Los equipos no fueron fabricados por Derwick sino comprados a la firma norteamericana ProEnergy Services, con sede en Missouri.

De acuerdo a denuncias públicas en Venezuela y Estados Unidos, a pesar de ser una firma recién creada, Derwick Associates recibió 12 contratos para obras eléctricas en un período de 14 meses, entre 2009 y 2010, para enfrentar la crisis eléctrica que afectaba el país[447].

Aunque ni Derwick ni el gobierno chavista revelaron ni los contratos ni los montos de las inversiones, estimaciones independientes indicaron que la cifra total superó conservadoramente los $1,000 millones, con sobreprecios estimados en $400 millones[448].

Los jóvenes empresarios abrieron una sucursal, Derwick Associates USA, LLC, en diciembre de 2010, en una zona de almacenes industriales cercana al aeropuerto de Fort Lauderdale, pero la cerraron inexplicablemente apenas 9 meses después.

Los bolichicos saltaron a la palestra pública en Estados Unidos, luego de dirigir una campaña para contrarrestar la mala imagen de la firma por los señalamientos de corrupción, usando un bufete de Nueva York.

Utilizaron los oficios del bufete Kasowitz, Benson, Torres & Friedman, de Manhattan, para enviar cartas de amenazas a periodistas, blogueros y columnistas, a fin de que desistieran de reproducir comentarios negativos en inglés que afectaban la reputación de Derwick.

En septiembre de 2012, introdujeron una demanda en un tribunal de Miami contra el banquero venezolano Oscar García Mendoza, presidente del Banco Venezolano de Crédito, a quien responsabilizaban de la campaña mediática en contra de Derwick. La demanda, que exigía compensación de daños por $300 millones, fue retirada abruptamente por los bolichicos tras llegar a un acuerdo confidencial con el banquero[449].

En agosto de 2013, tres de los bolichicos asociados a Derwick, Leopoldo Betancourt, Pedro Trebbau y Francisco D'Agostino, fueron demandados en una corte de Nueva York por el ex subsecretario de Estado para América Latina, Otto Reich, quien los acusó de pagar comisiones indebidas a funcionarios venezolanos para obtener los contratos, y además de afectar su reputación como asesor internacional[450].

La demanda se estableció en Nueva York porque según Reich, tanto Betancourt como Trebbau y D'Agostino, residían en esa ciudad y contaban con propiedades desde donde operaban.

Una de estas residencias, de acuerdo a la demanda, pertenecía a Betancourt. Era un flamante Pent House ubicado en el edificio Olympic Tower, la torre de 51 pisos construida en el corazón de Manhattan por el magnate naviero Aristóteles Onnasis.

El apartamento, adquirido por unos $15 millones a fines de 2010, fue decorado con obras adquiridas a la casa de subastas Christie's[451].

La demanda de Reich mencionó también que Rafael Ramírez, ministro de Petróleo y Mineria y presidente de Pdvsa, recibió sobornos millonarios tras conceder a Derwick varios contratos sin licitación para construir plantas eléctricas en Venezuela en 2010. Los recursos obtenidos le permitió a los demandados vivir "un estilo de vida de extrema riqueza en Estados Unidos, precisó la demanda[452].

Ni la muerte de Chávez ni la llegada de Maduro al poder, en medio de acusaciones de fraude electoral, cambió el flujo de la corrupción y los vínculos con Estados Unidos.

Una notable apologista como Eva Golinger, prefirió continuar la defensa ardorosa del socialismo chavista no desde el corazón de la revolución bolivariana, en la atribulada Venezuela, sino desde la seguridad de un apartamento en Brooklyn, no lejos de las propiedades de los bolichicos, adquirido en 2010 a un precio de $372,000[453].

Después de todo, para muchos seguidores del comandante Hugo Chávez, desde miembros de su propia familia hasta estrechos colaboradores y hombres de negocios que medraron de la extraordinaria bonanza petrolera que recibió Venezuela en 15 años de revolución, la riqueza no era tan mala.

6
CORRUPCIÓN Y ESPIONAJE

"Esa es una pandilla de delincuentes
que tomó la Casa Blanca,
que se ha convertido en una amenaza
para todo el mundo".

Vicepresidente José Vicente Rangel,
4 de febrero de 2006.

A los 29 años, la agente federal Lilian Pérez había acumulado una amplia experiencia en sofisticados delitos financieros. Durante cuatro años, desde que tenía 25, trabajó para una firma de asesoría de inversiones en Wall Street especializada en fusiones corporativas y adquisiciones, y había desarrollado un agudo olfato para detectar fraudes y manipulaciones ilegales en el mercado financiero.

La vida de Lilian cambió sustancialmente cuando se unió en 2004 al equipo de investigación de delitos financieros del FBI en Nueva York. Allí amplió su experiencia investigativa y ayudó a combatir varios tipos de delitos, principalmente fraudes tipo Ponzi. También perfeccionó una habilidad crucial para las investigaciones federales: infiltrarse en operaciones ilegales haciéndose pasar como *broker*.

En 2008 sus superiores le encomendaron una nueva tarea: monitorear transacciones financieras de organismos bancarios internacionales, cuyos operadores pudieran estar cometiendo violaciones a las leyes norteamericanas.

La agencia federal quería concentrarse especialmente en instituciones y personas cuyas operaciones estuviesen violando la Ley Contra Prácticas Corruptas en el Extranjero (FCPA), una legislación que prohíbe el pago de sobornos o comisiones a funcionarios de gobiernos foráneos, a través del sistema financiero estadounidense.

La agente Pérez no tardó en toparse con un grupo de venezolanos que estaban conduciendo operaciones financieras sospechosas desde Nueva York y Miami, con una entidad del Estado venezolano.

Alejandro Hurtado, de 38 años, y Tomás Alberto Clarke Betancourt, de 43 años, ambos venezolanos y residentes legales en Estados Unidos, fundaron a fines de 2008 junto a un corredor de la bolsa de Nueva York, un grupo financiero bajo el nombre de Global Markets Group, que ofrecía servicios financieros a clientes institucionales, entre ellos el Banco de Desarrollo Social de Venezuela (Bandes).

El grupo financiero, que operaba desde Nueva York y Miami, comenzó a conducir operaciones por las cuales se estaban produciendo pagos y comisiones a altos funcionarios del gobierno venezolano, en abierta violación de la FCPA.

Tras los primeros indicios de irregularidades, el FBI decidió formalizar una investigación sobre las operaciones de los venezolanos. Debido a la complejidad de las transacciones, las indagaciones se ampliaron con un equipo especial de investigación integrado por agentes de la Security Exchange Commission (SEC), de la Oficina de Asuntos Internacionales del Departamento de Justicia, y un grupo especial contra el fraude financiero de la Fiscalía del Distrito Sur de Nueva York[454].

El monitoreo electrónico de las actividades del grupo, que incluía a una alta funcionaria de Bandes en Caracas, se inició alrededor de diciembre de 2008. Un juez federal de la corte del

Distrito Sur de Nueva York autorizó la intervención de los correos electrónicos de Hurtado y Clarke Betancourt.

Al mismo tiempo, el equipo de agentes federales lograron el acceso a transacciones bancarias que el grupo realizaba entre Nueva York, Miami, Suiza y Panamá.

Las primeras transacciones irregulares documentadas por la investigación federal ocurrieron en mayo de 2009, y eran órdenes de colocación de bonos venezolanos en el Mercado de valores de Estados Unidos aprobadas por María de los Ángeles González de Hernández, de 54 años, gerente de Finanzas de Bandes, desde Caracas, de acuerdo a las investigaciones de la agente infiltrada del FBI[455].

Las transacciones se realizaban a través de un corredor de la bolsa de Nueva York que trabajaba en conjunto con Hurtado y Clarke Betancourt, y que fue uno de los informantes claves del caso.

En uno de los primeros correos electrónicos interceptados a Hurtado, el 21 de mayo de 2009, las autoridades descubrieron que el grupo estaba cobrando un porcentaje de comisiones por la venta de los bonos, la mitad de las cuales fueron pagadas a la funcionaria pública.

Dos meses después que las transacciones se hicieron efectivas, Hurtado recibió un correo de González con instrucciones precisas: las comisiones que le correspondían por la colocación de los bonos de Bandes, un total de $509,250, debían ser depositadas en una cuenta corresponsal en un banco en Nueva York, para ser transferidas a otra cuenta en Suiza propiedad de un cómplice de la gerente de Bandes.

En una de las transacciones financieras, el broker le compró bonos a Bandes para ser colocados en la bolsa de Nueva York. Los bonos se vendían nuevamente a Bandes. Al final de la transacción, que se repitió dos veces el mismo día, Bandes recuperaba los bonos que había vendido inicialmente, pero con la diferencia de que en el camino había pagado aproximadamente $10.5 millones en comisiones ilegales, la mitad de las cuales, unos $5 millones, correspondían a González.

En total, las transacciones sumaron unos $60 millones. Las comisiones ilegales se pagaron usando cuentas en Nueva York, Miami y Suiza, y en varias corporaciones intermediarias, una de las cuales estaba establecida en Panamá.

Luego de reunir amplia documentación sobre el caso, incluyendo correos, transacciones bancarias y otros documentos, el juez neoyorquino Ronald Ellis emitió órdenes de arresto contra los tres sospechosos.

La captura de Hurtado y Clarke se produjo el viernes 3 de mayo de 2013 en los lugares donde residían. La gerente de Bandes, que se encontraba de visita en Miami, fue capturada ese mismo día por los agentes federales. Los tres fueron presentados el lunes siguiente ante un juez de Miami, e inmediatamente trasladados a Nueva York, donde iban a ser procesados.

El fiscal federal del caso, Preet Bharara, describió las operaciones de Bandes dirigidas por González, Hurtado y Clarke como una red internacional de lavado de dinero del cual se usaron fondos para pagar "sobornos" a una funcionaria del gobierno de Venezuela.

"El arresto de los acusados puso al descubierto una red de sobornos y corrupción en la cual empleados de un corredor estadounidense presuntamente generaron decenas de millones de dólares a través de transacciones a fin de pagar comisiones a un funcionario del gobierno venezolano", indicó Bharara.

George Venizelos, director asistente del FBI en Nueva York y jefe de la agente Pérez, fue más directo y expresivo: "usaron el banco de desarrollo como su banco personal".

Las autoridades federales también ordenaron el decomiso de las cuentas usadas para el pago de sobornos y comisiones, y propiedades presuntamente adquiridas con el dinero de la corrupción.

No era la primera vez que funcionarios activos del gobierno bolivariano de Venezuela eran capturados con las manos en la masa, cometiendo graves delitos federales en el Imperio norteamericano.

En 14 años de gobierno revolucionario numerosos funcionarios, tanto civiles como militares, simpatizantes de la ideología chavista o simples oportunistas con importantes conexiones con la Administración Chávez, se vieron implicados en complejos casos criminales y terminaron en cárceles federales, o expulsados por actividades de corrupción y espionaje, a un ritmo sin precedentes.

LA ÚLTIMA RED DE CORRUPCIÓN DE PDVSA EN USA

Un caso similar ocupó al FBI y a la fiscalía federal de Connecticut desde 2007 que implicaba a funcionarios del gobierno venezolano. Los agentes estaban tras la pista de una red de operadores financieros venezolanos vinculados a la estatal Pdvsa y que pagaban y cobraban sobornos a cambio de aprobar transferencias de millones de dólares a empresas financieras establecidas en Estados Unidos.

En el centro de la red se encontraba el financista venezolano-americano Francisco Illarramendi, propietario de Michael Kenwood Capital Management Group, que administraba unos $500 millones en fondos de los pensionados de Pdvsa y de otros millonarios venezolanos.

De acuerdo a documentos de la corte, en 2005 uno de los fondos administrados por Illarramendi sufrió importantes pérdidas; pero en lugar de reportarlas a los inversionistas, decidió ocultarlas concibiendo una estrategia de largo plazo para engañar a los inversionistas, acreedores y a la Security and Exchange Commision (SEC) sobre la verdad de las pérdidas.

El fraude comenzó en octubre de 2005, después de que Illarramendi no pudo vender a su precio nominal un bono por $50 millones que había adquirido previamente al Credit Lyonnais. Luego que el cliente comprador retrocedió en su decisión, Illarramendi se vio obligado a vender el bono con un descuento de $5 millones.

Ese fue el inicio del hueco financiero que Illarramendi intentó ocultar, y que luego fue creciendo, detalló Matthew Greenblatt, contador forense que participó en las investigaciones.

La estrategia de ocultamiento empeoró la situación. Para agosto de 2006, el hueco había crecido a $33 millones, más de un tercio del valor del fondo manejado por Illarramendi, de $95 millones.

La siguiente táctica para ocultar el hueco fue falsificar documentos de contabilidad. A fines de 2010, Illarramendi contrató a un intermediario, Juan Carlos Horna Napolitano, para buscar un contador que preparara una carta de verificación de bienes, que demostrara, aunque falsamente, que el dinero perdido había sido otorgado en préstamos a firmas en Venezuela.

A Horna le ofrecieron $3 millones para realizar la tarea. En breve convenció al contador Juan Carlos Guillén Zerpa para que preparara y firmara la carta. Horna finalmente envió la falsa carta a Illarramendi en enero de 2011.

En vista de que la misiva fue objetada por la SEC, que inició una acción civil contra Illarramendi, Guillén y Horna prepararon más documentos falsificados para tratar de respaldar la información incluida en la falsa carta. El contador Guillén incluso habló por teléfono con representantes de la SEC para respaldar el documento suscrito.

Para recibir el dinero prometido por Illarramendi, Horna había establecido una empresa, Jeislo Real Estate Investments, LLC, con sede en Pembroke Pines, con la cual abrió una cuenta bancaria. Illarramendi le pidió al banquero Moris Beracha, a que hiciera una transferencia de $1.25 millones. Como pago parcial por su trabajo, Horna transfirió $250,000 a un testaferro del contador Guillén.

El fraude de Illarramendi fue descubierto por las autoridades federales, quienes lo presionaron para que cooperara con las indagaciones. Casi de inmediato Illarramendi admitió el fraude y aceptó colaborar con las autoridades, prestándose incluso a grabar a las conversaciones con sus socios con ayuda del FBI.

Guillén y Horna fueron detenidos el 3 de marzo de 2011 en Miami. Cuatro días después, Illarramendi admitió su culpabilidad de cometer fraude, de obstruir la justicia y defraudar a la SEC.

Tanto Horna como Guillén fueron sentenciados a 14 meses de prisión. A Horna se le ordenó entregar los $935,000 que quedaron en su cuenta tras pagarle a Guillén. Al contador le impusieron una multa de $10,000 y entregar $315,000 de los fondos que recibió por orden de Illarramendi.

En total, el financista venezolano-americano admitió haber perdido más de $300 millones gracias al fraude cometido.

Tras el inicio del caso judicial, la corte de Connecticut designó a John Carney como síndico procurador del caso, para recuperar la mayor cantidad posible de bienes en el laberinto de empresas del grupo financiero de Illarramendi.

Como consecuencia, Carney introdujo seis demandas federales para intentar recuperar $550 millones que en su criterio, se pagaron en sobornos, coimas y ganancias ilegales a una serie de individuos y compañías relacionadas con Illarramendi.

Entre las personas demandadas estuvo Juan S. Montes, un alto gerente de Pdvsa que tuvo a su cargo el manejo de las inversiones del fondo de pensiones.

Montes recibió pagos directos o indirectos de sobornos que superaron los $35.7 millones, a través de transferencias fraudulentas, indicó el documento federal introducido en la corte federal de Connecticut por Carney.

La demanda exigió la devolución de los sobornos tanto a Montes como a Movilway, una firma que ofrece telefonía móvil prepago y servicios bancarios por teléfono en América Latina, fundada por el financista venezolano Moris Beracha, mencionado en la acción legal.

De acuerdo a los documentos de la corte federal, el pago de sobornos "fue una medida desesperada de Illarramendi para mantener y ocultar su fraude y su fantasiosa creencia de que una avalancha de fondos estaba a la vuelta de la esquina, y que él estaba dispuesto a pagar cantidades exhorbitantes en sobornos y comisiones para asegurar que él era capaz de atraer inversiones y de participar en transacciones con los fondos de pensiones de Pdvsa".

Montes aprobó la venta de dólares al cambio oficial a empresas controladas por Illarramendi, que luego eran vendidas en el llamado mercado permuta, al doble del precio, con ganancias considerables.

De acuerdo a Carney, Illarramendi pagó los sobornos para tratar de que el fraude tipo Ponzi se mantuviera sin detectarse.

Para el momento de las transacciones irregulares, Montes trabajaba como gerente de inversiones de Pdvsa y era miembro del comité de inversiones de la petrolera estatal venezolana, con capacidad de decidir sobre cómo invertir los fondos para pensionados.

Los sobornos fueron pagados no sólo a Montes sino también a "otros funcionarios de Pdvsa" que participaron en la aprobación de las transacciones con los fondos controlados por Illarramendi, indicó la demanda.

Carney detalló que Illarramendi pagó a Montes casi $36 millones a cambio de aprobar cinco transferencia de fondos mucho mayores a varias de las firmas con problemas.

La demanda también incluyó a Movilway, bajo alegaciones de que su fundador y ex presidente Moris Beracha, era "un cercano socio de negocios de Illarramendi".

Los documentos de la corte describen cómo Illarramendi y Montes se comunicaban utilizando seudónimos, para evitar ser identificados. Illarramendi utilizaba los falsos nombres de Tony Olson, Carmelo Luizo y Lisandro Cuevas, utilizando cuentas en Yahoo, mientras que Montes era conocido como "Black".

Además de usar nombres falsos, Illarramendi empleó intermediarios para acceder y arreglar transacciones con los fondos de pensiones de Pdvsa, entre ellos el financista y empresario Beracha, una persona "con profundas conexiones dentro de la comunidad financiera venezolana, así como también con funcionarios de Pdvsa, incluyendo a Montes", indicó la demanda.

"El precio por la asistencia de Beracha en los arreglos de estas transacciones fue elevado y requirió de pagos exhorbitantes a Beracha y a funcionarios de Pdvsa como Montes", precisaron los documentos federales.

De acuerdo al documento, Illarramendi pagó millones en sobornos enmascarados como "pagos profesionales" a entidades como Davos International Bank, Vaduz Financial Corp, Dobson Management Corp., Northwestern International Ltd., East Coast Consultants Corp., y Hermitage Consultants.

De acuerdo al documento, Montes fue interrogado por las autoridades federales a fines de enero de 2011, y se negó a responder preguntas sobre los pagos de presuntos sobornos, invocando el derecho a la quinta enmienda de la constitución norteamericana, que permite a una persona acusada evitar autoincriminarse.

En el escrito, Carney detalló cómo los documentos de las transacciones presuntamente fraudulentas fueron encontradas tras revisar durante largo tiempo miles y miles de documentos electrónicos encontrados en las computadoras incautadas al grupo Illarramendi.

Nuevas investigaciones

Una investigación posterior basados en documentos filtrados al Consorcio Internacional de Periodistas de Investigación (ICIJ) mostró detalles desconocidos sobre el fraude.

Illarramendi "llamaba con frecuencia a Moris Beracha cuando necesitaba algún insumo de dinero", indicó la investigación de ICIJ, que analizó centenares de correos electrónicos y documentos inéditos[456].

"El 2 de noviembre de 2007, Beracha envió un correo electrónico a Illarramendi con instrucciones de depositar más de 10 millones de dólares –correspondientes a la parte de Beracha de las ganancias en una transacción– a tres cuentas en el banco HSBC en Suiza, a través de una cuenta HSBC en Nueva York", indicó la investigación.

De acuerdo a uno de los correos, Beracha se expresó en los siguientes términos en su comunicación con Illarramendi: "Chamo soy tu mejor productor jajajajaja".

La investigación de ICIJ reveló que Illarramendi y Beracha estaban en el centro del fraude, y que ambos "se intercambiaban el dinero de los inversionistas a través de un laberinto de empresas *offshore*, fondos de inversión y cuentas bancarias, que abarcaba desde las Islas Caimán hasta Suiza y Panamá, una vez despejado el camino mediante pagos de sobornos a funcionarios en Venezuela"[457].

En 2008, Beracha fue asesor del ministro de Finanzas de Venezuela Rafael Isea, que en 2013 se convirtió en informante federal tras llegar a acuerdos con las autoridades en Washington.

Beracha controlaba cuatro compañías en las Islas Vírgenes Británicas utilizadas en el fraude: Bradleyville Ltd, Northwestern International Ltd, Brave Spirit Ltd y Rowberrow Trading Corp. Las cuatro fueron incorporadas a través de Commonwealth Trust Limited, una firma de servicios offshore con sede en las Islas Vírgenes Británicas.

Según el síndico Carney, estas firmas controladas por Beracha recibieron millones de dólares en pagos por "ningún trabajo, servicio o valor". Por ejemplo, la firma Northwestern International Ltd, recibió $12 millones para el pago de sobornos, aseguró Carney.

Beracha ha negado responsabilidad en los sobornos, y se considera una "víctima del fraude de Illarramendi".

En Venezuela, la reacción fue de encubrimiento. Chávez declaró que su gobierno cubriría las pérdidas ocasionadas por el fraude de Illarramendi, que afectaba a unos 25,000 pensionados de Pdvsa.

Entretanto, la Asamblea Nacional controlado por el chavismo no sólo se negó a investigar a profundidad la participación de funcionarios de la petrolera estatal en el fraude, sino que declaró como inocentes a todos los funcionarios del gobierno vinculados con el caso Illarramendi[458].

CORRUPCIÓN DE EXPORTACIÓN

Uno de los primeros casos de corrupción que implicó a altos funcionarios del gobierno venezolano y entidades financieras norteamericanas, tuvo lugar a mediados de 2002, cuando un millonario desvío de fondos de la partida secreta del Ministerio de Defensa de Venezuela terminó en una cuenta de un particular en el Chase Manhattan Bank de Houston, Texas.

Una de las personas vinculadas a la investigación sobre el caso, Emma Josefina López de Jáuregui, tenía negocios de alquiler de autos en Miami, y actuaba como contratista de la Escuela Superior del Ejército venezolano, Fuerte Tiuna y el Fondo de Desarrollo Urbano (Fondur)[459].

En una declaración ante un fiscal venezolano, López aseguró que era inocente, y detalló que su cuenta bancaria en Caracas había sido usada por otra persona, una cosmetóloga venezolana de nombre Melba Saúd que había sido su socia, para transferir por los menos $1.8 millones de la partida secreta al banco en Estados Unidos.

López aseguró además que Saúd le había informado que el dinero sería usado en adquirir "equipos de seguridad para el gobierno". Saúd negó las acusaciones y aseguró por su parte que no era ella sino López la única protagonista de la trama.

Ambas mujeres se acusaron mutuamente de ser las intermediarias del desvío millonario, que fue a parar a una sucursal del banco Chase Manhattan en Texas.

De acuerdo con las indagaciones adelantadas por la fiscalía 74 del Ministerio Público en Venezuela, Saúd y López brindaron versiones distintas sobre el destino del dinero, que salió originalmente de las arcas del Ministerio de la Defensa.

Saúd, una vendedora de franquicias de salud en Venezuela, dijo que conoció a López en noviembre de 2001 en medio de una negociación para venderle una de las franquicias, a un costo de $30,000, para establecer un negocio en Miami.

Tras dos semanas de negociaciones, López manifestó su decisión de adquirir la franquicia. Pero en lugar de presentarse a la cita para firmar el acuerdo con Saúd, en una sucursal del Banco Federal en la capital venezolana, López solicitó un inusual favor: le pidió a Saúd recibir una cifra en bolívares equivalente a unos $350,000 en efectivo, y que entregara la bolsa con el dinero a su chofer personal, que estaba presente en el banco en su lugar.

Saúd dijo que satisfizo la petición porque tenía la esperanza de que López le iba a pagar la franquicia. En su testimonio ante la fiscalía venezolana, Saud detalló que una parte del retiro fue enviado en una transferencia al Chase Manhattan en Houston; una segunda parte permaneció depositada en la cuenta de López, y una tercera parte la mantuvo López en efectivo. La negociación de la franquicia nunca se llegó a realizar, y se desconoce qué tipo de compensación recibió Saúd por el favor.

En la versión de López, Saúd aparece como la responsable del desvío fraudulento del dinero. Dijo que en realidad había sido Saúd quien le había pedido el favor de permitirle usar sus cuentas bancarias privadas para transferir un dinero supuestamente destinado a la compra de material para proyectos habitacionales del gobierno.

Una investigación de la policía científica venezolana encontró que el dinero había salido de órdenes falsas emitidas por el Ministerio de Defensa de Venezuela, y se había usado para comprar en Estados Unidos equipos de seguridad, tales como chalecos antibalas y armamentos, dirigidos a armar círculos bolivarianos[460].

Las investigaciones revelaron la participación tres empresas propiedad de López, y varias cuentas en el Banco Federal de Venezuela. En otra cuenta del Chase Manhattan Bank de Houston, Texas, recibió una transferencia por $1.8 millones proveniente de la partida secreta del Ministerio de Defensa venezolano.

Ni en Venezuela ni en Estados Unidos prosperó investigación criminal alguna relacionada con este caso de oscuros manejos de dineros públicos.

Contrabando y extorsión en Miami

Otro caso que generó notoria publicidad tuvo como protagonista a un joven viceministro de Finanzas y directivo de la Corporación Venezolana de Guayana (CVG), quien había llegado a principios de diciembre de 2004 al aeropuerto de Opa Locka, en el norte de Miami, en un viaje de compras para Navidad que se tornó en una pesadilla judicial.

El viceministro Jesús Bermúdez Acosta fue acusado de intentar ingresar de contrabando una cifra cercana a los $37,500, tras ser detenido a su llegada a las 11:30 de la mañana del 3 de diciembre de 2004 en un vuelo procedente de Maracaibo, Venezuela, acompañado de otras dos personas, en un jet ejecutivo Hawker Siddeley con matrícula estadounidense, registrado en Delaware.

De acuerdo con la declaración jurada presentada en la corte federal de Miami por el agente de aduanas Shannon Hanson, Bermúdez se comportó de manera dubitativa y luego terminó mintiendo sobre el dinero de su propiedad que estaba introduciendo a territorio norteamericano.

"Uno de los pasajeros, Jesús Bermúdez, y el piloto, Rubén Pérez, presentaron a los oficiales el formulario 6059B relacionado con la declaración del dinero. Aunque el piloto declaró $12,000 en su formulario, Bermúdez no incluyó ningún monto en el suyo. Cuando le preguntaron si su formulario estaba llenado correctamente y si necesitaba corregirlo o enmendarlo, Bermúdez tomó el formulario y declaró $18,000"[461].

Cuando los oficiales decidieron revisar a Bermúdez, al piloto y al copiloto, encontraron una realidad distinta: Bermúdez tenía consigo $15,379; el piloto llevaba $12,154 y el copiloto $10,000, para un total de $37,533. De acuerdo con Hanson, luego de un detallado interrogatorio, tanto el piloto como el copiloto confesaron que todo el dinero pertenecía al viceministro de Finanzas.

La explicación que suministró el funcionario fue difícil de creer para los oficiales de aduanas: dijo que decidió dividir el monto para "agilizar" el procedimiento aduanal.

Bermúdez fue acusado de "estructurar o intentar estructurar la importación de instrumentos monetarios" con el propósito de evadir las exigencias de reportar dinero más allá de $10,000, de acuerdo a las leyes norteamericanas.

Cuatro días después de la detención, Bermúdez fue presentado en la corte federal de Miami y obtuvo la libertad condicional tras firmar una fianza de $100,000, autorizada por el juez William Turnoff. Sólo le devolvieron la mitad del dinero confiscado, para cubrir la multa que le impuso el juez.

El ex viceministro no regresó a Venezuela. Bermúdez decidió permanecer en Miami, tras un acuerdo con las autoridades federales que le evitó la prisión.

Otro episodio similar, una mezcla de espionaje, extorsión y corrupción, desató un escándalo que puso al descubierto hasta dónde eran capaces de llegar en su ambición los funcionarios del gobierno chavista, incluso desafiando el sistema legal norteamericano.

Entre abril y octubre de 2010, un funcionario de la Comisión Nacional de Valores (CNV) estableció contacto con un banquero que había salido de Venezuela por temor a una persecución por razones políticas.

El banquero era el venezolano Tomás Vásquez, propietario de Unovalores, una firma bursátil con sede en Caracas que enfrentaba un proceso de intervención del gobierno, por orden directa del presidente Chávez, en medio de una ofensiva contra el sector financiero privado en Venezuela.

El interventor de Unovalores, Rafael Ramos de la Rosa, era un experimentado operador financiero de 61 años que tenía una estrecha vinculación con el presidente de la CNV, Tomás Sánchez Mejías.

Sánchez era a su vez considerado un protegido del ministro de Planificación Jorge Giordani, uno de los ministros favoritos de Chávez.

Ramos de la Rosa había sido designado por Sánchez Mejías como interventor de Unovalores, y tenía en su mano el destino de dicha entidad. Con el fin de "negociar" una solución conveniente, el interventor había acudido a Miami para alcanzar un acuerdo con el propietario de la firma bursátil.

Al principio, Ramos sostuvo una serie de encuentros con el banquero Vásquez y un tío suyo, Rolando Araujo, para exigir el pago de $2 millones a cambio de preparar un informe favorable a fin de que el banquero pudiera recuperar su empresa intervenida.

La situación para Vásquez no era sencilla: si aceptaba pagar el soborno, se vería implicado en un caso criminal. Si se negaba a pagar, Ramos ya le había advertido que se encargaría de arruinarle la reputación, y que ayudaría a que le abrieran un juicio en tribunales venezolanos.

Aparentando interés en llegar a un acuerdo, Vásquez decidió informar del intento de extorsión a la oficina del FBI en North Miami. Agentes federales organizaron una operación a gran escala para recabar evidencias del intento extorsivo.

A lo largo de las indagaciones del FBI y la fiscalía federal de Miami, quedó en evidencia que Ramos no estaba actuando solo, sino en connivencia con su jefe Sánchez Mejías.

Como interventor de Unovalores, Ramos mantuvo un contacto constante con Vásquez desde diciembre de 2009, cuando el banquero se vio obligado a salir de Venezuela por temor a ser detenido.

La razón de su detención, según Vásquez, se debía a su estrecha relación con Eligio Cedeño, un banquero que Chávez consideraba un enemigo personal y que había salido de Venezuela a Miami tras ser liberado por una jueza en diciembre de 2009.

Los encuentros entre el interventor Ramos y el banquero Vásquez, registrados por cámaras y micrófonos del FBI, tuvieron lugar en varios hoteles y restaurantes de Miami y Nueva York, entre ellos el Novecento, ubicado en Brickell, el hotel Ritz Carlton, en Coconut Grove, y el hotel Warwick, en Nueva York[462].

La cifra exigida por el extorsionador quedó reducida finalmente a $1.5 millones. En el curso de la investigación, el FBI pidió dos autorizaciones ante el Tribunal Federal del distrito sur de la Florida para revisar cuentas de correos electrónicos de Ramos entre diciembre del 2009 y septiembre del 2010, de acuerdo con los documentos de la corte.

Los investigadores federales no sólo rastrearon las llamadas telefónicas sostenidas entre Vázquez y Ramos. A petición del FBI, Vásquez utilizó micrófonos ocultos para grabar conversaciones con Ramos, que también fueron registradas en video por agentes que se encontraban a una distancia prudente.

Cuando los encuentros llegaron a un punto culminante, en agosto de 2010, Ramos envió un mensaje electrónico a Vázquez conminándolo a que depositara el dinero en una cuenta del Bank of America a nombre de la firma Jodshad Jewels Investments LLC, radicada en Hollywood, Florida. La firma aparecía a nombre de Menujin Shadah y Herman Shadah en los registros de corporaciones del estado de la Florida. El nombre de la firma había aparecido en un mensaje anterior del 28 de abril de 2010, en el que Ramos le pedía a Menujin Shadad que le hiciera un depósito de $150,000 a una cuenta suya radicada en un banco de Islas Caimán. En otro mensaje posterior, fechado el 4 de mayo, Ramos le indicó a Shadad que transfiriera $100,000 a la misma cuenta en Islas Caimán, y le pidió además que enviara $70,000 a nombre de Juan Carlos González González en una cuenta registrada en Panamá. Ramos le instruyó además a que le entregara $60,000 en efectivo en Caracas y que Shadad tomara para sí una comisión de $10,000.

Ramos fue finalmente capturado el 23 de octubre de 2010 en el hotel Viceroy del centro de Miami. Los agentes del FBI le encontraron en el bolsillo de su camisa un cheque de $750,000 que había recibido como un pago parcial de la extorsión ese mismo día[463].

Tras declararse culpable y cooperar en las investigaciones para implicar a otros funcionarios venezolanos, Ramos fue condenado a 27 meses de prisión y una multa de $150,000 el 6 de julio de 2011. Al concluir su condena, Ramos fue objeto de una demanda civil en Miami por parte del banquero Tomás Vásquez, su víctima.

CORRUPCIÓN EN LA EMBAJADA

Los niveles de corrupción en Venezuela no sólo motivaron operaciones ilegales de funcionarios, oficiales y empresarios vinculados con el gobierno chavista. También comprometieron a funcionarios norteamericanos destacados en territorio venezolano.

A fines de 2008, un equipo de investigaciones internas del departamento de Seguridad Nacional y de la oficina del Inspector General (OIG), culminó una indagación secreta sobre las actividades de un agente destacado en la embajada de Estados Unidos en Caracas. El funcionario, Gerardo Chávez, que ocupaba el cargo de agente supervisor especial y ataché del ICE en la capital venezolana, estaba implicado en operaciones irregulares que sumaban unos $2.8 millones.

Entre agosto de 2003 y agosto de 2008, según encontró la investigación, Chávez utilizó su poder como supervisor para favorecer a una firma venezolana de blindaje de vehículos, en la obtención de contratos con la sede diplomática[464].

La empresa, Blindajes del Caribe, obtuvo varios contratos para blindar camionetas SUV utilizadas por el personal de seguridad de la embajada norteamericana. Los investigadores encontraron que la firma pagó a Chávez poco más de $170,000 en comisiones, y prometió el pago de otros $87,000 en futuros contratos que no llegaron a verificarse.

Los agentes también descubrieron que el trabajo realizado por la firma venezolana de blindaje era defectuoso, luego que varias de las SUV blindadas fueron sometidas a pruebas especiales en un laboratorio de balística del FBI en Quantico, Virginia. Alrededor de 57 camionetas blindadas de la embajada tuvieron que ser reemplazadas debido a que el blindaje no pudo detener disparos de pistolas 9 milímetros[465].

Chávez, que había llegado a Venezuela en el 2000, recibió el pago de los sobornos en cuentas personales y de familiares en Estados Unidos, y usó el dinero para adquirir y remodelar propiedades.

El alto funcionario no sólo aceptó sobornos de la firma de blindajes, sino que "cultivó" relaciones peligrosas para un funcionario diplomático. Como oficial de ICE, Chávez autorizó más de 300 visas especiales a ciudadanos venezolanos, entre ellos a un personaje que estaba siendo monitoreado por varias agencias federales: el general Hugo Carvajal, jefe de la Dirección de Inteligencia Militar (DIM)[466]. Tras las indagaciones, las visas fueron canceladas.

A su salida de la embajada, en 2005, Chávez retornó a Washington y fue designado en una posición delicada: director para las Américas, y subdirector de Operaciones Internacionales del Servicio de Aduanas. A fines de 2008 fue acusado de corrupción y lavado de dinero, y condenado a 60 meses de prisión. Las propiedades que había comprado con el dinero de los sobornos le fueron confiscadas.

Los casos criminales que implicaron a funcionarios chavistas en Estados Unidos no fueron solamente de corrupción.

AFICIÓN POR EL ESPIONAJE

El interés de Hugo Chávez por adquirir tecnología avanzada norteamericana para espiar fue, de hecho, una obsesión que no tardó en hacerse visible apenas ocupó la silla presidencial.

A finales de 1999, cuando el gobierno no había cumplido su primer año, la Dirección de Inteligencia Militar solicitó a una calificada firma de Miami una lista de precios de los más modernos equipos para desarrollar labores de seguimiento e intervención telefónica, así como para la protección a personalidades.

En febrero de 2000, la firma Phoenix Worldwide Industries, con sede en Perrine, en el suroeste de Miami, le envió dicha lista al entonces director de Desarrollo Tecnológico de la DIM en Venezuela, el general Pedro Alí Barrios Zurita, un alto funcionario que luego fue designado como jefe máximo de ese organismo[467].

Phoenix Worldwide Industries no era una firma cualquiera. Se trataba de un conglomerado industrial fundado en 1983 con suficiente experiencia y tecnología para fabricar los más sofisticados equipos de espionaje, muchos de los cuales fueron usados por el Pentágono en sus esfuerzos para detectar y capturar a operadores de Al-Qaida en Afganistán.

Adicionalmente, sus representantes testificaban habitualmente ante el Congreso sobre temas de seguridad doméstica, y tenían presencia en el ultrasecreto comité congresional de Seguridad Nacional, que supervisaba las actividades de la comunidad de inteligencia norteamericana[468].

Entre los clientes de Phoenix Worldwide se encontraban las fuerzas armadas y cuerpos de inteligencia de países como Brasil, Arabia Saudita, Kuwait, Egipto y Colombia, entre otros[469].

La lista de equipos buscados por la DIM era ambiciosa. Abarcaba, entre otros, equipos móviles para intercepción, diseminación y control de comunicaciones, a un costo de $658,000; sistemas digitales de intercepción de celulares con ocho receptores a un costo de poco más de $100,000 cada uno, y un equipo para seguir y localizar personas a través de su celular, a un costo de unos $22,000 cada uno. También incluía costosos equipos móviles de espionaje electrónico al precio de unos $240,000, y computadoras para almacenar intercepciones telefónicas en tiempo real a razón de unos $25,000 cada una, de acuerdo con el documento de la petición enviada a Miami[470].

La solicitud de la DIM comprendía también sofisticados equipos para proteger al presidente Chávez: plataformas móviles de seguridad presidencial, con valor de $529,000; vehículos especiales de comunicaciones y protección para caravanas presidenciales, con un precio de $1.5 millones cada uno, y un complejo laboratorio móvil para proteger a mandatarios contra potenciales ataques explosivos, químicos o de gas nervioso con blindaje antibalas, a un costo de $1.7 millones.

La lista abarcaba una amplia cantidad de equipos para labores de inteligencia, desde camisas especiales con minicámaras para grabar secretamente audio y video, hasta teléfonos y faxes encriptados, incluyendo sesiones de entrenamiento especializado[471].

Cuando el autor le preguntó a Al Esquivel Shuler, presidente de Phoenix Worldwide, si la venta de los equipos de espionaje y seguridad a la DIM se había realizado, éste respondió negativamente.

Sin embargo, Phoenix no sólo terminó vendiendo $13.5 millones en equipos a la DIM, sino que también vendió adicionalmente $2.75 millones en aparatos para el espionaje a la entonces Dirección de los Servicios de Inteligencia y Prevención (Disip), la llamada policía política venezolana, de acuerdo con una demanda federal contra la firma en 2005[472].

CHÁVEZ QUIERE SATÉLITES PARA ESPIAR

La posibilidad de contar con mecanismos cada vez más sofisticados de espionaje se convirtió para Chávez en una obsesión de tal naturaleza, que apartó diferencias ideológicas y autorizó que el Ejército iniciara negociaciones con gobiernos considerados enemigos, como el de Israel, para lograr su meta.

El mandatario venezolano ofreció entre $100 y $150 millones en una negociación para adquirir parcialmente una compañía que operaba un poderoso satélite de observación capaz de detectar objetos de 70 centímetros en cualquier lugar de la Tierra, con fines militares, según documentos de una demanda civil que fue iniciada en julio de 2007 en una corte federal de Nueva York [473].

Chávez ofreció adquirir una participación del 20 al 30 por ciento en ImageSat International, propietaria de los satélites Eros A y Eros B, este último lanzado en 2006 a un costo de $30 millones por Israel para espiar el programa nuclear de Irán[474].

Las negociaciones "exploratorias" se iniciaron entre tres representantes de ImageSat y oficiales del gobierno venezolano en 1999. El gran interés entre las partes para adelantar las negociaciones motivó que uno de los ejecutivos de la firma israelí, Stephen Wilson, se mudara a Caracas a fines de 2001, para dedicarse "virtualmente a tiempo completo" a consolidar una muy lucrativa relación de negocios con el gobierno chavista.

Wilson, ex presidente fundador de ImageSat y quien encabezó la lista de demandantes, sostuvo que tanto él como otros ejecutivos desarrollaron un modelo de comercialización mediante el cual cada país podría operar el sofisticado aparato en su calidad de Socio Operador del Satélite (SOP) cada vez que sobrevolara la porción del globo terráqueo acordada por el cliente. La única limitación para conceder la licencia de SOP era que no se tratara de un país "renegado" (Irán, Cuba y Corea del Norte) o situado en un radio de 2,500 kilómetros de la estación de Israel.

Las negociaciones con Venezuela produjeron tanto entusiasmo que en un mensaje electrónico enviado por Vola Levin, un empleado de ImageSat en Tel Aviv, éste escribió que con un cliente como Venezuela "podemos lograr el sustento para toda nuestra vida".

Los documentos judiciales mostraron también cómo Wilson y otros ejecutivos tenían acceso a altos oficiales de la fuerza armada venezolana, entre ellos un general de la aviación que despachaba desde el Fuerte Tiuna, cuya identidad no fue revelada por la corte federal; y al propio jefe de la Dirección de Inteligencia Militar (DIM) en ese momento, el general Hugo Carvajal.

Al principio, ImageSat negoció con oficiales militares venezolanos contratos de hasta $18 millones anuales, para que Venezuela pudiese utilizar los satélites con fines militares.

Chávez presentó su propuesta de adquirir hasta un 30% de la firma con una inversión de $150 millones el 9 de agosto de 2006, de acuerdo con los documentos federales.

"Lo hizo de manera explícita para negar las afirmaciones de algunos de sus propios asesores, y basado en información obtenida a través de los propios canales de información internacional del gobierno venezolano, de que ImageSat ya no era una firma comercial apolítica sino que en cambio se había convertido en una fachada de IAI, el Ministerio de Defensa de Israel y de sus contrapartes en el sector de Defensa de Estados Unidos", precisó la demanda[475].

En otras palabras, la obstinación de Chávez lo convenció de que la firma de satélites espías de fabricación israelí era una forma segura de tener acceso a imágenes satelitales que le permitirían espiar a sus vecinos y eventualmente a otros enemigos internacionales, o trabajar con aliados como Cuba e Irán en operaciones conjuntas de vigilancia.

ImageSat había enviado previamente a Caracas un sofisticado sistema de demostración de la capacidad de los satélites espías, directamente desde Tel Aviv, a la que aparentemente tuvieron acceso oficiales venezolanos. La demanda no mencionó si la demostración se preparó especialmente para impresionar al presidente Chávez.

Las negociaciones estuvieron tan cerca de cerrarse, que un contrato con la propuesta de Chávez fue preparado y firmado entre las partes, con sellos del Ministerio de Defensa de Venezuela, y estaba listo para ser enviado a ImageSat el 15 de noviembre de 2006, de acuerdo con los documentos.

Pero las negociaciones se detuvieron tras la intervención directa del gobierno de Israel a fines de 2006. El representante de la firma en Venezuela, Stephen E. Wilson, se vio obligado a suspender todas las actividades en ese país.

Detrás de la decisión estaba uno de los socios mayoritarios de la firma de satélites, el poderoso conglomerado de defensa del gobierno israelí, Israel Aircraft Industries (IAI). La negativa a continuar con las negociaciones también fue influida por el embargo militar impuesto por el Departamento de Estado al gobierno venezolano.

La decisión estuvo motivada "por la deteriorada relación de Estados Unidos con Venezuela y por el deseo histórico de Israel de mantener buenas relaciones con Estados Unidos", indicó uno de los documentos incluidos en la demanda ante la corte federal del Distrito Sur de Nueva York por accionistas, fundadores e inversionistas originales de ImageSat International.

Los documentos describieron cómo el gobierno de Venezuela había intentado en 2003 obtener una licencia con la misma firma para utilizar el satélite en forma autónoma por unos $77 millones. Ese intento también fracasó.

Venezuela también planeaba aprovechar las negociaciones con los israelíes para repotenciar la flota de cazas F-16 y Mirage, un contrato al que IAI aspiraba, pero que fue definitivamente bloqueado por Washington.

Las revelaciones sobre el intento de Chávez de adquirir tecnología avanzada de espionaje por satélite coincidieron con la ampliación de un ambicioso programa de compras militares venezolanas por unos $5,000 millones desde el 2005, principalmente a los gobiernos de Rusia y China.

LOS ATAQUES INFORMÁTICOS

Para impulsar su particular batalla antiimperialista, Chávez llegó al extremo de considerar la piratería informática como una herramienta necesaria, casi desde el inicio de su gobierno. El primer pirata informático o *hacker* de la era chavista en destacarse en esta misión fue detectado a mediados de 2001, cuando participó en un ataque contra una infraestructura federal de seguridad en Estados Unidos, bajo control de la Fuerza Aérea norteamericana.

Se trataba de un joven de apenas 22 años que había logrado penetrar las computadoras de la Defense Information Systems Agency (Agencia de Sistemas de Defensa de Información, DISA), el organismo del Departamento de Defensa responsable del entrenamiento informático de personal de la Fuerza Aérea de Estados Unidos y otras unidades militares.

El ataque organizado por Rafael Núñez Aponte se produjo contra un complejo informático ubicado en Denver, Colorado, en junio de 2001. El joven, que entonces era miembro de una cofradía internacional de piratas informáticos conocida como World of Hell (WoH), empleó el *nom de guerre* de RaFa, para alterar los códigos de la página web de DISA y desactivarla, dejando un ofensivo mensaje: "WoH is back... and kiss my ass cause I just Own3d yours! – America's Air Force Department of Defense computer system 0wn3d by [RaFa][476]".

Adicionalmente, de acuerdo con una acusación federal en su contra, RaFa borró información de acceso a los servidores de DISA, y "envió transmisiones a las computadoras de DISA que las hicieron inoperables e inaccesibles al personal de la Fuerza Aérea", un grave delito federal.[477]

Según otros reportes, RaFa presuntamente ingresó también a otros portales militares de Estados Unidos, y a dos importantes firmas privadas: la farmacéutica Pfizer, y la conocida fabricante de relojes suizos Rolex[478].

Los investigadores, especialmente el agente federal Joseph Diebert, siguieron la pista del ataque y encontraron que éste se había producido desde Caracas.

Luego de cuatro años de pesquisas, el joven fue detenido cuando, desprevenidamente, viajó a Miami el 3 de abril de 2005. Inmediatamente fue presentado a un juez y acusado de haber penetrado sistemas de defensa militar norteamericanos. Cuando fue capturado, Núñez era un empleado de la entonces semi-estatal Compañía Anónima Nacional Teléfonos de Venezuela (Cantv), y había prestado servicios de asesoría informática a la policía judicial venezolana, usando su conocimiento presuntamente para ayudar a resolver un secuestro.

"Pudo interceptar las comunicaciones que establecieron los captores con los familiares de la víctima a través de la red", explicó Antonio de León, director de Scientech, la firma en la que RaFa trabajó hasta noviembre de 2003 identificando vulnerabilidades informáticas de clientes[479].

Nunca quedó claro hasta qué punto Núñez trabajó para el gobierno venezolano, ni si su breve incursión en las computadoras de la Fuerza Aérea norteamericana tuvo que ver con una misión de organismos de inteligencia chavistas.

Núñez era originario de Puerto Ordaz, una localidad ubicada en el sur de Venezuela, y creció influido por un padre que era confeso admirador de la lucha guerrillera de la década de 1960[480].

El 21 de octubre de 2005, seis meses y medio después de su detención, un juez federal de Denver sentenció a Núñez a 3 años de prisión, y le ordenó restituirle a la Fuerza Aérea Norteamericana un total de $10,548 en daños causados por la infiltración que protagonizó[481].

Cuando salió libre y regresó a Venezuela, RaFa se dedicó a otra lucrativa actividad: proteger la reputación *online* de los llamados Boliburgueses, empresarios y políticos venezolanos que hicieron fortunas con el gobierno de Hugo Chávez, a través de cuestionables contratos y transacciones[482].

LOS SECRETOS DE LA CÓNSUL

El caso del hacker RaFa fue apenas un esbozo de intervención electrónica cuando se le compara con el mayor caso de conspiración informática organizada por el gobierno chavista, en la que participó una inédita combinación de diplomáticos de Irán, Cuba y Venezuela, para atacar objetivos en territorio norteamericano.

En el centro de la conspiración estuvo una oscura funcionaria cultural de la embajada venezolana en México, que curiosamente no tenía tras de sí, como otros chavistas, un típico pasado revolucionario e izquierdista sino religioso, como miembro de la Iglesia Bautista fundada en el siglo XVII en Estados Unidos.

Cuando ocurrieron los hechos en 2007, la funcionaria Livia Acosta Noguera era la cabeza visible de un grupo de diplomáticos venezolanos que aprobaron y participaron en un plan para atacar cibernéticamente importantes servidores de organismos y agencias federales de inteligencia como la Casa Blanca, la CIA, el FBI, el Pentágono, y la supersecreta National Security Agency (NSA).

La estrategia contemplaba asimismo organizar ataques selectivos contra los servidores de centrales nucleares en territorio norteamericano.

Los planes fueron puestos al descubierto por un grupo de estudiantes de la Universidad Autónoma de México que posaron como hackers tras haber sido "reclutados" para participar en el plan de ataque.

El caso alcanzó mayor notoriedad debido a que, tras su paso por México y luego Perú, Acosta Noguera fue designada cónsul de Venezuela en Miami, en el corazón del exilio venezolano, en marzo de 2011.

De acuerdo con varias conversaciones grabadas por universitarios de la UNAM, publicadas en un polémico documental del canal Univisión, las estrategias de la ofensiva cibernética eran conocidas por el propio presidente venezolano Hugo Chávez[483].

En una de las grabaciones, la diplomática aparece solicitando información del supuesto sabotaje contra Estados Unidos para transmitirla al mandatario venezolano.

"Yo quiero hacer énfasis, lo que tú me diste, lo último (…) ya lo vio el presidente (Chávez)", expresó la diplomática de acuerdo con las grabaciones obtenidas por Univisión.

En otra conversación grabada en 2008, Acosta comentó que el general Alexis López, en ese momento jefe de la custodia presidencial de Chávez, presuntamente habría sido la persona que entregó a Chávez la información enviada por ella desde México. La diplomática también pidió a los hackers difundir información falsa contra disidentes del gobierno chavista, revelaron los estudiantes.

Los ataques serían dirigidos a los sistemas informáticos de la Casa Blanca, centrales nucleares y agencias federales como la CIA, el FBI, el Pentágono y la supersecreta Agencia Nacional de Seguridad (NSA). Varias de las reuniones se produjeron dentro de la sede diplomática venezolana en la capital mexicana.

La historia se inició en 2006 cuando jóvenes expertos en informática fueron reclutados por un profesor de la UNAM, Francisco Guerrero Lutteroth, para integrar un equipo de ciberataque contra servidores en Estados Unidos desde territorio mexicano.

Uno de los reclutados fue el entonces estudiante Juan Carlos Muñoz Ledo, quien decidió grabar secretamente los encuentros al enterarse de que el propósito de la operación era atacar objetivos en territorio norteamericano. También le preocupaba que además del sabotaje cibernético se estaba analizando la posibilidad de ataques físicos.

"Los objetivos del plan que se discutieron fueron atacar en primera instancia de manera cibernética a los Estados Unidos y posteriormente hacerlo de manera física. Eso era lo que querían propiamente tanto las embajadas de Irán con la de Venezuela, con el auspicio obviamente de Cuba", aseveró.

Muñoz Ledo incorporó a otros estudiantes para que le ayudaran a documentar la presunta conspiración que se planeó del 2006 hasta el 2010.

"La situación es que tomé la decisión de implementar una acción, digamos, para que se documentara todo esto", dijo Muñoz Ledo, de 33 años. "Era lo correcto", agregó.

Las operaciones recibieron la "bendición" de Roy Chaderton, embajador venezolano en México entre 2007 y 2008, que estaba al tanto de las actividades de Acosta Noguera[484].

El grupo utilizó diminutos micrófonos de audio y cámaras de video escondidas para grabar decenas de horas de conversaciones, corriendo el riesgo de ser apresados.

En el proceso de planificación de los ataques participaron activamente las embajadas de Venezuela, Irán y Cuba, explicó Muñoz Ledo, asegurando que los diplomáticos iraníes y venezolanos tuvieron una participación "muy, muy activa" en la planificación de los ataques.

A fines del 2006 Venezuela no tenía relaciones diplomáticas ni embajador en México, tras un impasse entre los presidentes Vicente Fox y Hugo Chávez, pero el profesor Guerrero Lutteroth incorporó a la conspiración a la entonces agregada cultural venezolana, Livia Acosta.

El académico decidió incorporar a Acosta por sus lazos más cercanos con el presidente Chávez, "y entonces ella llega como un contacto directo con la administración chavista".

De acuerdo con el testimonio de Nohemí Cabral, una amiga de Muñoz Ledo que también hizo grabaciones clandestinas de la conspiración, Acosta tenía acceso a los oficiales encargados de la seguridad del presidente Chávez.

"Ella tenía pues relación directa con gente de seguridad del presidente Hugo Chávez", dijo Cabral.

En una de las conversaciones registradas, la misma Acosta dejó en claro que tenía acceso a un importante oficial venezolano, el general Alexis López.

"El jefe de Defensa, pues, de seguridad del presidente es mi amigo", reveló Acosta a los estudiantes. "Y está allí con el presidente y anda con el presidente para arriba y para abajo", agregó. "Se llama Alexis López, es un general", puntualizó.

Acosta se vio en la necesidad de aclarar que estaba transmitiendo toda la información sensible del plan de ataque directamente al presidente venezolano.

Parte de la información que Acosta quería entregar a Chávez era ultrasensible: las claves de acceso a los sistemas informáticos de seguridad de las centrales nucleares, y de los arsenales de armas atómicas de Estados Unidos.

También estaba interesada en obtener la lista de empresas privadas y bancos que el embajador Ghadiri quería atacar, como represalia por aplicar sanciones económicas y financieras contra Irán.

Cuando en una reunión Muñoz Ledo le comunicó a Acosta que había encontrado las claves de acceso informático de "todas y cada una de las plantas nucleares en USA", Acosta exclamó: "¡Ah, mira, eso está bueno! Pues, eso también deberías dármelo a mí, pa' mandárselo al presidente", refiriéndose a Hugo Chávez.

Entre las plantas a las que el grupo buscaba acceder estaban la de Turkey Point, en Florida, y dos centrales nucleares gemelas en Arkansas.

"Livia Acosta mostraba mucho interés en lo que era la información que se le entregaba al doctor Ghadiri tanto de las plantas nucleares como de las nuclear weapons (armas atómicas)", aseguró Cabral, una de las estudiantes que logró ganarse la mayor confianza de la diplomática.

Acosta estaba interesada en que se produjera un ataque al arsenal nuclear norteamericano.

"Ella sabía perfectamente que lo que se estaba buscando (…), sobre todo a petición del embajador de Irán, el doctor Ghadiri, era atacar directamente el arsenal nuclear de los Estados Unidos, entonces ella estaba totalmente de acuerdo en eso", puntualizó Cabral.

Acosta incluso sugirió estrategias de acción, según aseguró otra de las personas familiarizadas con la conspiración.

"Livia Acosta lo que dice es 'vamos a golpear poquito', 'vamos a golpear un poquito para que se mueva Estados Unidos, para que no se crea que es el todopoderoso", declaró Sara María

Gómez, otra de las estudiantes que se incorporó al grupo de Muñoz Ledo para documentar la conspiración.

Según Gómez, tanto la embajada de Irán como la de Venezuela estaban interesadas en obtener las claves de acceso a las plantas nucleares para "atacar directamente los sistemas de seguridad".

Pero las centrales nucleares no eran el único objetivo de la pretendida conspiración. El plan contemplaba sembrar el caos en los servidores de agencias federales como la National Security Agency, el FBI, la CIA, y la Casa Blanca.

"Ligas mayores", expresó la propia Acosta en una conversación con Muñoz Ledo, refiriéndose a un potencial ataque a tres de las más importantes agencias federales de inteligencia.

La cónsul venezolana tenía poder de veto en los planes conspirativos organizados por el profesor Guerrero Lutteroth, con la presunta asesoría de los servicios de inteligencia de Cuba.

"Francisco decía, bueno, de esto hay que mostrárselo a Livia y si hay algo en lo que ella diga no, pues significa que eso no va (…) Entonces, ella nunca dijo que no a algún cierto tipo de operación. ¿Por qué? Porque sabía que quien respaldaba a Francisco era el G2 (cubano)", indicó Muñoz Ledo.

Acosta mostró interés por información sobre el senador John McCain y la secretaria de Estado Hillary Clinton, de acuerdo a uno de los diálogos con Juan Carlos Muñoz Ledo.

Tras recibir información sobre claves de acceso a plantas nucleares de Estados Unidos, Acosta le comentó a Muñoz Ledo que pretendía llevarla personalmente a Venezuela[485].

DURAS REPRESALIAS

Entre las propuestas de Guerrero Lutteroth que fueron aprobadas por la cónsul estaban la falsificación de documentos para desacreditar a disidentes y opositores venezolanos.

En las conversaciones grabadas, por ejemplo, se describen esfuerzos para falsificar transferencias bancarias "retroactivas" a fin de demostrar que el general disidente Raúl Baduel estaba recibiendo dineros de la National Endowment for Democracy (NED), un ente bipartidista del congreso norteamericano que promueve la democracia en el mundo, y del narcotraficante Hermágoras González Polanco, acusado por Estados Unidos de traficar cocaína.

La cónsul solicitó específicamente a los hackers encontrar información sobre militares venezolanos que estaban ingresando a México, para establecer si formaban parte de una conspiración contra el gobierno chavista, con supuestas conexiones en Miami.

"Nosotros tenemos un problemita: venezolanos militares que están entrando y parece que están trabajando en una conspiración aquí en México, pero entran, trabajan aquí su conspiración y salen, ¿no? Y necesito saber quiénes son esos", demandó Acosta.

"Lo que sé es que se reúnen con algún venezolano y tienen contacto en Miami y conspiran contra Venezuela, me imagino que tienen apoyo de Estados Unidos", agregó.

La curiosidad de la cónsul no estaba limitada a supuestos conspiradores antichavistas. También quería espiar al Partido de Acción Nacional (PAN), la organización del ex presidente mexicano Vicente Fox, un enemigo jurado de Chávez.

"Yo quisiera relacionarme alguien con el PAN, qué es lo que grabó el PAN de Venezuela, qué es lo que están organizando", solicitó a los universitarios.

Las grabaciones dejaron entrever la relación cercana que Acosta mantenía con la embajada de Irán en México. En una de las conversaciones, la entonces agregada cultural admitió que había conocido al entonces embajador de Irán, Ghadiri, un ambicioso diplomático que se movía por todo México para expandir la influencia del Islam.

Durante uno de los encuentros grabados, Livia Acosta exclamó al referirse a Ghadiri: "¡El embajador de Irán es cheverísimo!".

Las grabaciones, que ya eran conocidas por varios organismos federales al menos desde 2010, causaron gran impacto en la comunidad de inteligencia estadounidense.

"Es preocupante que el gobierno de Venezuela sí esté haciendo planes contra Estados Unidos", dijo John Kiriakou, ex agente de la Agencia Central de Inteligencia (CIA) que lideró los operativos antiterroristas de esa agencia inmediatamente después de los ataques del 11 de Septiembre de 2001.

Kiriakou dijo que este tipo de conspiración puede ser considerado como "un acto de guerra" y un "crimen" no sólo contra Estados Unidos, sino también contra México.

"Nosotros no emprendemos este tipo de planificación en contra del gobierno de Venezuela", acotó.

Kiriakou indicó que, si los venezolanos están trabajando con los iraníes en este tipo de acciones, es algo "todavía más preocupante, algo para lo cual tendremos que planificar".

Algunos de los estudiantes que participaron en las grabaciones relataron sus experiencias a funcionarios del Departamento de Seguridad Nacional (Homeland Security) de Estados Unidos, en solicitudes de asilo que presentaron a principios del 2010 con el argumento de que estaban recibiendo amenazas de muerte en México.

Uno de los funcionarios federales escribió en el reporte preliminar del caso que se trataba de un "miedo creíble" por parte de los estudiantes, que ameritaba la intervención federal.

La historia de la cónsul, reportada por Univisión a principios de diciembre de 2011, produjo explosivas reacciones en Estados Unidos, ya que había sido designada oficialmente ocho meses antes como cónsul de Venezuela en Miami.

Acosta había desarrollado una variada gama de responsabilidades como funcionaria del gobierno de Hugo Chávez, desde agregada cultural en República Dominicana, México y Perú, hasta organizadora de los círculos bolivarianos en Venezuela.

Con estudios universitarios en Relaciones Internacionales y en Teología, la diplomática se había desempeñado como vicerrectora del Seminario Bautista de Venezuela, antes de ser una funcionaria chavista.

En el 2000, Acosta comenzó su relación con el chavismo trabajando como responsable de Proyectos Especiales del Fondo de Desarrollo Microfinanciero, particularmente en la promoción de microcréditos para los sectores menos favorecidos.

Entre 2001 y 2002, ayudó a organizar los círculos bolivarianos para promover la ideología chavista dentro y fuera de Venezuela. En 2003 fue enviada al servicio exterior como agregada de asuntos internacionales de la embajada en República Dominicana, donde permaneció hasta fines de 2006.

En 2007 pasó a ser segunda secretaria de la embajada en México, encargada de los asuntos culturales. Allí trabajó en la promoción cultural y política y cultivó relaciones con grupos de la izquierda mexicana como el Partido de la Revolución Democrática (PRD), aliada del candidato presidencial Andrés Manuel López Obrador.

En 2010 Acosta fue transferida a la embajada de Venezuela en Perú, donde permaneció hasta principios del 2011 como responsable del área consular.

Desde su llegada a Miami en mayo de ese año, Acosta Noguera había suscitado polémicas. Sectores del exilio venezolano la habían acusado repetidamente de entorpecer el acceso de opositores a los servicios prestados por el consulado, y de promover el espionaje de activistas antichavistas en el sur de la Florida.

La primera reacción a las revelaciones sobre la cónsul venezolana fue una petición que cuatro congresistas, tres republicanos y uno demócrata, enviaron en conjunto a la secretaria de Estado Hillary Clinton, a fin de que iniciara una investigación acerca de las alegaciones contra Acosta, ya que podrían representar "una amenaza potencial" a la seguridad de Estados Unidos.

La carta, firmada por los congresistas republicanos Ileana Ros-Lehtinen, Mario Díaz-Balart, David Rivera, de la Florida, y el demócrata Albio Sires, de Nueva Jersey, concluía pidiendo que, si las denuncias mostraban ser ciertas, Washington debía declarar a la cónsul venezolana "como *persona non grata* y solicitar su inmediata salida de los Estados Unidos"[486].

El mismo día, el senador demócrata por New Jersey Robert Menéndez, que presidía el subcomité para América Latina del

Senado, anunció que solicitaría una audiencia congresional para discutir las amenazas que suponían para Estados Unidos las actividades diplomáticas y de espionaje de Irán en la región, a propósito del documental de Univisión, y del intento de asesinato del embajador de Arabia Saudita en Estados Unidos, en una conspiración paralela descubierta por el Departamento de Justicia en esos días.

"Los presuntos vínculos entre Chávez, los Castro, organizaciones criminales hemisféricas y el gobierno iraní son inmensamente preocupantes. Si Irán está usando actores regionales para facilitar y dirigir actividades contra los Estados Unidos, esto representaría un incremento sustancial del nivel de la amenaza iraní, y necesitaría de una respuesta inmediata por parte de Estados Unidos", declaró el senador Menéndez[487].

Tres días después, el 12 de diciembre de 2011, el vocero del Departamento de Estado, Mark Toner, admitió que las revelaciones del documental eran "perturbadoras", y dijo que la administración había iniciado una investigación en torno a la participación de la cónsul Acosta en la presunta conspiración.

"Hay un número de diversas opciones sobre la mesa", dijo Toner durante su reunión diaria con la prensa, pero dio detalles de las opciones[488].

El desenlace se produjo casi un mes después. El 6 de enero de 2012, el Departamento de Estado envió a la embajada venezolana en Washington una escueta nota diplomática.

"El Departamento de Estado informa a la embajada de la República Bolivariana de Venezuela que, de acuerdo con el artículo 23 de la Convención de Viena sobre Relaciones Consulares, el Departamento declara a la señora Livia Antonieta Acosta Noguera, cónsul general de Venezuela en Miami, *persona non grata*. Como tal, ella debe salir de los Estados Unidos en 72 horas a partir de la recepción de esta nota diplomática"[489], indicó el texto.

Durante el acostumbrado *daily brief* con periodistas en el Departamento de Estado en Washington del lunes 9 de enero de 2012, la vocera Victoria Nuland se negó a dar detalles sobre las razones que motivaron la expulsión de la diplomática, pero reveló que se trataba de un tema que implicaba "información sensible" que debía ser protegida.

Nuland también dejó en claro que Estados Unidos "no se toma a la ligera cuando declara a alguien *persona non grata*"[490].

La expulsión de la cónsul Acosta se dio a conocer el mismo fin de semana en que el presidente iraní Mahmoud Ahmadinejad iniciaba su gira latinoamericana justamente en Caracas, una coincidencia que fue interpretada como un mensaje claro de Estados Unidos contra los lazos venezolano-iraníes.

La reacción inicial de Chávez a la medida fue una mezcla de sorpresa y cinismo.

"Dicen los voceros del imperialismo, dicen los medios de comunicación del imperialismo, y lo repiten como loros sus lacayos en estos países, que Irán está en Venezuela, que Ahmadinejad está en Caracas, porque en este mismo instante (…) vamos Ahmadinejad y yo, casi desde los sótanos de Miraflores, casi que afinar la puntería rumbo a Washington y que van a salir de aquí unos cañones muy grandes, y unos misiles, porque vamos a atacar Washington", dijo Chávez durante un acto de recepción al presidente iraní.

Chávez calificó la expulsión de "injustificada y arbitraria", y dijo que, gracias a la información recabada por los cuerpos de inteligencia en Estados Unidos, "sabíamos que eso iba a ocurrir"[491].

Cinco días después de la declaración de expulsión de la cónsul Acosta Noguera, Chávez anunció en represalia el cierre administrativo del consulado de Miami, argumentando que empleados de esa legación habían recibido amenazas.

"El señor Canciller me ha recomendado cerrar el consulado. Bueno, lo cerraremos, pues. Vamos a cerrarlo. Está bien. No habrá consulado en Miami"[492], sentenció Chávez durante una alocución en la Asamblea Nacional. El consulado se mantuvo cerrado para las elecciones de octubre de 2012 y abril de 2013, aunque algunos empleados continuaron trabajando secretamente en la sede de la avenida Brickell de Miami, presuntamente sin autorización del Departamento de Estado.

La cónsul Acosta, que se encontraba en Caracas cuando fue notificada su expulsión, permaneció en su cargo por más de un año, asignada al consulado de Miami, hasta que se anunció su despido definitivo el 14 de mayo de 2013, un año y cuatro meses después del cierre de la sede diplomática[493].

ESPIONAJE NUCLEAR

Ponerles mano a los satélites espías, emplear *hackers* o agentes de inteligencia disfrazados de diplomáticos, no fueron las únicas estrategias de Chávez para hacerse de información y tecnología y confrontar "la hegemonía imperialista" de Estados Unidos.

En 2009, un operativo secreto del FBI en el estado de Nuevo México puso al descubierto una trama que implicaba peligrosas vinculaciones de un presunto espía venezolano con un científico del Laboratorio Nacional de Los Alamos, el mismo lugar donde se inventó la bomba atómica a principios de los años 40.

El 9 de octubre de ese año, los agentes del FBI confiscaron computadores, teléfonos y documentos a un científico argentino que trabajó durante nueve años en Los Alamos, bajo sospechas de que entregó información nuclear a un supuesto representante del gobierno venezolano.

El presunto espía había ofrecido un pago en varias partes de un total de $800,000, a cambio de información que podría servir a Caracas para promover un programa avanzado de tecnología nuclear[494].

El científico en cuestión, el argentinoamericano Pedro Leonardo Mascheroni, fue acusado de negociar con el presunto representante venezolano para lograr financiamiento a varios de sus proyectos.

En una conversación telefónica con el autor, Mascheroni reconoció que participó en tales negociaciones, pero dijo que lo hizo abiertamente y sin violar secretos de seguridad nacional[495].

"La reunión no fue nada clandestina ni secreta, lo que le entregué estaba en internet o lo tenía el Congreso de Estados

Unidos, ese material es desclasificado", afirmó Mascheroni. El científico aseguró además que apenas recibió $20,000 de la cifra acordada.

El FBI había arrestado al venezolano que presuntamente buscaba secretos nucleares para el gobierno chavista dos semanas antes de la visita de los federales a la casa de Mascheroni. En su poder se encontraron documentos que habían sido entregados por el científico argentinoamericano.

Mascheroni sugirió que el venezolano se le había acercado para expresarle su preocupación sobre una posible invasión norteamericana a Venezuela, y que exploraba formas de disuadir tal invasión.

"Desde mi punto mi vista, cuando ellos dicen que están aterrorizados de Estados Unidos, que tiene miedo de una invasión, desde acá, desde Nuevo México, eso me parece a mí que es posible", afirmó Mascheroni.

El científico explicó que el venezolano, con quien se comunicó en inglés y en español, y al que ocultó su identidad durante una larga entrevista en un hotel de Los Alamos en febrero del 2008, le advirtió que, aunque no representaba al gobierno venezolano, compartía las inquietudes de ese gobierno.

"Me dijo que Venezuela estaba aterrorizada con Estados Unidos debido a que Estados Unidos estaba invadiendo los países, y el problema con el petróleo, y que estaban preocupados", dijo.

El hombre le mencionó que quería crear sistemas de disuasión nuclear contra Estado Unidos, "y yo le dije que la información la podía sacar del caso que presenté al Congreso, documentos desclasificados, no secretos, construidos con la internet y mis conocimientos de física".

Mascheroni detalló que le entregó al venezolano un disco compacto con la información no clasificada con la esperanza de que Venezuela le financiara su proyecto de fusión energética en Nuevo México. El científico pidió al hombre que le depositara $400,000 en su cuenta de un banco de Los Alamos, pero la suma nunca llegó. Lo único que obtuvo fue un sobre en efectivo con $20,000, que luego fue decomisado por el FBI.

En ese momento, Mascheroni explicó que "en realidad Venezuela no puede producir armas nucleares para disuasión, pero que era una buena alternativa comenzar a tener educación en la física nuclear y darme financiación para mi proyecto en Nuevo México".

El proyecto en referencia se centraba en el desarrollo de un tipo de fusión de rayos láser que utilizaba la energía solar y de las estrellas para producir rayos con aplicación militar.

Venezuela estaba dispuesta a poner los fondos para el proyecto en Nuevo México pero quería que el científico entrenara a científicos venezolanos en ese país, reveló también el experto nuclear.

Un día después de los decomisos del FBI en la residencia de Mascheroni en Los Alamos, el presidente venezolano negó toda relación con el científico, durante una reunión de su gabinete en Caracas.

"Esto es parte de un plan concebido contra Venezuela", dijo Chávez. "Crear una matriz de opinión de que este es un gobierno nuclear, que si bombas atómicas, cuando la primera bomba atómica aquí era de los Estados Unidos", agregó[496].

Un año después del decomiso de las computadoras de Mascheroni, en septiembre de 2010, el científico fue acusado junto su esposa Marjorie Roxby Mascheroni de "conspiración criminal para ayudar a Venezuela a construir una bomba atómica".

"La alegada conducta en esta acusación es seria y debe servir de advertencia a cualquiera que considerase comprometer los secretos nucleares de nuestro país por una ganancia", declaró Davis Kris, el fiscal asistente para la seguridad nacional, en una declaración oficial[497].

Mascheroni se declaró inocente[498].

El caso resultó especialmente llamativo, a la luz de las ambiciones nucleares manifestadas por el propio presidente Hugo Chávez, que se pusieron de relieve durante una visita suya en septiembre de 2009 a Teherán, para supervisar los avances iraníes en materia de energía atómica.

Después de esa visita, Chávez anunció por primera vez en una entrevista publicada por el matutino francés Le Figaro, que

Venezuela había iniciado un proyecto para construir una "villa nuclear" con la ayuda de Irán[499].

Chávez, sin embargo, aclaró que se trataba de un proyecto "para usos pacíficos" y no "con fines militares".

Pero la embajada norteamericana en Caracas ya había reportado a Washington actividades "sospechosas": la presencia de 57 técnicos iraníes en Venezuela desde 2004, dedicados a actividades relacionadas con minería y geología, posiblemente dedicados a la exploración y explotación de minas de uranio[500].

Inteligencia venezolana en aprietos

Funcionarios al servicio de la inteligencia venezolana fueron protagonistas de primera línea de varios escándalos que implicaron a otros países, y cuya trama tuvo como escenario el sur de la Florida.

Hacia fines de octubre del año 2000, cuando una serie de videos desataron el escándalo en Perú porque mostraban las negociaciones corruptas del régimen de Alberto Fujimori, el jefe de la inteligencia peruana, Vladimiro Lenin Montesinos Torres, salió misteriosamente del país sin dejar rastro.

Los "Vladivideos", llamados así porque él mismo los había grabado para mostrar cómo sobornaba a políticos peruanos, provocó el colapso del régimen fujimorista.

Pronto la desaparición de Montesinos opacó el efecto de los Vladivideos, y, una vez caído Fujimori, se convirtió en el principal interés de varios gobiernos en la región.

Montesinos no tardó en encontrar refugio, luego de zarpar en un yate desde las islas Galápagos, en territorio venezolano. Allí, utilizando profusamente el dinero que había obtenido de las corruptelas en su país natal, el fugitivo logró comprar la protección de los servicios de inteligencia venezolanos.

Pero la cobertura venezolana no funcionó como lo esperaba el llamado Rasputín de Fujimori. No sólo se estaba quedando sin dinero para pagar a sus protectores, sino que el nuevo gobierno peruano ya había ofrecido $5 millones por su captura.

El final de la saga Montesinos no se produjo como consecuencia de la inteligencia de Perú, que lo buscaba afanosamente, ni por los pocos oficios del gobierno de Venezuela, que trataba de negar que lo protegían sus propios funcionarios, sino a un episodio que tuvo lugar en un banco de Miami.

Montesinos había acumulado una fortuna de $53 millones en el Pacific Industrial Bank (PIB), una entidad bancaria de las Islas Caymán que tenía una oficina operativa en Miami. El banco operaba clandestinamente en Perú, y fue usado por Montesinos y su camarilla para sacar ilegalmente centenares de millones de dólares[501].

Urgido de recursos para financiar su escondite en Venezuela, Montesinos le pidió a un ejecutivo de cuentas del PIB en Miami, Luis Percovich, que le autorizara una transferencia de dinero a otra cuenta bancaria. Cuando el banco se negó a realizar la transacción, el peruano envió correos electrónicos amenazantes a Percovich. Adicionalmente, le dijo que enviaría a un asociado a Miami con un encargo: retirar $700,000 en efectivo, y hacer una transferencia de $3 millones a una cuenta en otro banco de esa ciudad[502].

El 20 de junio de 2001, llegó a Miami un enviado de Montesinos para cumplir con el encargo: el venezolano José Guevara, agente de la Disip que formaba parte del entorno de protección de Montesinos en Venezuela.

Cuando Guevara trató de reunirse con Percovich en el hotel Intercontinental de Miami dos días después de su llegada, se encontró en serios problemas. Percovich había notificado al FBI tanto de las amenazas a distancia de Montesinos, como de la llegada del enviado venezolano.

Tras su detención y posterior interrogatorio, el FBI decidió ofrecerle a Guevara un acuerdo de mutuo beneficio: ayudaba a revelar el escondite de Montesinos y entregarlo al gobierno de Perú, a cambio de que no se le formularan cargos en su contra.

Como corolario del acuerdo, el agente del FBI Waldo Longa le dijo a Guevara que, si hacía lo correcto, podría incluso colectar la recompensa de $5 millones que el gobierno de Perú estaba ofreciendo[503].

La captura de Montesinos se produjo tres días después de la detención de Guevara en Miami. Fue encontrado en un barrio del oeste de Caracas el 25 de junio de 2011. Chávez ordenó con bombos y platillos su extradición a Perú, sin mencionar la participación clave del FBI en la captura del fugitivo.

LOS VERICUETOS DEL MALETÍN

Otro de los escándalos que implicaron a funcionarios venezolanos en Estados Unidos se produjo como consecuencia de un inesperado impasse diplomático que enrareció las relaciones de tres países.

Cuando el venezolanoamericano Guido Antonini Wilson llegó a Miami en agosto de 2007, luego que días antes evitara ser detenido por ingresar un maletín con cerca de $800,000 sin declarar en el Aeroparque Jorge Newbery de Buenos Aires, Argentina, su primera decisión fue reportarlo todo al FBI.

Había llegado procedente de Venezuela, la maleta no era suya y tenía como destino la campaña de la entonces candidata Cristina Kirchner, explicó. El dinero había sido decomisado por la policía aeroportuaria en Argentina. Antonini dejó en claro que estaba dispuesto a colaborar para aclarar su situación.

El escándalo del maletín o Valijagate, como fue bautizado en Argentina, reveló un entramado de relaciones al margen de las leyes venezolanas y argentinas, con la participación de altos oficiales del gobierno de Néstor Kirchner, y de altos ejecutivos de la estatal petrolera venezolana Pdvsa y de la firma Citgo, con sede en Houston.

Los gobiernos, tanto de Venezuela como de Argentina, ordenaron investigaciones, pero al más alto nivel había sido tomada la decisión de proteger a toda costa a importantes implicados en el escándalo, como el presidente de Pdvsa, Rafael Ramírez, y Claudio Uberti, un alto asesor del gobierno argentino.

En Miami, pronto Antonini comenzó a recibir llamadas desde Venezuela, principalmente desde las oficinas ejecutivas de Pdvsa, pero también de personas cercanas a sus socios Franklin

Durán y Carlos Kaufman. Los interlocutores en Venezuela demostraban preocupación desde el despacho de Rafael Ramírez. Atentos al auricular en Miami, Antonini y sus abogados, Theresa Van Vliet y Mike Mc Manus, sopesaban las estrategias a seguir[504]. Las ofertas que Antonini escuchaban eran variadas: Pdvsa estaba dispuesta a pagar a sus abogados; que firmara un poder a un abogado que lo representara en Argentina para aclarar el origen "legal" del maletín; que una jueza en Argentina estaba esperando su declaración para arreglar el entuerto.

Incluso hubo amenazas veladas. Diego Salazar, hijo de un alto directivo de Pdvsa del mismo nombre, que lo acompañó en el famoso vuelo a Buenos Aires, le espetó en una llamada que no quería que nada le ocurriera a Antonini y a su hijo Daniel[505].

El empresario venezolanoamericano aceptó una proposición arriesgada del FBI: en primer lugar, grabar conversaciones telefónicas sobre los intríngulis de las negociaciones, como parte de una investigación federal; en segundo lugar, atraer a Miami a quienes le proponían violar las leyes.

El FBI grabó varias veces al abogado Moisés Maiónica presentándole a Antonini un plan para "limpiar" el escándalo, y discutiendo los detalles. Maiónica no era un intermediario cualquiera: había sido designado por el director de la Disip, Henry Rangel Silva, como asesor especial para el caso. La orden de lavar el escándalo la había dado el propio Chávez durante una reunión en la que también participó el presidente de Pdvsa, Rafael Ramírez[506].

Maiónica no fue el único que participó en los esfuerzos iniciales para convencer a Antonini de tapar el escándalo. También participaron sus propios socios Franklin Durán y Carlos Kaufman, quienes arribaron a Miami dos semanas después del episodio en Buenos Aires, acompañados del abogado enviado por la Disip en rol de componedor de entuertos.

El primer encuentro se produjo el 23 de agosto en Jackson's Steakhouse, un restaurante de Fort Lauderdale que garantizaba discrecionalidad. Kaufman y Durán, sin embargo, no sabían que a escasa distancia agentes del FBI monitoreaban la conversación gracias a los micrófonos que portaba el venezolanoamericano.

La primera reunión, básicamente, se resumió en dos puntos: el primero, una amenaza abierta a Antonini de que, si afirmaba que los fondos del maletín no eran suyos, iba a ser "perseguido" por las autoridades venezolanas. El segundo, que, si aceptaba asumir el rol de encubridor, le garantizaban que Pdvsa pagaría por todos los gastos y multas producto del decomiso de los $800,000. "No te conviene tener problemas en Venezuela", le advirtió Kauffman[507].

En una segunda reunión cuatro días después en el mismo restaurante, Franklin Durán fue más lejos y advirtió a Antonini específicamente no revelar la verdadera identidad del destinatario final del maletín. Había mucha gente, tanto en Venezuela como en Argentina, interesados en resolver el enredo en que estaba metido Antonini, a fin de que la verdad nunca saliera a relucir, le dijo Durán a su socio, de acuerdo con la acusación federal.

Durán reveló otro dato clave: el maletín con el dinero en efectivo había sido llevado al avión por el asistente de un alto ejecutivo de Pdvsa.

Insistente, dos días después, Durán le solicitó a Antonini que le enviara por vía electrónica un poder de abogado para que lo representara ante los gobiernos de Venezuela y Argentina, y que el tema estaba siendo manejado al más alto nivel del gobierno de Caracas.

En otro encuentro el 7 de septiembre, esta vez en el restaurante Quarterdeck, también en Fort Lauderdale, expresó su desconfianza de que Antonini estuviese hablando con las autoridades norteamericanas. Nadie te va a salvar el pellejo, le precisó Durán.

Otros intentos de presión continuaron. El abogado Maiónica realizó una decena de llamadas para organizar los detalles de un encuentro con otro emisario enviado especialmente por el gobierno de Caracas, que iba a garantizar todas las peticiones de Antonini si aceptaba participar en la conspiración.

Para ese momento, Durán ya le había ofrecido a Antonini $2 millones por su silencio. Antonini rechazó la propuesta bajo este argumento: quería que el dinero fuese aportado no por Durán sino por Pdvsa. El dinero nunca fue entregado.

El enviado especial, el agente de la Dirección de Inteligencia Militar (DIM) de Venezuela, Antonio José Cánchica Gómez, apareció en Miami el 27 de octubre, y al día siguiente se reunió con Antonini en un Starbuck ubicado en Plantation, al norte de Miami.

Cánchica no había venido solo. Se había traído un refuerzo, Rodolfo Wanseele Pacielo, un pequeño empresario de origen uruguayo que residía en Miami y que vigiló las afueras del café para asegurarse de que no estaban siendo seguidos. Cánchica retornó a Venezuela tres días después, y no fue detenido por las autoridades para no generar sospechas de la operación entre las autoridades venezolanas.

La reunión final se produjo el 11 de diciembre de 2007, en el restaurante Bravo, de Fort Lauderdale. Durán le presentó a Antonini tres documentos para su firma, que serían utilizados como parte del plan para ocultar el origen y el destino del maletín con los $800,000.

Cuando concluyó el encuentro y tuvo en su poder los documentos, Antonini notificó a los agentes del FBI que monitoreaban la reunión. Ya se habían recabado las pruebas necesarias. Mientras Antonini se alejaba del restaurante Bravo, pocos minutos después de las 6 de la tarde, un grupo de agentes del FBI detuvieron en el estacionamiento a Franklin Durán y a Moisés Maiónica. Un tercer personaje presente en ese momento, Nicolás Rossini, también fue detenido pero posteriormente liberado, ya que no había pruebas en su contra.

Carlos Kauffman fue detenido pocos minutos después ese mismo día en su residencia en el sureste de Miami. Wanseele Pacielo fue apresado en su apartamento, poco antes de las 10 de la noche. Su cliente Cánchica Gómez fue el único en mantenerse como fugitivo.

Todos fueron acusados de violar las leyes norteamericanas, al actuar como representantes de una potencia extrajera sin registrarse ante el Departamento de Justicia.

Tras iniciarse el juicio, varios de los implicados prefirieron negociar con el fiscal federal Thomas Mulvihill para obtener penas más leves. El primero fue Moisés Maiónica, que obtuvo una condena de 24 meses. Le siguió Wanselle Pacielo, que fue condenado a 34 meses de prisión. Finalmente, Carlos Kauffman admitió culpabilidad y fue condenado apenas a 15 meses de cárcel. A Maiónica y a Kauffman la jueza del caso, Joan Lenard, les impuso una multa de $25,000 a cada uno, y dos años de libertad vigilada.

Franklin Durán transitó un camino distinto. Negándose a declararse culpable, protagonizó una batalla legal multimillonaria que, sin embargo, no le garantizó un final feliz. Fue finalmente condenado en marzo de 2009 a 48 meses de prisión y 3 años de libertad vigilada, y le impusieron una multa de $175,000.

ARMAS Y MILITARES

Además del espionaje y la corrupción, los chavistas mostraron interés en el tráfico de armas de alto calibre de fabricación norteamericana desde principios de 1999, cuando se hicieron patentes en Miami las evidencias que mostraban los lazos de la guerrilla colombiana dentro de territorio venezolano.

El primer caso de contrabando ilegal de armas de alta potencia desde Estados Unidos a Venezuela se inició antes de la llegada de Chávez al poder, pero continuó durante su mandato y tenía un destinatario que ya era considerado un aliado del nuevo régimen: la guerrilla colombiana.

La red operó desde junio de 1998 hasta enero de 1999, cuando Chávez ya era presidente electo. De acuerdo con los documentos federales del caso, un general retirado de la Fuerza Aérea de Venezuela participó en los envíos de fusiles de asalto MAK 90 a pistas clandestinas de aterrizaje en las afueras de Cúcuta, Colombia, a escasa distancia de la frontera con Venezuela[508].

El general Rómulo Alfredo Martínez, un ex piloto retirado a fines de la década de los 80 y que residía en Estados Unidos, conspiró junto al empresario norteamericano Gerald Morey, el piloto haitiano Gerald Ducheine, y otro venezolano de nombre José Gregorio Lugo, para falsificar documentos y adquirir las armas en tiendas de Estados Unidos.

El grupo llegó a adquirir más de 650 rifles de asalto y municiones, que fueron exportados desde Tampa a Miami y de allí a Venezuela, violando las leyes estadounidenses de exportación de armamento.

Una vez en territorio venezolano, las armas fueron transportadas en pequeños aviones pertenecientes a una aerolínea llamada Lobster Airlines. Los aviones salieron de Miami, hicieron una parada para reponer combustible en Haití, y de allí se dirigieron a la localidad de San Antonio del Táchira, en Venezuela, a escasa distancia de la frontera con Colombia.

El general Martínez dirigió a los aviones a fin de que aterrizaran posteriormente con la carga en pistas clandestinas en las afueras de Cúcuta, en territorio colombiano, donde eran desembarcadas por miembros de la guerrilla colombiana.

Las investigaciones revelaron que las reuniones para la red de contrabando se realizaron en varias localidades de la Florida y Texas, y en el Círculo Militar de Caracas, un club social bajo control de la Fuerza Armada venezolana[509].

Tras ser acusado secretamente por un Gran Jurado de Miami, Martínez fue detenido cuando arribaba al aeropuerto Newark, en Nueva Jersey, el 23 de noviembre de 2003, y sentenciado posteriormente a 24 meses de prisión luego de declararse culpable.

Mientras Martínez contrabandeaba los fusiles MAK 90 a Colombia, funcionarios policiales de la localidad de San Francisco, al sur de Maracaibo, la capital del estado petrolero de Zulia, encontraron un cargamento de 25 rifles AK-47 de patente rumana, con 40 cargadores y unas 5,000 balas, que había salido desde el puerto de Miami encubierto dentro de televisores y lavadoras usados.

De acuerdo con la investigación policial, el arsenal había sido adquirido en armerías de Miami, y las municiones, compradas por correo en otra ciudad norteamericana no identificada. Las cajas aún conservaban el sello de la empresa de envíos UPS[510].

Una semana después de la confiscación de los AK-47, la Guardia Nacional de Venezuela capturó un camión sin placas en los alrededores del puerto de La Guaira, a media hora al norte de la capital venezolana, con dos helicópteros livianos fabricados en Estados Unidos por la firma Rotorway, de Arizona, conocida como una de las más populares fábricas de helicópteros para armar.

Los dos helicópteros, que tienen un costo individual de $62,000 y eran vendidos en kits para armar, tenían como destino la ciudad colombiana de Cartagena, de acuerdo con el testimonio del conductor del camión detenido[511].

De hecho, el inusitado aumento del número de licencias de exportación de armas con destino a Venezuela obligó al Departamento de Estado a suspender la entrega de estas licencias en julio de 1999, mientras se revisaba más exhaustivamente a cada peticionario.

Las tensiones en las relaciones militares entre Estados Unidos y Venezuela comenzaron a ser visibles desde 2002, luego de que surgieran acusaciones de que Washington dio respaldo al levantamiento militar que sacó temporalmente del poder al presidente Hugo Chávez.

Las acusaciones del gobierno venezolano contra la administración Bush continuaron, pese a que una investigación congresional sobre la verdadera participación de Estados Unidos en la conspiración militar, realizada a petición del senador demócrata Christopher Dodd, concluyó que ninguna agencia u oficina del Departamento de Estado promovió el golpe de abril de 2002, sino que, por el contrario, actuó para alertar al presidente Chávez de la amenaza que enfrentaba[512].

El gobierno venezolano nunca pudo probar la participación de funcionarios diplomáticos o militares en la intentona golpista, pero no suspendió formalmente la cooperación militar con Estados Unidos.

Para el 2004, los vínculos militares entre Caracas y Washington habían llegado "a su nivel histórico más bajo", explicó ante una comisión del Senado norteamericano el general Bantz J. Craddock, en ese momento candidato a presidir el Comando Sur en Miami, que coordina las actividades militares de Estados Unidos en América Latina.

Craddock dijo que, si bien el Comando Sur mantenía una política de fortalecer la relación binacional con cursos de entrenamiento y actividades conjuntas, "la presión del presidente Chávez y sus dirigentes ha reducido al mínimo nuestras actividades de cooperación en seguridad con Venezuela"[513].

A pesar de la tendencia negativa en las relaciones, Craddock defendió la política de mantener los lazos institucionales hasta donde las políticas de Estados Unidos lo permitieran.

En marzo de 2005, cuando ya estaba al frente del Comando Sur, el general Craddock cambió de estrategia y comenzó a hablar abiertamente de las actividades criminales que tenían lugar en la frontera entre Venezuela y Colombia, especialmente las actividades de la guerrilla colombiana, bajo el aparente espaldarazo de Venezuela.

"La captura del alto dirigente de las FARC Rodrigo Granda en Venezuela, portando un pasaporte venezolano, y sus posibles conexiones con el secuestro y asesinato de la hija de un ex presidente de Paraguay, es preocupante", dijo Craddock a la comisión congresional[514].

La estrategia de acercamiento y fortalecimiento institucional propuesta por Craddock no tuvo efectos.

En abril de ese año, Chávez anunció durante un programa dominical la ruptura de las relaciones militares entre ambos países, y la salida de instructores militares norteamericanos estacionados en Venezuela.

El mandatario argumentó que los instructores habían estado tratando de fomentar una revuelta en las barracas contra su liderazgo, en supuesta preparación para una "posible" invasión de Estados Unidos a Venezuela[515].

"Algunos de ellos estaban desarrollando una campaña entre militares venezolanos, haciendo comentarios, hablando con soldados venezolanos, criticando al presidente de Venezuela", dijo Chávez. "Es mejor que se vayan", agregó.

Como evidencia, Chávez dijo que una oficial de la Armada norteamericana había sido arrestada en las cercanías de la base militar de Maracay, aparentemente tomando fotografías de las instalaciones. También advirtió que, si volvían a encontrar a otros oficiales norteamericanos haciendo lo mismo, "serán arrestados y enjuiciados en Venezuela".

Washington lamentó en un comunicado el fin de una relación que se había mantenido por 35 años. Para el momento del anuncio, 13 agregados militares estadounidenses se encontraban destacados en Venezuela, mientras que 90 oficiales venezolanos se encontraban en Estados Unidos realizando una variada gama de cursos de especialización[516].

Cuatro meses después de ese episodio, Chávez volvió al ataque. Esta vez el objetivo fue la Drug Enforcement Agency (DEA), la agencia antidrogas norteamericana que mantenía una oficina de enlace en Caracas.

El expediente fue similar. Chávez acusó a la DEA de usar a sus agentes para tareas de espionaje en territorio venezolano.

"La DEA estaba usando la lucha contra el narcotráfico como una máscara, para apoyar el tráfico de drogas, para hacer inteligencia en Venezuela en contra del gobierno", dijo Chávez[517].

El presidente amplió sus críticas a la DEA afirmando que habían detectado una infiltración de agentes de inteligencia que amenazaba la seguridad nacional y la defensa del país, aunque no presentó pruebas de sus afirmaciones.

Una acusación similar fue empleada para expulsar, en febrero de 2006, a otro agregado militar norteamericano.

El oficial en cuestión, John Correa, fue declarado *persona non grata* debido a que había recibido información supuestamente sensible de parte de un grupo de 20 oficiales retirados de bajo rango, algo considerado como traición a la patria, dijo Chávez.

"Advertimos al gobierno imperial de Estados Unidos que, si sus agregados militares en Venezuela continúan haciendo lo que este comandante ha estado haciendo, serán detenidos", indicó en un discurso ante seguidores[518].

La medida de Chávez fue vista como una represalia a la tomada por Estados Unidos de vetar la venta de tecnología y equipos de uso militar a Venezuela.

Estados Unidos bloqueó un contrato para la refacción de la flotilla de aviones de combate F-16, que Israel estaba negociando con Venezuela.

Asimismo, Washington vetó negociaciones entre la firma brasileña Embraer y Caracas para la venta de 36 aviones militares, y la venta de 10 aeroplanos de fabricación española, bajo el argumento de que eran fabricados en parte con tecnología norteamericana.

Otra de las medidas de Washington fue la de ordenar el cierre de la oficina de adquisiciones militares de las Fuerzas Armadas venezolanas en Miami, la última ventana para el envío de municiones y partes de armamento a Venezuela.

En una nota verbal consignada por el Departamento de Estado a principios de septiembre de 2006 ante la embajada de Venezuela en Washington, D.C., las autoridades norteamericanas establecieron un plazo de cuatro semanas para hacer efectivo el cierre.

"Debido a la determinación de finalizar la venta o la licencia para exportación de artículos de defensa a Venezuela, ya no es necesario ni apropiado para el gobierno venezolano mantener una oficina de adquisiciones militares en Estados Unidos", dijo entonces al autor Nancy Beck, una vocera del Departamento de Estado, para explicar las razones de la medida[519].

La decisión reforzó otra orden emitida por el Departamento de Estado en Washington en mayo de 2006, que establecía un embargo de armas a Venezuela por su falta de cooperación en la lucha antiterrorista internacional.

El Ministerio de Relaciones Exteriores de Venezuela rechazó la medida, y exigió a Washington el respeto de los contratos de compra de equipo militar "legalmente acordados y pagados" con anterioridad.

El gobierno chavista calificó la medida de un "nuevo acto de hostilidad" con el fin de promover "una especie de bloqueo en el ámbito militar".

Poco antes de la puesta en vigencia de la prohibición de exportar armas y tecnología con aplicaciones militares a Venezuela, tuvieron lugar dos episodios que mostraron el nivel de alerta en las autoridades inmigratorias de Estados Unidos con respecto a personal venezolano en funciones oficiales.

El 4 de abril de 2006, el oficial activo Alberto Soto Camaute, de 32 años, un Mayor del ejército venezolano que había sido ascendido meses antes, fue detenido cuando las autoridades aduanales descubrieron que había mentido en la declaración de ingreso a territorio norteamericano. En lugar de declarar el dinero que llevaba consigo y en su equipaje, un total de $21,190.72, Soto Camaute dijo que solo traía $18,000, de acuerdo con los documentos de la corte federal[520].

Según un reporte de la oficina de Aduanas y Protección Fronteriza (ICE), Soto Camaute arribó a Miami en un vuelo comercial procedente de Caracas, y fue detenido cuando en una revisión se encontró el monto no declarado.

El dinero fue decomisado y el oficial venezolano fue presentado ante un magistrado federal. Tras establecerse una multa, Soto Camaute fue expulsado de Estados Unidos.

En un segundo episodio, que tuvo lugar cinco días antes, un avión Hércules C-130 de la Fuerza Aérea Venezolana fue retenido durante 12 horas en los hangares de la zona del aeropuerto reservada a vuelos no comerciales, mientras una comisión de agentes del servicio de aduanas realizaba un exhaustivo registro de la aeronave.

Los agentes interrogaron a los seis oficiales de la tripulación acerca del origen y procedencia de unos $37,000, que tampoco habían sido declarados. Según versiones extraoficiales, el dinero fue decomisado porque sus dueños ofrecieron versiones contradictorias sobre su uso.

"Al principio indicaron que se trataba de dinero para una misión oficial, y luego admitieron que era dinero para realizar compras", indicó entonces al autor un agente de inmigración familiarizado con el caso.

La fuente también dijo que el cónsul de Venezuela en Miami en ese momento, Antonio Hernández, intercedió ante las autoridades de aduanas en favor de los militares durante el tiempo en que la aeronave estuvo retenida. El cónsul se negó a dar una versión oficial de los hechos.

Ninguno de los militares de la tripulación fue detenido, de acuerdo con un reporte del agente especial Zachary Mann, portavoz de ICE, que declinó identificarlos. El avión retornó a Venezuela al día siguiente.

Mann dijo que, entre el dinero decomisado, se encontraron dos billetes de $100 falsos, lo cual generó una investigación del Servicio Secreto, encargado de los casos de falsificación de dólares.

El avión retenido transportaba cargas regulares semanales a Venezuela con productos como aceite vegetal, pañales desechables, computadoras, bicicletas y televisores, enviados en cajas con etiquetas de "ayuda bolivariana". La carga también incluía piezas de aviones y motores[521].

Mientras tenían lugar los incidentes con militares venezolanos en Miami, las autoridades comenzaban a reunir evidencias de nuevos y más graves delitos que implicaban no sólo a oficiales venezolanos, sino a firmas estadounidenses.

Tras la entrada en vigencia del embargo militar ordenado por Washington en mayo de 2006, las autoridades federales abrieron secretamente una investigación en torno a una conspiración para exportar ilegalmente repuestos de aviones desde varias localidades de Estados Unidos hacia Venezuela, con participación de oficiales venezolanos.

La operación de contrabando se inició en noviembre de 2005, cuando todavía Estados Unidos no había impuesto el embargo, pero continuó más allá de mayo de 2006, cuando se inició la prohibición, y se prolongó hasta febrero de 2008.

Los investigadores encontraron que la firma Marsh Aviation Company, de Mesa, Arizona, estaba enviando motores para aviones militares a Venezuela sin una licencia de exportación, encubriendo las turbinas como si fuesen de un avión de uso civil. Adicionalmente, establecieron que la firma proveyó entrenamiento a miembros de la Fuerza Aérea de Venezuela en el ensamblaje, reparación, mantenimiento, modificación, operación y pruebas de las turbinas militares.

Floyd Stilwell, presidente de la firma, recibió en sus cuentas bancarias personales, durante un período de dos años y tres meses, un total de $1.8 millones, con el fin de cubrir la venta y reparación de motores T-76 para ser instalados en los aviones OV-10 Bronco, usados en reconocimientos aéreos por la Fuerza Aérea de Venezuela, de acuerdo con el documento de la acusación federal presentada ante un Gran Jurado[522].

Aunque el único acusado en este caso fue el presidente de Marsh Aviation, Stilwell, la acusación federal también identificó a otras personas "conocidas" para el Gran Jurado, aunque no se mencionaron. Entre ellas se encontraba un ex oficial que participó en las negociaciones, a pesar de que conocía acerca del embargo militar.

Entre octubre y noviembre de 2007, detalló la acusación, dos oficiales venezolanos vinieron a Estados Unidos para desarmar cuatro motores T-76, a fin de empacarlos con ayuda de Marsh Aviation y enviarlos desde Arizona a Miami, y de allí a Venezuela. La firma de Arizona también envió a uno de sus especialistas a Venezuela para que ayudara en el proceso de rearmar las turbinas militares.

Como resultado de la investigación, las autoridades decomisaron el dinero de las transacciones, dos motores T-76 y piezas para otros 12 motores similares.

Mientras los agentes federales concluían la investigación sobre Marsh Aviation en Arizona, otra indagatoria ya había iniciado su marcha en la Florida con un propósito similar.

Fiscales federales estaban monitoreando otra red de contrabando de piezas para aviones militares en las que estaban implicados dos ex oficiales de la Fuerza Aérea de Venezuela, y que operaba desde Miami.

Freddy Arguelles, un ex piloto venezolano de aviones caza, se había asociado en la red con Alberto Pichardo, un ex oficial de aviación que había sido responsable de la oficina de adquisiciones de la Fuerza Armada de Venezuela en Miami, clausurado por órdenes de Washington cuando entró en vigencia el embargo militar a Venezuela a mediados de 2006.

Pichardo, que había sido también el administrador del programa del F-16 de la Aviación militar venezolana, se había acogido al retiro ese año y planeaba dedicarse al sector privado en el sur de la Florida.

Durante poco más de un año, entre enero de 2009 y febrero de 2010, Pichardo y Arguelles trabajaron en un pedido para un cliente especial: la Fuerza Aérea de Venezuela. Cuando un representante les envió desde Venezuela la lista de los productos requeridos, Pichardo y Arguelles acudieron a una tienda especializada en Fort Lauderdale, media hora al norte de Miami, para iniciar los arreglos de adquisición[523].

Entre los "productos" de la lista se encontraban una amplia variedad de repuestos, municiones y adminículos de uso militar: piezas para cazas F-16 y el bombardero VF-5, para los aviones de entrenamiento OV-10 Broncos, de reconocimiento, Tucanos, y para helicópteros Super Puma, entre otros. Adicionalmente las peticiones incluían piezas para detonadores y cartuchos explosivos.

La lista se amplió a otros repuestos de aviónica, principalmente para refaccionar los caza F-16: piezas para motores, el receptor y generador de radar, asientos de eyección y máscaras de oxígeno, entre otros.

Gracias a un informante, las actividades de Pichardo y Arguelles estaban siendo monitoreadas por agentes del FBI. Durante las indagaciones, las autoridades descubrieron a otros dos conspiradores: Víctor Brown, residente de Hialeah Gardens y propietario de un almacén, y Kirk Drellich, de la localidad de Davie, a una hora al norte de Miami, propietario de SkyHigh Accessories Inc, una tienda que también estaba proveyendo partes de aviones militares para exportar a Venezuela.

Un momento clave de la investigación fue cuando el FBI grabó secretamente en video una reunión entre un agente encubierto y Pichardo, en un hotel de la localidad de Miramar. Allí Pichardo confesó que estaba violando las leyes federales sobre exportación de armas[524].

El final de las pesquisas fue anunciado el 26 de junio de 2012. Pichardo, Arguelles, Brown y Drellich fueron acusados de violar la Ley de Control de Exportaciones de Armas, que prohíbe el comercio exterior de artículos de uso militar sin licencia o un permiso especial del gobierno.

"La conducta de los acusados de conspirar para exportar partes de F-16 y motores para vehículos no tripulados a Venezuela tenía el potencial de dañar e hizo un daño a la seguridad y los intereses de la política exterior de Estados Unidos", escribió el fiscal del caso Thomas Mulvihill, el mismo que actuó en el llamado caso del maletín.

Tres meses después, Pichardo fue condenado a dos años de prisión y a pagar una multa de $5,000. Tras la sentencia, su abogado Robert Becerra informó que el ex oficial venezolano solicitó el asilo político debido a que cooperó con las investigaciones federales, y podría ser detenido si era devuelto a Venezuela.

Arguelles y Brown fueron condenados cada uno a 23 meses de prisión, seguidos de tres años de libertad supervisada. Drellich fue sentenciado a un año y un día de prisión, y libertad vigilada por dos años.

En agosto de 2013, la corte federal de Arizona condenó a otro venezolano implicado en el caso, Giuseppe Luciano Menegazzo-Carrasquel, de 49 años, a 19 meses de prisión y tres años de libertad condicional, tras ser acusado de intento de exportar 18 motores para aviones de entrenamiento T-76[525].

Pero el contrabando de repuestos militares era un delito relativamente poco severo comparado con las otras conspiraciones en que participaban altos generales del gobierno venezolano, en sociedad con varias de las mayores organizaciones criminales del mundo, consideradas de la mayor gravedad por Washington: el tráfico de narcóticos a territorio norteamericano.

7
LAS REDES DEL
NARCOTRÁFICO

*"El país donde más se apoya al narcotráfico
en este planeta es Estados Unidos".*

Hugo Chávez, 23 de febrero de 2009.

La vida de lujos que llevaba el militar venezolano Vassyly Villarroel Ramírez prácticamente era ilimitada. Las ruidosas fiestas que organizaba en su mansión, con costosas bebidas y bellas invitadas, eran famosas en la localidad de Lecherías, en el estado Anzoátegui, en el oriente de Venezuela.

Villarroel residía en un exclusivo barrio de clase alta en un vecindario casi dedicado a importantes jerarcas chavistas. Era propietario de una flotilla de 34 vehículos para su uso personal, y poseía una finca con más de 60 caballos de raza que podían cotizarse en centenares de miles de dólares cada uno. También era dueño de un club campestre y de un yate que usaba para vacacionar en las islas del Caribe venezolano.

La riqueza de Villarroel no provenía desde luego de su salario como oficial de la Guardia Nacional que se había acogido al retiro en 2004, sino de una actividad mucho más lucrativa: el trasiego de cocaína.

Durante varios años, el militar retirado se mantuvo bajo el radar desarrollando rutas y estableciendo contactos con varios de los más temibles organizaciones de la droga en el mundo, entre ellos el Cartel de Sinaloa, dirigido por Joaquín Guzmán Loera, alias El "Chapo" Guzmán, el criminal más buscado del mundo, a quien Villarroel suministró más de 50 toneladas de cocaína.

Sin que lo supiera, Villarroel se había convertido en uno de los objetivos de la agencia antidrogas norteamericana DEA, que ha trabajado en conjunto con otras agencias de Europa para combatir el creciente narcotráfico que florece en Venezuela.

Las autoridades venezolanas detuvieron por primera vez a Villarroel a mediados de 2008 en una de sus propiedades, alertados por agentes de inteligencia europea, que habían recibido información confidencial de la DEA. Tras el operativo de detención, los cuerpos de seguridad encontraron 30 paquetes de cocaína y armamentos de distinto calibre.

Las investigaciones de la DEA pintaban a Villarroel como un hombre clave para el transporte de la droga por territorio venezolano. Por un lado se encargaba de proteger la cocaína que entraba desde Colombia rumbo a puertos venezolanos; y por otro, garantizaba que los cargamentos salieran efectivamente por vía marítima con destino a México.

La droga era suministrada por los capos colombianos Daniel Barrera, alias "El Loco", y Javier Antonio Calle Serna, alias "Comba", ambos asociados en el narcotráfico tanto con las Fuerzas Armadas Revolucionarias de Colombia (FARC) como con grupos paramilitares.

En México Villarroel trabajaba con José Gerardo Álvarez Vásquez, alias "El Indio", un narcotraficante vinculado a los carteles de Sinaloa y Beltrán Leyva.

Villarroel utilizó incluso vehículos oficiales del gobierno venezolano para transportar la droga desde Colombia a los puertos para ser embarcada rumbo a México, de acuerdo con las indagaciones federales.

Los oficiales venezolanos al mando de Villarroel también prestaban protección al retorno del dinero producto de la venta de la cocaína desde México a Venezuela.

La fiscalía venezolana acusó entonces a Vassyly y a su hermana Soviesky Villarroel Ramírez de tráfico de drogas y legitimación de capitales.

Tres años después, el 30 de marzo de 2011, la Fiscalía del Distrito Este de Nueva York introdujo una acusación formal contra Villarroel y otros dos cómplices, pero mantuvo la acusación en secreto.

Dos años y medio más tarde, el 21 de agosto de 2013, Vassyly fue designado en la lista de Capos de la Droga del Departamento del Tesoro de Estados Unidos. El ex militar venezolano fue señalado de exportar poco más de 52 toneladas de cocaína a México, en un período de casi seis años. También fue acusado de prestar protección al dinero producto de la droga que era enviado a Venezuela para pagar los envíos.

"Villarroel Ramírez es un valioso ejemplo de un narcotraficante que aprovechó su antigua posición militar y sus contactos para facilitar el transporte de cocaína a México y sacar ganancia de las ventas que se llevaron a cabo", dijo Adam Szubin, director de la Oficina de Control de Bienes Extranjeros del Tesoro[526].

El caso de Villarroel se añadió a una larga lista de funcionarios y militares venezolanos acusados por Estados Unidos de cooperar activamente con el narcotráfico internacional, un fenómeno que marcó al chavismo desde sus propios inicios, cuando Chávez todavía era un aspirante a la presidencia de Venezuela.

El primer narco chavista

La primera vez que un grupo de venezolanos se organizaron formalmente en Estados Unidos para representar los ideales del proyecto chavista fue el 1 de julio de 1998, al calor de la campaña política en Venezuela. Hugo Chávez era entonces el candidato presidencial que estaba creciendo con mayor rapidez en las encuestas.

La organización pro chavista no fue creada como un partido político sino como una corporación sin fines de lucro en la Florida, bajo el nombre de Fifth Republic Movement USA, Inc, tomando exactamente el mismo nombre traducido al inglés del movimiento que en Venezuela vertebraba las diversas agrupaciones políticas en torno a Chávez.

De acuerdo con el registro de corporaciones de la Florida, la fundación pro chavista estaba presidida por Jesús Soto, un ex militar venezolano que se proclamaba seguidor de los ideales bolivarianos del candidato. La dirección de la fundación estaba en el corazón de Kendall, un populoso sector en el suroeste de Miami.

Entre los más entusiastas miembros fundadores que se agregaron a la naciente agrupación en Miami se encontraba también Eliézer Ruiz, un activista que conducía el programa radial "Ventana Venezolana", transmitido a través de la emisora RCN 1360 AM, cada jueves de 8 a 9 de la noche.

El programa convirtió en poco tiempo a Ruiz en el vocero de facto de la campaña presidencial chavista en territorio norteamericano.

"Eliézer Ruiz viajaba con frecuencia a Caracas, y nos gestionó una entrevista con el entonces candidato presidencial Hugo Chávez en el propio comando de campaña en Caracas", dijo Manuel Corao, editor del semanario Venezuela al Día, que publicó un artículo sobre Chávez gracias a la intermediación de Ruiz[527].

En cartas y escritos publicados a mediados de 1998 en la prensa de Miami, Ruiz presentó al entonces candidato Hugo Chávez como la solución para enfrentar "la corrupción, la inseguridad ciudadana, la deficiencia de los servicios públicos, el alto costo de la vida y los muchos males que asuelan a nuestra patria".

Chávez no conocía a Ruiz, pero enseguida abrazó la iniciativa con entusiasmo, y así lo manifestó públicamente.

"Allá (en Miami) hay un movimiento nuestro que se ha generado de manera espontánea, fíjate. Hay un Movimiento V República en Miami, con oficina y todo. A mí me han llegado faxes e internet, yo les mando mensajes y ojalá pueda ir pronto por allá para saludarlos personalmente", declaró Chávez a mediados de agosto de 1998[528].

Los movimientos de Ruiz estaban siendo monitoreados desde mediados de 1997 por las autoridades federales de Estados Unidos. La vigilancia no tenía nada que ver con su inclinación política hacia un candidato que era visto con preocupación en Washington por su pasado golpista, sino como parte de una operación secreta contra el tráfico de drogas en el sur de la Florida, en la que Ruiz estaba implicado[529].

De acuerdo con Pam Brown, vocera de la Agencia contra las Drogas (DEA), el activista formaba parte de una red de narcotraficantes que coordinaban la importación a Estados Unidos de cantidades significativas de cocaína procedente de varios países latinoamericanos.

Ruiz había sido encausado secretamente en un tribunal federal de Miami por cargos de posesión de cocaína y tentativa de distribución, luego de que agentes de la DEA interceptaron conversaciones telefónicas suyas que demostraban su participación en la red de narcotraficantes.

Ruiz terminó abruptamente su proselitismo a favor de Chávez en octubre de 1998, dos meses antes de las elecciones, tras ser capturado cuando se dirigía al Aeropuerto Internacional de Miami, donde planeaba abordar un avión a Venezuela, probablemente tras enterarse de los arrestos de los otros miembros de la red[530]. Ninguno de sus ex compañeros en el Fifth Republic Movement tuvo relación alguna con las actividades delictuales de Ruiz ni estaban al tanto de ellas.

Cuando se conoció la noticia de la detención de Ruiz, Chávez negó cualquier relación con el polémico personaje.

"Yo no tengo comando de campaña en Miami ni en ninguna otra parte del mundo", declaró Chávez, especificando que las relaciones internacionales de su organización las manejaba personalmente. "Aunque no puedo conocer a todos los que me apoyan, este es un caso extraordinario, y si este individuo nos representara oficialmente yo lo sabría", agregó el entonces candidato.

En Caracas, el comando de campaña chavista reaccionó inmediatamente a la detención de Ruiz bajo cargos de narcotráfico. María Isabel Rodríguez, entonces esposa de Chávez, defendió al candidato y calificó cualquier vinculación que hubiese surgido entre Chávez y Ruiz como "un montaje".

"No dudaría ni por un minuto que esa cinta puede haber sido un montaje, que falsificaron la voz de él", dijo Rodríguez, sin ampliar su repentina hipótesis.

Pero el director del semanario Venezuela Al Día, Manuel Corao, presentó evidencias de que la entrevista con Hugo Chávez había sido gestionado por Ruiz y se había producido en la sede del comando chavista, en el edificio Koepe de la urbanización Las Mercedes, en Caracas.

"Yo no puedo decir que Chávez conozca a Ruiz pero sí puedo asegurar que fue Ruiz quien recibió a nuestro corresponsal en las oficinas del comando central (chavista)", explicó Corao al autor, mostrando una fotografía del periodista con Ruiz en una antesala que aseguró era de la sede del comando en la capital venezolana.

El abogado de Ruiz en Miami, Guillermo Peña, defendió la inocencia de su cliente aseverando que había sido acusado criminalmente "por su relación con el Movimiento V República", y como una forma de perjudicar "a un partido político de un hombre controversial", refiriéndose a Chávez[531].

Aunque inicialmente Ruiz se declaró inocente de las acusaciones, 45 días después de su captura y asistido por el mismo abogado Peña, se declaró culpable de "conspiración de poseer con intención de distribuir cocaína"[532].

Ruiz fue condenado a 37 meses de prisión el 10 de diciembre de 1998, cuatro días después de que Chávez ganara la presidencia de Venezuela.

El episodio de Eliézer Ruiz no mostró que mantuviese de hecho una relación con el candidato presidencial venezolano. Pero fue una premonición de la batalla que estaba por librarse entre la administración de Hugo Chávez y las agencias antidrogas de Estados Unidos, sobre un tema se haría recurrente: la participación de activistas, oficiales y funcionarios chavistas en el trasiego de narcóticos a territorio norteamericano.

UN CRECIENTE NEGOCIO

Al momento de la llegada de Hugo Chávez al poder en febrero de 1999, Venezuela comenzaba a ser una significativa ruta para el tráfico de cocaína. A través del país circulaban más de 100 toneladas del alcaloide, que salían principalmente rumbo a Estados Unidos utilizando vuelos comerciales y barcos de carga, una actividad que causaba preocupación entre altos funcionarios en Washington encargados de contener el fenómeno.

La asunción de Chávez fue al principio un motivo de esperanza para la oficina antidrogas del Departamento de Estado. En una evaluación sobre su primer año de gobierno, los norteamericanos resaltaron los esfuerzos del mandatario para atacar la extendida corrupción que existía en las operaciones antinarcóticos del pasado, y expresaron optimismo en la reforma del código penal y la transición a un sistema judicial más abierto y similar al modelo de Estados Unidos, con juicios orales, promovido por la Asamblea Constituyente que reformó la constitución venezolana[533].

Al cierre de 1999, no sólo aumentaron las cifras de la interdicción de drogas con respecto al año anterior, sino que se promovió una estrecha cooperación entre agencias federales como la DEA y el Servicio Guardacostas de Estados Unidos, y la policía judicial y la Guardia Nacional venezolanas.

La colaboración binacional permitió la desarticulación de una organización que traficaba heroína en San Cristóbal, en la frontera suroccidental con Colombia, y el arresto de una banda que llevaba cocaína desde Venezuela a Miami y Nueva Orleans.

La ofensiva del nuevo gobierno contra la corrupción fue tan eficaz que en los diez primeros meses de gobierno más de 200 jueces fueron investigados y 43 de ellos destituidos en procedimientos expeditos conducidos por una comisión especial creada por primera vez para combatir la corrupción judicial[534].

Los roces entre ambos gobiernos, sin embargo, comenzaron a mostrarse en un área considerada por los chavistas como especialmente sensible: los vuelos de aeroplanos especiales de la DEA sobre territorio venezolano, para monitorear el tránsito ilegal de narco avionetas.

El gobierno de Chávez se negó desde el principio a permitir el sobrevuelo de aviones antidrogas norteamericanos argumentando una violación de la soberanía.

A pesar del anuncio de la Casa Blanca de que ya habían llegado a un entendimiento en la cooperación sobre vigilancia aérea, altos funcionarios del gobierno, como el canciller José Vicente Rangel, calificaban de "anacrónica" la política de sobrevuelos impulsada por Washington.

"Se puede luchar eficazmente contra la droga sin autorizar sobrevuelos", dijo Rangel. "Yo creo que tienen una visión anacrónica, completamente, del problema (...) No entienden que el problema de la droga es mucho más complejo que el simple dato militar y exageran el rol del sobrevuelo", agregó el canciller[535].

Rangel no perdió la ocasión para polemizar: aseguró que, sin los sobrevuelos, la cifra de droga decomisada se había triplicado en comparación con los tres períodos presidenciales anteriores.

La situación real, sin embargo, estaba empeorando. En el 2000 se descubrió evidencia por primera vez de que los carteles colombianos de la droga estaban utilizando a Venezuela como plataforma de despegue de cargamentos de cocaína en gran escala con destino a Europa[536].

Para 2001, los reportes estadounidenses indicaban que los puertos venezolanos eran "inseguros" y que se estaban convirtiendo en un punto clave de carga de toneladas de cocaína escondidas en compartimientos secretos de barcos con destino a Estados Unidos.

Ese mismo año se descubrieron los tres primeros laboratorios para la fabricación de pasta de coca en Venezuela.

"Varios cientos de kilos de hoja de coca macerada y pasta de coca decomisada muestran más evidencias de una naciente industria de producción de cocaína en Venezuela", indicó el reporte de la oficina de lucha antidrogas del Departamento de Estado norteamericano[537].

La creciente presencia de la droga en territorio venezolano estaba comenzando a cobrar un alto precio: el número de venezolanos adictos a los narcóticos ya superaba ampliamente los 350,000, una cifra por encima de los registros de años anteriores.

Además del aumento del flujo de narcóticos, nuevas rutas y métodos comenzaron a ocupar la atención de los especialistas de Washington.

El venerable río Orinoco, el mayor de Venezuela, se había convertido en una de las rutas preferidas por los narcotraficantes. Además, se incrementaba el uso de embarcaciones para completar envíos masivos de droga directamente desde Puerto Cabello, el segundo mayor puerto venezolano, a Puerto Rico. Adicionalmente, estaban empleando lanchas de alta velocidad y pequeñas avionetas para llevar narcóticos a puntos intermedios de distribución en el Caribe, para introducir la droga en Estados Unidos.

El alzamiento militar de abril del 2002 creó complicaciones temporales en los esfuerzos antinarcóticos binacionales. Durante el primer trimestre de ese año, apenas había dado tiempo de iniciar un Programa de Seguridad Portuaria en Puerto Cabello, para el cual el Servicio de Aduanas de Estados Unidos envió dos inspectores a que supervisaran la instalación de máquinas de rayos X donadas previamente por Washington, para identificar contenedores sospechosos de transportar droga.

Varios éxitos notables en la cooperación antidrogas se produjeron en 2001 y 2002. A mediados de 2001, la DEA entrenó a un equipo especial integrado por tres fiscales y 15 agentes especiales escogidos entre los mejores de la Policía Técnica Judicial y el Comando Antidrogas de la Guardia Nacional. Al año siguiente se destacó la captura del narcotraficante estadounidense James Spencer Springette, un fugitivo que formaba parte de la lista de más buscados del FBI y del Servicio de Aduanas, que había escapado en forma ingeniosa de prisiones en Estados Unidos y Colombia.

Un equipo de funcionarios policiales capturó a Springette en Venezuela, luego de recibir información provista por la DEA y el FBI en la embajada norteamericana en Caracas. El fugitivo terminó deportado en noviembre de ese año[538].

Pero, a pesar de estos avances, la cantidad de droga que estaba saliendo de Venezuela iba aumentando a paso acelerado. Para el 2003, por primera vez, las estimaciones pasaron de 100 a 250 toneladas métricas anuales de narcóticos, no sólo de cocaína, sino de heroína e incluso de drogas sintéticas como el ectasy. Las evidencias del aumento del tráfico eran ya visibles en España, que en apenas tres meses de ese año había decomisado 61 toneladas métricas encontradas en barcos que habían zarpado de puertos venezolanos[539].

Otra novedad era la creciente actividad de carteles de la droga operando desde Venezuela. En 2003, tres organizaciones criminales fueron desmanteladas en operaciones conjuntas: el grupo de Ramiro Imitola López, que envió varios cientos de kilos de heroína a Estados Unidos en aviones comerciales desde Venezuela; la organización Yorlank Pea, cuyo jefe, Ramón Dugarte, dirigió envíos de 40 kilos de heroína mensuales a Nueva York; y el grupo de Mateo Juan Holguín-Ovalle, responsable de enviar enormes cantidades de cocaína y heroína desde Venezuela a República Dominicana, y de allí a Puerto Rico y a varias ciudades de Estados Unidos[540].

En 2004, Venezuela extraditó bajo presiones de Estados Unidos al capo Luis Alberto Ibarra, acusado de enviar 700 kilos de heroína desde Venezuela.

Por primera vez en cinco años, el reporte antidrogas del Departamento de Estado en 2004 llamó la atención sobre un nuevo fenómeno en el sistema judicial venezolano: una creciente tendencia de jueces a desmeritar juicios aparentemente válidos contra narcotraficantes.

"La práctica del gobierno de Venezuela de asignar jueces temporales a casos de narcotraficantes en momentos claves de los procesos judiciales, ha resultado en la suspensión de los casos y la liberación de numerosos narcotraficantes bajo sospecha", indicó el informe[541].

CHÁVEZ VERSUS LA DEA

En medio de un aumento generalizado del narcotráfico, las relaciones entre Venezuela y Estados Unidos en materia de lucha contra el narcotráfico estallaron en 2005, luego de una serie de acusaciones mutuas que implicaron a altos funcionarios del gobierno venezolano y a agentes de la DEA.

Los primeros escarceos de la crisis se produjeron en marzo, tras la publicación en Washington del informe anual sobre el narcotráfico internacional del Departamento de Estado. Aunque hizo notables reconocimientos a la labor del gobierno de Chávez, el reporte criticó abiertamente la "cultura de corrupción", especialmente en el Aeropuerto de Maiquetía, y a funcionarios que buscan "ganancias del narcotráfico".

También criticó la práctica de designar jueces temporales o "accidentales" que entorpecían los casos legales contra presuntos narcotraficantes. El informe sugirió que faltaba "liderazgo" y "voluntad política" por parte del gobierno venezolano para solucionar el problema[542].

A fines de ese mismo mes, el general Frank Morgado, jefe del Comando Antidrogas de la Guardia Nacional, reportó a sus superiores una serie de presuntas actividades ilícitas de la DEA en Venezuela, un hecho visto por Washington como una respuesta agresiva al informe antidrogas.

El general Morgado informó que, en tres casos de entregas vigiladas coordinadas por agentes de la DEA, las autoridades venezolanas no habían sido adecuadamente notificadas. Por tales razones, había decidido suspender momentáneamente la cooperación con la agencia[543].

En agosto de 2005 otra decisión inesperada del presidente Chávez empeoró las ya complicadas relaciones entre Estados Unidos y Venezuela. Durante un programa dominical "Aló, Presidente", el mandatario venezolano acusó a la DEA de utilizar a sus agentes destacados en Venezuela para "espiar", y anunció que la cooperación de su gobierno con la agencia no era imprescindible.

"Estamos analizando las opciones, revisando los convenios existentes, y pronto anunciaremos nuestras decisiones. De todos modos, para luchar contra el narcotráfico en Venezuela no es imprescindible trabajar con la DEA", dijo Chávez[544].

El Jefe de Estado acusó a los norteamericanos de realizar "tareas de espionaje contra el gobierno", y reveló que había ordenado hacer un seguimiento a las actividades de estos agentes.

Las acusaciones "no tienen base", respondió al día siguiente un portavoz del Departamento de Estado. "Creo que es muy claro para nosotros que la motivación de esto no es la acusación en sí misma ... la motivación es un esfuerzo para distraer la atención de la creciente falta de cooperación del gobierno (en la lucha antidrogas)", dijo el vocero Adam Ereli[545].

El entonces presidente de la Conacuid, Luis Correa Fernández, dijo que dos informantes de la DEA habían denunciado supuestas actividades ilegales de la agencia norteamericana en Venezuela en operaciones realizadas desde el año 2001.

Entre las operaciones se mencionó un episodio de entrega controlada de droga coordinada por la DEA y agentes de la policía científica venezolana en octubre de 2004, que supuestamente no fue autorizada por el gobierno venezolano[546].

Tras el anuncio, una comisión especial de funcionarios antinarcóticos del gobierno venezolano allanó las oficinas que la DEA ocupaba en Caracas, un piso entero de la sede en el sector de Mariperez de la Comisión Nacional contra el Uso Ilícito de las Drogas (Conacuid), el principal organismo antinarcóticos de Venezuela.

Las computadoras y el resto del equipo de la oficina fueron decomisados bajo el argumento de que estaban siendo usados para espiar a funcionarios y militares venezolanos, y para apoyar operaciones ilegales.

Era la segunda vez en menos de seis meses que Chávez se distanciaba de acuerdos sensibles de cooperación con Estados Unidos. Apenas cuatro meses antes, en abril de 2005, había suspendido unilateralmente una alianza militar con Washington iniciada en 1970, acusando a los agregados militares norteamericanos de conspirar contra su administración.

Hasta ese momento la cooperación binacional había sido "estrecha", según lo definió un estudio del congreso norteamericano[547]. Después de la suspensión de la alianza, la cooperación militar quedó reducida a 20 oficiales norteamericanos en Caracas, y 5 militares venezolanos en Fort Benning, Georgia, indicó al autor el general Bantz Craddock, entonces jefe del Comando Sur, con sede en Miami[548].

GENERALES SIN VISAS

La disputa en torno a las actividades de la DEA en Venezuela, escaló una semana después cuando Washington acusó públicamente a seis militares de la Guardia Nacional venezolana de estar vinculados con actividades de narcotráfico, y les suspendió la visa de ingreso a Estados Unidos.

El 12 de agosto de 2005, un portavoz de la embajada norteamericana en Caracas confirmó la identidad de los militares: el general Frank Morgado, jefe de la unidad antidrogas de la Guardia Nacional, que había denunciado las presuntas actividades ilícitas de la DEA en Venezuela, y dos de sus "asociados", el general Alexis Maneiro, y el mayor Iran Salas. Otros tres oficiales de bajo rango también fueron incluidos en la medida de prohibición para obtener visas a Estados Unidos, aunque sus nombres no fueron mencionados[549].

El embajador estadounidense William Brownfield se negó a abundar sobre los detalles en público, pero indicó que parte de las leyes de inmigración estadounidenses los obligaba a revocar las visas de cualquiera que fuese sospechoso de participar en actividades ilícitas relacionadas con el tráfico de drogas.

Brownfield no ahorró esfuerzos para informar personalmente a Chávez de las evidencias que su gobierno tenía contra los oficiales de la GN. El 18 de agosto de 2005, el embajador aprovechó la presencia en Caracas del senador republicano Arlen Spector para discutir el tema con Chávez. Spector venía por otras razones, pero, según periodistas venezolanos que tuvieron acceso al encuentro, Brownfield fue muy franco acerca de la lista de los presuntos "narcomilitares".

Las evidencias, que apuntaban principalmente al general Morgado, no eran una novedad para las agencias antidrogas de Estados Unidos y Europa.

La Agencia Británica contra el Crimen Organizado (SOCA) ya había revelado en un documento interno que en operaciones conjuntas con la DEA habían logrado reunir suficiente información y evidencia para demostrar "la gran escala de corrupción con el narcotráfico entre la Guardia Nacional de Venezuela (GNV)".

El reporte indicó que había pruebas de que el general Morgado había utilizado su cargo en la Guardia Nacional "para proveer protección a organizaciones narcotraficantes y personas traficantes (de droga) hacia Europa y Estados Unidos"[550].

En agosto y septiembre de 2004, por ejemplo, indicó el reporte de SOCA, oficiales de la Guardia Nacional que participaron en el envío de 90 kilos de droga a través de varios vuelos de la aerolínea española Iberia, fueron notificados por el general Morgado para que pudieran eludir una orden de arresto en su contra, y les fuese posible huir de Venezuela.

El reporte británico también citó información recibida por la DEA según la cual Morgado y funcionarios de la GNV bajo su supervisión estuvieron vinculados a envíos de droga. "Esta información ha sido corroborada a través de investigaciones aisladas de autoridades competentes venezolanas, y a través de fuentes confiables de información y evidencia física", apuntó el informe.

En septiembre de 2005 Morgado fue retirado de la agencia antidrogas de la Guardia Nacional, a causa de las acusaciones de la embajada norteamericana en su contra.

El alto mando militar admitió abiertamente las razones de la salida del polémico general del Comando Antidrogas. "Tiene que ver fundamentalmente con la DEA", reconoció el entonces inspector general de la Fuerza Armada venezolana, general Melvin López[551].

"Dentro de los cambios que se van a realizar, está el nombre del general Morgado. Cuando hay eventos tan significativos que suenan, que se colocan en la audiencia externa e interna, a veces es bueno sacar al jefe para que el organismo se oxigene en la dinámica", declaró el general López en una conferencia de prensa.

A pesar de las evidencias, Morgado nunca fue procesado ni sancionado. En julio de 2010, casi cinco años después de las acusaciones, el general fue designado por Chávez como director de Investigaciones Penales y Financieras de la Guardia Nacional[552].

LOS HERMANOS GONZÁLEZ POLANCO

En septiembre de 2005, otro reporte de Washington continuó criticando la poca cooperación de Venezuela en la lucha contra el tráfico de drogas.

El informe, dado a conocer por la administración Bush el 19 de septiembre, indicaba que Venezuela quedaba "descertificada" y fuera de la lista de sus aliados en la lucha antidrogas. Entre otros factores, figuraron la falta de esfuerzo para detener la corrupción en cuerpos policiales y militares que participaban en la lucha antidrogas. También subrayó el fracaso en erradicar cultivos de cocaína y amapola en la frontera con Colombia[553].

El anuncio coincidió con la llegada del presidente Chávez a Nueva York, para asistir a la Asamblea General de las Naciones Unidas, lo cual le dio más relevancia a la descertificación de Venezuela.

El reporte de Washington era apenas la punta del iceberg de todas las evidencias que los norteamericanos habían reunido sobre altos militares venezolanos con estrechos vínculos al narcotráfico. Otro reporte secreto elaborado pocas semanas después, a principios de octubre de 2005, ofreció detalles mucho más específicos que mostraron una activa red de distribución de droga internacional con la presunta participación de altos militares venezolanos.

Uno de los casos incluidos como muestra en el informe estadounidense tuvo como escenario la localidad de Bejuma, en el estado Carabobo, en el centro de Venezuela. A principios de febrero de 2004, una comisión integrada por miembros de la Dirección de los Servicios de Inteligencia y Protección (Disip), y de la Brigada de Acciones Especiales (BAE) de la policía judicial venezolana condujo un allanamiento en la finca El Terrón, propiedad de Eudo González Polanco, un próspero comerciante de la localidad que fue presentado como un importante narcotraficante.

Tras un presunto enfrentamiento, murieron un total de nueve personas, entre las cuales se encontraban González Polanco, su guardaespaldas y la cocinera de la finca.

El suceso fue presentado públicamente como un importante golpe contra el narcotráfico, pero oficiales venezolanos y agentes norteamericanos sabían de la estrecha relación de González Polanco con la policía judicial (CICPC).

"Inclusive les prestaba su finca para que los funcionarios de la seccional de Bejuma realizaran la fiesta de fin de año", aseguró el general Marco Ferreira, ex jefe de la Dirección de Identificación y Extranjería[554].

Los agentes policiales no hicieron pública en ese momento una importante pieza de información obtenida en el operativo de la finca El Terrón: las personas que murieron en el enfrentamiento tenían consigo documentos que los identificaban como funcionarios de inteligencia de la Guardia Nacional de Venezuela y la Disip[555].

Otro dato crucial que el operativo de El Terrón puso al descubierto fue la identidad de otro capo de la droga que operaba en Venezuela con protección oficial: Hermágoras González Polanco, hermano de la víctima.

Hombre de negocios nacido en Cúcuta, Colombia, Hermágoras usaba credenciales venezolanas forjadas, incluyendo cédula de identidad, pasaporte y carnets como funcionario de inteligencia de la Guardia Nacional y de la Disip. También tenía investigaciones abiertas por narcotráfico y narcolavado en cortes de Nueva Jersey y Nueva York.

Hermágoras era señalado como el operador más importante del cartel de La Guajira, y responsable de organizar cargamentos de narcóticos desde Colombia a Estados Unidos, utilizando puertos venezolanos como punto de transferencia, de acuerdo con la acusación federal.

"El acusado Hermágoras González-Polando recibió y almacenó los cargamentos de droga en Venezuela, e hizo arreglos para transportarlos por vía marítima a Puerto Rico y Estados Unidos", indicó el documento de la corte de Nueva Jersey[556].

Adicionalmente, estaba acusado de conspirar para legitimar $1.6 millones producto de la venta de la droga en Estados Unidos.

El Departamento de Estado norteamericano mantenía abierta una recompensa de hasta $5 millones por su captura, debido a sus amplios lazos con grupos paramilitares de la Guajira, con los cuales traficó con armas de guerra desde Europa hacia Colombia a través de Venezuela. También conducía otra investigación por asesinato en Colombia[557].

Hermágoras era conocido por sus vínculos con importantes narcos colombianos como Salomón Camacho Mora, con quien envió 9 toneladas de cocaína entre 1999 y 2000 a Estados Unidos; y con el ex senador colombiano Samuel Santander Lopesierra, mejor conocido como "El Hombre Marlboro" por su pasado de contrabandista de cigarrillos en La Guajira, extraditado a Estados Unidos en 2003 y condenado a 25 años de prisión en 2007 por tráfico de drogas[558].

Hermágoras fue capturado en marzo de 2008 en la finca La Trinchera, en el occidente del estado Zulia, fronterizo con Colombia, luego de un gigantesco operativo coordinado por la Organización Nacional Antidrogas (ONA) y la Disip, con ayuda de la Guardia Nacional.

Para los funcionarios de inteligencia de la GN, que venían investigándolo desde el 2001, Hermágoras era un capo con conexiones poderosas en Venezuela. Cuando lo cercaban para capturarlo, "venían presiones de arriba, en la GN se movilizaban y no podíamos continuar", según aseguró uno de los oficiales involucrados en su captura[559].

La verdadera identidad de Hermágoras jugó un papel clave para decidir su destino. La Interpol aseguró que su verdadero nombre era Armando González Apushana, y que había nacido en Cúcuta, una versión respaldada incluso por el entonces ministro de Relaciones Interiores y Justicia de Venezuela, Ramón Rodríguez Chacín.

Sin embargo, a pesar de las dudas sobre la nacionalidad, el gobierno venezolano decidió rechazar una solicitud de extradición presentada por Estados Unidos bajo el argumento de que se trata de un ciudadano venezolano, y recluyó a Hermágoras en la sede central de la policía política en El Helicoide, en el suroeste de Caracas, donde ha permanecido indefinidamente bajo acusación de legitimar capitales procedentes del narcotráfico[560].

El cartel de los soles

Los carnets de la GN que portaban los capos del Cartel de La Guajira, que garantizaban protección contra virtualmente cualquier organismo policial y facilitaban la impunidad, podían ser obtenidos si se mantenían las relaciones adecuadas con los oficiales adecuados.

Dos documentos que acreditaban a los hermanos González Polanco como funcionarios estaban firmados por el director de la Disip, el coronel Miguel Rodríguez Torres, y el general Alexis Maneiro, un alto comandante de la GN en Venezuela[561].

Para esa época, el general Maneiro era uno de los oficiales más activos en las redes de tráfico de drogas y armas entre Colombia y Venezuela, de acuerdo con diversos informes y documentos.

Había desarrollado sus propias conexiones con las FARC, según un reporte enviado por alias Iván Márquez al supremo comandante guerrillero Manuel Marulanda Vélez, alias Tirofijo, el 8 de marzo de 2003.

En el informe, Márquez detalló que se reunió a fines de febrero de ese año con Maneiro "y un coronel que llegaron de paisanos desde Caracas a buscarnos". Márquez aseguró que el general vino exclusivamente a plantearle a las FARC "un negocio de armas con Rusia"[562].

Márquez mostró su sorpresa cuando Maneiro le aseguró que "venían con el visto bueno de Chávez". También se sobresaltó por los elevados precios de las armas que estaban ofreciendo. Por ejemplo, el fusil AK-47 lo estaban vendiendo a $3,500 la unidad, y las ametralladoras PKM a 57 millones de pesos colombianos, poco menos de $20,000 al cambio de 2003, varias veces el precio en los mercados internacionales. El general le dijo que tenía 50 fusiles AK-47 disponibles para vender, y 30,000 cargas de municiones, y que estaba dispuesto a negociar una rebaja, luego que Márquez sugirió que los precios eran elevados.

"Nos informó que esta oferta la hace porque él es el encargado de adquirir un armamento ruso para Venezuela, y que de esta forma puede camuflar los negocios que haga con FARC", indicó Márquez.

El comandante guerrillero corroboró tres días más tarde la afirmación de que el general era un íntimo amigo del presidente venezolano, por intermedio de Freddy Bernal, el alcalde de Caracas que había sigo designado por Chávez como responsable de las relaciones políticas con las FARC[563].

"Le preguntamos si era cierto que el hombre (Maneiro) era general y amigo personal de Chávez, (y) nos respondió que sí, que tenía amistad con Chávez desde niño y que era un hombre de confianza", escribió Márquez.

Además de su relación con las FARC, Maneiro también estaba vinculado al llamado Cartel de los Soles, una organización controlada por militares activos que operaba en el oriente venezolano y que controlaba el envío de droga hacia Europa y Estados Unidos, principalmente mediante embarcaciones[564].

El general había sido acusado públicamente junto a otros militares de mantener una relación de connivencia con Ceferino García, uno de los principales operadores del Cartel de los Soles, en columnas de prensa y programas de radio del periodista venezolano Mauro Marcano[565].

Marcano sabía que su vida corría peligro por sus denuncias, y en agosto de 2004 se entrevistó con el entonces vicepresidente José Vicente Rangel, para entregarle todas las pruebas de sus denuncias. Las evidencias de Marcano demostraban, de acuerdo con testimonios de sus familiares, la participación en el Cartel de los Soles del general Maneiro y otros dos oficiales: el coronel Juan Fabricio Tirry, funcionario del Ministerio de la Defensa, y José Manuel Del Moral, ex jefe policial del estado Monagas.

El columnista también denunció que Joel Rengifo, entonces jefe de la División contra la Extorsión y el Secuestro del CICPC, había negociado con Ceferino García la devolución de 501 kilos de droga de un total de 1,000 kilos decomisados en una operación bajo investigación de la fiscalía venezolana[566].

El día en que Marcano se disponía a hacer públicas sus investigaciones sobre el Cartel, fue asesinado a manos de un sicario.

Casi un año después, las indagaciones policiales revelaron que el autor intelectual del asesinato de Marcano había sido Ceferino García, uno de los presuntos jefes del Cartel de los Soles que había sido denunciado en las columnas del periodista.

García fue capturado en agosto de 2006 en Puerto España, capital de Trinidad y Tobago. La policía venezolana identificó a los sicarios responsables de la muerte del periodista como Edgardo Salazar y Henry Mendoza, y al intermediario que los contrató, como Douglas Rocca Cermeño.

De acuerdo con el reporte de la organización Reporteros Sin Fronteras sobre el caso, Héctor Rocca Cermeño, hermano de Douglas, que había aceptado colaborar con las investigaciones, dijo que "Ceferino García planificó personalmente el asesinato y destinó 36,000 euros para el trabajo"[567].

EL SEÑOR DE LOS AVIONES

Cuando las denuncias contra el Cartel de los Soles se encontraban en su apogeo, otro caso desató un nuevo escándalo en la opinión pública venezolana: la increíble fuga de una cárcel de alta seguridad en Caracas del narcotraficante colombiano José María Corredor Ibagué, alias El Boyaco, conocido como "el jefe de los mil nombres".

El Boyaco estaba acusado en una corte estadounidense de dirigir un cartel que enviaba centenares de toneladas de cocaína a Estados Unidos desde Venezuela y otros países, con apoyo logístico de las FARC[568].

Corredor Ibagué había sido capturado en octubre de 2004 en un bar del hotel Tamanaco, en el este de la capital venezolana, bajo la falsa identidad de Andrés Yanave Guachupiro, un supuesto miembro de la etnia Warekena, en la Amazonia venezolana.

Para el momento de su detención, Ibagué había organizado el envío de cientos de toneladas de cocaína a Estados Unidos utilizando un escuadrón de aviones comerciales y avionetas ilegales que operaban desde pistas clandestinas en los llanos venezolanos, y desde el Aeropuerto Internacional de Maiquetía, el principal de Venezuela.

La captura se había producido luego que agentes de la DEA en Caracas pasaron el dato de la ubicación de El Boyaco. El operativo de detención estuvo a cargo de una unidad especial del Comando Nacional Antidrogas de la Guardia Nacional, en la que también participó el agente estadounidense Peter Gronnevick, designado por la DEA para identificar efectivamente al capo[569].

Los funcionarios venezolanos detuvieron al narcotraficante sin saber de quién se trataba en realidad, ya que la DEA se había reservado por razones de seguridad la verdadera identidad del capo. Su identificación era un tema particularmente importante, ya que utilizaba numerosos nombres, entre ellos José Adrian Rodríguez Buitriago, Raúl Buitriago, José María Corredor, Andrés Yanave, Jaime Sánchez y Carlos Alberto Henao, entre otros[570].

Cuando se enteraron que se trataba de El Boyaco, conocido como el coordinador de las rutas aéreas de las FARC y responsable del tráfico de drogas del Frente 16 de la organización guerrillera en la región del Arauca colombiano, los jefes del

Comando Antidrogas de la GN suspendieron temporalmente la cooperación con la agencia estadounidense, en expresión de descontento[571].

Tras su captura, la embajada norteamericana en Caracas envió a la cancillería venezolana una nota diplomática solicitando formalmente la extradición de El Boyaco.

El narcotraficante ya había sido acusado secretamente a fines de abril de 2004 en una corte federal del Distrito de Columbia, por conspirar para fabricar y distribuir cocaína, con el conocimiento y la intención de importarla a Estados Unidos.

De acuerdo con la acusación, El Boyaco ayudó a las FARC en la adquisición de armas, municiones y equipos de comunicación satelital.

Según la corte federal, el narcotraficante colombiano adquirió cargamentos de rifles de asalto AK-47 y AR-15, pistolas, armas cortas, equipos para fabricación de bombas, municiones, computadoras y teléfonos satelitales utilizando las ganancias obtenidas por la venta de cocaína[572].

La droga era producida en los departamentos colombianos de Meta, Guaviare y Vaupés, y transportada en avionetas desde pistas clandestinas de Colombia y Venezuela a Estados Unidos.

El Boyaco fue recluido en el cuartel general de la policía política (Dirección de los Servicios de Inteligencia y Prevención, Disip), mientras el gobierno venezolano concluía las investigaciones y finalizaban los arreglos para la extradición a Estados Unidos, aprobada en diciembre de 2004.

Pero cuando se acercaba la fecha de la entrega a los norteamericanos, siete meses y medio después de su detención, El Boyaco se fugó sorpresivamente de la prisión donde permanecía recluido en la capital venezolana, en la madrugada del 11 de junio de 2005, aparentemente por la entrada principal y con la complicidad de funcionarios encargados de su custodia.

El capo había pagado $1 millón a cuatro funcionarios para que hicieran la vista gorda y le dejaran escapar, informó tres días después el entonces ministro de Interior y Justicia Jesse Chacón[573].

Sin embargo, posteriormente fuentes policiales revelaron que la cifra pagada por el capo fue de $5 millones[574].

Una indagación más detallada descubrió que el Boyaco había desarrollado una red de sobornos que le permitió durante siete meses toda clase de privilegios y lujos, incluyendo escapadas a sitios nocturnos de Caracas en compañía de sus carceleros. Había hecho de su cárcel un centro de operaciones desde donde continuaba controlando los negocios ilícitos, con amplia disponibilidad de equipos como computadoras con acceso a internet, faxes y una línea telefónica privada. También ordenaba con frecuencia refinados platillos a los más costosos restaurantes de la capital venezolana, y pagaba cuantiosas propinas a sus captores de la Disip, lo que le granjeó amistades claves en ese organismo[575].

En su huida El Boyaco no sólo logró hacerse invisible a cinco cámaras de seguridad, poderosos reflectores, seis garitas de vigilancia, detectores de metal y puestos secretos de vigilancia ubicados en la periferia de El Helicoide, la sede central de la Disip, sino también evadió ventajosamente la persecución que montó un bloque de búsqueda ordenado por el gobierno venezolano.

El capo salió de Venezuela en una avioneta privada que había sido usada previamente para el secuestro de Maura Villarreal, madre del pelotero venezolano Ugueth Urbina, lanzador de los Filis de Filadelfia, según afirmaron voceros policiales[576].

En menos de tres meses después de la fuga, El Boyaco ya había retomado sus actividades como narcotraficante en Colombia, protegido por las FARC. En Venezuela, sólo tres funcionarios de baja jerarquía fueron acusados por la Fiscalía General de facilitar el escape. Ningún alto funcionario de la policía política fue imputado por los hechos[577].

El narco jefe de las FARC no tuvo, sin embargo, mucho tiempo para aprovechar su libertad. En octubre del 2006, 16 meses después de fugarse por la puerta de la Disip, El Boyaco fue capturado luego de un intenso operativo del Ejército colombiano para desmantelar un laboratorio de refinado de cocaína en una remota zona selvática del departamento colombiano de Guaviare, junto a otras 19 personas, todos miembros de las FARC[578].

Juan Manuel Santos, entonces ministro de la Defensa, definió la importancia de la captura de El Boyaco como "muy marcada para cortarle a las Farc toda su logística de tráfico de drogas del oriente colombiano hacia el norte y de tráfico de armas"[579].

EL PARAÍSO DE LOS CAPOS

El Boyaco fue formalmente acusado en Colombia de actuar como el jefe logístico del frente primero del Bloque Oriental de las FARC, y enlace permanente con Tomás Medina Caracas, alias El Negro Acacio, cabecilla del frente 16 de la agrupación guerrillera. En octubre de 2008, dos años después de su captura en el Guaviare, fue extraditado a Estados Unidos para ser procesado en una corte federal del Distrito de Columbia. Le acompañó en la extradición su esposa Edilma Morales Loaiza, una consumada fabricante y exportadora de cocaína[580].

Entre los socios que El Boyaco había dejado en Venezuela, se encontraba un misterioso empresario de origen sirio que terminó siendo acusado por Washington de ser uno de los tres mayores capos del mundo.

Pero El Boyaco estaba lejos de ser el único alto jefe de las FARC en utilizar el territorio venezolano como plataforma de acción para enviar grandes cantidades de droga a Estados Unidos.

Para fines de 2005, Venezuela ya se había convertido en intenso escenario de tráfico de cocaína y un popular refugio de narcotraficantes colombianos, de acuerdo con reportes de inteligencia de la administración Bush. Tras la salida de la DEA del país, Washington ordenó incrementar la vigilancia aérea y satelital para monitorear el trasiego de drogas en las fronteras venezolanas.

La estrategia de los carteles estaba cambiando. Los narcos estaban aprovechando una oportunidad de oro al operar en Venezuela, con autoridades que, en el peor de los casos, hacían la vista gorda, e incluso mostraban la disposición de participar en el negocio a cambio de una lucrativa tajada.

Los capos venían al país también por una razón práctica: evitar ser capturados en territorio colombiano y extraditados a Estados Unidos, para enfrentar inevitables y largas condenas.

Los reportes norteamericanos indicaban que al menos otros tres importantes líderes del cartel del Valle del Norte se estaban aprovechando de las inopinadas facilidades ofrecidas en Venezuela. Estos tres líderes eran Wilber Varela, mejor conocido como "Jabón"; Juan Carlos Ramírez Abadía, alias "Chupeta", y Diego Montoya, conocido como "Don Diego". Estados Unidos ofrecía una recompensa de $5 millones por información que condujera a la captura de cualquiera de estos tres capos, que integraban la lista de los 10 más buscados por el FBI en el mundo[581].

El extravagante Chupeta, acusado de haber amasado una fortuna superior a los $1,800 millones y haber ordenado el asesinato de 350 personas, residió brevemente en Venezuela en 2004 antes de mudarse a Sao Paulo, presuntamente usando pasaportes venezolanos para ingresar a territorio brasileño[582].

Chupeta fue el primero en caer, capturado por la policía brasileña en un exclusivo barrio de Sao Paulo. Siete meses después fue extraditado a Colombia, y en agosto de 2008, enviado a Estados Unidos para enfrentar cargos por narcotraficante en tres cortes federales.

Don Diego, acusado de exportar centenares de toneladas de cocaína a Estados Unidos, y responsable de 1,500 asesinatos en su carrera criminal de más de dos décadas, fue atrapado por el ejército colombiano en septiembre de 2008 y extraditado a Miami en diciembre de ese año[583].

Wilber 'Jabón' Varela tuvo un destino diferente. Según reportes de autoridades policiales de Venezuela, Jabón resultó abatido en un tiroteo en un resort turístico en las afueras de Mérida, en el occidente venezolano, a fines de enero de 2008, aparentemente a manos de sus propios socios de cartel. Sin embargo, la muerte de Jabón estuvo plagada de dudas que nunca fueron aclaradas[584].

Los narcotraficantes colombianos veían a Venezuela como un paraíso para sus actividades no sólo por el apoyo de las autoridades gubernamentales, sino también por la facilidad con que se podía conseguir documentos de identificación, desde una simple cédula de identidad, hasta un pasaporte a un costo de $1 millón cada uno, según los investigadores federales.

El poderoso capo de la droga Hernando Gómez Bustamente, alias Rasguño, fue detenido cuando intentaba ingresar a Cuba procedente de Venezuela en 2004.

Rasguño fue deportado de Cuba a Colombia en febrero de 2007, y cinco meses después fue extraditado a Estados Unidos, donde enfrentó acusaciones de introducir centenares de kilos de cocaína. Desde allí no sólo reveló abundante información sobre su paso por territorio venezolano, sino también acerca del financiamiento de la campaña de Ernesto Samper en 1994, y sobre los responsables del asesinato del político conservador Alvaro Gómez Hurtado.

"Venezuela es el templo del narcotráfico. Es muy fácil traficar porque allá no consiguen a nadie", declaró Rasguño en una entrevista antes de ser extraditado a Estados Unidos[585].

Otro que se benefició de las facilidades en Venezuela para hacerse de una nueva identidad y disfrutar de privilegios a cambio de abundante dinero, fue el médico de origen colombiano Farid Feris Domínguez, conocido como el Doctor Colombia, acusado por las autoridades federales de enviar decenas de toneladas de cocaína a territorio norteamericano.

Feris Domínguez se había establecido en Venezuela a mediados de 2003, para protegerse, cambiar de identidad y huir de la persecución del gobierno colombiano, que lo consideraba como el segundo narcotraficante más buscado.

Durante tres años, Feris vivió una vida de ensueño. Habitaba una suntuosa residencia de La Lagunita, un exclusivo sector en el sureste de Caracas, mientras continuaba con los envíos de narcóticos. Buscando establecer negocios legítimos para salvar las apariencias, fundó un grupo de empresas bajo el nombre de

Graveuca, con las cuales participó en licitaciones legales para obtener contratos de construcción de viviendas populares del gobierno venezolano.

Casi de entrada, se codeó con importantes figuras oficiales, tanto militares como civiles, entre ellas el mismísimo zar antidrogas de Venezuela, Luis Correa Fernández, y el general de la Guardia Nacional Jesús Armando Rodríguez Figuera, mencionados por Feris Domínguez como "auxiliadores" de sus narcoactividades[586].

El Doctor Colombia dijo que obtuvo documentos de identidad venezolanos gracias al entonces director de la Oficina Nacional de Identificación y Extranjería (Onidex), Hugo Cabezas. Consiguió incluso un pasaporte diplomático con la identidad de Víctor Manuel Contreras Tapia, un supuesto asesor del Ministerio de Finanzas de Venezuela.

Aunque Cabezas negó que tuviera relación alguna con Feris Domínguez, el Departamento de Estado estaba al tanto de esa relación. En un cable enviado a Washington el 26 de enero de 2007 para comentar sobre el nuevo gabinete ministerial anunciado en ese momento por el gobierno chavista, el embajador William Brownfield anotó que el nuevo Secretario de la Presidencia, Hugo Cabezas, le había dado "directamente" a Feris una cédula de identidad y un pasaporte venezolano. También agregó que Cabezas era "sospechoso de estar vinculado a grupos paramilitares[587].

La buena vida terminó sorpresivamente para el médico en septiembre de 2006, cuando fue capturado a la salida de su mansión caraqueña. Feris trató en vano de sobornar a los agentes ofreciéndoles $2 millones en efectivo para poder escapar, según declaró Jesse Chacón, ministro de Interior y Justicia. Chacón también admitió que Feris Domínguez era protegido por una red de seguridad oficial mientras vivió en Caracas[588].

El gobierno se vio obligado a acusar al capo en un tribunal de portar documentos falsos. Feris fue deportado a Colombia en un procedimiento expedito.

Desde la prisión colombiana, Domínguez concibió un plan de revancha contra sus "amigos" venezolanos: iba a contar todo a las autoridades colombianas y norteamericanas sobre las rutas de la droga en Venezuela, y de sus relaciones con altos funcionarios chavistas.

Lo que reveló superó las expectativas. Aseguró que tenía contacto con 22 altos funcionarios de la Guardia Nacional, la Disip, la Oficina Nacional Antidrogas (ONA), la Onidex y la policía judicial venezolana. Para probar la veracidad de lo que decía, suministró datos personales y números de celular de estas personas a investigadores colombianos y norteamericanos.

Detalló que los contactos le ayudaron a facilitar el ingreso de la droga desde unas 25 rutas que se originaban en Colombia, y a transportarla hasta los puertos y aeropuertos desde donde era embarcada hacia otros mercados, pagando altos salarios para asegurarse la protección[589].

Explicó, por ejemplo, que la cocaína ingresaba a Venezuela por vía terrestre a través de la frontera desde Colombia, y por vía aérea mediante vuelos procedentes de los departamentos de Norte de Santander y Santander Sur, en Colombia.

Desde Venezuela la droga era despachada no a Estados Unidos, sino principalmente a Europa, México y Centroamérica por una razón simple: "los militares venezolanos no quieren problemas con los gringos".

"Son muchas las cosas que conozco de todos estos militares que son la mano derecha del señor Presidente. Porque en Venezuela todo se puede, todo tiene un valor, es muy alto el grado de corrupción, todo es permitido pero siempre y cuando uno pague por lo que uno necesita, y créanme que no soy el único en estas circunstancias", declaró en una entrevista en la cárcel de máxima seguridad de Cómbita, en Colombia, antes de ser deportado a Estados Unidos[590].

El doctor Domínguez terminó sus días en una prisión de alta seguridad en Estados Unidos, tras alcanzar un acuerdo mediante el cual su caso fue cerrado[591].

Para el tiempo en que el Doctor era capturado en su mansión de La Lagunita, el tráfico de droga a través de territorio venezolano había experimentado un significativo giro.

Los carteles comenzaron a mover sus rutas de exportación hacia las fronteras de Venezuela y Ecuador, utilizando vías acuáticas en zonas fronterizas para transportar cocaína mediante lanchas rápidas y botes pesqueros, y principalmente avionetas con capacidad para aterrizar en pistas clandestinas en medio de la selva, a fin de evitar las presiones de interdicción del gobierno colombiano, que ya desplegaba un enorme operativo antinarcóticos con asesoría norteamericana.

Según el informe de 2006 del Departamento de Estado, los carteles estaban incrementando sustancialmente sus operaciones en Venezuela debido a tres razones: altos niveles de rampante corrupción, un sistema judicial débil y la falta de cooperación con la lucha internacional contra las drogas[592].

Mientras en Venezuela se incrementaban los niveles criminales y el gobierno se limitaba a arrestar a narcotraficantes de poca monta, la DEA seguía monitoreando el tráfico dentro y fuera de Venezuela, con la ayuda de informantes cuyos datos ayudaron al decomiso de varias toneladas de droga salida desde territorio venezolano, el triple de lo que se había capturado hasta entonces.

El indicador más ilustrativo de la masificación del narcotráfico por territorio venezolano surgió a mediados de 2006, tras la captura de un avión DC-9 con 5.6 toneladas de cocaína empacadas en 128 maletines, en la localidad de Campeche, México. El plan de vuelo de la aeronave reveló que había salido desde el Aeropuerto Internacional Simón Bolívar, en la capital venezolana. Detrás de ese vuelo estaba una conspiración de alto nivel cuyas conexiones iban a conocerse pronto de una manera inesperada.

El ambicioso empresario sirio-venezolano

Además de los capos colombianos, los agentes antinarcóticos estadounidenses tenían la mirada puesta sobre un empresario de 37 años que ya aparecía en los radares de la DEA como un ambicioso y hábil operador, que prometía destronar a todos juntos, con la ayuda de una formidable plataforma de militares de alto rango a quienes les pagaba sobornos con regularidad.

El empresario, Walid Makled García, había ganado la confianza del gobierno por prestar ayuda clave durante la huelga petrolera del 2002, cooperando en la distribución de gasolina, un favor que le fue ampliamente compensado.

Como comerciante, Makled manejaba exitosamente negocios de distribución de artefactos electrodomésticos y una línea de transporte de carga, entre otras empresas, pero el grueso del dinero con que había hecho fortuna provenía de otras operaciones secretas.

De acuerdo con varias investigaciones federales en Estados Unidos, y documentos de tribunales venezolanos, Makled desarrolló una de las más activas redes de distribución de narcóticos en el continente desde principios de la década, con una eficiencia sin precedentes.

Para fines del 2002, Makled realizó su primer envío masivo de cocaína a Estados Unidos: 600 kilos comprados a un intermediario y enviados por partes desde Puerto Cabello a Miami, utilizando dos cargueros: el Florida Star, y el Texas Ranger.

La DEA monitoreó en detalle los envíos e incluso grabó conversaciones telefónicas de Makled y su proveedor, de acuerdo con documentos judiciales norteamericanos. El empresario sirio terminó pagando $1,000 por cada kilo de cocaína, que en las calles de Estados Unidos se vendía por un precio promedio al detalle de hasta $20,000[593].

La prodigalidad del negocio lo llevó en 2005, tres años después, a asociarse con el jefe de seguridad de Puerto Cabello, para eliminar todos los obstáculos en los envíos marítimos, según la investigación de la DEA.

A partir de allí el negocio creció exponencialmente: los socios comenzaron a enviar un promedio de 10 toneladas mensuales de cocaína a Estados Unidos y Europa, utilizando diversos métodos, como esconder la droga en cargamentos de chatarra de aluminio.

En una operación monitoreada por la DEA en 2005, Makled fue observado sosteniendo reuniones con José María Corredor

Ibagué, alias El Boyaco. Ambos terminaron firmando un acuerdo estratégico que elevó los envíos a una escala industrial. Por lo general eran cargamentos de entre 1 y 2 toneladas, que eran enviados vía aérea a través de México, utilizando los contactos del capo colombiano.

El negocio producía tantas ganancias, que el pago de sobornos a funcionarios policiales era el menor de los problemas. Cuando el jefe de la unidad antidrogas destacado en el aeropuerto de Valencia le decomisó un cargamento de 4,000 kilos de cocaína, Makled presuntamente le pagó $1 millón al funcionario para que le devolviera la mercancía, y garantizara su salida.

En otra ocasión, funcionarios policiales y militares venezolanos vendieron a Makled unas 7 toneladas del alcaloide que habían acumulado en diversos decomisos realizados durante años, de acuerdo al testimonio de la agente Yvonne Schon.

Una investigación conjunta entre la DEA y la policía judicial venezolana se encontró una vez más con el nombre de Walid Makled García cuando funcionarios descubrieron y decomisaron en diciembre de 2004 cientos de toneladas métricas de urea y otros precursores para fabricar cocaína y explosivos, en un almacén de la remota localidad de Santa Elena de Uairén, a escasas millas de la frontera con Brasil.

Las indagaciones determinaron que las sustancias químicas habían sido adquiridas por una firma con sede en Valencia, en el centro de Venezuela, denominada Inversiones Makled.

Tras solicitar explicaciones sobre el hecho, ninguno de los gerentes de la empresa, incluyendo el propio Makled García, fue capaz de explicar de forma satisfactoria la presencia de estos productos en un depósito cercano a la frontera con Brasil[594].

La confabulación más explosiva que puso a Makled en la lista de los tres capos más buscados en el mundo para Estados Unidos se produjo en 2006, cuando investigaciones conjuntas de la DEA y agencias de inteligencia de México capturaron un avión DC-9 cargado con 5.6 toneladas de cocaína pura en el aeropuerto de Ciudad El Carmen, Campeche, en la península de Yucatán.

El avión había salido desde el aeropuerto internacional de Maiquetía, en las afueras de Caracas, y el destino original no era Campeche sino Toluca, pero debió hacer un aterrizaje inesperado debido a fallas mecánicas.

Al chequear el interior del aeroplano con ayuda de perros antinarcóticos, las autoridades sorpresivamente encontraron 128 maletas idénticas repletas de cocaína.

Makled fue el responsable de coordinar la salida del DC-9 del aeropuerto, mediante el supuesto pago de sobornos a oficiales venezolanos, según el testimonio de Gregory Ball, el agente de la DEA que investigó ampliamente al empresario venezolano como parte de una acusación federal coordinada por la fiscalía del Distrito Sur de Nueva York.

"Walid Makled-García hace pagos a la policía venezolana y a la Guardia Nacional a fin de que los aviones cargados con cocaína puedan salir de los aeropuertos y pistas localizadas en Venezuela de forma segura y sin que sean perseguidos por las fuerzas de seguridad", indicó Ball[595].

La DEA se mantenía al tanto de las operaciones de Makled a través de eficientes informantes infiltrados. Uno de ellos incluso fue usado para pagar sobornos a funcionarios gubernamentales, una oportunidad única que suministró evidencia sólida de la corrupción oficial.

La prosperidad con que se desarrollaba el tráfico permitió a Makled vender el servicio de garantizar los envíos de cocaína desde aeropuertos venezolanos a otros traficantes, a cambio de la mitad de las ganancias que produjera la venta de la droga, parte de la cual se usaba para pagar sobornos[596].

De hecho, Makled controló entre 2006 y 2010 la salida de aviones con droga no sólo de aeropuertos venezolanos, sino también de un grupo de pistas clandestinas de aterrizaje en varias zonas del país.

La información sobre las operaciones de Makled, sin embargo, se mantuvo en secreto mientras avanzaban las investigaciones de las agencias norteamericanas.

AMBIENTE PERMISIVO

Mientras Makled ampliaba sus negocios con ayuda de funcionarios y oficiales del gobierno chavista, Venezuela pasó a ser el mayor punto de circulación de drogas en la región, gracias a un "ambiente permisivo y corrupto", indicó el informe antidrogas del Departamento de Estado norteamericano en 2007.

"Venezuela es un país de gran tránsito de drogas con rampante corrupción de alto nivel y un sistema judicial débil", precisó el informe, subrayando la falta de cooperación de las autoridades en la lucha antidrogas y el uso del país como plataforma de transporte preferida para los carteles colombianos de la droga[597].

La corrupción oficial jugaba un papel crucial. "Las fuerzas de seguridad rutinariamente aceptan sobornos a cambio de facilitar el transporte de drogas, y los decomisos ocurren principalmente cuando no se han hecho los pagos. Incluso cuando se hacen decomisos, la droga incautada no siempre se devuelve intacta para ser destruida, y la cocaína que ha sido decomisada a veces es devuelta a los traficantes".

El reporte indicó varios factores preocupantes que influían en el incremento del trasiego de drogas por el país: reducción de los decomisos de drogas, falta de entrenamiento y equipos para las investigaciones antinarcóticos, politización de las indagaciones y la ampliación de las rutas para introducir grandes cargamentos de cocaína al país procedente de Colombia, con el fin de ser reexportadas principalmente a Estados Unidos, pero también a África Occidental y Europa.

"El gobierno de Estados Unidos estima que alrededor de 250 toneladas métricas de cocaína transitan Venezuela anualmente por vía de aviones privados que usan pistas clandestinas y rutas marítimas. El monto de cocaína que se mueve a través de Venezuela mediante aviones privados se ha incrementado de 27 toneladas en 2004 a 150 toneladas en 2007", reportó el Departamento de Estado[598].

El tráfico aéreo desde Venezuela manejó en 2007 el 30 por ciento de todo el tráfico de cocaína y heroína de la región andina, el triple en comparación con el año 2005, indicó el almirante estadounidense Jeffrey Hathaway, comandante de operaciones inter agencias del Comando Sur.

Los vuelos detectados por el equipo del comandante Hathaway aumentaron de 38 en 2004 a 64 en 2005, a 115 en 2006 y a poco menos de 200 en 2007[599].

El gobierno venezolano reaccionó airadamente al informe norteamericano por medio de Pedro Carreño, un ex militar que ejercía como ministro de Interior y Justicia.

En su contraataque, Carreño dijo que la DEA había desarrollado contactos con narcotraficantes antes de que Chávez ordenara la suspensión de la cooperación con la agencia en 2005, y que se había convertido en un cartel del narcotráfico.

"Grandes cantidades de cargamentos de droga salen del país a través de la organización", indicó Carreño refiriéndose a la DEA. "Aquí estamos en presencia de un nuevo cartel de la droga", declaró el ministro en una entrevista radial. Sin embargo, Carreño nunca presentó evidencias para respaldar sus acusaciones[600].

Las afirmaciones sobre el narcotráfico en Venezuela por parte de Washington fueron ratificadas en el informe de la Junta Internacional de Fiscalización de Estupefacientes de las Naciones Unidas del 2008.

"Los grupos delictivos internacionales siguieron usando a la República Bolivariana de Venezuela como uno de los principales puntos de partida de las remesas de drogas ilícitas de la región de América del Sur", precisó el reporte[601].

Frente a las críticas, el mensaje del gobierno de Chávez quedó claro: a principios del 2008, el mandatario venezolano masticó trozos de hoja coca durante una transmisión televisiva en vivo a todo el país, a la vez que alababa las propiedades de la planta que le había obsequiado su homólogo boliviano Evo Morales para su consumo personal.

RELACIONES COMPROMETEDORAS

Después de obtener un notable poder económico, el salto a la política estaba a la vuelta de la esquina. Abdala Makled, hermano menor de Walid, decidió lanzarse al activismo político impulsando iniciativas de interés social, y promoviendo activamente la reforma constitucional propuesta por Hugo Chávez[602]. Posteriormente lanzó su candidatura a la alcaldía de Valencia, la tercera ciudad en importancia en Venezuela.

Luego de desplegar una frenética campaña electoral que lo colocó en posición de triunfo, el destino le cambió radicalmente a Abdala y al resto de los hermanos Makled.

El 12 de noviembre de 2008, once días antes de las elecciones regionales de ese año, cuerpos de inteligencia venezolanos allanaron una finca operada por la familia Makled en las afueras de Valencia. Según reportes de la Dirección de Inteligencia Militar (DIM), que dirigió el operativo, en la finca se encontraron 392 kilos de cocaína. Tres de los hermanos fueron detenidos el mismo día y acusados de varios delitos, entre ellos de narcotráfico y legitimación de capitales. Walid Makled fue el único que no resultó detenido, pero fue acusado de los mismos delitos y, adicionalmente, de la muerte del periodista Orel Zambrano y del veterinario Francisco Larrazábal, que era su vecino en la finca donde se incautó la droga[603].

Makled atribuyó el allanamiento a su enemistad con el general Clíver Alcalá, comandante de la IV División Blindada, a quien acusó de haberle "sembrado" los casi 400 kilos de droga, y de ser partícipe también en el contrabando de cocaína y gasolina utilizando sus privilegios como alto militar[604].

Los siguientes 21 meses fueron para Makled una odisea digna del realismo mágico.

En varias entrevistas con el autor, Makled dijo que, en lugar de salir del país para evitar ser capturado por los cuerpos de inteligencia venezolanos, decidió utilizar sus altos contactos militares para esconderse en la misma boca del lobo, en una mansión a escasos kilómetros de Fuerte Tiuna, el mayor fuerte militar del país. Allí tenía como vecinos a banqueros y militares asociados con el régimen.

Con documentos que lo acreditaban como oficial de inteligencia de la Guardia Nacional, como fiscal militar y, por si no resultaba suficiente, como oficial de seguridad del Tribunal Supremo de Justicia, podía circular prácticamente sin peligro. Sus amigos le suministraron, como medida adicional de precaución, automóviles con placas militares.

Aunque con restricciones, Makled continuó operando sus negocios. Acostumbrado a la protección, se aventuró más allá de las fronteras en una misión especial que nunca pudo concluir.

Walid fue detenido casi dos años después de haber sido acusado de narcotraficante y homicida en un tribunal de Caracas, en las afueras de Cúcuta, en Colombia, el 19 de agosto de 2010, tras un operativo coordinado entre la inteligencia colombiana y la DEA. La captura se produjo luego de que agentes de la DEA que monitoreaban paso a paso a Makled le pasaron el dato de su ubicación al gobierno de Bogotá. Inmediatamente un juez colombiano autorizó la intervención del celular del empresario para facilitar la detención[605].

Dos días antes de ser apresado, la embajada de Estados Unidos en Bogotá envió a la cancillería colombiana una Nota Diplomática en la que solicitaba anticipadamente la extradición del empresario a Estados Unidos, para enfrentar cargos que tenía pendientes desde junio de 2009.

La agente Yvonne Schon, una de las agentes de la DEA que participó en el operativo, ya había afirmado en su informe que Makled "tenía fuertes lazos con altos miembros del gobierno venezolano"[606].

Pero lo que reveló el empresario tras su captura desafió los límites de la realidad.

Makled reveló una compleja red de cooperación sin precedentes entre altos militares venezolanos y carteles que usaban a Venezuela como una plataforma para el narcotráfico.

En varias entrevistas que sostuvo con la DEA mientras estuvo detenido en Colombia, Makled suministró los detalles de la red que en casi diez años de operaciones en Venezuela construyó con la ayuda de más de 70 militares de alto rango virtualmente a su servicio, lo que le permitía el acceso sin restricciones a aeropuertos y puertos del país para enviar a Estados Unidos unas 900 toneladas de droga[607].

El empresario mencionó también a diputados, jueces y gobernadores vinculados al gobierno chavista, como participantes de su red de influencia y sobornos, en una serie de entrevistas que sostuvo con el autor en la cárcel de La Picota, en las afueras de Bogotá, transmitidas posteriormente en un reporte especial por el canal Univision[608].

El empresario detalló que había amasado una fortuna de $1,200 millones, que se había codeado con miembros del alto mando militar venezolano, que mantenía una nómina de $1 millón para pagar favores a altos funcionarios, "desde generales de división hasta generales de brigada", y que en una ocasión había pagado $2 millones en una contribución al Partido Socialista Unido de Venezuela (PSUV)[609].

También reveló que le había pagado en una negociación $100,000 a Firaz El Aissami, hermano del ministro de Interior y Justicia Tarek El Aissami.

Makled también dio detalles de la supuesta estrecha relación entre el Ejército venezolano y la guerrilla colombiana, para el envío de unos 5 aviones diarios cargados con cocaína desde el estado Apure hasta México, y de ahí a Estados Unidos.

"No es un secreto que en Venezuela, en San Fernando de Apure, ahí funcionan laboratorios de cocaína, igual que en Maracaibo, en territorio venezolano, los cuales son resguardados por el mismo gobierno venezolano", dijo Makled.

El empresario también dijo que operaba aduanas portuarias en el Aeropuerto de Valencia, capital del estado Carabobo y la tercera ciudad más grande de Venezuela, y los puertos de Puerto Cabello y La Guaira, gracias a concesiones que recibió de funcionarios gubernamentales, entre ellos Luis Acosta Carlez, un general retirado que era gobernador de Carabobo, a cambio de un pago de $3 millones.

Las revelaciones de Makled provocaron pánico en Caracas, y una ardorosa polémica en Colombia y Estados Unidos.

Altos funcionarios negaron cualquier vinculación con el empresario, y atribuyeron las revelaciones a una gigantesca campaña mediática.

Las declaraciones difundidas de Makled "han estado elaboradas en laboratorios para dañar al país", dijo el presidente Hugo Chávez, durante una llamada telefónica desde La Habana, Cuba, transmitida por la televisora estatal venezolana, pocos días después de la publicación de las primeras declaraciones acusatorias de Makled[610].

"No se trata que otra cosa que de una nueva embestida de los medios", declaró el ministro de Interior y Justicia, Tarek El Aissami, negando que su hermano Firaz El Aissami hubiese recibido un pago de $100,000 de parte de Makled[611].

El gobernador Acosta Carlez salió de un retiro voluntario y negó que hubiese recibido dinero a cambio de las concesiones otorgadas a Makled. "Es mentira", aseguró el general retirado[612].

El general Clíver Alcalá, comandante de la IV División Blindada, negó los señalamientos de Makled.

"Todo reo, todo delincuente, ataca aquí a quien a su parecer es responsable de su detención", dijo Alcalá en una entrevista[613].

El hecho de que Venezuela introdujese una petición de extradición de Makled antes de que lo hiciera Estados Unidos, un factor clave en la decisión de Colombia sobre el destino del capo venezolano, fue motivo de disputas políticas en el congreso norteamericano.

"La inaceptable transferencia del capo Makled-García y su información vital a Venezuela, en vez de a Estados Unidos, marcaría una pérdida devastadora para la DEA, para la lucha conjunta contra el narcotráfico y la seguridad de toda la región", dijo el congresista republicano por la Florida Connie Mack, criticando la aparente falta de interés de la administración de Barack Obama para poner al empresario en una corte federal[614].

Eventualmente, el presidente Juan Manuel Santos delegó en la Corte Suprema de Colombia la decisión de cuál iba a ser el destino más apegado a las leyes de su país en el caso de Makled. Santos acogió la decisión del tribunal supremo de que la petición de extradición de Venezuela, que había llegado antes, incluía acusaciones de dos homicidios además de los cargos de narcotráfico y lavado de dinero, factores que tenían mucho más peso legalmente que la solicitud norteamericana.

"Cuando lo capturamos, llegó la solicitud de extradición de Venezuela mucho antes que la de Estados Unidos. La petición de Venezuela no sólo es por narcotráfico, sino también por otro delitos", declaró Santos en Bogotá[615].

Esta era la cara pública del caso. Pero el anuncio del mandatario colombiano se produjo luego de conversaciones confidenciales entre funcionarios de Colombia y del Departamento de Estado. Santos quería asegurarse de que no estaba desatando la ira de Washington al anunciar la extradición de Makled a Caracas. De hecho, atendiendo a una petición expresa de la congresista Ileana Ros-Lehtinen, Santos dijo que, mientras concluyeran los procedimientos de extradición, el gobierno iba a permitir un amplio e irrestricto acceso de las agencias federales al acusado[616].

Makled llegó finalmente a Caracas el 9 de mayo de 2011 en medio de un vistoso despliegue de seguridad, y fue recluido en una cárcel especial del Servicio Bolivariano de Inteligencia (Sebin).

LA TEMIBLE LISTA OFAC

Como resultado de las evidencias recabadas en las investigaciones federales, Walid Makled fue incluido en la lista de la OFAC el 29 de mayo de 2009, como "significativo narcotraficante extranjero", al lado del capo colombiano Daniel Rendón Herrera; al afgano Haji Juma Khan, un narcotraficante acusado de financiar las milicias talibanas, y a Imam Bheel, un capo paquistaní.

La designación en la lista del Departamento del Tesoro norteamericano implicaba una automática congelación de cuentas y bienes en territorio norteamericano, de acuerdo con la Ley contra los Capos de la droga (Kingpin Act)[617].

Sin embargo, Makled no era el primer venezolano en ser incluido en la lista de la OFAC, particularmente temida entre los militares chavistas. En septiembre de 2008, el Departamento del Tesoro desató una tormenta en Venezuela al designar a tres altos jefes chavistas como "capos de la droga", por su estrecha relación con la guerrilla colombiana, calificada por Estados Unidos como una agrupación narcoterrorista[618].

Los tres personajes eran el ex ministro del Interior y Justicia Ramón Rodríguez Chacín, considerado el enlace entre Chávez y el alto mando de las FARC; y los generales activos Henry Rangel Silva y Hugo Carvajal, que ocupaban importantes posiciones en las fuerzas armadas bolivarianas.

Rodríguez Chacín, que había dejado de ser ministro del Interior el día anterior del anuncio de la OFAC, fue señalado por suministrar armas a la guerrilla, y como responsable de facilitar un préstamo de $250 millones a las FARC a fines de 2007.

El gobierno norteamericano dijo que Rangel Silva, jefe de la Dirección de los Servicios de Inteligencia y Prevención (Disip), la policía política venezolana, "asistió materialmente en actividades de narcotráfico a las FARC", y promovió una mayor cooperación entre Venezuela y la guerrilla colombiana.

Carvajal, entonces jefe de la Dirección de Inteligencia Militar (DIM), jugó un papel crucial para proteger cargamentos de droga de las FARC y proveerles de armamento y documentos de identificación venezolanos, a fin de que los guerrilleros pudieran movilizarse desde y hacia Venezuela con facilidad.

"Continuaremos enfocándonos y aislando esas personas y entidades que ayudan en las mortales actividades narcoterroristas de las FARC en las Américas", declaró Adam J. Szubin, director de la OFAC[619].

La designación de estos tres funcionarios venezolanos había tenido consecuencias diplomáticas para Washington. Tres días después del anuncio, el presidente Hugo Chávez declaró al embajador norteamericano en Caracas, Patrick Duddy, como *persona non grata*. Chávez, sin embargo, justificó la decisión no como una represalia por las medidas contra Rodríguez Chacín, Rangel Silva y Carvajal, sino en solidaridad con Bolivia, que días antes había expulsado al representante diplomático de Estados Unidos en La Paz por su supuesto apoyo a sectores opositores al régimen de Evo Morales.

El enigmático Carvajal

De las tres figuras incluidas en el 2008 en la lista de capos de la droga del Departamento del Tesoro, el general Hugo Carvajal era no sólo el menos visible, sino el que acumulaba más poder real y el que mantenía los vínculos operativos más estrechos con el alto mando de la narcoguerrilla colombiana.

El misterioso general se había vinculado a la inteligencia militar desde los inicios del gobierno chavista. Muy pocos detalles de su vida hasta ese momento eran del conocimiento público. Apenas se sabía que había nacido en 1960 en la localidad de Puerto La Cruz, en el oriente venezolano, y que era conocido como "El Pollo", debido a su aspecto físico.

Su rol en las tareas de inteligencia y contrainteligencia se amplió con su nombramiento en julio de 2004 como jefe de la inteligencia militar venezolana. Desde esa posición comenzó a promover un acercamiento con facciones de las FARC y el ELN que operaban en la frontera colombo-venezolana.

En 2005, estableció contactos claves con la guerrilla a través de un coronel del Ejército venezolano que estaba destacado en San Cristóbal, en el estado Táchira, fronterizo con la ciudad colombiana de Cúcuta, de acuerdo al testimonio de un oficial de la Guardia Nacional venezolana. En Colombia, Carvajal comenzó a ser conocido como el "Vladimiro Montesinos" del gobierno de Chávez[620].

Otro oficial activo del ejército venezolano reveló que a mediados de mayo de 2006 Carvajal se reunió con el alto jefe guerrillero German Briceño Suárez, alias "Grannobles", hermano del importante comandante "Mono Jojoy".

El oficial, que fue testigo del encuentro, describió con lujo de detalles cómo y dónde se produjo la cumbre entre Carvajal y el alto mando de las FARC.

"La reunión tuvo lugar en la finca llamada Corocito, ubicada en San Silvestre, estado Barinas. En el lugar había efectivos de la Guardia, la Disip y la DIM. Era un grupo de aproximadamente 20 personas, aunque había más en la seguridad perimetral a cargo de la GN. De la guerrilla estaba Briceño ('Grannobles') acompañado por un pequeño grupo de cinco a siete irregulares. Después, en dos helicópteros de las FAN llegaron otros 21 guerrilleros".

Los temas tratados fueron las estrategias de coordinación política, militar y económica entre el gobierno de Chávez y las FARC, incluyendo la alimentación de los guerrilleros que actuaban en la frontera binacional, y documentos de identidad venezolanos.

"Briceño le pidió a Carvajal protección por parte de la Disip para un grupo de 21 guerrilleros que llegaron en los helicópteros, ya que operan en diferentes lugares de Venezuela. Le pidió al general suministrarles a esas personas documentos de identidad así como credenciales que los acreditaran como miembros de la Disip o de la DIM para poder moverse mucho más tranquilamente en territorio venezolano", dijo el oficial.

También reveló que dos de los delegados guerrilleros de las FARC enviados a Venezuela con protección de la DIM, Didier y Yesid Ríos, residieron desde octubre de 2007 en la Isla de Margarita. El llamado Clan de los Ríos trabajaba para el Frente 16 de las FARC en tareas de envío de drogas y lavado de activos.

No sólo los hermanos Ríos recibieron documentos venezolanos provistos por Carvajal. También el narcotraficante Hermágoras González Polanco recibió carnets de identidad gracias a la cooperación del general.

En otro episodio reportado en la publicación colombiana Semana, se relacionó a Carvajal con un operativo destinado a evitar el decomiso de 2.9 toneladas de cocaína escondidas en un almacén de Puerto La Cruz, y que iban a ser exportadas a Europa, con un porcentaje de las ganancias para el Frente 10 de las FARC.

El jefe de la DIM también fue vinculado al secuestro y posterior asesinato de un informante de la DEA en Venezuela, y de dos oficiales del ejército colombiano, el capitán Camilo González y el cabo Gregorio Martínez, que se habían infiltrado en territorio venezolano para identificar el paradero de un grupo de guerrilleros colombianos que operaban con protección del gobierno chavista.

EL ÚLTIMO CAPO COLOMBIANO

En septiembre de 2012 tuvo lugar, en una localidad fronteriza de Venezuela, el operativo de captura más significativo en la lucha contra las prolíficas actividades de narcotráfico de las FARC.

El operativo no había sido iniciativa del gobierno venezolano, sino de dos agencias extranjeras que monitoreaban de cerca a la organización narcoguerrillera en Venezuela y Colombia: la Agencia Central de Inteligencia (CIA), de Estados Unidos, y la Agencia contra el crimen organizado de Gran Bretaña, conocida como SOCA.

Agentes de la CIA y SOCA habían hecho llegar la información que poseían a las autoridades de Bogotá y Caracas, principalmente para advertirles que conocían de la presencia de uno de los capos más buscados del mundo, y que operaba desde territorio venezolano en coordinación con la guerrilla colombiana.

La captura de Daniel Barrera, alias "El Loco", se produjo tras un despliegue de tropas de asalto en la localidad de San Cristóbal, en la frontera venezolana con el Departamento del Norte de Santander.

El capo se encontraba haciendo llamadas en un teléfono público frente a una iglesia católica de San Cristóbal. De acuerdo con las autoridades norteamericanas, las llamadas que hacía Barrera desde docenas de teléfonos públicos de la ciudad venezolana estaban siendo monitoreadas[621].

Llamativamente, la operación fue coordinada a más de tres mil millas de distancia, en un cuartel secreto ubicado en las cercanías de Washington, con la participación de operativos de la

CIA, la SOCA y de la Policía Nacional de Colombia, cuyo jefe, el general José Roberto León Riaño, inició inmediatamente los trámites para la extradición de Barrera a Colombia, y de allí a Estados Unidos[622].

"Fue capturado en San Cristóbal, Venezuela, el ultimo de los grandes capos, y esto en la lucha contra el narcotráfico también representa un paso muy importante y definitivo, pues este sujeto controlaba muchas de las rutas del narcotráfico que iba hacia Venezuela", declaró triunfante el presidente colombiano Juan Manuel Santos[623].

A través de su cuenta twitter, el ministro venezolano Tarek El-Aissami también destacó la captura como "el más importante golpe" al narcotráfico realizado en Venezuela.

Nadie en el gobierno venezolano explicó, sin embargo, qué hacía en Venezuela uno de los narcos más temidos de Colombia, y a quien las agencias de inteligencia norteamericanas consideraban el factótum de las operaciones de tráfico de drogas de las FARC.

De acuerdo con la acusación de la corte federal de Nueva York y reportes de prensa, el Loco Barrera era el responsable de comercializar la cocaína producida por los diferentes frentes de las FARC, utilizando laboratorios bajo su control.

Luego de procesar el alcaloide, "Barrera arregló el empaque y transportación de polvo de cocaína procesada desde Suramérica, vía Colombia y Venezuela, y hacia, entre otros lugares, Estados Unidos, Europa y África", indicó la acusación federal[624].

La acusación incluyó, entre otros eventos, una reunión entre Barrera y socios no identificados en la localidad de Valencia, en el centro industrial de Venezuela, para discutir el envío de narcóticos hacia Estados Unidos, África y República Dominicana.

También se mencionó una reunión de Barrera con un informante en Bogotá para discutir el envío de varias toneladas de cocaína desde Venezuela a otros destinos no identificados.

El "Loco" logró incluso algo impensable para otros carteles de la droga: que los grupos paramilitares le compraran la sustancia a sus tradicionales enemigos las FARC, para luego comercializarlas por su cuenta.

Barrera no tenía fronteras en su tarea de comercializar la cocaína. Mantenía acuerdos de negocios con los frentes 14, 17, 10 y 16 de las FARC; con el bloque Vencedores de Arauca, de los paramilitares; y con los carteles del Norte del Valle, de Antioquia, de la Costa y de Nariño. Manejaba la producción, distribución, rutas y pistas en las localidades de Meta, Vichada, Guaviare, Putumayo, Casanare y parte de Cundinamarca, lo cual le dio una alta posición entre los grandes capos y lo puso en la mira de la DEA[625].

Adicionalmente, se encargaba de invertir para las FARC parte de las ganancias de la venta del estupefaciente.

En breve desarrolló una alianza con Wilber Varela para exportar droga a través de territorio venezolano. Un agente encubierto de la DEA llegó a afirmar: "no hay un solo kilo de coca de los que pasan por Bogotá que no sea de Barrera o autorizado por él"[626].

Su poder de corrupción era de tal naturaleza, que logró que sus huellas dactilares desaparecieran de la Registraduría Nacional de Colombia.

Dos meses después de su captura, se descubrió que el capo tenía un total de 127 propiedades en Venezuela, entre ellas siete fincas, tres galpones de almacenamiento, 16 apartamentos, un *townhouse*, cuatro posadas, un edificio, un yate, un avión, un hangar, dos granjas, 48 vehículos, tres locales comerciales y tres oficinas. Las autoridades venezolanas le calcularon una fortuna total de $834 millones[627].

Barrera fue deportado a Colombia el 14 de noviembre de 2012. Ocho meses después, el 9 de julio de 2013, fue extraditado a Estados Unidos, para enfrentar las acusaciones de la corte federal de Nueva York.

<h3>LA CONEXIÓN MEXICANA</h3>

La captura del avión DC-9 en Campeche, México, con 5.5 toneladas de cocaína procedente del aeropuerto de Maiquetía, en Venezuela, y cuya propiedad se le atribuyó a Makled, fue uno de los primeros indicios de que existía una relación operativa y sólida entre narcotraficantes mexicanos y poderosos aliados venezolanos, que estaba siendo investigada por agencias federales norteamericanas.

Nuevos detalles de esa relación fueron puestos al descubierto con la detención en la localidad de Puebla, en septiembre de 2010, de Sergio Villarreal Barragán, alias El Grande, uno de los principales operadores del cartel de los hermanos Beltrán Leyva.

Antes de ser extraditado a Estados Unidos en mayo de 2012, El Grande reveló detalles de una red de trasiego de cocaína que funcionaba bajo control del narcotraficante mexicano Edgar Valdez Villarreal, alias *La Barbie*, y que manejaba cargamentos mediante una ruta que operaba entre Colombia y México, pasando por Venezuela.

Altos militares venezolanos participaban en la red de narcotráfico controlada por *La Barbie* desde la ciudad de Maracaibo, capital petrolera en el occidente de Venezuela, de acuerdo con el testimonio del capo.

Aviones Grumman despegaban desde Maracaibo y se dirigían al aeropuerto de Cancún, en la costa del Golfo de México, cargados con 3.3 ó 3.4 toneladas del alcaloide previamente traídas desde Colombia. Para sacar la cocaína de Venezuela, los narcos mexicanos debían pagar sobornos de $900,000 a altos oficiales chavistas[628].

Los aviones despegaban "con conocimiento de diversos generales del Ejército de Venezuela", aseguró el narcotraficante.

Una vez en el aeropuerto del famoso balneario mexicano, los narcos pagaban otros $400,000 para que la aeronave pudiera proseguir el viaje a su destino final.

"Quiero aclarar que en caso de que sólo se bajara el avión para que repostara turbosina y hacer el papeleo para que pasara de vuelo internacional a nacional sólo se pagaban 400 mil dólares. Entonces estos aviones bajaban en el aeropuerto de Toluca, Estado de México, desconociendo cómo estaba arreglado", declaró El Grande a las autoridades mexicanas.

Los cargamentos eran enviados desde 2007 y controlados por la organización de los Beltrán Leyva, en ese momento miembros de La Federación, una organización bajo control de Joaquín El Chapo Guzmán, según detalló El Grande.

La red abarcaba a funcionarios policiales y comandantes de la Policía Federal que trabajaban en los aeropuertos adonde arribaban las aeronaves desde Venezuela. El Grande dijo que la descarga de los aviones estaba bajo su mando y el de *La Barbie*.

El Grande terminó en Estados Unidos como testigo protegido de la DEA, suministrando información de cómo operaba la conexión venezolano-mexicana[629].

Otra rama de esta conexión salió a relucir con la captura, en junio de 2010, del capo colombiano Luis Frank Tello Candelo, alias "El Negro Frank", en una localidad del estado Miranda, en el centro de Venezuela.

El Negro Frank fue identificado como un activo narco vinculado con el cartel mexicano de Los Zetas[630].

En 1996, el Negro Frank había sido capturado por sus vínculos con el tráfico de drogas en Colombia, pero fue liberado en 1999 luego de que su expediente con 43 piezas desapareciera misteriosamente del tribunal donde estaba siendo procesado.

El capo fue extraditado a Estados Unidos poco tiempo después, para enfrentar acusaciones de narcotráfico en la corte del Distrito Este de Nueva York.

Seis meses después, en enero de 2011, cuerpos policiales venezolanos aprehendieron a otra persona ligada sentimentalmente al Negro Frank: la narcotraficante colombiana Gloria Rojas Valencia, a quien las autoridades también consideraron representante en Venezuela del violento cartel de Los Zetas.

Rojas, conocida como "La Doctora" o "La Pajarola", fue detenida cerca de un restaurante ubicado en la avenida Mohedano de La Castellana, un concurrido barrio del este de Caracas[631].

La detención se produjo luego de que la embajada norteamericana notificó a las autoridades venezolanas que La Doctora tenía una acusación abierta en la Corte del Distrito Este de Nueva York por el envío a Estados Unidos de al menos 22 toneladas de cocaína, entre 2004 y 2009, utilizando la ruta Colombia-Venezuela-México[632].

Las autoridades norteamericanas habían establecido que tanto el Negro Frank como Rojas Valencia estaban vinculados estrechamente con la organización de Los Zetas, liderada por Flavio Méndez Santiago, alias "El Amarillo", previamente capturado por la Policía Federal mexicana.

La función de ambos fue "obtener cocaína de Colombia, transportarla por tierra en camiones de carga o por bote a Venezuela, y después embarcar la droga desde Venezuela principalmente a México o Centroamérica, para ser eventualmente distribuida en Estados Unidos", indicó la fiscal federal asistente del caso, Bonnie Klapper[633].

La tarea del Negro Frank, agregó Klapper, era garantizar que los envíos llegaran de una manera segura a Venezuela, "a través de sus contactos con funcionarios corruptos de los cuerpos de seguridad venezolanos".

LOS HOMBRES DEL PRESIDENTE

Las revelaciones de Makled, El Loco Barrera, El Grande, La Pajarola y El Negro Frank no fueron las únicas en mostrar una activa conspiración de altos oficiales venezolanos en el negocio del narcotráfico.

La ambición por obtener rápidas y cuantiosas fortunas con dinero del narcotráfico tocó el entorno íntimo del propio presidente Chávez.

A mediados de noviembre de 2005, un misterioso camión de carga llegó a la base militar fronteriza de Orope, en el estado Táchira, proveniente de la vecina población colombiana de Boca de Grita, en el departamento del Norte de Santander. El camión había venido escoltado por otros dos vehículos civiles, tripulados por hombres que no eran militares. El vehículo, que venía cargado, pernoctó por un tiempo en la base militar bajo autorización del comandante de turno, el subteniente Ismael Barrios Conde.

En la mañana del 19 de noviembre, el vehículo se puso en marcha conducido por Edgar Rincón Rangel, un chofer adscrito al 253 Batallón de Cazadores con sede en la población de La Fría, a escasas millas de Orope. El copiloto era el sargento técnico Ricardo Lacre Ruiz, un oficial adscrito a una unidad militar completamente distinta, el Batallón de Comunicaciones Pedro Briceño Méndez, con sede en Fuerte Tiuna, en la capital venezolana. El camión debía ser conducido desde la frontera con Colombia hasta el centro del país, para ser descargado en el puerto de Puerto Cabello.

Para proteger la valiosa carga, el vehículo marca Chevrolet, modelo Kodiak, había sido provisto de una placa o chapa militar que lo acreditaba, sin serlo en realidad, como un vehículo del Ejército venezolano[634].

Luego de varias horas de camino sin inconvenientes, el camión fue detenido por oficiales de la Guardia Nacional a mitad de camino. Los efectivos militares notaron algo inusual: el vehículo tenía una sola chapa de identificación, en vez de las dos a ambos extremos del vehículo, según las leyes venezolanas.

Cuando revisaron el cargamento, los funcionarios no encontraron piezas ni aparejos militares sino 2,000 paquetes de cocaína pura, con un peso de unas 2.2 toneladas.

Los transportistas fueron inmediatamente detenidos, y el Comando Antidrogas de la Guardia Nacional lanzó una amplia pesquisa. Además de decomisar la droga, los funcionarios retuvieron un celular perteneciente al chofer Rincón Rangel. La lista de números, mensajes y llamadas recibidos en el aparato proveyó a los investigadores militares de información crucial para identificar a otros implicados en la operación.

Además del subteniente Barrios Conde, que había dado protección a la droga en la base militar de Orope, se descubrió la participación de otros dos oficiales: el mayor Héctor López Velásquez, y el teniente coronel Pedro Maggino Bellicchi.

Cuando el reporte oficial de las detenciones llegó a las altas esferas del gobierno, numerosas llamadas de alto nivel se produjeron para tratar de detener la investigación.

Había poderosas razones: dos de los implicados en el transporte de la cocaína no eran simples funcionarios de la Fuerza Armada venezolana. El chofer Edgar Rincón Rangel era primo del general Henry Rangel Silva, en ese momento el todopoderoso director de la policía política venezolana, el Servicio Bolivariano de Inteligencia (Sebin), conocido entonces como la Disip. Por su lado, el teniente coronel Maggino Belicchi, implicado en la protección del cargamento, había sido jefe de seguridad de doña Elena Frías de Chávez, madre del presidente Chávez, y era considerado un oficial que tenía estrechas relaciones con el entorno presidencial.

De acuerdo con documentos de las cortes venezolanas, Maggino había hecho una pasantía de dos años entre 1999 y 2001 en la famosa Escuela de las Américas, un lugar de entrenamiento para militares norteamericanos ubicado en Fort Benning, Georgia[635].

Los altos oficiales del gobierno chavista que querían detener las indagaciones, concentraron sus presiones en torno al magistrado del Tribunal Supremo de Justicia, Eladio Aponte, que presidía la Sala Penal, bajo cuya autoridad se encontraban todos los tribunales penales del país, incluyendo el tribunal donde estaban siendo procesados los militares.

"Me llamaron desde la Presidencia de la República para abajo", declaró posteriormente el magistrado, en una polémica entrevista publicada tras su salida de Venezuela en abril de 2012, para negociar con el gobierno norteamericano su condición de testigo protegido[636].

Aponte dijo que recibió llamadas de los generales Rangel Silva y Hugo Carvajal, jefe de la Dirección de Inteligencia Militar (DIM), y de "un almirante de apellido Aguirre", miembro del estado mayor presidencial, para presionarlo. Explicó que las presiones estaban orientadas a liberar a los implicados, principalmente a Rincón Rangel y a Maggino Belicchi, porque el presidente Chávez estaba "muy interesado en ese caso".

Aponte reveló que, tras numerosas llamadas de presión, intervino para favorecer a los detenidos. "Yo le di (una medida) cautelar y la Fiscalía no continuó investigando".

Tras recuperar su libertad, el teniente coronel Maggino Belicchi siguió su vida militar sin aparentes obstáculos. En 2007 fue enviado como agregado militar a Buenos Aires, Argentina, a pesar de que tenía abierta una investigación de tráfico de drogas, que legalmente le impedía salir del país[637].

Maggino obtuvo finalmente el sobreseimiento del caso en mayo de 2009, cuando aún se encontraba destacado como agregado militar en Buenos Aires. El destino diplomático no fue la única premiación que recibió Maggino. A mediados de 2007, cuando el proceso judicial en su contra continuaba abierto, fue ascendido a coronel por recomendaciones de la Comandancia General del Ejército y del Ministerio de la Defensa, violando los reglamentos militares[638].

Un mes antes de las denuncias del magistrado Aponte sobre las irregularidades del caso Maggino, la Comandancia General del Ejército había incluido al coronel en la lista de ascenso al grado de General de Brigada.

Además de las afirmaciones de Aponte de que Chávez presuntamente había intervenido para proteger a Maggino, una misiva distribuida por medios electrónicos en Venezuela a fines de 2011 reveló que el mandatario venezolano fue advertido de la presunta vinculación del general Henry Rangel Silva, en ese momento jefe del Sebin, en la operación de traslado de 2.2 toneladas de cocaína en la que estaba implicado su primo Edgar Rincón Rangel.

La carta, dirigida a Chávez con fecha 10 de enero de 2007, le advirtió al mandatario venezolano que existían "suficientes elementos que vinculan de manera directa" al general de Brigada Henry Rangel Silva con el caso de su primo. La comunicación recomendó la apertura de "una profunda investigación y auditoría" de los bienes del general, así como "el cese de sus actividades laborales, hasta que se pueda descartar su participación en los hechos antes mencionados".

Se desconoce si Chávez ordenó investigar al general Rangel Silva, pero nunca se anunciaron sanciones en su contra. El general nunca ha dejado de ser un funcionario público. Tras ser designado por Chávez como candidato, fue electo gobernador del estado Trujillo, en la región andina venezolana, en las elecciones regionales de diciembre de 2012.

A pesar de las deficientes relaciones en materia de lucha antinarcóticos, el Departamento de Estado continuó monitoreando no sólo los vuelos y embarcaciones sospechosos de transportar masivos cargamentos de droga, sino las contradictorias políticas antinarcóticos del gobierno chavista.

Un representante de la DEA en Caracas mantenía aún un contacto informal con las autoridades para compartir información sobre potenciales capos actuando en territorio venezolano, y comandantes del Servicio Guardacostas de Estados Unidos sostenían una línea de comunicación con sus pares en Venezuela.

Pero las fuertes presiones para obligar al gobierno venezolano a actuar contra sus propios oficiales implicados en proteger cargamentos y capos de la droga, provenían de las agencias antinarcóticos de España y Gran Bretaña, que en algunos casos actuaban como intermediarias de Washington para hacerle saber a Caracas que conocían las operaciones ilegales hasta en sus más mínimos detalles.

Para el Departamento de Estado, era preocupante las marchas y contramarchas de altas autoridades venezolanas en temas de narcotráfico.

Por ejemplo, en marzo de 2009, la fiscal general de Venezuela, Luisa Ortega Díaz, permitió la visita de una delegación de la Oficina de Investigación del Congreso norteamericano (Government Accountability Office, GAO), que preparaba un informe especial sobre el tráfico de narcóticos en Venezuela. De acuerdo con el reporte, el acuerdo era que Estados Unidos permitiera a fiscales venezolanos realizar visitas similares a organismos norteamericanos. "Sin embargo, el gobierno de Venezuela no respondió a una nota diplomática de Estados Unidos ofreciendo las facilidades para que se realizara esa visita", precisó el reporte[639].

El informe final de la GAO, remitido en julio de 2009 al senador Richard Lugar, reveló un panorama devastador. Continuaba indetenible el ambiente "permisivo" y un "alto nivel de corrupción" en el gobierno venezolano, el sector militar y otros cuerpos de seguridad que facilitaban el tráfico de estupefacientes. Adicionalmente, el flujo de narcóticos por territorio venezolano se había cuadruplicado desde 2004.

El reporte también reveló un aspecto interesante de la cooperación binacional: varias oficinas del gobierno venezolano envueltas en la lucha antidrogas estaban dispuestas a recibir asesoría y entrenamiento norteamericano, pero no estaban autorizadas a tales actividades por el gobierno chavista[640].

Los investigadores de GAO coincidieron con sus colegas del Departamento de Estado y de organismos antidrogas de Europa en señalar otra tendencia marcada en el flujo de cocaína desde suelo venezolano: una nueva línea de triangulación que enviaba los cargamentos desde el oriente venezolano, tanto por vía aérea como marítima, a un destino insospechado: África Occidental.

El fenómeno estaba siendo investigado por los norteamericanos debido a evidencias de que la droga enviada al continente africano desde pistas clandestinas en Venezuela no sólo estaba llegando a Europa Occidental, sino también a Estados Unidos.

LA CONEXIÓN AFRICANA

Desde principios del 2005, organismos internacionales como la agencia británica antinarcóticos SOCA o la norteamericana DEA comenzaron a monitorear con especial interés una nueva ruta de trasiego de drogas que enlazaba el norte de Suramérica con las costas occidentales de África.

En febrero de ese año, Kenya fue sacudida cuando, en un operativo en tres ciudades, las autoridades decomisaron una tonelada y media de cocaína procedente de Venezuela y Colombia, y que tenía como destino Europa.

El cargamento, valorado en $6.25 millones, era el mayor decomiso de drogas en la historia de Kenya, y fue capturado en operativos en las ciudades de Malindi, Mombasa y Nairobi.

La captura del cargamento masivo hizo sonar las alarmas tanto de las agencias europeas de drogas como de la DEA, que desde entonces reforzó operativos de monitoreo en Kenya[641].

Al año siguiente, en 2006, otro caso que provocó un escándalo público en Ghana tuvo como protagonista a un narcotraficante acusado de haber importado 77 paquetes de cocaína procedente de Venezuela, usando una embarcación de carga.

Asem Dakey y un socio de nacionalidad surcoreana importaron un total de 2,310 kilos de la droga en el barco MV Benjamin, que salió de un puerto venezolano rumbo a las costas de África Occidental, haciendo una parada en alta mar para cambiar el nombre. La embarcación fue monitoreada por la inteligencia británica, que alertó a las autoridades antinarcóticos de Ghana sobre su llegada a la bahía de Tema, unas 18 millas al este de Accra, la capital.

El cargamento fue sacado de la embarcación al cobijo de la noche, usando pequeñas canoas que llevaron los paquetes a la orilla de la playa Kpone, a escasa distancia del puerto, donde esperaban dos vans. Cuando la policía arribó a la escena y sorprendió a los narcotraficantes, en lugar de arrestarlos llegó a un acuerdo de dejarlos continuar con el desembarco a cambio de un cuantioso soborno. Dakey escapó sin problemas de la vigilancia de las autoridades y permaneció fugitivo durante años en la vecina Benin[642].

A mediados de julio de 2008, un avión Gulfstream arribó inesperadamente desde Venezuela, con media tonelada de cocaína en su interior, al aeropuerto internacional Osvaldo Vieira de Guinea-Bissau. Cuando el piloto detuvo la aeronave frente a un hangar en una base militar adyacente al aeropuerto, un grupo de soldados los rodearon y comenzaron a descargar el contenido. De acuerdo con un reporte, la tripulación fue detenida y posteriormente liberada. Nadie resultó procesado por el incidente, por presuntas presiones del ejército del país africano[643].

En abril de 2009, autoridades de Sierra Leona y de Gran Bretaña sentenciaron a un venezolano, dos mexicanos y cuatro colombianos en conexión con un cargamento de 700 kilos de cocaína que fueron decomisados dentro de una Cessna bimotor procedente de Venezuela. Los acusados fueron condenados a 5 años de prisión y a pagar multas de al menos $1 millón antes de salir de prisión[644].

En noviembre de 2009, fueron descubiertos los restos de un avión 727 de uso comercial en pleno desierto de Mali, en África Occidental, que había sido destruido deliberadamente. De acuerdo con investigaciones oficiales, el avión había despegado de una pista en Venezuela y había llegado al desierto con varias toneladas de cocaína[645].

Este caso llamó particularmente la atención de fiscales de la corte federal de Nueva York, que abrieron una investigación para encausar a un grupo de nigerianos, rusos y colombianos que lideraban una red que transportaba cocaína desde Colombia a Venezuela, y de ahí, en grandes aviones, la transportaban directamente a África Occidental.

La red comenzó a operar desde junio de 2007, cuando traficantes colombianos y venezolanos viajaron a Liberia para establecer una nueva base de operaciones. Los viajeros se reunieron con dos oficiales de la Agencia Nacional de Seguridad de Liberia, uno de los cuales era el propio hijo del presidente de esa nación, para ofrecerles pagos a cambio de que permitieran y protegieran las operaciones de tráfico y trasbordo.

Lo que no sabían los narcos suramericanos era que los funcionarios de la agencia estaban trabajando en una operación secreta en coordinación con la DEA.

Las conversaciones llegaron a un punto culmen: acordaron pagar $400,000 a los funcionarios de Liberia a cambio de que permitieran el paso de un cargamento de 700 kilos. Aproximadamente 100 kilos de esta cocaína iba a ser importada a los Estados Unidos, estableció la investigación federal[646].

En octubre de 2009, los narcotraficantes plantearon otro acuerdo: el pago de $1.4 millones por un nuevo cargamento de 2,000 kilos de cocaína. Como gesto de buena fe, el enviado prometía depositar en un banco de Lagos, Nigeria, un pago inicial de $200,000 a los funcionarios de Liberia.

En febrero de 2010, otro acuerdo incrementó la cifra a 4 toneladas de cocaína. El problema, ahora, era simplemente logístico: encontrar un avión lo suficientemente grande para transportar la droga desde Venezuela a Liberia.

Finalmente encontraron un piloto ucraniano dispuesto a coordinar la arriesgada operación: Konstantin Yaroshenko. El piloto esperaba ser recompensado con una jugosa cantidad: $4.5 millones para traer la droga desde Venezuela a Liberia, y otros $1.2 millones para moverla desde Liberia a Ghana. Total: $5.7 millones[647].

Los operadores y pilotos de la red, incluyendo a Yaroshenko, fueron arrestados a fines de mayo de 2010 en Liberia, y extraditados a Nueva York para ser enjuiciados por ayudar a importar cocaína desde Colombia y Venezuela a Estados Unidos, vía África Occidental[648].

El tráfico Venezuela-África quedó reflejado en un cable del Departamento de Estado publicado por el portal Wikileaks el 22 de julio de 2011. Allí se detallan las operaciones de tráfico de cocaína que se realizan desde el área del Delta del río Orinoco, en Venezuela, hasta las costas del país africano.

De acuerdo con el documento, la inteligencia antidrogas de España mantenía bajo investigación a un barco de nombre Jean Marie, sospechoso de traficar con humanos y con drogas en una ruta que cubría Sierra Leona, Liberia, Guinea y las Islas Canarias.

Los españoles siguieron las andanzas del barco luego de que lograron colocarle un localizador electrónico. Según el reporte de inteligencia, el barco hizo un viaje al área del Delta del Orinoco a fines del 2008, de donde retornó a Freetown, la capital de Sierra Leona, supuestamente cargado de cocaína.

EL MISTERIO DE LAS NARCOAVIONETAS

Hasta mediados de agosto de 2011, el nombre de Roberto Méndez-Hurtado no era públicamente conocido por sus vínculos con el narcotráfico internacional, excepto para un selecto grupo de comando de la DEA que vigilaba el tráfico de cocaína desde Venezuela a varios destinos en tres continentes.

Ecuatoriano de nacimiento, Méndez-Hurtado era un hombre audaz y arriesgado que tras bambalinas controlaba una organización de tráfico y lavado con profundas conexiones en Venezuela, Centroamérica y el Caribe. Adicionalmente, era un muy conocido operador de las pistas clandestinas que pululan en remotas zonas del estado Apure, en las planicies venezolanas fronterizas con Colombia.

Méndez-Hurtado ganó una fortuna en el negocio de las drogas, y mediante sobornos o alianzas estratégicas logró penetrar importantes instancias oficiales en varios países, de acuerdo con el detallado relato de sus actividades recopilado tras meses de seguimiento y vigilancia por agentes federales y por Richard Gregorie, el fiscal que dirigió en los 80 la acusación, captura y posterior condena por narcotraficante del panameño Manuel Antonio Noriega[649].

Entre otros hechos, Gregorie encontró que el narcotraficante ecuatoriano consiguió documentos y pasaportes venezolanos falsos para los pilotos de las aeronaves que transportaban la cocaína desde Venezuela y para otros "empleados" encargados de repatriar los dólares producto de la venta del narcótico.

Méndez-Hurtado utilizó un grupo de trabajo de 12 miembros para montar su narco estructura. Voló varias veces a Miami con el propósito de contactar a pilotos norteamericanos y adquirir aviones con matrícula de Estados Unidos, comprar equipos de radionavegación, y organizar "excursiones" al estado Apure, en los llanos venezolanos. Una de las avionetas llevaba la matrícula N155TT, adquirida a una firma de aviación en Dakota del Sur.

El dinero era enviado por Méndez-Hurtado utilizando los buenos oficios de los acusados Severo Confessor, Narciso Rondón-Mejía, Luis Fernando Velásquez-Ramírez, Humberto Gallegos, y otras personas no mencionadas en la acusación criminal.

Los aviones salían desde el sur de la Florida, y enfilaban hacia Venezuela. Tras largas horas de vuelo, aterrizaban en pistas clandestinas en el estado Apure, cerca de la frontera con Colombia. Allí, uno de los socios de Méndez-Hurtado, Alvaro Ricardo Nino-Bonilla, y otros recibían a los pilotos proporcionándoles alojamiento mientras el avión era recargado de combustible y con centenares de kilos de cocaína de alta pureza. También se encargaban de alterar las marcas del avión para evitar su identificación.

El avión despegaba con dirección al Caribe anglófono. Aunque la investigación no lo menciona específicamente, las aeronaves lograban atravesar el largo corredor aéreo en territorio venezolano sin ser interceptado, gracias al pago de sobornos a autoridades aeronáuticas, civiles y militares. Las avionetas que procedían de Venezuela aterrizaban regularmente en pistas clandestinas de Guatemala y Honduras, según la indagación federal.

La ciudad de Miami era utilizada como centro de las operaciones del grupo. De allí se registraron vuelos hacia y desde Bogotá, Apure, San Pedro Sula (Honduras) y Retalhuleu (Guatemala). Los documentos de identidad venezolanos fueron traídos a los pilotos en Miami en un vuelo desde Bogotá.

La organización terminó desmantelada con la captura en agosto de 2011 en Ecuador del cabecilla Méndez-Hurtado.

La acusación federal contra el grupo dirigido por el ecuatoriano Méndez-Hurtado coincidió con el escándalo de una narco avioneta descubierta en Venezuela con 1.4 toneladas de cocaína de alta pureza, que había despegado del aeropuerto militar de La Carlota, en la capital venezolana, y se vio obligada a aterrizar de emergencia en una carretera abandonada en la Península de Paraguaná, a una hora de vuelo de Caracas. Lo que ocurrió antes y luego del aterrizaje sigue siendo un motivo de especulaciones y contradicciones por parte de cuerpos policiales y de inteligencia del gobierno venezolano. El gobierno nunca respondió cómo la narco avioneta fue cargada con esa gran cantidad de cocaína de alta pureza en una base estrictamente controlada por militares venezolanos, en la propia capital venezolana.

NUEVAS DESIGNACIONES DE LA OFAC

Entre 2010 y 2012, la relación entre Venezuela y Estados Unidos en la lucha antinarcóticos continuó sin cambios notables. Los informes siguieron reportando la "tolerancia" del gobierno chavista a las actividades de las FARC y el ELN. También reportaron una presencia regular en territorio venezolano de organizaciones del narcotráfico mexicano, particularmente los carteles de Los Zetas y de Sinaloa.

Una crítica particular se repitió en los tres informes entre 2010 y 2012: la premiación de que fue objeto por parte del presidente Chávez del general Henry Rangel Silva, un militar acusado por el gobierno norteamericano de prestar asistencia material a las actividades de narcotráfico de la guerrilla colombiana. En 2010, Rangel Silva fue ascendido a general de cuatro estrellas, y recibió la Medalla al Mérito Ciudadano por parte de la Procuraduría General de la República, en reconocimiento a su "servicio en la defensa de los intereses del país y la Constitución"[650].

Las relaciones binacionales volvieron a enrarecerse el 8 de septiembre de 2011, tras el anuncio por parte del Departamento del Tesoro que incluía en la lista de capos de la droga a otros cuatro altos chavistas, entre ellos funcionarios activos en el gobierno, por actuar en representación de las FARC en el tráfico de drogas[651].

La lista de la Oficina de Control de Bienes Extranjeros (OFAC) incluyó al general Clíver Alcalá Cordones, comandante de la Cuarta División Armada del Ejército venezolano; Freddy Bernal, diputado del PSUV; Amílcar Figueroa Salazar (alias Tino), presidente alterno del Parlamento Latinoamericano en representación del gobierno de Chávez; y Ramón Madriz Moreno (alias Amín), oficial del organismo de inteligencia venezolano Sebin.

Los funcionarios venezolanos actuaron como "facilitadores claves de armas, seguridad, entrenamiento y otras asistencias en apoyo de las operaciones de las FARC en Venezuela", declaró el director de la OFAC, Adam Szubin[652].

Las designaciones de Bernal, Alcalá, Figueroa y Madriz, se unieron a otros nombres de venezolanos también parte de la lista: Walid Makled, Hermágoras González, Henry Rangel Silva, Ramón Rodríguez Chacín y Hugo Carvajal.

El canciller Nicolás Maduro reaccionó rápidamente en declaraciones a la televisión oficial venezolana. "Pretende convertirse el Departamento del Tesoro de Estados Unidos en una especie de policía mundial para calificar a ciudadanos decentes de nuestro país", declaró.

Maduro acusó a Estados Unidos de promover el narcotráfico mundial y defendió el buen nombre de los designados, en especial del general Alcalá y del diputado Bernal[653].

"Es un ataque a la patria", declaró el diputado Bernal. "El objetivo del imperio norteamericano es crear las condiciones para atacar a Venezuela y justificar el ataque con estas mentiras", indicó.

Bernal también dijo que se sentía honrado por la designación del Departamento del Tesoro, y dijo que le despreocupaban los efectos de la medida, ya que no tenía ni cuentas bancarias ni propiedades ni interés en viajar a los Estados Unidos en el futuro cercano[654].

Las acusaciones de Estados Unidos contra venezolanos que participaban en actividades con la narcoguerrilla colombiana no iban a ser las únicas que pondrían a autoridades venezolanas en el centro de la polémica internacional.

8
LA ESTRATEGIA
SUBVERSIVA

"Solicito a los gobiernos del continente que retiren
a las FARC y al ELN de la lista de grupos terroristas.
Pido a Europa que retire a las FARC y al ELN de la lista (...)
porque eso tiene una sola causa:
la presión de Estados Unidos".

Hugo Chávez,
12 de enero de 2008.

A mediados del 2012, las altas autoridades de la DEA en Washington distribuyeron a las oficinas de la agencia en Miami y Suramérica una lista confidencial actualizada de los principales objetivos o *targets* de las pesquisas antidrogas. La instrucción fue precisa: los agentes debían recolectar la mayor cantidad de evidencias y testigos para respaldar acusaciones en tribunales federales norteamericanos.

El objetivo de la agencia antinarcóticos no sólo estaba centrado en las operaciones de tráfico de cocaína en la frontera suroeste entre Colombia y Venezuela, desde donde salía una creciente cantidad de cargamentos aéreos hacia Estados Unidos. También existía un máximo interés en establecer el grado de responsabilidad de oficiales y funcionarios venezolanos asociados a las Fuerzas Armadas Revolucionarias de Colombia (FARC) en este enorme negocio de narcóticos.

La lista incluía media docena de ciudadanos venezolanos de origen árabe, y varios empresarios sospechosos de tener lazos financieros con carteles de la droga, y que al mismo tiempo mantenían inversiones en Estados Unidos. Entre los nombres figuraban además miembros de los cuerpos de inteligencia venezolanos.

Los agentes e informantes no se sorprendieron de que la lista incluyera también a figuras como los generales Hugo Carvajal, Henry Rangel Silva y Clíver Alcalá, previamente acusados por el Departamento del Tesoro de cooperar con las FARC en el tráfico de armas y estupefacientes.

Lo que resultó inesperado fue la inclusión de miembros del alto gobierno venezolano como uno de los más importantes objetivos. De acuerdo con las investigaciones de la DEA, un grupo de funcionarios y oficiales chavistas vinculados a Adán Chávez, hermano del mandatario venezolano, controlaban junto a las FARC el tráfico de avionetas que salían de pistas clandestinas en el estado Apure, en el suroeste de Venezuela, en la zona fronteriza colombo-venezolana del Arauca.

Adán era conocido en la jerga de los narcotraficantes en Colombia y Venezuela como "El Profesor", en alusión a los tiempos en que el hermano del comandante Chávez enseñaba física a estudiantes de la Universidad de Los Andes, en Mérida.

Las aeronaves salían cargadas con centenares de kilos del alcaloide, transitaban por espacio aéreo venezolano tras pagar un cuantioso peaje, y de allí partían a Centroamérica, República Dominicana o directamente a México, desde donde la droga era trasladada a territorio norteamericano.

La DEA llevaba años monitoreando el tráfico de aeronaves ilegales en espacio aéreo venezolano en tiempo real, usando una red de satélites militares, y llevaba un conteo detallado de las rutas, la frecuencia y el tipo de aeronave usada con sus siglas. Incluso agentes de la agencia grabaron videos de aeronaves en pleno vuelo, y, según personas familiarizadas con las operaciones, lograron infiltrar a pilotos que documentaron el trayecto entero, desde el traslado de los paquetes de cocaína de Colombia a Venezuela bajo protección de las FARC, hasta la entrega en pistas clandestinas de Honduras o México.

La relación entre el grupo guerrillero colombiano y el gobierno venezolano no sólo era fluida política e ideológicamente, sino financieramente productiva. El negocio recibía protección de cuerpos especiales integrados por militares venezolanos, y se había mantenido por largo tiempo.

De hecho, los vínculos del chavismo con las organizaciones guerrilleras de Colombia (tanto las FARC como el ELN), calificadas como narcoterroristas por Estados Unidos, ya tenía un largo historial de casi 20 años cuando se anunció la muerte del presidente venezolano en marzo de 2013. Estos vínculos, vigilados estrechamente y ampliamente documentados por el gobierno norteamericano, estaban en el centro de numerosas acusaciones o *indictments* en cortes federales de Miami y Nueva York, no sólo contra conocidas figuras guerrilleras, sino también contra funcionarios del gobierno de Caracas.

LOS SECRETOS DE CHÁVEZ Y LA GUERRILLA

La conexión más remota documentada de la cooperación entre Hugo Chávez y las FARC se produjo en los primeros años de la década de 1990, cuando el teniente coronel se encontraba en prisión por su participación en el golpe de Estado de febrero de 1992 contra el presidente Carlos Andrés Pérez.

La revelación de estos tempranos vínculos se produjo en una carta enviada por alias Raúl Reyes al presidente Chávez en marzo del 2000. En la misiva, el fallecido comandante guerrillero dejó en claro, aunque sin mayores precisiones, que la relación con Chávez se inició en algún momento de 1992, posiblemente luego del alzamiento militar, propiciada por motivaciones políticas e ideológicas comunes.

"Nuestra relación política con usted y buena parte del actual gobierno de Venezuela, cuenta ya con 8 años de vida y cada vez se hacen más evidentes las coincidencias en objetivos debido a las responsabilidades compartidas frente a nuestros pueblos", escribió Reyes desde las montañas de Colombia en respuesta a una invitación de Chávez a reunirse en Venezuela junto a delegados del gobierno colombiano[655].

Cuando se encontraba detenido, Chávez recibió un mensaje de admiración del alto mando de las FARC, comandado entonces por Manuel Marulanda Vélez, alias Tirofijo, y un generoso regalo: una contribución de 100 millones de pesos colombianos para su causa, equivalentes en ese momento a unos $150,000[656].

El comandante golpista designó a uno de sus asistentes, Ramón Morales, para recibir el dinero. Chávez le ordenó a Morales usar la mayor parte de los cuantiosos fondos provistos por la guerrilla en la adquisición de "radios y otros materiales" necesarios para mejorar la operatividad del movimiento MBR-200, la organización seminal lanzada por el militar para desarrollar su proyecto revolucionario.

Está fuera de toda duda que el dinero enviado por la guerrilla llegó a su destino. En un correo de julio de 2004, Granda le escribió a Reyes afirmando que el asistente de Chávez le garantizó personalmente que "efectivamente recibieron el dinero que las FARC les envió cuando Chávez estaba preso"[657].

Dieciséis años después, el propio Chávez, ya flamante presidente, le envió a Tirofijo palabras de agradecimiento por este gesto solidario de la guerrilla, de acuerdo con el testimonio de alias Iván Márquez y Rodrigo Granda, que sirvieron como portadores del tardío mensaje.

"(Chávez) agradeció la solidaridad de los 100 millones de pesos aportados por FARC cuando estaba preso", indicó un mensaje enviado por Márquez y Granda al comandante supremo Tirofijo, en febrero de 2008[658].

El objetivo de la generosa contribución de las FARC era claro. Tras el golpe del 4 de febrero de 1992, el grupo guerrillero identificó a Chávez como un potencial aliado estratégico y con altas probabilidades de alcanzar el poder en el futuro en Venezuela, e inició un cortejo poco después de la fallida intentona golpista. La atracción era mutua.

Las FARC, sin embargo, no era el único grupo de irregulares interesados en estrechar lazos con el militar golpista. Casi al mismo tiempo, el teniente coronel retirado tuvo un primer acercamiento con otro grupo guerrillero, el Ejército de Liberación Nacional (ELN), con quienes sostuvo estrechas relaciones de cooperación que también se prolongaron por años.

Los lazos de Chávez y el ELN salieron a relucir en junio de 1992, cuatro meses y medio después del fallido golpe, cuando la Policía Técnica Judicial (PTJ) de Venezuela descubrió uniformes militares, armas, documentos y grabaciones en una localidad de San Cristóbal, en el estado Táchira, fronterizo con Colombia, pertenecientes a un grupo de milicianos que iba a ser entrenado por el ELN a petición de Chávez, de acuerdo con reportes de prensa.

Documentos alusivos al Movimiento Bolivariano Revolucionario 200 (MBR-200), liderado por Chávez, fueron decomisados por la policía venezolana como la evidencia más comprometedora contra el comandante golpista y sus lazos con el ELN[659].

El plan, puesto al descubierto luego de que la PTJ detuvo a tres marinos mercantes vinculados a la conspiración, contemplaba el entrenamiento de 75 jóvenes en las tácticas de la guerra de guerrillas, en una zona selvática del departamento del Norte de Santander, en Colombia, a escasa distancia de la frontera con Venezuela.

El entrenamiento incluía el manejo de armamento de guerra y explosivos, supervivencia en condiciones adversas y lucha cuerpo a cuerpo. El objetivo era que los jóvenes reforzaran a grupos de militares complotados para intentar nuevamente derrocar al presidente Pérez.

El allanamiento coincidió con un operativo del ejército colombiano en el Norte de Santander, que había declarado un estado de alerta tras recibir reportes de que se esperaba el ingreso a Colombia de un cargamento de 60 fusiles FAL, 35 subametralladoras y municiones, que habían sido robados de arsenales venezolanos por el teniente Raúl Álvarez Bracamonte, un militar aliado de Chávez.

No se sabe si el ELN llevó a cabo el entrenamiento de nuevos cuadros chavistas, pero pocos meses después, el 27 de noviembre de 1992, otro grupo de militares pro chavistas intentó un segundo golpe de Estado en Venezuela, que también terminó en el fracaso.

CHÁVEZ ENTRE LAS FARC Y EL ELN

A pesar de los reveses, Chávez no se amilanó en su relación con las organizaciones subversivas.

Cuando salió de la cárcel luego de un perdón presidencial en marzo de 1994, Chávez no perdió tiempo para retomar contactos y entrevistas a fin de estrechar vínculos con importantes factores de la izquierda continental, en especial Cuba y la guerrilla colombiana.

Para entonces, su admiración por la figura de Fidel Castro ya se acercaba a la devoción. Eusebio Leal, el historiador oficial de La Habana, que conoció al comandante golpista en esa época durante una conferencia en Caracas, describió cómo Chávez le expresó personalmente su admiración tanto por Cuba como por "el jefe de la revolución cubana", y su "cariño" por la Revolución Cubana en esa época. Leal fue el funcionario cubano que le transmitió a Chávez la invitación a visitar Cuba en 1994[660].

Nueve meses después de salir de prisión, el 13 de diciembre de 1994, ya Chávez se encontraba en la capital cubana. Para sorpresa de muchos dentro y fuera de Venezuela, fue recibido por el propio Fidel Castro en la puerta del avión de Viasa que lo trasladó, un tratamiento otorgado sólo a Jefes de Estado. Chávez lo interpretó como un designio providencial.

"Recuerdo su abrazo, y sobre todo su mirada. Nunca voy a olvidar esa mirada que me traspasaba y que veía más allá de mí mismo", dijo Chávez al describir ese encuentro con Fidel Castro[661].

Durante un discurso que pronunció en la Universidad de la Habana, con un presídium dominado por Castro y la alta *nomenklatura* cubana, Chávez delineó ideas básicas, entre ellas que no desechaba la vía de las armas en Venezuela[662].

El comandante retornó de La Habana a Caracas, y sin parar continuó de viaje rumbo a territorio colombiano, de acuerdo con una investigación secreta del gobierno de Colombia conocida por Washington. Según un informe de inteligencia militar del gobierno del presidente Ernesto Samper, Chávez participó en un evento el 16 de diciembre de 1994 que en la localidad de Santa Marta reunió a representantes de movimientos subversivos de izquierda, incluyendo miembros de las FARC y del Ejército de Liberación Nacional (ELN), para la creación de la Alianza Revolucionaria Gran Colombiana.

"Existe una evidente vinculación de Chávez con movimientos subversivos o de izquierda", declaró el ministro Botero ante el congreso colombiano a propósito de esa reunión[663].

Las relaciones del recién liberado golpista no se limitaban a lo meramente organizativo. El 15 de febrero de 1995, dos meses después de fundar la alianza con la guerrilla en Santa Marta, Chávez volvió a ingresar en forma clandestina a Colombia por la ruta San Cristóbal-Guasdualito-Arauca-Tame, en el tramo suroeste de la extensa frontera colombo-venezolana, para reunirse con Nicolás Rodríguez Bautista, alias Gabino, cabecilla del frente Domingo Laín Sáenz del ELN. El objetivo: coordinar ataques guerrilleros en esa frontera caliente.

El punto de reunión, según el informe de la inteligencia militar colombiana, fue una remota finca ubicada entre los municipios Pamplona y Toledo, llamada San Félix, a la que Chávez había llegado desde Guasdualito, en el estado Apure[664].

Después de aquellos encuentros entre Chávez y el ELN, tuvo lugar un ataque mortal contra militares venezolanos, un polémico episodio cuya responsabilidad se atribuye en parte a Chávez[665].

El comandante golpista fue acusado tanto en Venezuela como en Colombia de pactar con los grupos subversivos colombianos para la creación de una gran Coordinadora Guerrillera.

Al mismo tiempo, denunció un presunto *Plan Garfio* del gobierno venezolano para eliminarle política o físicamente, a través de comandos de la policía política.

Pese al riesgo de las acusaciones y amenazas, su relación con los grupos guerrilleros continuó sin interrupción.

Dos años después de salir en libertad, en noviembre de 1996, miembros del chavista MBR-200 bajo el mando del capitán Gilberto Aguilar Reyes participaron en un entrenamiento "cívico militar" con las FARC en la población de Guasdualito, en el estado Apure, a escasas millas de la frontera con Colombia, reveló una investigación secreta de la policía política venezolana[666].

Dos meses después, en enero de 1997, líderes del MBR-200, FARC y ELN sostuvieron un encuentro en un hotel de la población de Sarare, en el estado centrooccidental de Lara, para discutir temas de interés común.

Dos semanas más tarde, un grupo de 180 operativos del movimiento chavista entrenaron en una zona del Arauca colombiano en técnicas de Guerra de Guerrillas, con miembros del ELN.

Y en febrero de 1998, el mismo año en el que Chávez decidió participar en las elecciones presidenciales de Venezuela, una importante reunión entre el ELN y representantes chavistas tuvo lugar en la finca Tres Islas, en la frontera venezolana-colombiana en el estado Táchira.

Las consecuencias de las estrechas relaciones entre Chávez y la guerrilla comenzaron a ser visibles para Washington desde el inicio del gobierno chavista, con un elemento adicional: el tráfico de drogas y armas.

Apenas dos meses después de instalado el nuevo gobierno, a principios de abril de 1999, especialistas antinarcóticos advirtieron un incremento de la presencia conjunta de la guerrilla y el narcotráfico.

"La narcoguerrilla está ganando territorio en Venezuela", denunció la jurista Mildred Camero, ex jueza que en ese momento presidía la Comisión Nacional Contra el Uso Ilícito de las Drogas (Conacuid), el más alto organismo que controlaba la política antinarcóticos en Venezuela.

Camero manifestó su preocupación sobre la creciente actividad de grupos irregulares como el Ejército de Liberación Nacional (ELN), y las Fuerzas Armadas Revolucionarias de Colombia (FARC), en la larga frontera entre Colombia y Venezuela, de 2,200 kilómetros.

No sólo se había incrementado el canje de droga por armas y personas secuestradas, sino que la guerrilla había establecido en territorio venezolano instalaciones para el procesamiento de drogas, especialmente cocaína, y centros de acopiamiento de precursores para la fabricación de estupefacientes.

La jueza recomendó incluso investigar la posible infiltración del ejército venezolano por parte de agentes y organizaciones de la guerrilla colombiana.

"Hay teatros de operaciones militares (en la frontera), pero habría que revisar cuidadosamente las relaciones entre guerrilleros y civiles y militares venezolanos", acotó Camero[667].

Poco después de las denuncias de la jueza, las autoridades anunciaron el decomiso de un importante cargamento de armas de alto calibre en el puerto de Maracaibo, en el occidente de Venezuela, que iban dirigidas a la guerrilla colombiana.

El cargamento de 25 rifles AK-47 de fabricación rumana, 40 cargadores, 5,000 balas y otras armas de bajo calibre, había salido en un contenedor desde Miami, con destino a las FARC y el ELN, que pagaban un promedio de $1,500 por rifle.

Las armas habían sido descubiertas a mediados de enero, dos semanas antes de la detención de otro cargamento, esta vez en el puerto de La Guaira, en el litoral central venezolano, que contenía dos helicópteros livianos Rotorway con presunto destino a la ciudad de Cartagena, donde iba a ser recogido por representantes de la guerrilla[668].

RADICALIZACIÓN INTERNACIONAL

La campaña electoral chavista en las elecciones presidenciales de 1998 puso el énfasis en la necesidad de reformar el estamento político y enfrentar con mano dura la corrupción administrativa que preocupaba a los venezolanos.

Pero una vez electo Chávez, comenzaron a evidenciarse las relaciones peligrosas y contradictoras del comandante presidente con sectores radicales internacionales.

A pesar de que días antes de los comicios, el 5 de diciembre, Chávez le aseguró al periodista de Univisión Jorge Ramos que Fidel Castro era un "dictador", no tuvo problemas en invitarlo dos meses después, cuando ya era presidente, a las celebraciones del séptimo aniversario del fallido golpe de estado del 4 de febrero de 1992, que lo había lanzado a la escena política venezolana.

Su discurso inaugural prometió una revolución "en paz y democracia"; pero pronto comenzó a dar inquietantes señales de con quiénes quería hacerse acompañar en su camino revolucionario.

Organismos de inteligencia de Estados Unidos ya conocían los vínculos de Chávez con la guerrilla colombiana y Fidel Castro. Pero les preocupaban los contactos del comandante golpista con figuras radicales del Oriente Medio.

Por ejemplo, tras una investigación de la Dirección de Inteligencia Militar (DIM) sobre actividades de espionaje en la industria petrolera venezolana, quedó al descubierto una reunión secreta que Chávez había tenido durante su visita relámpago a Cuba con un enviado de Saddam Hussein, el hombre fuerte de Irak.

La información sobre la reunión secreta había sido entregada al DIM por agentes de inteligencia israelí que monitoreaban al comandante, de acuerdo con la investigación.

El agente enviado por Hussein, que logró acercarse a Chávez posando como un falso periodista del diario oficial cubano Granma, le ofreció amplio respaldo económico a sus aspiraciones presidenciales a cambio de modificar varios puntos de la política de la apertura petrolera venezolana, y revisar todos los acuerdos firmados por Venezuela en esa área, una vez que llegara al poder.

"Le prometió ayuda económica para la política, y entre las condiciones que se le pidió, era un cambio sobre el proceso de apertura petrolera y la revisión total de los acuerdos hasta ahora realizados en la materia", precisó el reporte[669].

Una vez que contactó a Chávez, el agente iraquí viajó a Caracas para sostener encuentros con varias figuras de la industria petrolera venezolana, a fin de procurar más apoyos con ayuda de la embajada de Iraq en la capital venezolana.

Con la autorización del FBI, los investigadores militares venezolanos incluso siguieron al agente iraquí hasta Miami, adonde posteriormente viajó desde Caracas, pero poco después los agentes del DIM que lo siguieron perdieron su pista.

La relación de Chávez con otra figura radical comenzó a causar inmediata inquietud en Washington pocas semanas después de instalado el gobierno en Caracas, en febrero de 1999.

La señal de alarma sonó en el Departamento de Estado cuando se hizo pública una carta enviada por Chávez a Illich Ramírez Sánchez, mejor conocido como Carlos El Chacal, el famoso terrorista venezolano detenido de por vida en una prisión en el sur de París por el asesinato de dos policías franceses en 1975. La carta tenía fecha 3 de marzo, apenas un mes de instalado Chávez en la presidencia.

La misiva era en realidad una respuesta a otra enviada anteriormente por El Chacal por intermedio de amigos comunes. Chávez no dirigió al terrorista ningún mensaje personal. En seis párrafos se limitó a elaborar un resumen de lo que consideraba su causa y misión, citando pensamientos y pasajes revolucionarios de personalidades y autores como Lenin, Simón Bolívar, y de los escritores franceses Alejandro Próspero Reverend y Alejandro Dumás, cuya obra El Conde de Montecristo era una de las favoritas de Chávez.

En la carta, sin embargo, destacaron dos aspectos. Chávez calificó de entrada al terrorista como su "distinguido compatriota"; y consideró la carta que le enviaba El Chacal como "profunda" y "solidaria".

"Nadando en las profundidades de su carta solidaria pude auscultar un poco los pensamientos y los sentimientos, es que todo tiene su tiempo: de amontonar las piedras, o de lanzarlas... de dar calor a la revolución o de ignorarla; de avanzar dialécticamente uniendo lo que deba unirse entre las clases en pugna o propiciando el enfrentamiento entre las mismas, según las tesis de Iván Illich Ulianov (sic)", escribió el mandatario, en un tono que revelaba su empatía con el terrorista[670].

La relación no sólo se hizo más estrecha sino que surgieron testimonios de que había un compromiso de Chávez con El Chacal.

Nelson Castellanos, un diplomático venezolano que fue jefe del servicio consular de la embajada de Venezuela en París, denunció en Miami el trato especial que Carlos estaba recibiendo por parte del gobierno venezolano, no por razones humanitarias sino por "agradecimiento".

Castellanos, que fue despedido de su cargo por presiones del propio terrorista, dijo que el gobierno chavista atendía con "urgencia" peticiones de El Chacal, como por ejemplo, facilitarle hasta $500,000 para pagar a sus abogados defensores ante tribunales franceses.

"Todavía me cuesta trabajo entender que un hombre como Ilich Ramírez, que desde 1998 anunció en una carta desde su celda que su heredero sería Osama bin Laden, tenga tanto poder en un gobierno que se supone democrático, y que el presidente Chávez le escriba diciéndole distinguido compatriota", declaró Castellanos[671].

El diplomático denunció también la amistad de altos oficiales chavistas con el padre del Chacal, José Altagracia Ramírez, y aseguró que la simpatía mostrada por Chávez hacia el terrorista supuestamente se debía a que la familia Ramírez habría financiado la campaña presidencial de Chávez.

EL ASESOR ARGENTINO DE CHÁVEZ

Pero los coqueteos de Chávez con Saddam Hussein y El Chacal no eran los únicos con figuras extremistas. Otra amistad suya con un escritor que algunos acusaban de tener inclinaciones pro nazi, encendió una nueva polémica cuando el gobierno de Chávez todavía no llegaba a los 100 días.

Norberto Ceresole, un argentino considerado uno de los más tempranos ideólogos del comandante golpista, promovía una nueva relación entre el ejército y el pueblo, y era un confeso antisemita que pensaba que el holocausto judío era un invento de Hollywood.

Ceresole tenía un amplio historial de conspiraciones militares y apoyo a líderes de la izquierda latinoamericana. Entre 1969 y 1971 fue asesor del dictador peruano Juan Velasco Alvarado, que había llegado al poder en Perú mediante un golpe de Estado en 1968. En la década de los 70 fue uno de los líderes de la guerrilla de los Montoneros, de inspiración peronista. Estuvo vinculado en una rebelión militar contra el gobierno del presidente Raúl Alfonsín, liderada por el teniente coronel Aldo Rico, de quien también fue asesor. Cultivó además una estrecha relación con Mohamed Alí Seineldín, un experto en operaciones especiales del ejército argentino que lideraba la Unidad Especial Albatros, conocida como los Carapintadas, implicada en una serie de motines militares en la década de los 80 en Argentina[672].

Durante décadas Ceresole mantuvo estrechas relaciones con la Unión Soviética, Fidel Castro y líderes del Medio Oriente.

Ceresole conoció a Chávez en 1994, y comenzó a operar como su asesor a través del coronel venezolano Luis Alfonso Dávila. En esa época el activismo conjunto de Ceresole y el comandante fue tan intenso, que la Disip expulsó al argentino de Venezuela al año siguiente, en 1995, por sospechas de que estaba fraguando junto a Chávez un nuevo golpe de Estado.

El ideólogo argentino volvió a Venezuela en 1998, invitado por Chávez, quien lo consideraba su "amigo"[673]. Pero sus teorías, que hablaban de pulverizar los partidos e instaurar gobiernos caudillistas de mano dura, combinadas con su intenso antisemitismo, eventualmente le causaron problemas. Debió abandonar el país definitivamente en marzo de 1999, tras presiones dentro y fuera, entre ellas las del intelectual venezolano Jorge Olavarría y la Liga Antidifamación de Estados Unidos[674].

Ceresole se mudó a España, donde publicó el libro Caudillo, Ejército y Pueblo: la Venezuela del Comandante Chávez. Falleció en Madrid en 2003[675].

Para no dejar dudas, Chávez envió nuevas y claras señales de sus intenciones radicales. Se hizo rodear de más polémicas figuras, como los ex guerrilleros Alí Rodríguez Araque, a quien nombró ministro de Energía y secretario general de la Organización de Países Productores de Petróleo (OPEP); y Carlos Sanz, que dirigió el secuestro del industrial norteamericano William Niehous en 1976, y era miembro del equipo educativo del mandatario venezolano. Tanto Rodríguez Araque como Sanz mantenían lazos estratégicos con la guerrilla colombiana.

Esta cooperación entre Chávez y las organizaciones guerrilleras colombianas, calificadas de narcoterroristas por el gobierno de Estados Unidos, abarcó más de 17 años, casi hasta la muerte del líder revolucionario en marzo de 2013.

CHÁVEZ NO COMBATE EL TERRORISMO

Tras los ataques del 11 de septiembre de 2001, la lucha antiterrorista internacional se convirtió en la principal prioridad de Estados Unidos, una perspectiva que no generaba gran entusiasmo en el gobierno chavista, de acuerdo con el reporte contra el terrorismo del Departamento de Estado de 2002.

"Las leyes venezolanas no apoyan una investigación eficiente del financiamiento o las actividades de organizaciones terroristas", indicó el reporte, al tiempo que subrayó que la crisis política generada por el alzamiento militar de abril de 2002 había engavetado todos los demás temas no relacionados.

El informe notó por primera vez, sin embargo, dos factores: que las guerrillas colombianas ya usaban territorio venezolano como refugio, sin que las autoridades venezolanas actuaran sustancialmente para impedirlo; y la persistencia de rumores no confirmados de que "elementos del gobierno venezolano podrían haber prestado apoyo material a las FARC, particularmente de armas"[676].

De hecho oficiales de la Guardia Nacional, descontentos con la nueva orientación pro guerrillera del chavismo, enviaron un informe confidencial a Washington que documentaba una operación antiguerrillera en territorio venezolano entre 2000 y 2001. El reporte indicó que Chávez fue informado detalladamente de cómo la guerrilla colombiana operaba abiertamente campamentos en suelo venezolano, pero "hizo la vista gorda" y eventualmente ordenó el desmantelamiento de las operaciones antiguerrilla.

Los informes de inteligencia fueron filtrados al gobierno estadounidense a través de la agregaduría militar en Caracas, por los funcionarios descontentos, una vez que las operaciones fueron bloqueadas. Un segundo dossier fue enviado a la Organización de Estados Americanos (OEA).

"En varias oportunidades le informamos al presidente Chávez de lo que estaba pasando en la frontera, pero no sólo no hizo nada, sino que también ordenó reducir las operaciones de persecución y captura de guerrilleros en la frontera", le dijo al autor el general Néstor González, que dirigió las operaciones de la Guardia Nacional en ese momento.

No era la primera vez que funcionarios descontentos filtraban información que ponía al descubierto las relaciones peligrosas de Chávez con la guerrilla. A mediados de 2000, el ex director de la Disip, Jesús Urdaneta Hernández, dio a conocer un Memorándum de Entendimiento (MdE) entre el gobierno venezolano y las FARC, en un intento de la guerrilla colombiana por establecer reglas a las oficiosas relaciones bilaterales.

Entre otros aspectos, el documento establecía compromisos de ambas partes para mejorar la seguridad y las condiciones de vida en la frontera venezolana-colombiana.

Destacaban, sin embargo, algunos puntos curiosos: el gobierno chavista solicitaba a las FARC no entrenar militantes venezolanos "sin consentimiento del gobierno", y se comprometía a suministrar facilidades de "asilo" y "tránsito", medicinas y hasta vender petróleo como contraprestación[677].

El documento estaba suscrito por Ramón Rodríguez Chacín, el hombre designado por Chávez para intermediar con la guerrilla colombiana. Infante de la marina venezolana, realizó operaciones de inteligencia en la zona fronteriza sur con Colombia antes de la llegada de Hugo Chávez al poder, desde la década de los 80.

En 1988, Rodríguez Chacín formó parte del Comando Específico José Antonio Páez (CEJAP), un cuerpo multiagencias integrado por militares y funcionarios de la policía judicial (PTJ) y de inteligencia civil (Disip), para enfrentar a grupos subversivos colombianos.

En una operación fallida llamada Anguila III, un grupo de comandos del que formaba parte Rodríguez Chacín atacó en una zona conocida como el Caño La Colorada, en el estado Apure, en la frontera suroeste de Venezuela y Colombia, a una presunta columna guerrillera que en realidad resultó ser un grupo de inofensivos pescadores, 14 de los cuales resultaron muertos.

Su participación en este episodio, conocido como la masacre de El Amparo, lo llevó a la cárcel, antes de unirse al movimiento chavista.

El Caso Granda

Los estrechos vínculos del chavismo con las FARC fueron confirmados por un alto militar colombiano que había participado en varias investigaciones sobre la materia.

En una entrevista con el autor en enero de 2003, el general Harold Bedoya, ex comandante de las Fuerzas Armadas de Colombia, reveló que Venezuela era un "santuario" de la guerrilla colombiana, y una vía de tránsito y aliviadero para el terrorismo internacional y el tráfico de armas.

El general afirmó que en la zona colombiana del Caguán, durante el gobierno de Andrés Pastrana, "se negociaban los secuestros con los delegados que mandaba Chávez allá".

"Esa es una realidad. Y además los grupos del ELN salen de Colombia en helicóptero, entran a Venezuela, y de ahí los envían a Cuba", indicó.

Bedoya acusó a Chávez de actuar en connivencia con Fidel Castro no sólo para introducir armamento para la guerrilla, sino también para prestar apoyo a los grupos irregulares en zonas de aliviadero, y facilitándoles el tránsito hacia y desde Cuba.

"El Ejército colombiano tiene documentado las incursiones de la guerrilla colombiana desde territorio venezolano", acotó.

Bedoya calificó de "común" el tráfico de armas en Venezuela. "La cantidad de armamento que se decomisa a los grupos armados colombianos procedente de Venezuela, inclusive marcados con el escudo del Ejército venezolano, es enorme", aseguró.

El oficial recordó que cuando era el comandante general del Ejército, antes de su retiro en 1997, le tocó entregar armamento venezolano que se decomisaba a la guerrilla colombiana. "Pero ahora parece que la cosa es en abundancia. Son muchas las armas que cruzan la frontera descaradamente".

El militar no descartó en ese momento la posibilidad de que los líderes guerrilleros Manuel Marulanda Vélez, alias Tirofijo, y otros líderes de la guerrilla colombiana, "están viviendo en Venezuela".

La captura de uno de estos altos líderes guerrilleros, no en la porosa frontera colombo-venezolana sino en Caracas, en el corazón político del país petrolero, confirmó las afirmaciones de Bedoya.

El nombre de Rodrigo Granda saltó a las noticias internacionales cuando, el 14 de diciembre del 2004, fue capturado en Venezuela y llevado a la frontera con Cúcuta para ser arrestado por las autoridades colombianas.

La captura fue el resultado de un largo proceso de investigación y recolección de información sobre un hombre que, al principio, las autoridades colombianas pensaban que no existía.

La primera pista sobre las actividades internacionales de Granda se produjo tras un informe de su viaje, a mediados de 1999, a una cumbre en Trípoli, Libia, adonde había viajado por orden de alias Raúl Reyes, el segundo comandante de las FARC.

El gobierno colombiano inició lo que denominó la Operación Trípoli, un esfuerzo para identificar, con ayuda de muchos países, la prolija agenda de viajes del llamado Canciller de las FARC.

En sus giras internacionales promoviendo la causa guerrillera y atacando al Estado colombiano, Granda realizó más de 200 viajes a 16 países, incluyendo dos visitas a Nueva York, oculto tras una identidad falsa.

Entre los destinos de Granda se encontraban países tan variados como Libia, México, Ecuador y Nicaragua, donde era conocido como el comandante Gallopinto, debido a su afición a la comida típica nicaragüense del mismo nombre.

En agosto de 2004, un juez de Bogotá emitió una primera orden secreta de arresto contra Granda, que en ese momento se encontraba en Ecuador. Una segunda orden fue emitida en septiembre de ese mismo año, mientras las autoridades arreciaban la persecución del alto jefe guerrillero.

En diciembre de 2003 ya las autoridades de Colombia habían establecido su paradero. Se encontraba en Venezuela, donde acababa de participar en el Segundo Congreso Bolivariano de los Pueblos, inaugurado por el propio presidente Chávez.

Allí había tenido la ocasión de reunirse con dos premios Nóbel, Adolfo Pérez Esquivel, y José Saramago, y con los dirigentes nicaragüenses Daniel Ortega y Tomás Borge[678].

En la tarde del 13 de diciembre de 2004, cuando charlaba con el corresponsal en Caracas de Le Monde Diplomatique, Omar Roberto Rodríguez, en la cafetería de la Clínica Razetti, en el noreste de la capital venezolana, Granda desapareció misteriosamente dejando abandonadas sus pertenencias en ese lugar[679].

El canciller reapareció dos días después en Cúcuta. En una conferencia de prensa el 15 de diciembre, el director de la Policía Nacional de Colombia, general Jorge Daniel Castro, anunció su captura en una calle de la ciudad fronteriza.

Tras denuncias de testigos de que Granda había sido en realidad capturado en Caracas y no en Cúcuta, los diputados chavistas Iris Varela y Luis Tascón presentaron denuncias sobre la presunta complicidad de agentes policiales venezolanos en la captura del guerrillero, y que se había violado la soberanía del país. Tascón aseguró tener indicios de que se había pagado $1.5 millones para la captura de Granda.

Tres semanas después, el 12 de enero de 2005, el ministerio de la Defensa de Colombia reconoció que se había pagado una recompensa por capturar al jefe de las FARC, y que Granda había sido entregado posteriormente en territorio colombiano. Negó que hubiese violado la soberanía de Venezuela.

En reacción, varios políticos colombianos, entre ellos el senador Jimmy Chamorro, protestaron diciendo que, antes de criticar el operativo de captura de Granda, Venezuela debía explicar qué hacía el Canciller de las FARC en Caracas[680].

El 24 de enero, Chávez acusó públicamente a Estados Unidos de participar en el complot que desembocó en la captura de Granda. Washington rechazó las acusaciones y exigió a Venezuela que explicara por qué permitió que Granda "se moviera con libertad dentro de su territorio e incluso obtuviera el pasaporte venezolano".

El episodio generó un período de alta tensión diplomática entre Caracas y Bogotá. Para tratar de recomponer las relaciones, el presidente colombiano Alvaro Uribe propuso una cumbre con Chávez. La crisis terminó tras un comunicado de la cancillería colombiana afirmando que estaba dispuesto a revisar los hechos, y evitar que se repitieran.

En el 2007, Granda fue liberado por el gobierno colombiano a petición del presidente francés Nicolás Sarkozy para facilitar la liberación de los secuestrados políticos, entre ellos la franco-colombiana Ingrid Betancourt, quien finalmente fue rescatada en un operativo militar. Desde entonces, Granda ha permanecido en libertad.

OPERACIÓN FÉNIX

Más detalles de la relación Chávez-FARC, incluyendo la confirmación de que Chávez efectivamente recibió contribuciones financieras del grupo subversivo en 1994, y que los vínculos eran mucho más extensos de los que se admitía públicamente, fueron puestos al descubierto por una eficaz operación militar que tuvo lugar en marzo de 2008, con notables reacciones internacionales.

A través de la operación Fénix, el ejército de Colombia llevó a cabo uno de los ataques militares más espectaculares contra la guerrilla. El operativo produjo la muerte del comandante Raúl Reyes, el más importante comandante operativo de las FARC, y el descubrimiento de un tesoro de valor inesperado.

La operación permitió la captura de una amplia colección de más de 27 mil archivos contenidos en tres computadoras portátiles, dos discos duros externos, y tres memorias portátiles (pendrives) pertenecientes a Reyes. Según el reporte forense realizado posteriormente por la Interpol, la colección, que reflejaba 30 años de actividad de la guerrilla, incluía 37,872 documentos escritos, 452 hojas de cálculo, 210,888 imágenes, 22,481 páginas web, 7,898 direcciones de correos electrónicos, 10,537 reportes multimedia (con sonido y video), y 983 archivos encriptados, un total de 39.5 millones de páginas si todos los documentos pudiesen ser reunidos en formato Word. El organismo policial internacional estimó que tomaría más de 1,000 años leer todo el material a una velocidad de 100 páginas por día[681].

Los archivos, cuya autenticidad fue certificada por la Interpol, no sólo confirmaron la cooperación temprana de las FARC con Chávez en 1994, sino un activo diálogo entre la guerrilla y Caracas que se intensificó en 1999 con la llegada del militar al poder, y continuó durante los primeros ocho años de gobierno chavista, con intercambio de delegaciones, contactos de alto nivel, campamentos en territorio venezolano, apoyos armamentistas y ofrecimiento de financiamiento multimillonario a través de contratos gubernamentales y hasta de comercialización de petróleo para beneficio de los grupos guerrilleros.

Los archivos pusieron en aprietos a Chávez, principalmente por sus reiteradas afirmaciones de que su gobierno no apoyaba las operaciones guerrilleras ni mantenía una relación cercana.

En Washington los resultados de la operación que permitió la captura de los archivos de Reyes no produjo sorpresas, pero

ayudó a reconfirmar con evidencias frescas la amplia cooperación del mandatario venezolano con los grupos narcoterroristas.

Los militares colombianos contaron para la operación contra
Reyes con el apoyo de dos agencias federales, el FBI y la DEA,
para obtener información clave de inteligencia, a través de la
intercepción electrónica satelital.

El momento cumbre de la operación fue una llamada telefónica recibida por Reyes a través de un satélite que estaba siendo
monitoreado por el FBI. La llamada, realizada el 27 de febrero
de 2008, duró lo suficiente para permitir a los expertos federales identificar la ubicación de Reyes, en un remoto campamento
de la frontera colombo-ecuatoriana.

Al final de la operación se supo que la llamada que recibió
Reyes fue hecha por Hugo Chávez. El mandatario venezolano
realizó el contacto telefónico en tono emotivo luego de enterarse de la liberación de los ex congresistas Gloria Polanco, Luis
Eladio Pérez, Orlando Beltrán y Jorge Eduardo Géchem, tras
permanecer siete años en poder de las FARC.

"No deja de ser una ironía que haya sido una llamada del
presidente Chávez lo que nos permitió dar de baja a Reyes",
reveló un oficial de inteligencia que participó en el operativo[682].

Los documentos, conocidos después públicamente, revelaron un inusitado mapa de cooperación y relaciones estrechas
entre chavistas y subversivos colombianos en temas sensibles
como el comercio de uranio empobrecido, el tráfico de dinero y
asesinatos ordenados con autorización o conocimiento de ambas partes. También ayudaron a las autoridades en importantes
pesquisas.

Por ejemplo, varios mensajes de las computadoras, entre
ellos un correo de febrero 16, 2008, en el que alias Edgar Tovar
informa a alias Raúl Reyes sobre la posibilidad de compra y
venta de uranio, a través de un contacto en Bogotá, condujo a la
captura de un depósito con lingotes de uranio no enriquecido,
listo para la venta, según autoridades de Colombia.

En el correo se explicaba que los contactos tenían una muestra y que cada kilo podría venderse a $2.5 millones. El correo

sugería vender uranio a "gobiernos" ya que las FARC tenían "50 kilos listos y pueden venir mucho más".

La información resultó cierta. El uranio fue encontrado en dos paquetes enterrados a un metro de la carretera que las FARC solían usar para trasladarse desde la antigua zona de distensión hasta la capital colombiana[683].

Doce días después del ataque al campamento de las FARC en Ecuador, las autoridades colombianas compartieron información de la computadora de Reyes con sus pares de Costa Rica para decomisar un botín de $480,000 escondidos en una caja fuerte en una residencia privada cerca de la capital San José, mencionado en una comunicación entre Reyes y su lugarteniente Rodrigo Granda.

Los datos encontrados en la computadora de Reyes permitieron también la captura apenas cinco días después del traficante ruso de armas Víctor Bout, conocido como "el mercader de la muerte", en una operación coordinada por Estados Unidos en Tailandia el 6 de marzo de 2008.

Bout resultó capturado luego de que aceptara negociar un envío de armas a agentes encubiertos que se hicieron pasar como representantes de las FARC[684].

Otras comunicaciones de la computadora de Reyes confirmaron la responsabilidad de las FARC en el atentado al Club El Nogal, en Bogotá, en donde murieron 36 personas y casi un centenar resultaron heridas. Reyes afirmó en una misiva que consideraba pertinente "estudiar de nuestra parte la conveniencia política de negar responsabilidades en la formidable acción sobre El Nogal, para crearles al Estado, al gobierno y a los gringos mayores contradicciones".

El jefe de las FARC también admitió en un correo la responsabilidad del grupo guerrillero en la masacre de cuatro venezolanos en la zona fronteriza del estado Apure, que tuvo lugar en septiembre de 2004. Reyes estimó que "hay que ofrecer disculpas por lo sucedido" al mandatario venezolano. En otro correo de fecha marzo 27 del 2005, alias Iván Márquez informó a Reyes sobre la molestia de Chávez porque en la masacre "cayó una ingeniera de Pdvsa con la que tenía una relación personal".

VÍNCULOS GUERRILLEROS DE NICOLÁS MADURO

Además de Chávez, otros altos funcionarios de su gobierno aparecieron mencionados como frecuentes intermediarios entre Venezuela y las FARC.

Por ejemplo, Ramón Rodríguez Chacín, ex ministro de Interior y Justicia que había sido designado por Chávez como representante ante la guerrilla colombiana, fue mencionado en 19 ocasiones, principalmente en comunicaciones con Iván Márquez y el propio Reyes[685].

Los documentos también mostraron una activa participación de un diputado que a principios de 2002 todavía no tenía un perfil alto: Nicolás Maduro.

La relación estrecha entre Maduro y el alto mando de las FARC quedó evidenciada en una veintena de correos electrónicos, especialmente con el extinto comandante Reyes y el llamado Canciller de las FARC, Rodrigo Granda, que se iniciaron a fines de 2001[686].

Maduro promovió el acercamiento con la guerrilla a través de iniciativas políticas dentro de la Asamblea Nacional y secretamente dentro del partido de gobierno, pero fue considerado por el alto mando guerrillero como parte del grupo de "narcomilitares" y "corruptos" integrado por figuras como Diosdado Cabello y el fallecido ex gobernador William Lara, y de mantener conexiones secretas con miembros del partido Demócrata de Estados Unidos.

El canciller Granda, la persona con quien Maduro desarrolló una relación más estrecha, no solo señaló tener un gran interés en beneficiarse de "negociados" con la petrolera estatal venezolana Pdvsa, sino en legalizar su fortuna y, junto a otros, "salir de Chávez".

Las primeras comunicaciones se desarrollaron a fines de 2001, según la cronología de los mensajes encontrados en las computadoras de Raúl Reyes. En un mensaje enviado por Rodrigo Granda a Reyes el 8 de enero de 2002 (correo 332), el canciller de las FARC reveló que sostuvo conversaciones con un grupo de diputados, entre ellos Maduro y Tarek William Saab, para obtener el apoyo de los parlamentarios chavistas a fin de promover un encuentro en México para favorecer a la guerrilla. "Se les dejó la convocatoria y dicen que en tres días nos dan la respuesta para ver si lo hacen en bloque con otros diputados", indicó Granda.

Cinco meses después, el 7 de junio, Maduro le envió un "fuerte abrazo" a Reyes y le adelantó que se proponían sacar un documento para plantear "un plan a largo plazo que sirva a las partes". También les informó que "están dispuestos a moverse a la frontera, sector Venezuela, para que se intercambie impresiones sobre el documento mencionado" (correo 435).

La respuesta de Reyes una semana después al "fuerte abrazo" de Maduro fue elocuente. "Retomo mi saludo para los diputados Maduro y Carreño. Afirmarles nuestra disposición de prestarles cualquier apoyo desde el lado de nuestra frontera, al momento que ellos lo requieran. En ese sentido estamos a la espera del documento anunciado por ellos, esperanzados en que seguramente delinearán formas de coordinación y comunicaciones que sean garantía para aprovechar racionalmente los recursos de ambos lados de la Frontera, en beneficio de los dos procesos", indicó el mensaje 439.

En sus impresiones enviadas a Raúl Reyes, sin embargo, Granda expresó sus dudas sobre la confiabilidad de Maduro y su gente cercana.

En una conversación entre Granda, Maduro, y el entonces diputado Pedro Carreño, el candidato coincidió en señalar al ex ministro de Relaciones Interiores, Ramón Rodríguez Chacín, conocido con el apodo de "El Cojo", como un potencial agente de la CIA. Granda terminó su análisis dirigido a Reyes con una grave revelación: "De Carreño, Maduro y Cilia (esposa de Maduro y diputada nacional) se habla con persistencia de que están metidos en corrupción".

Un año más tarde, el 19 de abril de 2003, Granda volvió a reunirse con Maduro en el marco del Primer Encuentro Internacional de Solidaridad con la Revolución Bolivariana en Caracas, a la que fue invitada formalmente las FARC (correo 558).

En otro correo de mayo de 2004 (mensaje 711), Granda añadió más leña al fuego de los comentarios sobre la corrupción de Nicolás Maduro. Tras informar sobre problemas dentro de la coalición chavista, en un momento en que Hugo Chávez enfrentaba las presiones de un referéndum revocatorio, Granda describió a varios políticos oficialistas que han "amasado fortuna y poder".

"Por parte de Quinta República aparecen Diosdado Cabello, William Lara, Nicolás Maduro. Se comenta que estos han realizado grandes negociados a través de Pdvsa y que necesitan salir de Chávez para legalizar sus fortunas", detalló Granda.

A partir de 2005 la relación de la guerrilla con Maduro, que era presidente de la Asamblea Nacional, adquirió un tono más crítico. Otro miembro del directorio guerrillero, Ovidio Salina Pérez (alias José Luis), le escribió a Raúl Reyes en noviembre de 2005 que consideraba a Maduro como parte del grupo de militares corruptos integrado también por Diosdado Cabello, a propósito de una crítica al político colombiano Gustavo Petro, ex miembro del extinto grupo guerrillero M-19. "Gustavo Petro cada vez que viaja a Venezuela, cumple la tarea de despotricar de las FARC, utilizando para ello el mismo lenguaje de Uribe y los militares "narcoguerrilla" como Diosdado, Maduro y sus compinches de la corrupción", indicó el mensaje 1495 de la computadora de Reyes.

¿EL FIN DE LA OPCIÓN GUERRILLERA?

Ya en funciones de canciller, a partir de 2006, Maduro continuó siendo parte de comentarios y encuentros con representantes de las FARC. En agosto de ese año, un mensaje de alias Roberto Mono, colaborador de las FARC en Dinamarca, dirigido a Raúl Reyes, describió el nombramiento de Maduro en el cargo de canciller "como una señal de Chávez a la Casa Blanca, de que no quiere un conflicto armado con ellos".

La carta 1937, del 11 de agosto de 2006 aseguró que Nicolás Maduro "sirve como puente al Partido Demócrata, con quienes mantiene relaciones".

El 29 de diciembre de 2007, otro miembro del directorio de las FARC, Jorge Enrique Botero, alias Benjamín, dio cuenta en un mensaje a Raúl Reyes de una mejoría en la relación de la organización guerrillera y el gobierno venezolano a través del Canciller.

"(Maduro) me pidió enviarle especiales saludos. Le mandó un fuerte abrazo de fin de año, esperando que todo el buen camino que se ha comenzado se fortalezca en el 2008".

El último contacto registrado en los archivos de las computadoras de Reyes es un reporte de Maduro a los representantes de la guerrilla colombiana en Caracas, el 25 de enero de 2008, en el que les advirtió de un posible ataque contra las FARC del ejército colombiano, coordinado por el entonces ministro de la Defensa José Manuel Santos.

Según el testimonio de alias Benjamín enviado a Reyes, Maduro les informó sobre reportes de la inteligencia de Brasil que indicaban "que el gobierno colombiano, con JM Santos al frente, planea hacer una provocación militar y en zona de frontera Colombo-venezolana".

Los archivos de alias Raúl Reyes sirvieron para dibujar un panorama mucho más preciso de la cooperación de las FARC con gobiernos como Venezuela y Ecuador. Pero también ayudaron a las autoridades del Departamento del Tesoro de Estados Unidos para ampliar las sanciones contra personas que, de acuerdo con los archivos, estaban prestando ayuda clave a la guerrilla.

En septiembre de 2008, seis meses después de la captura de las computadoras de las FARC, tres altos funcionarios chavistas fueron incluidos en la lista de la Oficina de Control de Bienes Extranjeros (OFAC), que sanciona con congelamiento de cuentas y operaciones financieras a nivel internacional a personas e instituciones sancionadas por su apoyo a las FARC: los general Hugo Carvajal, jefe de la Dirección de Inteligencia Militar (DIM), y Henry Rangel Silva, jefe de la Dirección de Inteligencia y Servicios de Prevención (Disip); y el ex ministro de Relaciones Interiores Ramón Rodríguez Chacín[687].

Las sanciones contra los altos oficiales, sin embargo, no amedrentaron a Chávez. Los oficiales sancionados por Washington conservaron sus cargos. Al año siguiente, en diciembre de 2009, el mandatario venezolano promovió tanto a Carvajal como a Rangel Silva al grado de Mayor General, el más alto rango en la Fuerza Armada de Venezuela, equivalente a un general de tres estrellas estadounidense[688].

Los archivos de las FARC también motivaron una petición de exiliados venezolanos en Miami para ampliar las investigaciones sobre los lazos del chavismo con la guerrilla, ante la Audiencia Nacional de España.

"La Audiencia Española nos permitirá presentar testigos y otras pruebas en la causa, que contribuyan a demostrar la presunta participación de altos funcionarios del gobierno venezolano en estas actividades terroristas", dijo Helena Villalonga, directora de la Asociación de Mujeres Venezolanas en el Exterior (Amavex), en una entrevista con el autor[689].

Estratégicamente, tres meses después de que se dieron a conocer los archivos de las computadoras de Reyes que mostraban una amplia vinculación entre las FARC y el gobierno venezolano, Chávez pidió públicamente a Alfonso Cano, el líder que sucedió en el alto comando guerrillero, liberar a más de 700 secuestrados y abandonar la lucha guerrillera de 44 años.

"A esta altura, en América Latina está fuera de orden un grupo guerrillero armado y eso hay que decírselo a las FARC", dijo el mandatario venezolano. "La guerra de guerrillas pasó a la historia", acotó[690].

Las afirmaciones de Chávez fueron bien recibidas en algunos círculos políticos norteamericanos.

"Entiendo que el presidente Chávez ha hecho un comentario, una declaración de que las FARC se tienen que desarmar y dejar su lucha. Espero que acepten el consejo del presidente Chávez", declaró en Cartagena el senador John McCain durante una visita de 24 horas que realizó a Colombia como candidato presidencial del partido Republicano a principios de julio de 2008[691].

Sin embargo, las críticas por la asociación de Chávez con la narcoguerrilla arreciaron en otras instancias.

A mediados de marzo de 2009, tres contratistas norteamericanos que habían permanecido secuestrados por más de cinco años por las FARC en Colombia acusaron a Chávez de facilitar la propagación del "cáncer" de la guerrilla colombiana en el continente latinoamericano.

Tom Howes, Keith Stansell y Mark Gonsalves, ex contratistas de la firma American Northrop Group, expresaron críticas al apoyo chavista a la guerrilla en un evento en la sede del Comando Sur de Miami, durante el cual recibieron la medalla de la Defensa de la Libertad, otorgada por el Pentágono[692].

Patrocinando el narcoterrorismo

En un reporte dado a conocer a mediados del 2009, la Oficina de Investigaciones del Congreso de Estados Unidos (GAO) calificó a Venezuela como un "paraíso del narcotráfico", y advirtió que un alto nivel de corrupción dentro del gobierno y el sector militar venezolano facilitaba un ambiente permisivo para la guerrilla colombiana[693].

Ex miembros de las FARC entrevistados por autoridades colombianas se refirieron a funcionarios venezolanos, incluidos miembros de la Guardia Nacional, "que han sido sobornados para facilitar el paso de cocaína por la frontera", indicó el informe.

A fines de octubre, el republicano Connie Mack y el demócrata Ron Klein, ambos congresistas por Florida, introdujeron ante el congreso norteamericano la resolución 872 solicitando designar a Venezuela como estado patrocinante del terrorismo internacional, concretamente por los vínculos de Chávez con Hezbolá y las FARC.

Como parte de la argumentación, los parlamentarios citaron los casos de los lanzacohetes de fabricación sueca capturados en un campamento de las FARC en julio de 2009, que habían sido vendidos por Suecia a Venezuela en la década de 1980. También trajeron a colación el presunto pago de $300 millones por parte de Chávez a las FARC como contribución, y los esfuerzos de las FARC para obtener 50 kilos de uranio.

"Chávez alabó a las FARC como un ejército verdadero y una fuerza insurgente con un proyecto político, y llamó a los gobiernos extranjeros a dejar de referirse a las FARC como una organización terrorista", indicó la resolución[694].

En otro informe congresional de noviembre de ese año, insistió en que funcionarios oficiales venezolanos continuaban facilitando documentos de identidad y la venta de armamento a la guerrilla[695].

En enero de 2010, congresistas republicanos de la Florida se pronunciaron en la línea de Mack y Klein y exigieron al presidente Barack Obama incluir a Venezuela en la lista de naciones que patrocinan el terrorismo, citando informes federales que confirmaron los crecientes lazos de Chávez con redes narcoterroristas.

En un comunicado conjunto, los congresistas Connie Mack e Ileana Ros-Lehtinen advirtieron también sobre la amenaza que para Estados Unidos representaban los vínculos de Chávez con las FARC y el régimen islámico de Irán.

Ros-Lehtinen citó informes de la Agencia Antidrogas de Estados Unidos (DEA) que mostraban una conexión venezolana en la alianza entre las FARC y Al Qaida. Según Ros-Lehtinen, Venezuela jugaba el papel de un "masivo aeropuerto para uso de los traficantes"[696].

La congresista mencionó una operación realizada a fines del 2009, en la cual agentes de la DEA, haciéndose pasar por representantes de las FARC, contactaron a tres africanos que se declararon abiertamente miembros de Al Qaida, para transportar cientos de kilogramos de cocaína de Malí hasta España.

Los africanos fueron detenidos en Ghana y trasladados a Nueva York para ser juzgados. Según la Fiscalía del Distrito Sur de Nueva York, era la primera vez que se asociaba a Al Qaida con grupos narcoterroristas sudamericanos.

"Grupos como las FARC están encontrando nuevas maneras para vender drogas en Europa mediante los grupos de Al Qaida en África", dijo Ros-Lehtinen. "Y Al Qaida está más que dispuesta a usar el negocio de las drogas para ayudar a financiar su agenda extremista", apuntó.

Por su lado, el congresista Mack aseguró que "la evidencia que vincula a Venezuela con algunas de las más peligrosas organizaciones terroristas es abrumadora", y mencionó la negativa de Chávez a establecer en aeropuertos venezolanos las medidas de seguridad exigidas por la Administración de Seguridad en el Transporte (TSA).

También indicó que existía evidencia sobre cómo miembros de las FARC y los grupos islámicos Hamas y Hezbolá "operan con pocas restricciones en Venezuela". Muchos de ellos, señaló, utilizan pasaportes venezolanos para viajar al exterior.

Siete meses después, el 25 de mayo de 2010, un grupo de doce senadores norteamericanos exigieron "respuestas" a la secretaria de Estado Hillery Clinton, sobre una serie de inquietantes preguntas sobre los lazos de Chávez con el terrorismo internacional.

¿Qué tipo de armas han permitido estos altos oficiales del gobierno venezolano adquirir a las FARC? ¿Hasta qué punto las FARC usan las ganancias del tráfico ilícito de drogas para adquirir armas del gobierno venezolano?

¿Cuán profundamente están los asesores cubanos involucrados con el aparato de inteligencia y seguridad del gobierno venezolano? ¿Cuál es su valoración del papel del viejo confidente de Castro, Ramiro Valdés, como asesor especial del gobierno de Venezuela? ¿Qué papel, si acaso, desempeñó Valdez en la reciente purga de más de 100 oficiales militares venezolanos?

Los senadores plantearon más interrogantes sobre los vínculos de Chávez con las FARC y el tráfico de drogas y armas, y las relaciones con Al-Qaeda y el Magreb Islámico.

La carta culminó con preguntas relacionadas con las consecuencias de designar a Venezuela como nación patrocinante del terrorismo, y si Estados Unidos tenía preparados planes de contingencia en caso de una suspensión "repentina y prolongada" de los envíos de crudo venezolano.

Las respuestas a las interrogantes más críticas nunca se hicieron públicas. Los senadores recibieron un reporte clasificado por parte del Departamento de Estado que no podía ser divulgado.

POSTURAS DESAFIANTES

El tema de las FARC y Chávez surgió una vez más durante el proceso de confirmación del nuevo embajador de Estados Unidos en Caracas, Larry Leon Palmer, que iba a suplantar a Patrick Duddy.

Respondiendo a un agudo cuestionario del Comité de Relaciones Exteriores del senado norteamericano, Palmer no se fue por las ramas para abordar la familiaridad entre las FARC y el chavismo.

El diplomático dijo que las FARC mantenían campamentos en Venezuela, que el gobierno de Chávez no tenía voluntad para combatir la guerrilla, y que estaba dispuesto a presionar a Venezuela en organismos multilaterales[697].

La reacción de Chávez fue tan violenta como inesperada: tras cuestionar la poca diplomacia del embajador designado, anunció que nunca lo aceptaría como representante de Estados Unidos en Caracas, congelando de hecho las relaciones diplomáticas entre ambos países.

Nuevos y sorpresivos elementos surgieron en el siguiente reporte antiterrorista del Departamento de Estado sobre Venezuela. No sólo el gobierno bolivariano seguía negándose a cooperar con Washington en la lucha antiterrorista, sino que se mostraba desafiante protegiendo a narco generales cuestionados como Hugo Carvajal y Henry Rangel Silva[698].

Los analistas del Departamento de Estado destacaron también la presencia en Venezuela de miembros del grupo terrorista vasco ETA, que al mismo tiempo eran funcionarios activos del gobierno chavista. Mencionaron en particular el caso del vasco naturalizado venezolano Arturo Cubillas Fontan, alto directivo del Instituto Nacional de Tierras de Venezuela que enfrentaba acusaciones de asesinato en España.

La publicación del informe antiterrorista norteamericano coincidió con declaraciones de un ex alto oficial de la Armada venezolana, que confirmó haber sido testigo de la entrega de armamento a las FARC por parte de altos oficiales chavistas.

El contralmirante retirado Carlos Molina Tamayo, ex asesor de Seguridad Nacional de Chávez y exiliado en Europa tras su participación en el alzamiento militar de abril de 2002, describió cómo el gobierno ordenaba la entrega de cientos de fusiles a los irregulares colombianos, e incluso organizaba el falso robo de armamento militar que iba a parar a manos de las FARC.

"No se trataba solamente de fusiles; también desaparecían morteros, granadas y los cohetes antitanques AT4", declaró Molina Tamayo[699].

En septiembre, el Departamento del Tesoro anunció nuevas designaciones en la lista de Capos de la Droga que trajeron malas nuevas para el gobierno de Venezuela. Entre los designados se encontraban el general Clíver Alcalá, entonces comandante de una de las principal guarniciones militares del país, en el estado Carabobo; y el directivo del Partido Socialista Unido de Venezuela (PSUV) Freddy Bernal. Ambos fueron acusados de actuar en nombre de las FARC, y de brindar apoyo directo a las actividades de tráfico de drogas y armas del grupo subversivo.

Como si no fuese suficiente, nuevos informes oficiales continuaron pintando un panorama alarmante.

El general Douglas Fraser, Comandante de la Fuerza Aérea en el Comando Sur, con sede en Miami, reflejó en un informe ante el Congreso en abril de 2011 su inquietud de que armas sofisticadas adquirida por Venezuela, fueran a parar a manos de la guerrilla colombiana.

"Mi preocupación principal con las armas rusas en la región es el gran número de sistemas de defensa aérea portátil, y armas automáticas vendidas a Venezuela, y el potencial de que puedan llegar a manos de organizaciones como las Fuerzas Armadas Revolucionarias de Colombia", indicó Fraser[700].

Tres meses después, el persistente congresista Connie Mack volvió sobre el tema de las sanciones contra Venezuela, para frenar a un régimen al que calificó como "íntimamente enlazado al tráfico de drogas y el terrorismo", y con "estrechos vínculos" con las FARC.

"El Departamento de Estado no puede continuar dando reconocimiento a estos peligrosos criminales y debe designar a Venezuela como un Estado patrocinante del terrorismo sin más tardanza", dijo Mack. Pero el congresista no encontró todo el eco que buscaba entre sus colegas[701].

El nuevo informe antiterrorista de 2011 del Departamento de Estado confirmó las declaraciones de Mack, aunque hizo caso omiso de la propuesta de sancionar a Venezuela. Destacó la presencia de terroristas vascos en territorio venezolano con la aquiescencia del gobierno chavista, y citó específicamente el arresto de Iñaki Domínguez Atxalandabaso, acusado de entrenar a miembros de las FARC en campamentos en Venezuela[702].

LAS FARC EN EL POSTCHAVISMO

La muerte de Chávez no detuvo la relación entre las FARC y Venezuela en la lucha contra el "imperialismo" norteamericano.

Desde La Habana, donde tenían lugar las conversaciones de paz entre el grupo guerrillero y el gobierno colombiano, un comunicado expresó "profundo dolor" por la desaparición del comandante, cuyos últimos días transcurrieron en la capital cubana.

"Chávez vive en el pueblo venezolano y en los pueblos de Nuestra América. La paz, la justicia social, la independencia y el socialismo son un derecho de la humanidad, y debemos pelearlo hasta las últimas consecuencias, para que ninguna potencia extranjera intente siquiera mancillarlo", indicó el texto enviado por la Delegación de Paz de las FARC-EP el mismo día del anuncio de la muerte del mandatario venezolano[703].

La organización recibió con los brazos abiertos la nominación y luego el triunfo de Nicolás Maduro como sucesor de

Chávez en Venezuela, una figura con quien las FARC había desarrollado una vinculación documentada al menos desde 2002.

"Adelante, Nicolás, serás ejemplo para los latinoamericanos profundizando la Revolución Bolivariana y la construcción del socialismo, sueño del comandante eterno", precisó un comunicado el día de las elecciones en abril de 2013[704]. La guerrilla también consideraba que el triunfo de Maduro ayudaría a las conversaciones de paz con el gobierno de Santos.

La semana anterior, el 29 de mayo, el líder opositor había sostenido un encuentro en Bogotá con el mandatario Juan Manuel Santos, una reunión cuestionada tanto por Caracas como por las FARC, apenas dos días después de la visita del vicepresidente norteamericano Joseph Biden a Colombia.

Biden expresó su apoyo a las conversaciones de paz con las FARC, pero subrayó también la importancia del entrenamiento de funcionarios policiales y militares para reforzar la seguridad nacional de Colombia, y garantizó la entrega de $320 millones para la lucha contra el narcotráfico[705].

Tras las visitas de Biden y Capriles a la capital colombiana, tanto las FARC como sectores oficialistas en Venezuela denunciaron que Santos recibió al dirigente opositor venezolano por sugerencia de la Casa Blanca[706].

El pronunciamiento del alto mando de las FARC generó acusaciones del líder opositor Henrique Capriles de que Maduro estaba financiando a la organización subversiva.

"Este gobierno es un gran cómplice y financista de la guerrilla colombiana", dijo Capriles en la capital venezolana.

Los vínculos de Caracas con los grupos narcoterroristas de Colombia, sin embargo, eran apenas un ángulo de la alianza estratégica de la revolución bolivariana con los grupos radicales internacionales para constituirse en una amenaza real a la seguridad nacional de Estados Unidos.

9
CONSPIRACIÓN
TERRORISTA

"Andan inventando que si Irán desde Venezuela, desde Cuba, desde Nicaragua, está preparando ataques contra Estados Unidos".

Hugo Chávez, Programa 'Aló, Presidente', 8 de enero de 2012.

Mientras que el presidente iraní, Mahmud Ahmadinejad, concluía su visita de dos días a Venezuela, a principios de enero de 2012, un equipo secreto de técnicos y funcionarios militares de ambos países afinaban los últimos detalles en una de las instalaciones más protegidas de la Fuerza Armada Nacional Bolivariana (FABN).

Ubicada en Morón, el polo petroquímico en el centro de Venezuela, la fábrica estaba en construcción desde el año 2006 con un presupuesto inicial de $14 millones, a un ritmo lento y cuidadoso. El acceso a las instalaciones estaba reservado a los especialistas iraníes que trabajaban en su diseño, con protección de un contingente de la Guardia Nacional venezolana.

Los trabajadores de la planta, todos de origen iraní, residían en las cercanías del secreto complejo, en una serie de instalaciones prefabricadas que construyeron especialmente para alojarlos, y tenían la prohibición de establecer relación o contacto con los pobladores locales.

Los pocos ingenieros venezolanos a quienes se les permitía el acceso se comunicaban a través de un traductor con los iraníes responsables de la planta.

El proyecto había sido anunciado por el presidente Hugo Chávez como parte de una serie de acuerdos entre Venezuela e Irán firmados durante una visita de Ahmadinejad a Caracas en septiembre de ese año.

"Irán va a ayudarnos a establecer una fábrica de pólvora y municiones", dijo Chávez, quien argumentó que la iniciativa se había producido para compensar el embargo militar que Estados Unidos había impuesto a Venezuela.

Sin embargo, Chávez evitó proporcionar más detalles. No estaba interesado en publicitar la verdadera naturaleza del proyecto venezolano-iraní, que iba mucho más allá de fabricar pólvora simple para municiones.

El mandatario, por ejemplo, omitió explicar que la planta había sido diseñada por la empresa iraní Parchin Chemical Industries (PCI), una subsidiaria de la Organización de Industrias de Defensa (DIO), el conglomerado controlado por el Ministerio de Defensa de Irán sancionado por las Naciones Unidas por su papel en el programa nuclear iraní[707].

El propósito de la planta, según documentos confidenciales a los que tuvo acceso el autor, era la fabricación de *ball powder*, un tipo de pólvora que se utiliza como detonante para una amplia gama de armas, desde fusiles comerciales y pistolas hasta morteros de 120 mm y misiles de largo alcance.

El proyecto había sido encargado a PCI por la Compañía Venezolana de Industrias Militares (Cavim), de acuerdo con los planos originales, bajo el nombre código de Bahman, el undécimo mes del calendario civil iraní[708].

Este proyecto era apenas una de las numerosas evidencias que probaban los estrechos vínculos de Chávez con los países y organizaciones más extremistas y radicales del planeta, una lista que abarcaba desde la Guardia Revolucionaria iraní y el G2 cubano, hasta dirigentes de Al-Qaida, Hezbolá y Hamas, calificados de terroristas por Estados Unidos.

Chávez no ocultó su relación con líderes controversiales como el libio Muamar Gadafi, o Mahmoud Ahmadinejad, entonces presidente de Irán. Pero nunca admitió abiertamente que ayudó a financiar o proteger a terroristas, y que pidió ayuda a grupos proscritos y gobiernos dictatoriales para entrenar a su propio ejército de extremistas bolivarianos, alimentando una estrategia de Guerra Asimétrica para enfrentar al imperio estadounidense a cualquier precio.

¿TERRORISMO A LA VENEZOLANA?

Para el momento en que Chávez comenzaba a armar su estrategia revolucionaria global a principios de 2001, la preocupación de las agencias antiterroristas norteamericanas en América Latina eran las actividades de secuestro y extorsión de la guerrilla en áreas fronterizas de Colombia y Venezuela, y las operaciones de grupos islámicos en la llamada Trifrontera entre Argentina, Brasil y Paraguay[709].

Pero los ataques terroristas a Nueva York y Washington en septiembre de 2001 cambiaron totalmente las prioridades del gobierno de George W. Bush.

Chávez se unió al resto de los países de la OEA en la inmediata condena a los ataques, y cooperó con Estados Unidos en la búsqueda de bienes y cuentas de grupos terroristas en Venezuela. Sin embargo, las reservas sobre el gobierno venezolano, presidido por un ex militar golpista que ya exhibía un expediente de vínculos con grupos y gobiernos radicales, se mantuvo en pie.

El informe de 2001 del Departamento de Estado sobre el terrorismo global incluyó por primera vez a la isla de Margarita como un centro de actividades de la organización terrorista libanesa Hezbolá.

El reporte criticó la posición de Chávez de condenar al terrorismo pero oponerse a usar la fuerza para combatirlo, una actitud sospechosa para Washington[710].

Varios eventos demostraron que la desconfianza de los estadounidenses no estaba lejos de la realidad.

La primera evidencia surgió de un episodio aparentemente inconexo, de un joven venezolano de origen árabe que llamó la atención de las autoridades de inmigración en Estados Unidos por problemas con su visa.

El Departamento de Justicia y el FBI iniciaron inmediatamente una investigación secreta contra el joven, que estaba tomando clases de aviación en una escuela de Paterson, Nueva Jersey, para el momento de los ataques terroristas.

Mientras aprendía a pilotear aviones, el venezolano Hakim Mohamad Ali Diab Fattah, de 28 años, con cédula de identidad 16.105.824, "hizo amenazas de que iba hacer estallar un avión de una aerolínea israelí", de acuerdo con un reporte del FBI de marzo de 2002.

Los agentes federales lanzaron una pesquisa sobre las conexiones de Diab Fattah después de corroborar que el venezolano acudió a otras academias de aviación en Estados Unidos, incluyendo dos a las que había asistido Hani Hanjour, uno de los secuestradores del vuelo 77 de American Airlines que se estrelló contra el Pentágono, el 11 de septiembre de 2001[711].

Las autoridades encontraron además que había falsificado documentos y estaba trabajando sin autorización.

"Fattah no traía consigo su pasaporte y le fueron encontradas en su persona diferentes identificaciones bajo múltiples nombres. La investigación realizada por la oficina de inmigración determinó que la visa de Fattah había expirado, que una petición anterior para extensión había sido denegada y que Fattah estaba trabajando en los EE.UU. ilegalmente", precisó un reporte del FBI enviado a Caracas por el agregado jurídico del FBI, Héctor Rodríguez.

Diab Fattah fue arrestado por el Servicio de Inmigración y Naturalización (USCIS) el 18 de octubre de 2001 en Milwaukee, poco más de un mes después de los ataques terroristas, cuando intentó renovar su visa B-2. Un juez federal ordenó su deportación a Venezuela.

El padre de Hakim, Ali Diab Mohamad, era propietario de la tienda de ropa Comercial Hermanos Saud, ubicada en la localidad de Maiquetía, a escasa distancia del Aeropuerto Internacional Simón Bolívar, en las afueras de Caracas.

Diab Fattah arribó a Maiquetía a las 9 y 29 de la noche del 8 de marzo de 2002, siete meses después de los ataques terroristas, en el vuelo 397 de Delta Airlines. Fue recibido por una comisión de la inteligencia política Disip, enviada por el director del organismo Carlos Aguilar, que subió al avión para tomar bajo custodia al deportado.

Misteriosamente, Diab Fattah no fue reseñado por las autoridades, como establecía el reglamento, ni pasó los controles de inmigración en el aeropuerto. "La Disip terminó protegiéndolo, y no volvimos a saber de él", dijo al autor el general Marco Ferreira, director general de Identificación y Extranjería (DIEX) del Ministerio de Interior y Justicia para ese momento, y encargado de investigar su actuación en Estados Unidos.

Es hasta ahora un misterio lo que ocurrió con Diab Fattah una vez que fue tomado bajo custodia de la Disip. El registro de su nacimiento reportaba que efectivamente había nacido en la parroquia de Santa Rosalía, el 20 de agosto de 1973, tenía una estatura de 1.80 metros, ojos pardos, cabello castaño y piel blanca. Su nombre completo en el registro era Hakim Mohamed Ali Diab Fattah, hijo de Diab Mohamad Alí y Fattah Kheiriyeh Mustafá. Huellas de sus dedos pulgar e índice aparecieron en un registro solicitado en la oficina de la DIEX en Maiquetía, el 13 de agosto de 1993, cuando Hakim ya había cumplido 20 años.

Nunca se confirmó si el joven venezolano-árabe que aspiraba a ser piloto de aviación, se convirtió en un operador de los grupos extremistas islámicos en Venezuela o si participó en actos terroristas.

En Estados Unidos, el nombre de Hakim comenzó a ser citado en numerosos reportes norteamericanos como uno de los primeros casos de potenciales terroristas en Venezuela.

Las sospechas en Washington sobre las tendencias extremistas de Chávez no habían salido de la nada. El mandatario estrechó lazos con radicales del Medio Oriente al año siguiente de llegar al poder, en un tono claro de desafío al gobierno norteamericano.

Su primera visita oficial a un país musulmán se produjo en agosto de 2000, a Irán. El viaje, parte de una gira a países miembros de la Opep, incluyó una reunión con el entonces presidente iraní Mohammad Khatami, un clérigo shiita de inclinación reformista que había sido electo con apoyo, en parte, de sectores de la izquierda radical iraní[712].

Tras el encuentro, Chávez hizo unas breves pero significativas declaraciones sobre lo que pensaba promover en la Opep: unificar la organización, aumentar su capacidad de influir en la política internacional, y elevar los precios del crudo.

La visita a Teherán se tornó en desafío internacional cuando decidió, sin anuncio previo, visitar al polémico líder iraquí Saddam Hussein, burlando las sanciones de Estados Unidos.

A fin de evitar violar la prohibición de vuelos a Irak impuesta por la ONU, Chávez viajó por tierra desde Teherán al poblado fronterizo de Kermanshah. De ahí tomó un helicóptero hasta la localidad de Mothuriyah, a escasa distancia de territorio iraquí. Usó una limosina negra provista por el gobierno iraní para cruzar la frontera. En un punto no identificado, Chávez fue recogido por el helicóptero presidencial de Hussein, que lo llevó a Bagdad, en compañía de Alí Rodríguez Araque, ministro de Energía y entonces presidente de la Opep.

El 10 de agosto Chávez se convirtió en el primer jefe de Estado en arribar a Irak desde la invasión a Kuwait en 1990, una visita que causó malestar en Washington.

El portavoz del Departamento de Estado, Richard Boucher, calificó de "particularmente preocupante" que la primera visita a Hussein desde la Guerra del Golfo fuese de un líder electo democráticamente como Chávez[713].

"Venezuela es un país soberano que puede tomar sus decisiones como más le convenga", dijo Chávez en respuesta a las críticas estadounidenses.

Para incordiar más a Washington, Chávez trató a Hussein como un "hermano" y lo defendió públicamente. "Alguna gente dice que es el Diablo, pero el Diablo está en el infierno", dijo[714].

Las relaciones entre Chávez y Hussein no avanzaron mucho más allá de la retórica, principalmente por la invasión norteamericana a Irak en 2003, que terminó con su arresto y posterior ejecución. Pero ambos compartían ideas similares sobre cómo gobernar. El líder iraquí era notable por haber desarrollado un exacerbado culto a su personalidad, y una agresiva política de represión a la oposición, lo cual le permitió gobernar Irak con mano de hierro por 24 años.

Si bien la estrategia de acercamiento a Irak no llegó lejos, los vínculos con Irán dieron un notable viraje.

Un segundo viaje a Teherán en mayo de 2001 marcó un significativo avance en lo que el mandatario venezolano denominó una "alianza estratégica" con el país islámico, una práctica que amplió en los siguientes años. Chávez firmó los primeros convenios de cooperación económica e industrial, particularmente en el área de la investigación petrolera y petroquímica. Los acuerdos fueron ampliados al intercambio de tecnología de información, biotecnología y prevención de desastres[715].

Pero esta era la fachada oficial. Entre telones, Chávez quería ampliar su radio de influencia en el Medio Oriente, y en acercarse a organizaciones extremistas en la mira de Estados Unidos.

Con Al-Qaeda y el Talibán

A fines del 2002 una figura clave que había participado en estas intentos de acercamiento salió subrepticiamente de Venezuela y arribó a Miami para revelar lo que sabía.

Hasta ese momento, el mayor de la Fuerza Aérea de Venezuela Juan Díaz Castillo había sido piloto del presidente Chávez por casi cuatro años. El oficial, que formaba parte del selecto grupo de pilotos presidenciales a quienes se les exigía lealtad y secretismo absoluto, viajó a Estados Unidos para solicitar asilo político luego de que el propio Chávez ordenara su captura, por temor a que revelase sus conexiones con el terrorismo internacional[716].

En una entrevista con el autor, Díaz Castillo aseguró que, poco después de los ataques terroristas del 11 de septiembre de 2001, "fui comisionado para organizar, coordinar y ejecutar una operación encubierta que consistía en entregar recursos financieros (un millón de dólares) al gobierno Talibán para que asistiera a la organización terrorista Al Qaida y a su máximo jefe".

El oficial dijo que le habían asignado la tarea porque "Chávez confiaba plenamente en mí". La operación debía aparentar una acción humanitaria de Venezuela en Afganistán, el principal escenario de la persecución estadounidense contra Osama bin Laden, identificado como el responsable de los ataques terroristas del 11 de Septiembre, y un hombre a quien Chávez admiraba.

Díaz Castillo precisó que la encomienda no se hizo por el canal previsto. La iniciativa fue culminada por el entonces vicepresidente Diosdado Cabello, quien decidió enviar el millón de dólares a través del embajador venezolano en la India, Walter Márquez. De ese total, Al Qaeda recibió efectivamente $900,000, aseguró Díaz.

El piloto reveló otros detalles desconocidos. Dijo que durante una visita oficial a Libia, Chávez le pidió al líder Muammar Qaddafi que lo conectara con la alta dirigencia de Al Qaeda. La petición, sin embargo, no prosperó.

Tras mucha insistencia, el presidente venezolano abrió una línea de comunicación con grupos radicales del Talibán afgano, gracias a las gestiones del embajador Márquez, reveló el piloto presidencial.

Las comunicaciones con los talibanes pasaron a ser manejadas por Carlos Otaiza, hermano del capitán Eliézer Otaiza, entonces jefe máximo de la policía política venezolana, la Disip. No pasó mucho tiempo antes de que los acuerdos entre Chávez y los radicales islámicos produjeran consecuencias visibles, de acuerdo con el testimonio de Díaz.

En los últimos meses de 2001 y durante todo 2002, comenzaron a llegar a Venezuela "más y más árabes", presuntamente operadores terroristas. "A ellos se les daba siempre tratamiento especial", dijo el piloto, que recibía órdenes de Chávez a través de Otaiza y el entonces ministro de Relaciones Interiores Ramón Rodríguez Chacín[717].

El oficial de aviación aseguró también haber sido "testigo de excepción" de cómo el gobierno chavista había "organizado, armado y entrenado a grupos civiles a fin de administrar violencia a través de ellos", con asesoramiento de Cuba, usando convictos sacados de las cárceles.

Dijo además que presenció las frecuentes reuniones entre Chávez y Fidel Castro en La Habana, o en las islas venezolanas de Margarita y La Orchila.

Citó otros ejemplos de radicales chavistas como el caso de la activista Lina Ron, de quien afirmó que manejaba directamente una milicia de 200 hombres pagados por organismos oficiales, y disponía de un avión privado para sus operaciones.

"Debo advertir a Estados Unidos sobre Chávez. Es un peligro no sólo para su propio pueblo, sino para toda la región", declaró Díaz Castillo.

El piloto entregó pruebas de su testimonio a agentes del FBI en Miami.

El embajador Márquez negó toda vinculación con la trama narrada por el piloto. Admitió que como embajador en la India entregó un donativo de $1 millón a refugiados en Afganistán, pero dijo que el dinero fue entregado al Alto Comisionado para los Refugiados de las Naciones Unidas (ACNUR), mediante un depósito en una cuenta del organismo en el Citibank de Zürich, el 3 de noviembre de 2001.

"Hay un recibo importante que está suscrito para la oficina de donaciones de ACNUR que confirma la donación", aseguró Márquez en conversación con el autor[718].

Sin embargo, Márquez no descartó la posibilidad de que la contribución descrita por Díaz Castillo hubiese sido entregada por otras vías al Talibán. "Esa es una versión", puntualizó.

Las revelaciones del militar venezolano fueron usadas en una demanda contra Venezuela introducida a fines de enero de 2003 en una corte civil de Miami por la organización Judicial Watch, con sede en Nueva York.

La acción judicial, establecida a nombre de las víctimas y sobrevivientes de los ataques terroristas de septiembre de 2001 contra Estados Unidos, acusó a Venezuela, al presidente Hugo Chávez y al embajador Walter Márquez, de prestar apoyo y asistencia material "a Osama bin Laden y a la red terrorista de Al Qaeda".

La demanda fue desechada un año después, a mediados de enero de 2004, por el juez de Miami James Lawrence King, bajo el argumento de que los demandantes no habían presentado suficiente evidencia para respaldarla. Pero las dudas de si Chávez estaba prestando ayuda secreta a grupos terroristas no se disiparon.

Un terrorista venezolano en Londres

Pocos días después de la denuncia del piloto presidencial de Chávez, otro acontecimiento disparó nuevas alarmas internacionales.

A mediados de febrero de 2003, las autoridades antiterroristas en Gran Bretaña detuvieron en el aeropuerto londinense de Gatwick a Hasil Mohammed Rahaham-Alan, un venezolano de origen árabe de 37 años, que había llegado de Caracas en el vuelo 2048 de British Airways, tras encontrar en su equipaje una granada lista para ser detonada.

El episodio produjo conmoción en el Reino Unido. Ese día obligó a suspender temporalmente todos los vuelos en Gatwick, y durante varios días los vuelos directos entre Londres y Caracas.

Aunque la granada no estalló, Rahaham-Alan fue inmediatamente acusado bajo las leyes británicas, de organizar un acto terrorista con potencial daño a personas y propiedades[719].

Al principio no surgieron evidencias de que el presunto terrorista estuviese conectado a radicales islámicos o al gobierno venezolano. Pero las autoridades británicas decidieron ampliar las pesquisas en Venezuela.

El martes 18 de febrero, cinco días después de la detención del sospechoso terrorista, tres oficiales de la Policía Metropolitana de Londres que participaban en la investigación de Rahaham-Alan viajaron a Caracas[720].

Las autoridades chavistas inmediatamente arrojaron dudas sobre la identidad del acusado. "No podemos asegurar que el ciudadano que se encuentra en Londres es venezolano", declaró Alfredo Gil Romero, jefe de la Dirección de Identificación y Extranjería (Diex).

Gil Romero admitió que la cédula de identidad del presunto terrorista fue emitida en 1990, pero agregó que el documento pudo haber sido forjado, y que pertenecía en realidad a otra persona[721].

Lo que no dijo Gil Romero fue que Rahaham-Alan tenía un historial documentado de vida en Venezuela. Estaba registrado como votante en el Consejo Nacional Electoral desde enero de 1998 con el mismo número de identidad. Había vivido además en varias localidades del país, y varias personas, incluyendo familiares, dijeron que lo conocían.

Vecinos de su residencia en Caracas se mostraron sorprendidos de su detención, y confirmaron que Rahaham-Alan y su familia vivían en el lugar, aunque la casa de dos pisos se encontraba desocupada.

"No puedo creer que mi hijo sea un terrorista. Tiene que haber algún error", declaró la anciana madre, identificada con el nombre de Afrose, miembro de una adinerada familia árabe-venezolana. Afrose confirmó que en una época Rahaham-Alan había desaparecido misteriosamente cuando se encontraba estudiando para ser un clérigo musulmán[722].

En abril de 2005, dos años después de su detención, Rahaham-Alan se declaró culpable de los delitos que se le atribuían, y fue condenado a 6 años de prisión.

Curiosamente, sus registros electorales fueron modificados en 2006, cuando aún se encontraba en una prisión británica. La dirección de su centro de votación fue cambiada de Caracas a la localidad de Turmero, en el estado Aragua, a unas dos horas de la capital venezolana. De acuerdo con el documento electoral, Rahaham-Alan no sólo era un votante registrado, sino que actuó como miembro de mesa en el proceso electoral de 2011.

Rahaham-Alan retornó a Venezuela tras salir en libertad, y se convirtió en un activo chavista en la zona central de Venezuela y en la isla de Margarita, el lugar frecuentemente señalado por Estados Unidos como semillero de las finanzas del terrorismo islámico en América Latina.

PREOCUPANTE ACTIVISMO ISLÁMICO

El inicio del juicio en Londres de Rahaham-Alan, en marzo de 2003, coincidió con las declaraciones del general James T. Hill, jefe del Comando Sur con sede en Miami, sobre la existencia de una red de recolección de fondos en la isla de Margarita, que tenían conexión directa con grupos de la llamada Triple Frontera entre Argentina, Paraguay y Brasil, hasta ese momento el más importante enclave pro terroristas identificado por el Pentágono en Latinoamérica.

El general Hill estimó que grupos de comerciantes y financistas de origen árabe que residían en el oriente de Venezuela estaban enviando fondos a grupos como Hamas, Hezbolá e Islamiyya al Gammat. La contribución, estimada entre $300 y $500 millones al año, era permitida por el gobierno chavista, aseguró el general Hill[723].

Las denuncias del alto oficial del Pentágono, ratificadas en varios informes posteriores del Departamento de Estado y el congreso norteamericano, provocaron airadas reacciones[724].

"Nosotros no apoyamos ni hemos apoyado nunca grupos terroristas", declaró el general Lucas Rincón, ministro del Interior y Justicia de Venezuela. "Si llegáramos a detectar un terrorista, entonces desde luego que actuaremos", acotó el funcionario.

Abdallah Nasseredine, presidente de la Federación Arabe-Venezolana, aseguró que "ningún árabe ha venido a la isla de Margarita con un plan para actuar contra los Estados Unidos"[725]. Mientras los chavistas desmentían lazos con radicales islámicos, surgían nuevas evidencias de estos vínculos.

En septiembre de 2003 oficiales militares y de inteligencia norteamericanos dijeron que tras el alzamiento militar de abril de 2002, Chávez había incrementado sus lazos con grupos radicales islámicos no sólo en Venezuela sino otros países andinos.

Los oficiales aseguraron que "miles de documentos de identidad venezolana" estaban siendo distribuidos a extremistas de Siria, Pakistán, Egipto y Líbano, entre otros países del Medio Oriente[726].

Miles de potenciales terroristas pudieron haber obtenido pasaportes venezolanos, varios de los cuales fueron usados para adquirir visas norteamericanas, advirtieron los funcionarios de inteligencia.

La principal preocupación de las agencias federales era explorar si existían en Venezuela conexiones con la organización terrorista Al Qaida, a través de personas como el estudiante de aviación Diab Fatah, cuya familia es "un bien conocido clan asociado con extremistas y actividades ilícitas".

Los funcionarios también mencionaron de forma especial la penetración cubana en Venezuela, "profundamente inmiscuida en la agencia de inteligencia de Venezuela". "Hay amplia evidencia de que Cuba provee de entrenamiento militar a organizaciones pro chavistas", aseguraron los agentes de inteligencia.

A partir de los episodios de Diab Fattah y Rahaham-Alan, el tema de la "islamización" de la revolución chavista se hizo recurrente.

En el informe sobre el terrorismo de 2004, el Departamento de Estado cuestionó oficialmente por primera vez el fácil acceso a documentos de identidad venezolanos, por parte de radicales árabes.

"La limitada seguridad de los documentos de Venezuela, especialmente documentos de ciudadanía, de identidad y de viaje, la convierte en un lugar atractivo para personas involucradas en actividades criminales, incluyendo terrorismo", advirtió el reporte[727].

Como consecuencia, las autoridades norteamericanas incrementaron la vigilancia para detectar a supuestos venezolanos de origen árabe cuyos documentos para ingresar a territorio norteamericano Estados Unidos pudieran ser falsos. También se enfocaron en vigilar a comerciantes venezolanos de origen libanés que tenían negocios en Estados Unidos.

PELIGROSAS CONEXIONES EMPRESARIALES

A mediados de 2004, luego de varios meses de investigaciones, Washington decidió suspender la visa a Majed Khalil Majzoub, un próspero empresario vinculado al gobierno chavista, y cuya empresa mantenía importantes contratos con los servicios de inteligencia militar de Venezuela.

Kahlil, de origen libanés, no era únicamente un prolífico hombre de negocios que ganaba mucho dinero con el chavismo. Estaba estrechamente relacionado a la comunidad islámica en Venezuela. Su hermano Khaled era un alto directivo de la mezquita Sheikh Ibraim Al-Ibrahim, la más importante de Venezuela y la segunda mayor de toda América Latina[728].

Los hermanos Kahlil eran, además, socios en la firma Hardwell Computer Inc., con sede en Hialeah, Florida.

Agentes federales habían investigado tanto las finanzas como los vínculos chavistas de los hermanos Kahlil, por razones de seguridad nacional.

Hardwell Computer había recibido varios contratos del gobierno venezolano, entre ellos uno por $5 millones con el Ministerio de la Defensa, para instalar una plataforma tecnológica a la Dirección de Inteligencia Militar (DIM); y otro por $16 millones para instalar radares en la torre de control del aeropuerto internacional de Maiquetía, el mayor del país[729].

Los Khalil también establecieron una relación estrecha con la compañía Raytheon, una multinacional con sede en Massachussets que fabricaba sofisticados equipos de defensa para el Pentágono.

La suspensión de la visa se habría producido porque los Kahlil estaban actuando como intermediarios del gobierno venezolano para adquirir avanzada tecnología informática con aplicaciones militares, lo cual era visto con recelo en Washington[730].

Mientras aumentaban las acusaciones de que promovía vínculos con extremistas, Chávez concibió y puso en marcha varias acciones para mostrar que la lucha contra el terrorismo era una preocupación de su gobierno.

Por ejemplo, anunció nuevas medidas de vigilancia y seguridad en las fronteras, creó un nuevo cuerpo de leyes y designó jueces dedicados exclusivamente a casos de terrorismo.

Pero pronto quedó en evidencia que el gobierno no buscaba combatir a grupos extremistas internacionales establecidos en Venezuela.

"La reciente atención de Chávez al 'terrorismo' puede estar orientada al ataque de oponentes internos de su gobierno", precisó el informe sobre el terrorismo de 2004 del Departamento de Estado[731].

El nuevo énfasis antiterrorista, anotaron los analistas del Departamento de Estado, se produjo tras denuncias de Chávez de que Washington quería sacarlo del poder e incluso asesinarlo.

Una de las vías, alertó Chávez, era una presunta conspiración organizada por paramilitares colombianos. El 8 de mayo de 2004, el gobierno anunció la detención de un centenar de supuestos paramilitares que participarían en un golpe de Estado coordinado con la oposición, muchos de ellos en realidad campesinos traídos bajo engaño desde Colombia.

Fiel a su retórica, Chávez acusó a grupos del exilio y al gobierno norteamericano de la conspiración. Sin embargo, "no ofreció pruebas para respaldar sus denuncias", indicó el informe del Departamento de Estado.

Las medidas antiterroristas de Chávez se aplicaron con dureza contra opositores especialmente tras el asesinato el 18 de noviembre del fiscal chavista Danilo Anderson, que murió cuando su vehículo estalló en una urbanización de la capital venezolana.

Luego de una investigación policial llena de sospechosas contradicciones, en la que se obvió evidencia que vinculaba a altos chavistas con el asesinato, el gobierno culpó a figuras opositoras y críticas: el general retirado Eugenio Añez Núñez, la periodista Patricia Poleo, el cubano venezolano anticastrista Salvador Romaní hijo, y el banquero Nelson Mezerhane, este último accionista del canal Globovisión.

Posteriormente, el propio fiscal Isaías Rodríguez añadió otros presuntos culpables: "individualidades del Departamento Administrativo de Seguridad (DAS) de Colombia; grupos del exilio venezolano en Miami, y "funcionarios de Estados Unidos"[732].

La lista de presuntos conspiradores de la fiscalía venezolana incluía a Carlos Fernández, ex presidente de organismo empresarial Fedecámaras, que había huido a Estados Unidos luego de haber sido públicamente acosado por la policía política; Daniel Romero, un opositor que participó en el breve gobierno de Pedro Carmona Estanga y llegó a Miami pocos días después del fallido alzamiento militar de abril de 2002; y dos ex funcionarios de inteligencia venezolanos que habían provisto de valiosa información a las agencias federales norteamericanas: Johan Peña y Pedro Lander.

También figuraban dos militares: los tenientes José Antonio Colina y Germán Varela, ambos falsamente acusados de participar en atentados con explosivos en las sedes diplomáticas de Colombia y España en Caracas en febrero de 2003.

Colina y Varela llegaron a Miami a fines de 2003 procedentes de Colombia, y de inmediato solicitaron asilo en el aeropuerto alegando persecución política. La historia que ambos oficiales contaron a las autoridades de inmigración era compleja. Habían participado como oficiales disidentes en actos de desobediencia civil organizados por militares activos en la Plaza Altamira, en el este de la capital venezolana, un lugar que entre 2002 y 2003 se convirtió en un símbolo de oposición radical a Chávez.

Aunque se declaraban completamente inocentes de la grave acusación, el gobierno chavista los calificaba de "terroristas".

Colina y Varela fueron recluidos de inmediato en Krome, un centro federal de detención para inmigrantes en las afueras de Miami, tres días antes de fin de año de 2003, mientras un juez abrió una investigación sobre el caso.

La cancillería venezolana, bajo el mando de Roy Chaderton, inmediatamente acusó a Estados Unidos de dar cobijo a los presuntos terroristas, e inició trámites de extradición.

El proceso judicial duró más de dos años y medio. Al final, Washington emitió una medida salomónica. No concedió la extradición exigida por Caracas, por el potencial peligro de que los militares fuesen torturados en Venezuela. Pero tampoco otorgó el asilo. Los oficiales se beneficiaron de una medida de protección contra la tortura, que les permitió residir en territorio norteamericano mientras encontraran un tercer país que aceptara recibirlos.

En términos prácticos, la sentencia desfavoreció las intenciones de Chávez, admitiendo la posibilidad de que en Venezuela los perseguidos por razones políticas podrían ser torturados. Colina y Varela salieron finalmente en libertad a fines de abril de 2006.

POSADA CARRILES Y EL PRESUNTO MAGNICIDIO

La decisión del Departamento de Estado sobre el destino de los militares disidentes había sido influida por el caso de otro personaje cuya extradición Chávez también reclamaba: el anticastrista Luis Posada Carriles.

El veterano ex agente de la CIA era "el Osama bin Laden de América Latina", en expresión del embajador venezolano en Washington, Bernardo Álvarez.

Posasa Carriles era solicitado en extradición por Caracas por la autoría intelectual de la voladura de una aeronave de Cubana de Aviación en 1976 que produjo la muerte de 78 personas, entre ellos 24 atletas cubanos. Posadas ya había sido condenado por un tribunal venezolano en 1977 por el hecho, y estuvo encarcelado hasta que protagonizó una fuga espectacular en 1985. Chávez lo consideraba un prófugo de la justicia venezolana. La solicitud de extradición fue introducida en mayo de 2005 cuando autoridades de inmigración norteamericana detuvieron a Posadas acusándolo de ingresar a Estados Unidos ilegalmente. Un juez de Texas que lo estaba juzgando no por terrorista sino por violación de las leyes de inmigración estadounidenses, sentenció que el combatiente anticastrista no podía ser extraditado a Venezuela porque enfrentaba la amenaza de ser torturado[733].

La decisión sentó por primera vez el precedente en cortes federales de Estados Unidos de que ningún venezolano que demostrara ser un perseguido político de Chávez, podría ser extraditado por temor a ser torturado por los cuerpos de seguridad del régimen.

Posadas fue finalmente puesto en libertad en abril de 2011, seis años después de ser acusado, una decisión que produjo protestas del gobierno venezolano[734].

Pero mientras Venezuela criticaba lo que consideraba como una hipocresía de Estados Unidos en el manejo del caso Posada Carriles, Washington cuestionaba la vista gorda que Caracas hacía ante el terrorismo internacional.

"La cooperación venezolana en la campaña internacional contra el terrorismo ha continuado siendo negligente", indicó el reporte antiterrorista 2004 del Departamento de Estado.

El reporte dijo que Chávez cooperaba estrechamente con estados proscritos por Estados Unidos como Cuba e Irán, promovía terroristas iraquíes y protegía narcoguerrilleros colombianos. También criticó un panel de jueces antiterroristas designados por Chávez que tras muchos meses no habían procesado al primer acusado.[735].

En Estados Unidos el gobierno no era el único que cuestionaba la tolerancia de Chávez.

El ex agente de la CIA Félix Rodríguez, famoso por haber dirigido en Bolivia la captura del Che Guevara en 1967, discutió en un programa de televisión en Miami la necesidad del gobierno norteamericano de preparar "planes de contingencia" para contener el radicalismo chavista[736].

Otro influyente antichavista, el teleevangelista conservador Pat Robertson, fue más directo: el hecho de que Chávez hubiera convertido Venezuela en una plataforma para la infiltración comunista y del extremismo islámico, justificaba su asesinato[737].

Robertson incluso recomendó un operativo de Fuerzas Especiales para capturar a Chávez, y con sentido práctico dijo que no hacía falta otra guerra de $200,000 millones para acabar con el dictador.

Chávez tenía la mesa servida para vociferar su tesis conspirativa favorita: Estados Unidos tenía planes para matarlo. Ordenó que la cancillería de Venezuela exigiera a Washington investigar a Robertson por incitación al magnicidio. Pero las autoridades norteamericanas no atendieron la petición, luego que el predicador, restándole importancia al incidente, ofreció disculpas públicas.

Ambiciones atómicas de Chávez

Las acusaciones de magnicidio quedaron pronto opacadas cuando en octubre de 2005 agentes de inteligencia estadounidenses revelaron que Chávez intentaba comprar un reactor atómico avanzado, en presunta alianza con Irán[738].

Los agentes advirtieron sobre el potencial peligro de la alianza atómica venezolano-iraní para la seguridad nacional de Estados Unidos.

En una reacción típica, Chávez no ocultó su interés en la materia, sino que incrementó su apoyo público a los esfuerzos iraníes para enriquecer uranio, criticando con fuerza el bloqueo económico de Estados Unidos contra Ahmadinejah.

"Exigimos respeto a la soberanía de Irán, tiene derecho a tener energía atómica para el uso de su pueblo", dijo Chávez durante un programa de Aló, Presidente en mayo de 2006. "Estamos con ustedes contra la amenaza imperialista", acotó.

Agregó que las ambiciones atómicas de Venezuela estaban en suspenso "por ahora", pero advirtió que eran una "opción válida" para su proyecto revolucionario.

"El día que Venezuela quiera tener energía atómica, también la tendremos, algún día la tendremos", dijo[739].

Para mostrar que tomaba en serio su apoyo a Irán, el jefe de Estado venezolano organizó una visita en julio de 2006 para firmar más convenios binacionales.

"Estamos con ustedes y con Irán para siempre. Mientras permanezcamos unidos podremos derrotar el imperialismo (norteamericano), pero si estamos divididos nos empujarán a un lado", dijo Chávez.

Ahmadinejad no fue menos entusiasta: "Irán y Venezuela están cerca y se apoyan el uno al otro. Chávez es fuente de una corriente progresista y revolucionaria en Suramérica y su posición en restringir el Imperialismo es tangible"[740].

Después de dos días en Teherán, Chávez viajó a Rusia para firmar contratos armamentísticos. Dedicó tiempo también para visitar en Bielorrusia a su amigo Alexander Lukashenko, a quien Estados Unidos calificaba como "el último dictador de Europa".

Chávez empujó sus ambiciones atómicos en sus planes de gobierno. Por ejemplo, en 2007 creó la Comisión de Energía Atómica en Venezuela, parte del proyecto socioeconómico 2007-2013 del chavismo.

El plan nuclear de Chávez tenía en teoría fines pacíficos, y establecía como meta inicial la construcción de una central nuclear para producir energía eléctrica[741].

Pero para llevar adelante la iniciativa había acudido a Irán para que le suministrara la asistencia tecnológica, un hecho que generaba preocupación en Estados Unidos y Europa.

Agencias de inteligencia internacionales monitorearon una reunión a fines de 2008 de científicos venezolanos con una delegación científica presidida por Mohammad Mehdi Zahedi, ministro de Ciencia, Investigaciones y Tecnología de Irán, de visita en Venezuela.

Ambas delegaciones firmaron el 14 de noviembre de 2008 un convenio de cooperación "en el campo de la tecnología nuclear" que contemplaba cursos y maestrías dictadas por iraníes para entrenar venezolanos en la materia[742].

Mientras Chávez buscaba asesoría nuclear iraní para entrenar sus propios expertos, Teherán buscaba ponerle mano a reservas de uranio de Venezuela.

"Irán nos está ayudando con la exploración", admitió Rodolfo Sanz, ministro de Industrias Básicas y Minería, un año después del convenio de cooperación nuclear entre Teherán y Caracas[743].

"Las autoridades iraníes trabajan desarrollando pruebas geofísicas y vuelos de supervisión que no han hecho sino confirmar la capacidad de uranio que esconde Venezuela en los estados de Bolívar y Táchira", acotó[744].

Coincidentemente o no, las declaraciones de Sanz fueron emitidas el mismo día en que se hizo pública la existencia de una segunda planta de enriquecimiento ilícito de uranio en la localidad de Qom, 78 millas al suroeste de Teherán, que desafiaba las sanciones de las Naciones Unidas.

Sanz incluso identificó áreas específicas en el sureste del país, como Santa Elena de Uairén y la zona suroccidental. Sin embargo, el ministro aclaró que Venezuela no le interesaba suministrar uranio para el programa nuclear de Irán.

Las declaraciones de Sanz fueron respaldadas un mes más tarde por el propio Chávez: "Estamos trabajando con varios países, con Irán, con Rusia. Somos responsables de lo que estamos haciendo, tenemos el control"[745].

Volvió a insistir, sin embargo, que la exploración de uranio tenía fines pacíficos. "Venezuela nunca fabricará una bomba nuclear".

No era la primera vez que Chávez planeaba desarrollar uranio para aplicaciones nucleares. En octubre de 2005, Venezuela exploró la posibilidad de adquirir tecnología para enriquecimiento de uranio en Brasil. Pero funcionarios en Brasilia rápidamente advirtieron que una cooperación nuclear con Venezuela iba a ser "riesgosa" para Brasil "en vista de una posible participación iraní". Similares negociaciones para adquirir un reactor en Argentina fracasaron por la misma razón.

Los esfuerzos fallidos no detuvieron los planes. En diciembre de 2009, el propio Chávez estampó su firma en un memorándum que le envió el ministro de Finanzas, Alí Rodríguez Araque, solicitando una suma de $1.23 millones para financiar un proyecto sobre el uso de la energía nuclear[746].

Las preocupaciones sobre una Venezuela atómica se reflejaron en un nuevo reporte del congreso norteamericano[747].

LA GUERRA CONGRESIONAL CONTRA CHÁVEZ

Las relaciones de Chávez con los iraníes y en general con organizaciones terroristas islámicas, causaron duros debates entre congresistas republicanos y demócratas durante años.

En varias ocasiones, los congresistas discutieron si Venezuela debía ser incluida en la lista de países promotores del terrorismo internacional, y ser objeto de sanciones diplomáticas y económicas.

A fines de julio de 2006, por ejemplo, el congresista Edward R. Royce, republicano por California y jefe del subcomité de Terrorismo Internacional y No Proliferación, destacó en una audiencia los lazos de Chávez con Cuba, Irán y Corea del Norte, y la presencia de "grupos e individuos" vinculados a Al Qaeda, Hamas y Hezbolá en territorio venezolano[748].

En esa misma audiencia, su colega demócrata Brad Sherman, de California, citó una vez más el tema de las redes financieras en la isla de Margarita, pero añadió información completamente nueva: Hezbolá no sólo solicitaba fondos a comerciantes de origen árabe, sino que dirigía varias empresas y actividades semilegales y criminales para financiar su organización.

Frank Urbancic, importante miembro de la Oficina de Coordinación de Contraterrorismo del Departamento de Estado, reportó que "un creciente número de ciudadanos de terceros países usando documentos de viaje fraudulentos de Venezuela, para intentar cruzar nuestras fronteras", y aseguró que, durante 2005, alrededor de 50 individuos, en su mayoría cubanos y algunos chinos, fueron detenidos con documentos venezolanos fraudulentos.

Charles Shapiro, embajador en Caracas e invitado especial a la sesión congresional, ironizó diciéndole a los congresistas del panel que cualquiera de ellos podría obtener un pasaporte venezolano legítimo en breve tiempo, gracias a la corrupción oficial. Varios congresistas quedaron atónitos cuando el diplomático reveló que Chávez había autorizado un contrato para que Cuba administrara la emisión de documentos de identidad en Venezuela.

A mediados de octubre de 2009 se produjeron nuevos intentos de congresistas en Washington por atacar a Chávez literalmente en la yugular por sus ambiciones atómicas. El congreso norteamericano dedicó una audiencia completa, con representantes y expertos invitados, para debatir el empeño de Chávez de adquirir tecnología nuclear y ayudar a Irán a desarrollarla[749].

Ese mismo día, los congresistas floridanos Ron Klein y Connie Mack presentaron el proyecto de resolución 872 en la Cámara Baja, fundamentalmente enfocado en proponer la designación de Venezuela como "Estado Patrocinante del Terrorismo".

La propuesta de seis páginas resumía con lujo de detalles hasta dónde había llegado el apoyo de Chávez a grupos islámicos que habían causado miles de muertes de estadounidenses[750].

Los hechos continuaron dando la razón a Mack y otros representantes. Pocos días después, el 3 de noviembre de 2009, comandos de la Armada Israelí decomisaron un cargamento de unas 500 toneladas con granadas, cohetes Katyusha, 500,000 rondas de municiones y otras armas de fabricación rusa e iraní dirigidas a Hezbolá, a bordo del MV Francop, un carguero alemán con bandera de la isla de Antigua que había salido de Venezuela[751].

Al cierre de 2009, el balance del gobierno chavista en materia armamentista mostraba un panorama ambicioso, de acuerdo a un documento secreto del Ministerio de Infraestructura (Minfra).

El reporte incluía una lista con las adquisiciones hechas por Chávez hasta ese momento: radares tridimensionales chinos, helicópteros y una fábrica de rifles AK-102 provistos por Rusia, y equipos ópticos de defensa aérea de Bielorrusia. Entre los proyectos destacaban tres firmados con Teherán: $2 millones para la adquisición de equipos, licencia y transferencia tecnológica con que instalar varias plantas para fabricar pólvora, nitroglicerina y nitrocelulosa, y otra de detonadores con aplicaciones militares. También se incluyeron poco más de $7 millones para la "adquisición de aviones no tripulados (UAV) M2"[752].

Técnicamente, de acuerdo al Fondo Monetario Internacional, Venezuela ya se había convertido en el principal mercado de exportación de Irán en América Latina. Pero según algunos congresistas, era uno de los aliados importantes para los grupos terroristas protegidos por Teherán.

En la primera semana de 2010, congresistas republicanos arreciaron las denuncias del maridaje de Chávez con Hezbolá y radicales islámicos. "Operan con pocas restricciones en Venezuela", dijo la congresista floridana Ileana Ros-Lehtinen[753].

Otra congresista, Sue Myrick, republicana por Carolina del Norte, denunció por primera vez que el gobierno de Chávez estaba ayudando a radicales islámicos a ingresar a Estados Unidos vía México.

"Agentes iraníes y de otros países del Oriente Medio están trabajando para sacarles provecho a las vulnerabilidades de nuestra seguridad fronteriza, específicamente en lo relativo a Venezuela", dijo la congresista.

Myrick dijo que había obtenido información de agentes fronterizos según la cual ciudadanos de origen árabe estaban viajando a Venezuela, y tras permanecer allí hasta por dos años para aprender el idioma español, les entregaban documentos falsos con nombres hispanos, con los que viajaban a la frontera de México y Estados Unidos. "Las implicaciones de esas acciones son estratégicas y aterradoras", acotó Myrick[754].

CONVENIOS BINACIONALES Y EXTREMISTAS INDÍGENAS

Mientras los cuestionamientos subían de tono en la capital norteamericana, Chávez hacía caso omiso, ampliando el espectro de los acuerdos con Irán, muchos de los cuales entraron en efecto desde el 2000, cuando comenzaron los convenios con Teherán.

Al principio lo hizo con el entonces presidente iraní Mohammad Khatami, para promover inversiones, establecer tratados impositivos, ampliar el comercio marítimo, y proponer proyectos para el desarrollo petrolero, petroquímico y de gas, entre otros temas[755]. La cooperación se intensificó a partir de 2006, cuando llegó al poder Mahmoud Ahmadinejad.

En septiembre de ese año, durante una visita a Caracas, Ahmadinejad y Chávez firmaron un total de 29 nuevos acuerdos, que abarcaron desde proyectos de exploración petrolera hasta la construcción de una fábrica de automóviles en territorio venezolano.

El protocolo no incluyó ninguna mención pública a acuerdos de energía nuclear, pero los rumores de que ambos líderes estaban avanzando un proyecto secreto de explotación conjunta de minas de uranio en suelo venezolano no tardaron en propagarse.

"Ya comenzó el ataque de los imperialistas y los enemigos internos (...) andan diciendo que Irán viene a buscar uranio y que tenemos una mina de uranio en Guayana para hacer una bomba atómica", se quejó Chávez, tratando de restar importancia a los rumores[756].

Chávez no era, desde luego, el único provocador en esta relación. Ahmadinejad visitó Caracas un mes después que venció la resolución de la ONU para que Irán abandonara el enriquecimiento de uranio, un ultimátum que ignoró olímpicamente[757].

Para Chávez y Ahmadinejad no sólo se trataba de desafiar a los poderes internacionales. Ambos buscaban incrementar su poderío bélico al máximo, como un modo de avanzar las agendas revolucionarias.

La visita del mandatario iraní generó expresiones de simpatía entre grupos del chavismo que se identificaban con el islamismo radical.

Un mes después de la gira de Ahmadinejad a Caracas, dos autoproclamados extremistas islámicos fueron arrestados por las autoridades venezolanas tras colocar dos artefactos explosivos de corto alcance fuera de la embajada norteamericana en Caracas, con panfletos alusivos a Hezbolá[758].

En breve fue capturado como sospechoso José Miguel Rojas Espinoza, un estudiante de la estatal Universidad Bolivariana, de 26 años, calificado como un "mujahedeen" de la organización Hezbolá Latino América, que se había atribuido el atentado.

Fue la primera vez que se hizo pública la existencia del Movimiento Islámico Revolucionario Islámico Hezbolá Venezuela, una agrupación conducida por el dirigente musulmán Teodoro Rafael Darnott, y con presencia en la zona de la Guajira venezolana, en la frontera noroeste entre Venezuela y Colombia[759].

El fallido atentado de Darnott buscaba provocar un efecto propagandístico, en apoyo a la revolución chavista y al mismo tiempo a la causa islámica internacional encabezada por Ahmadinejad[760].

Rojas Espinoza fue liberado poco tiempo después, pero ni el universitario ni Darnott fueron acusados públicamente de organizar actividades terroristas.

RELACIONES COMERCIALES Y FINANCIERAS

El entusiasmo político e ideológico que animaba la relación de Venezuela e Irán tuvo un reflejo casi inmediato en el campo financiero y comercial. La cooperación comercial desarrolló una fluidez de tal naturaleza que saltó de apenas $1 millón en 2004, a $50 millones en 2006[761].

A partir de 2007, Chávez y Ahmadinejad autorizaron el funcionamiento de la ruta Caracas-Teherán-Damasco, usando aviones de las firmas estatales Conviasa e Iran Air. Los vuelos de la ruta no pasaban los controles usuales del aeropuerto internacional de Maiquetía. Los pasajeros eran en su mayoría iraníes que ni siquiera hablaban español. Los aviones llegaban directamente a la Rampa Presidencial, el terminal de uso exclusivo para el avión presidencial de Chávez, con cargas y viajeros que se mantenían alejados del escrutinio público.

A principios de ese mismo año, durante una visita de Ahmadinejad a Caracas, Chávez anunció un acuerdo conjunto Venezuela-Irán para la creación de un fondo de $2,000 millones con un doble objetivo: promover proyectos binacionales, y ayudar a otros países amigos a "liberarse" de la dominación del "Imperio norteamericano".

El fondo "nos permitirá apoyar inversiones, sobre todo en aquellos países cuyos gobiernos están haciendo un esfuerzo por liberarse del yugo imperialista. Muerte al imperialismo norteamericano", dijo Chávez[762].

Tras el encuentro con su par iraní, el mandatario venezolano autorizó la creación de una sucursal en Caracas del Banco Toseyen Saderat Iran C,A., también conocido como el Banco de Desarrollo de Exportaciones de Irán, una entidad cuyas actividades estaban siendo estrechamente monitoreadas por Washington.

A través de este banco, Irán autorizó el establecimiento de una nueva institución financiera, el Banco Internacional de Desarrollo C.A. (BID), con una estructura de banco universal de acuerdo a las leyes venezolanas.

La creación de la nueva entidad había sido aprobada en una junta general de la directiva del banco Toseyen Saderat del 5 de septiembre de 2006 en Irán, y registrada el 5 de marzo de 2007 en el consulado de Venezuela en Teherán y un mes después en una notaría de Caracas.

Los iraníes establecieron como capital inicial del BID un total de 40 millones de bolívares, unos $10.52 millones al cambio oficial de 2007. La directiva fue integrada por siete directores principales y siete suplentes, todos de nacionalidad iraní, de acuerdo con los estatutos originales[763].

Posteriormente fue designada una directiva venezolana integrada por Eudomar Tovar, viceministro de Gestión Financiera; Luis Quiaro, presidente del Banco Industrial de Venezuela; Edgar Hernández Behrens, presidente del banco de Desarrollo Económico y Social de Venezuela; y Gustavo Márquez Marín, directivo del Banco de Comercio Exterior.

Las operaciones financieras reales del banco estuvieron rodeadas de secreto desde el principio. Una investigación del Departamento del Tesoro norteamericano reveló que entre otras actividades, el banco estaba ayudando a Irán a circunvenir las sanciones financieras internacionales, razón por la cual lo incluyó en la lista de entidades cooperantes con el terrorismo internacional, en octubre de 2008[764].

El banco servía al Ministerio de la Defensa iraní y a la logística de las Fuerzas Armadas, las dos entidades del gobierno de Ahmadinejad encargadas de avanzar las ambiciones nucleares de Teherán.

Pocos meses antes de la medida del Departamento del Tesoro, los asesores financieros de Venezuela e Irán ya habían concebido una segunda entidad bancaria para sortear sanciones de una manera más discreta y eficaz: el Banco Binacional Iraní-Venezolano (BBIV).

El BBIV fue creado el 19 de mayo de 2008 con un capital inicial de $1,200 millones, a razón de $600 millones por cada país. Legalmente se basó en los acuerdos firmados por Chávez y Ahmadinejad en marzo de 2007, con el objetivo principal de "financiar proyectos y programas económicos, comerciales y sociales para beneficio mutuo"[765].

El banco iba a ser usado para crear dos fondos de inversión: el Fondo Binacional entre Venezuela e Irán, con capacidad para otorgar préstamos a personas privadas, empresas y organismos públicos gracias a un fondo de $500 millones; y el Fondo Pesado de Inversión Venezolano-Iraní, para financiar proyectos industriales binacionales.

La entidad bancaria se mantuvo bajo observación de las autoridades norteamericanas, que monitoreaban posibles violaciones a las sanciones contra Irán. A diferencia del BID, el Banco Binacional se mantuvo activo en el sistema financiero internacional durante cinco años, hasta el 9 de mayo de 2013, cuando el

Departamento del Tesoro anunció que lo sancionaba por actuar como "representante" del estatal Banco de Desarrollo de Exportaciones de Irán, usado por el Ministerio de la Defensa de Irán para adquirir armas de destrucción masiva[766].

LOS SECRETOS DE LA DIPLOMACIA CHAVISTA

El siguiente escándalo que salió a la luz pública implicó al entonces viceministro de Relaciones Interiores, Tarek El Aissami, en una red secreta para reclutar jóvenes de origen árabe en Venezuela y enviarlos a campos de entrenamiento de Hezbolá en el Líbano.

La red seleccionaba candidatos de entre miembros del Partido Socialista Unido de Venezuela, a quienes se les proveía de pasaportes falsos para burlar la vigilancia internacional. En una primera etapa eran enviado a un entrenamiento de combate en el Líbano. La formación miliciana continuaba en Venezuela, en campos secretos mantenidos por el gobierno.

El Aissami proveía una parte crucial: contactos para los viajes al Líbano. También suministraba armas largas, explosivos y municiones, y amplias zonas protegidas de la vista del público, para llevar a cabo las prácticas paramilitares en Venezuela.

Dos venezolanos de ascendencia árabe jugaban un papel activo en el reclutamiento: los hermanos Ghasan Atef Salameh y Ghazi Nasseredine, este último un diplomático que trabajaba como encargado de negocios en la embajada de Venezuela en Siria, y posteriormente en el Líbano, donde había nacido[767].

Ghazi Nasseredine no era un desconocido para el gobierno norteamericano. Un informe federal lo describió como un diplomático que presidió el Centro Islámico Shi'a de Caracas y un operador financiero de Hezbolá.

Agencias federales descubrieron que el diplomático sostuvo encuentros con altos oficiales de Hezbolá en el Líbano "para discutir temas operativos", y facilitó el viaje a Venezuela de parlamentarios libaneses de Hezbolá, a fin de que solicitaran recursos y abrieran una oficina de operaciones en la capital venezolana[768].

El 18 de junio de 2008, el Departamento del Tesoro informó públicamente que incluía a Nasseredine en la lista de individuos que apoyan el terrorismo internacional, junto a otro venezolano, Fawzi Kan'an, propietario de dos agencias de viaje en la capital venezolana también sancionadas por cooperar con Hezbolá.

Kan'an se reunió con altos oficiales de Hezbolá para discutir diversas operaciones que podrían incluir "posibles secuestros y ataques terroristas", de acuerdo al reporte federal.

Las dos agencias de viaje propiedad de Kan'an, Hilal y Biblos, fueron usadas como conductos para enviar fondos al Líbano y apoyar las actividades de Hezbolá.

"Es extremadamente perturbador ver al gobierno de Venezuela empleando y proveyendo de protección a facilitadores y financistas de Hezbolá", declaró Adam Szubin, director de la Oficina de Control de Bienes Extranjeros (OFAC).

Un mes después de las sanciones, el 17 de julio, en una audiencia en el subcomité de América Latina del Comité de Relaciones Exteriores de la Cámara Baja en Washington el congresista republicano Dan Burton, de Indiana, informó que Venezuela ya era una plataforma de grupos terroristas islámicos en Latinoamérica[769].

El alcance de la Guerra Asimétrica

Tras las sanciones contra Nasseredine y Kan'an, Washington se enfocó en un nuevo objetivo: la Compañía Anónima Venezolana de Industrias Militares (Cavim), una empresa gubernamental que controla la fabricación y venta de armas y municiones en Venezuela.

El Departamento de Estado sancionó en octubre de 2008 a Cavim por haber violado leyes norteamericanas que prohibía el comercio de armas con Irán, Corea del Norte y Siria. Según los investigadores federales, Cavim había establecido una vinculación con Irán para la adquisición de armas[770].

En diciembre, las autoridades de Turquía detectaron un cargamento sospechoso de 22 contenedores que encendió alarmas de un posible contrabando de material radiactivo que implicaba a Venezuela.

La carga, que llegó al puerto turco de Mersin desde Irán por vía terrestre, estaba marcada por fuera con etiquetas que rezaban "Partes para Tractores". Sin embargo, tras una revisión más detallada, en lugar de repuestos las autoridades descubrieron barriles con signos de "Peligro", presumiblemente químicos de alta peligrosidad, al lado de piezas para armar equipos de laboratorio.

Sospechando una carga radiactiva, expertos del Instituto Atómico de Turquía fueron traídos a las instalaciones del puerto mediterráneo de Mersin para examinar la naturaleza de los productos. Otro equipo de expertos de las fuerzas especiales turcas también examinó la misteriosa carga.

Los especialistas no encontraron material radiactivo alguno sino abundantes cantidades de nitratos y sulfitos, pero determinaron que en los contenedores había suficiente material químico y de equipos para la construcción de un laboratorio de explosivos[771].

Bajo presiones de Estados Unidos, la carga no fue enviada a Venezuela. Pero la determinación de Irán de proveer ayuda armamentista al gobierno de Chávez estaba lejos de detenerse.

Tres meses después del incidente en Mersin, el 24 de marzo de 2009, un reporte secreto emitido por la oficina de la Secretaría de Estado en Washington detalló otro plan similar para el envío de carga sensible desde Irán a Venezuela vía Turquía.

De acuerdo con el reporte, que fue enviado ese mismo día a las embajadas norteamericanas en Ankara y Caracas con carácter de urgencia, se esperaba que un cargamento de piezas para fabricar aviones no tripulados de uso militar llegara a Venezuela para el mes de mayo, a través de territorio turco y de allí por vía marítima hasta el puerto venezolano de La Guaira.

De acuerdo con información de inteligencia recolectada en Venezuela, se esperaba el envío adicional de armas y municiones en contenedores que se harían pasar como equipos electrónicos[772].

El cargamento violaba la resolución 1747 de las Naciones Unidas. Las partes y las armas habían sido fabricadas por Qods Aviation Industries, una firma bajo sanción de organismos internacionales y de Washington.

Diplomáticos norteamericanos en Ankara presionaron exitosamente al gobierno turco a fin de que el cargamento fuese decomisado.

FARC, HEZBOLÁ Y CHÁVEZ

Tras los dos incidentes con Irán en Turquía, el Departamento de Estado en su informe de 2009 certificó a Venezuela como un Estado con escasa disposición a cooperar en los esfuerzos antiterroristas norteamericanos.

Las consecuencias inmediatas de esta certificación no eran desdeñables: una renovación automática de la prohibición de 2006 de vender o licenciar artículos de defensa de fabricación estadounidense a Venezuela.

Pero mientras la diplomacia norteamericana trataba de contener el contrabando de armas desde Teherán a Caracas, organizaciones del narcotráfico en Colombia y Venezuela avanzaban en un nuevo frente de negocios con Hezbolá, de acuerdo con una investigación coordinada entre agencias de inteligencia de Estados Unidos y Holanda.

La red de narcotraficantes movilizó numerosos cargamentos de cocaína de Colombia a través de Venezuela y con destino a Curazao utilizando lanchas rápidas. Una vez en la isla, usaban barcos de gran calado para transportar la carga a África Occidental, donde grupos de Hezbolá la distribuían a clientes en Europa. La red también enviaba armas al Líbano.

A fines de abril de 2009 las autoridades policiales de Holanda anunciaron la detención de 17 personas integrantes de la red, entre ellos cuatro libaneses y el resto ciudadanos de Venezuela, Colombia, Cuba y Curazao, tras confiscar dos toneladas de cocaína.

"Hemos podido establecer que este grupo tiene relaciones con organizaciones criminales internacionales que tienen conexión con Hezbolá", aseguró Ludmila Vicento, fiscal del caso en Curazao[773].

El grupo también enviaba las ganancias a través de bancos del Oriente Medio, que eran posteriormente transferidas a operadores financieros de Hezbolá en Líbano. Parte del dinero fue usado para adquirir armas y propiedades en Venezuela, Colombia, República Dominicana y el Líbano, encontraron las autoridades[774].

En septiembre, explosivas revelaciones de un alto funcionario de la fiscalía de Nueva York divulgaron información desconocida sobre los pactos Chávez-Ahmadinejad, que formaba parte de una investigación federal.

Según el veterano fiscal Robert M. Morgenthau, uno de los funcionario federal mejor informados sobre los vínculos venezolano-iraníes, por lo menos desde el 2006 actuaban en Caracas asesores militares iraníes para instruir a las tropas venezolanas en las doctrinas y técnicas de guerra asimétrica.

"La guerra asimétrica, enseñada a los miembros de la Guardia Revolucionaria de Irán, al Hezbolá y Hamas, ha reemplazado los manuales del ejército de Estados Unidos como la doctrina militar estándar en Venezuela", indicó el fiscal[775].

Morgenthau también detalló que Irán había construido varias fábricas de fachada en zonas remotas de Venezuela entre 2006 y 2009, que estaban siendo utilizadas "para la producción ilícita de armas".

Venezuela también cooperó con Irán para establecer redes financieras a fin de circunvenir las sanciones económicas de Estados Unidos y las Naciones Unidas contra Teherán a causa de los planes atómicos iraníes, añadió el fiscal[776].

El funcionario explicó los detalles del complejo mecanismo usado por Irán para legitimar centenares de millones de dólares para financiar su proyecto nuclear.

Morgenthau dijo que su oficina ya había investigado a bancos usados por los iraníes, como Lloyds TSB de Londres, para movilizar millones a través de una práctica conocida en el argot policial como *stripping*, que consistía en el envío de transferencias electrónicas ilícitas con información alterada, a fin de ocultar la identidad real del cliente.

"Este proceso permitió la transferencia ilegal de más de $300 millones de dinero iraní en efectivo, pese a las sanciones económicas que prohíben el acceso de Irán al sistema financiero norteamericano", precisó.

Otra táctica empleada para burlar las sanciones era la adquisición de materiales y armas usando empresas de fachada que en realidad eran subsidiarias del Ministerio de la Defensa de Irán, para engañar a los bancos, y procesar pagos de misiles y materiales prohibidos por las sanciones.

Los financistas iraníes ya habían logrado que el Banco Internacional de Desarrollo iniciara relaciones de corresponsalía con bancos tanto en Venezuela como en Panamá, a fin de usarlos para efectuar transacciones con instituciones norteamericanas, un mecanismo esencial para comprar materiales y armas a nivel internacional.

Con la ayuda de Chávez, advirtió Morgenthau, Irán estaba ampliando su capacidad para desarrollar tecnología nuclear y de misiles, lo cual convertía a ambos países en "dos de los regímenes más peligrosos del mundo".

Las fachadas secretos de Chávez y Ahmadinejad

En marzo, un nuevo reporte dibujó un panorama inédito sobre la dimensión "industrial" de la relación Chávez-Ahmadinejad. En un mapa de Venezuela, se indicó la ubicación de proyectos conjuntos que incluían una amplia variedad de "fábricas": tractores, bicicletas y vehículos de tecnología iraní; plantas químicas, de cemento, y de harina de maíz; productos lácteos, procesadoras de atún y constructoras de viviendas.

El informe fue elaborado para al Centro para Políticas Hemisféricas de la Universidad de Miami por Norman Bailey, un experto que había sido asesor de seguridad nacional del presidente George W. Bush, entre 2006 y 2007.

Bailey dijo que había recibido reportes "confidenciales" de "informantes" dentro y fuera de Venezuela para la elaboración del informe.

Entre las novedades, Bailey aseguró que los iraníes usaban Venezuela para participar en el tráfico de cocaína a través de varias rutas: la primera hacia América Central (Honduras y Guatemala), México y Estados Unidos; la segunda a través de República Dominicana y Haití hasta el Golfo de México y la costa oeste de la Florida; y la tercera hacia Europa a través de África Occidental. Sugirió que usaban la planta de cemento que controlaban en el oriente del país para empacar la droga y hacerla pasar como cemento.

"La protección del comercio de narcóticos por parte de la Guardia Nacional de Venezuela es tan notoria, que ésta es a veces calificada como otro cartel de la droga", indicó el ex asesor de la Casa Blanca.

También destacó el uso del sistema financiero e industrial de Venezuela para operaciones de lavado de dinero, producción de armas, y facilitar fondos y precursores químicos a los carteles colombianos de la droga.

"Irán en los últimos años ha construido una red extensa de instalaciones en América Latina y el Caribe, concentradas particularmente en Venezuela, pero también en Ecuador, Bolivia, América Central y Panamá, e implicada en el financiamiento de organizaciones terroristas, tráfico de drogas, contrabando y fabricación de armas, lavado de dinero, provisión de precursores químicos a los carteles colombianos de la droga y contrabando de diamantes", indicó el informe académico[777].

El 14 de abril, el director de la Agencia de Inteligencia de Defensa (DIA) del Pentágono, general Ronald L. Burgess, presentó un reporte ante el Comité de Servicios Armados del Senado norteamericano que informó por primera vez de la existencia de agentes de la Guardia Revolucionaria Iraní, el cuerpo élite de Ahmadinejad, operando en varios países latinoamericanos, "particularmente" en Venezuela.

Las fuerzas especiales iraníes, mencionadas como Qods Force en el argot del Pentágono (Iranian Revolutionary Guard Corps-Qods Force, IRGC-QF), se encontraban en el continente desarrollando una red para organizar ataques en la eventualidad de un conflicto a gran escala de Estados Unidos contra Irán, por el programa nuclear.

La labor de las fuerzas Qods era proporcionar entrenamiento, armas y fondos a grupos revolucionarios de izquierda en general, no sólo a extremistas islámicos en la región, detalló el alto oficial de la DIA.

Los agentes iraníes eran traídos al continente encubiertos como diplomáticos o representantes de organizaciones caritativas y religiosas vinculadas a los musulmanes de extracción chiíta, precisó el reporte.

Las fuerzas especiales iraníes "mantienen una capacidad operativa alrededor de todo el mundo. Están bien establecidas en el Medio Oriente y África del Norte, y en años recientes se ha visto una creciente presencia en América Latina, particularmente en Venezuela", indicó Burgess[778].

"Si se profundiza la presencia de Estados Unidos en conflictos en esa región, los contactos con las IRGC-QF, directamente o a través de grupos extremistas que apoya, serán más frecuentes y con consecuencias", puntualizó.

¿CHÁVEZ, CAPO DEL NARCOTERRORISMO?

El 10 de mayo del 2010, altos diplomáticos venezolanos sostuvieron un encuentro en Damasco, para discutir intereses comunes y alianzas entre los gobiernos de Venezuela e Irán.

De acuerdo con un memorándum confidencial del encuentro enviado al canciller Nicolás Maduro, la reunión tuvo lugar en la embajada de Venezuela, organizada por el embajador venezolano de origen sirio, Imad Saab[779].

Junto a Saab estuvieron presentes el ministro consejero Walid Yordi y Gazi Nasseredine, un diplomático que integraba desde el 2008 la lista negra del Departamento del Tesoro, de personas que cooperan con el narcoterrorismo internacional. Del lado iraní, asistieron el embajador Sayyed Ahmad Musawi, y el encargado de negocios Shah Huseini.

Los diplomáticos discutieron el estado de las relaciones entre Irán, Venezuela y Siria, "así como la unidad en la postura internacional en cuanto a los sucesos políticos", de acuerdo al reporte confidencial.

Pasaron revista a la cumbre que reunió a Hasan Nasrallah, máximo líder de Hezbolá, con los presidentes de Irán y Siria. Nasrallah era considerado un objetivo terrorista por Washington desde 1995, cuando fue incluido en la misma lista de terroristas donde aparecía el venezolano de origen árabe Nasereddine.

En el encuentro los diplomáticos analizaron la posibilidad de reunir a Chávez y Nasrallah "a través de una inédita cumbre", a la que también podría asistir el mandatario iraní Ahmadineyad. Sin embargo, reconocieron los peligros que enfrentaba el líder de Hezbolá si se trasladaba a Venezuela para encontrarse con el comandante bolivariano.

En vista de que una reunión entre Chávez y Nasrallah no era factible en el corto plazo, los diplomáticos propusieron en cambio organizar una minicumbre en Venezuela, con representantes de Hezbolá en Caracas, y dos invitados especiales: Khaled Mashaal, jefe del buró político de Hamas en Siria, y Ramadan Abdullah, dirigente de la Yihad islámica palestina.

Otra iniciativa propuesta en las conversaciones fue la posibilidad de realizar una actividad conjunta de "resistencia", con participación "del gobierno sirio, representantes de Hezbolá y las facciones palestinas".

Los diplomáticos hablaron también sobre temas de la cooperación económica mutua, y de fortalecer la cooperación petrolera a través de la refinería del Fruqlus en Siria, "fruto de la alianza estratégica entre Chávez, Ahmadineyad y Al Assad".

Antes de despedirse, los diplomáticos reiteraron la importancia de "poner fin a la hegemonía del Imperio", calificando a los presidentes George W. Bush y a Barack Obama como "caras de una misma moneda".

El encuentro produjo frutos visibles. La reunión de Chávez con los líderes de Hezbolá y Yihad Islámica tuvo lugar tres meses después, en agosto de 2010, en un edificio de la Dirección de Inteligencia Militar (DIM) dentro del complejo militar de Fuerte Tiuna, en Caracas[780].

Entre los asistentes estuvieron el líder de Hamas, Khaled Meshal; el jefe de Operaciones de Hezbolá, cuya identidad nunca se reveló, y Ramadan Abdullah Mohammad, secretario general de la Yihad Islámica, uno de los terroristas más buscados por el FBI[781].

Dos semanas después de ese encuentro confidencial en Damasco, a fines de mayo, un grupo de 12 senadores estadounidenses emplazaron a la secretaria de Estado Hillary Clinton, a responder una serie de interrogantes sobre los nexos chavistas con el terrorismo mundial.

Los senadores querían saber sobre las empresas fachada usadas por Chávez para ocultar supuestos planes armamentistas, la cooperación nuclear y si Irán estaba enriqueciendo uranio venezolano.

Los congresistas se preguntaron hasta dónde llegaba la participación del gobierno venezolano, y de Chávez en particular, en el envío de masivas cantidades de cocaína a África Occidental, que estaba provocando un estallido de corrupción política en países como Guinea Bissau y Liberia.

También querían información sobre si Al-Qaida estaba beneficiándose de ganancias por la venta de droga traficada desde Venezuela.

"¿Debería el presidente Chávez ser responsabilizado bajo la Ley de Capos de la Droga, por su papel en el flujo de drogas hacia el resto del mundo?", preguntaron los senadores[782].

Para ese entonces, el deterioro de las relaciones entre Washington y Caracas era tan evidente, que fue motivo de abiertas discusiones públicas.

Fábricas para lavar dinero

Durante una conferencia sobre Venezuela celebrada en Miami el 4 de junio de 2010, Kevin Whitaker, un alto funcionario del Departamento de Estado que había trabajado como diplomático en Venezuela entre 2005 y 2007, admitió que, en la práctica, Chávez había roto totalmente "la colaboración en materia de inteligencia" en la lucha contra el terrorismo y el narcotráfico. "Se niega a cooperar", enfatizó.

Las relaciones eran tan malas, dijo Whitaker, que el acceso a funcionarios del régimen por parte de la embajada norteamericana en Caracas era "mínimo".

En esa misma conferencia, un ex alto diplomático hizo graves revelaciones sobre el lavado de dinero. El ex subsecretario de Estado para América Latina, Roger Noriega, dijo que Chávez estaba usando abiertamente empresas estatales para lavar dinero iraní.

En una entrevista con el autor, Noriega dijo que las empresas incluían fábricas de tractores, plantas cementeras y minas de oro "fuertemente custodiadas" y con acceso al río Orinoco, la más importante vía fluvial del país, que conectaba con el Mar Caribe.

Noriega aseguró que Caracas y Teherán manejaban un fondo de $5,500 millones asignados a proyectos energéticos que servían como fachada para "lavar dinero iraní en el sistema financiero norteamericano"[783].

Confirmando las denuncias de Noriega, la Red Contra los Crímenes Financieros (Fincen) del Departamento del Tesoro emitió un reporte el 22 de junio sobre la "continua amenaza de las finanzas ilegales de Irán" en todo el mundo. El Banco Internacional de Desarrollo S.A., con sede en Caracas, Venezuela, encabezaba junto a otra entidad en Kabul, Afganistán, la lista de instituciones sospechosas de cooperar con Teherán en ocultar las transacciones financieras ilícitas.

"Fincen continúa preocupada de que las instituciones financieras iraníes están buscando compensar la pérdida de acceso al sector financiero estableciendo nuevas relaciones financieras, incluyendo la apertura de nuevas sucursales extranjeras, subsidiarias, oficinas de representación o correspondencia con otras cuentas dentro o fuera de Irán", indicó el reporte[784].

El BID ya era parte de las 27,000 instituciones financieras en el mundo monitoreadas por Fincen para detectar posibles transacciones de lavado de dinero y de financiamiento al terrorismo internacional.

El destino de Irán era considerado tan vital para Chávez, que la inteligencia venezolana emitía periódicos informes secretos con análisis estratégicos de los peligros que enfrentaba Teherán, y que podían ser de interés para mandatario venezolano.

En uno de estos informes, con fecha 14 de julio de 2010, analistas del Servicio Bolivariano de Inteligencia (Sebin) debatieron los diversos escenarios de confrontación con Irán que podrían impactar los vínculos con Venezuela.

"Vale destacar que, dado el actual nivel de las relaciones entre Irán y Venezuela, las cuales por demás son estratégicas, un hipotético conflicto en Irán pudiera involucrar directamente a Venezuela, considerando las reiteradas declaraciones del Presidente de la República que muestran total apoyo al Presidente Mahmoud Ahmadinejad en su confrontación con Israel y EEUU", explicó el reporte en su conclusiones[785].

Los analistas especularon sobre la posibilidad de que Washington suspendiera la compra de crudo venezolano como consecuencia de un conflicto con Irán.

"Habría entonces que considerar si el Presidente Barack Obama estaría dispuesto realmente a permitirse esa situación. Por lo pronto pareciera que no, hasta tanto no se asegure otras fuentes petroleras (o el desarrollo de energía alternativa) que reemplace en el corto plazo al petróleo venezolano", concluyeron los analistas del Sebin. Sin embargo, no fueron capaces de anticipar las nuevas medidas y denuncias que iban a causar más problemas a la administración Chávez.

Nuevas sanciones del Departamento del Tesoro contra Irán anunciadas el 7 de septiembre en Washington pusieron en aprietos las operaciones financieras venezolano-iraníes en Caracas.

Las autoridades norteamericanas sancionaron a un banco iraní en Hamburgo, el Europaisch-Iranische Handelsbank, aparentemente sin relación con Venezuela[786].

Pero, según un informe confidencial de la inteligencia venezolana, el Banco Internacional de Desarrollo con sede en Caracas, controlado por Teherán y Caracas, tenía el 18 por ciento de sus posesiones en euros en ese banco alemán. Los fondos venezolano-iraníes en esa entidad quedaron congelados preventivamente[787].

En otro evento sin relación, a fines de noviembre, una devastadora denuncia en la prensa alemana puso al descubierto el avance de los planes armamentísticos venezolano-iraníes que resultaban difíciles de creer.

Durante un encuentro en octubre de 2010, aseguró la publicación alemana Die Welt Online, los presidentes Ahmadinejad y Chávez firmaron un convenio secreto para construir y operar en conjunto una base militar con un componente alarmante: una plataforma para lanzamiento de misiles de largo alcance en el extremo norte de Venezuela.

El acuerdo surgió de una recomendación del Supremo Consejo de Seguridad de Irán, que propuso la base en Venezuela para aumentar el poder de disuasión iraní en el Hemisferio Occidental, especialmente contra Estados Unidos.

La base contemplaba instalaciones capaces de lanzar misiles de fabricación iraní como el Shahab 3, con un alcance de 800-932 millas, los tipos Scud-B con un máximo de unas 200 millas; y los Scud-C, que podía llegar hasta 430 millas. El plan también contemplaba el despliegue de cuatro plataformas móviles lanzamisiles[788].

Las revelaciones de la publicación alemana, filtradas por fuentes de inteligencia vinculadas al Departamento de Estado, no produjeron reacciones inmediatas del gobierno de Hugo Chávez. Sin embargo, un nuevo artículo, seis meses después, detalló con más precisión los planes de la base misilística, generando serias molestias en el alto chavismo.

La base iba a ser construida por ingenieros de una empresa propiedad de la Guardia Revolucionaria de Irán, en un lugar la

Península de Paraguaná, el punto más septentrional de Venezuela, a poco más de 1,200 millas de Cayo Hueso, la localidad más al sur en los Estados Unidos, y a sólo 75 millas de la base militar norteamericana más próxima, en la isla de Curazao.

La publicación aseguró además que los ingenieros iraníes, empleados de la firma Khatam al-Anbia, visitaron el lugar de construcción en febrero de 2011, con aprobación del jefe de la Fuerza Aérea de la Guardia Revolucionaria, Amir al-Hadschisadeh[789].

Funcionarios chavistas negaron vehementemente la veracidad de las denuncias. "Nosotros desmentimos cualquier base militar extranjera. Desmentimos que en Paraguaná esté alguna base extranjera", declaró el vicepresidente Elías Jaua.

El Departamento de Estado emitió a su vez una declaración oficial afirmando que, hasta ese momento, Washington no tenía a la mano evidencia que respaldara las afirmaciones de Die Welt. "En consecuencia, no hay razón para creer que las afirmaciones hechas por el artículo (del diario alemán) sean creíbles", indicó un vocero de la Casa Blanca en una declaración oficial[790].

Diez meses después, sin embargo, el propio ministro de la Defensa de Venezuela, el general Henry Rangel Silva, confirmó los planes de construcción de la base misilística y aseguró que en otros seis meses, para septiembre de 2012, las instalaciones estarían terminadas y listas para operar.

"Se trata de un nuevo modelo de defensa integral del país, que tiene el sistema Pechora muy moderno adquirido recientemente en convenio con la Federación Rusa", indicó Rangel[791].

El alto oficial dijo que la base estaba siendo construida por el cuerpo de ingenieros de la Guardia Nacional al lado del aeropuerto internacional Josefa Camejo, a escasa distancia del complejo de refinación Paraguaná, el más grande de Venezuela.

Informó también que unos 200 oficiales, entrenados en Rusia y Cuba, serían destacados en la base, la primera de su tipo construida en Venezuela.

El nuevo ministro de la Defensa, almirante Diego Molero Bellavia, informó que Chávez había ordenado la compra de sistemas de defensa que podrían proteger el espacio aéreo y marítimo venezolano hasta 300 millas a la redonda[792].

En el balance del año, desde el punto de vista de la lucha contra el terrorismo internacional promovido por Washington, Chávez estaba lejos de pasar la prueba. Tres aspectos preocupaban particularmente al Departamento de Estado: continuaba imperturbable fortaleciendo vínculos con Irán; seguía defendiendo abiertamente la opción nuclear de Irán; y más discretamente, hacía la vista gorda sobre las actividades de recolección de fondos de Hezbolá en Venezuela, para financiar sus actividades terroristas[793].

Armas de destrucción masiva

El 5 de abril de 2011 por el general Douglas Fraser, jefe del Comando Sur con sede en Miami, contribuyó al expediente de las relaciones peligrosas de Chávez expresando su preocupación por las acciones de Ahmadinejad para sacarle el cuerpo a las sanciones internacionales con ayuda de Caracas.

Fraser dijo que Irán casi había duplicado las embajadas en América Latina, de seis en 2005 a diez en 2010, y había ordenado la construcción de centros culturales y mezquitas en 17 países de la región. El objetivo, según el alto oficial: "reducir el impacto de las sanciones internacionales conectadas a su programa nuclear"[794].

También se refirió a las nueve cumbres realizadas hasta ese momento entre Chávez y Ahmadinejad, y los convenios firmados, muchos de ellos con objetivos desconocidos.

"Hay vuelos semanales entre Irán y Venezuela, y (los iraníes) no requieren visas para ingresar a Venezuela, Bolivia o Nicaragua. No tenemos mucha visibilidad en quién está visitando y quién no, y es ahí donde realmente veo las preocupaciones", indicó el comandante[795].

El general no dejó de mostrar su ansiedad por el hecho de que las compras de armas convencionales y automáticas que Chávez había ordenado en Rusia, China y España, por un valor estimado entre $8,000 y $12,000 millones, pudieran terminar en manos de grupos terroristas.

El 24 de mayo, voceros del Departamento de Estado trajeron malas noticias para Venezuela. Por primera vez, en un mismo día, Estados Unidos sancionaba a dos empresas venezolanas por violar una serie de sanciones impuestas contra Irán, en un aparente endurecimiento de medidas para frenar el activo flujo de aviones y barcos de carga para alimentar los acuerdos entre Chávez y Ahmadinejad.

El Departamento de Estado acusó a la estatal Pdvsa de enviar, entre diciembre de 2010 y marzo de 2011, al menos dos cargas de aditivos para gasolina con un valor de $50 millones, en violación de la Ley de Sanciones Globales contra Irán, mejor conocida como la Ley CISADA, que entró en vigencia a mediados de 2010[796].

Dos meses y medio después, la Oficina de Fiscalización del Congreso (GAO) suministró en un informe más detalles de las violaciones aparentemente cometidas por Pdvsa en su comercio con Irán. La estatal petrolera venezolana fue incluida en una lista de 43 firmas internacionales que estaban cooperando con firmas petroleras iraníes.

En específico, precisó GAO, Pdvsa estaba participando desde octubre de 2010 en el desarrollo de la reserva de gas natural South Pars, en Irán, con una inversión de $780 millones. De acuerdo con el reporte, funcionarios de GAO habían tratado de comunicarse con Pdvsa para obtener más información sobre el trabajo conjunto con los iraníes, pero no obtuvieron respuesta[797].

Las sanciones tenía no imponía restricciones a las operaciones internacionales de Pdvsa, y tampoco afectaba las operaciones de su subsidiaria Citgo, la firma que poseía decenas de miles de estaciones de servicio y refinerías en Estados Unidos. Tampoco afectaba las importaciones de crudo venezolano a Estados Unidos. Pero era una seria advertencia de que las actividades de Pdvsa estaban siendo estrechamente vigiladas por Washington[798].

La otra empresa sancionada fue CAVIM, que controla el monopolio de la producción y almacenamiento de armas y explosivos militares en Venezuela. La empresa fue incluida en una lista de sanciones que abarcaban también entidades de Bielorrusia, China, Siria, Corea del Norte e Irán, con las cuales mantenía relación.

La sanción contra CAVIM se produjo por violación de la Ley de No Proliferación de Irán, Corea del Norte y Siria, un cuerpo de regulaciones que entró en vigencia en el 2005 para restringir el comercio de armas con estados considerados terroristas por Washington.

El Departamento de Estado declaró oficialmente que tenían "información creíble" que indicaba que Cavim "había transferido o adquirido equipos o tecnología de Irán, Corea del Norte o Siria listada en los convenios multilaterales de control de exportaciones", o que "había adquirido el potencial para hacer una contribución importante a la proliferación de armas de destrucción masiva o sistemas de misiles balísticos"[799].

Las sanciones a Cavim coincidieron con el viaje de Chávez a Cuba, el 10 de junio de 2011, en el que le fue diagnosticado un tumor cancerígeno alojado en la pelvis[800].

Aunque la repentina enfermedad de Chávez modificó las prioridades e impactó en la dinámica entre Venezuela e Irán, no detuvo el avance de los compromisos.

Amenazas a la seguridad hemisférica

A pesar de las sanciones, CAVIM continuó haciendo envíos regulares de "mercancías peligrosas" a Irán, de acuerdo con documentos confidenciales.

Por ejemplo, el 26 de julio un envío aéreo desde la ciudad de Maracay, donde está el cuartel general de la firma, incluyó más de 600 cajas con un contenido calificado como "peligroso" en la hoja de embarque de IATA, el organismo internacional que regula el transporte aéreo. El destinatario de la carga era la firma estatal Iranian Offshore Oil Company, una empresa dedicada al servicio de pozos petroleros en Irán.

La carga, prevista para arribar en el Aeropuerto Internacional de Teherán, tenía una advertencia llamativa: se trataba de una carga "no radiactiva".

Ese mismo día también embarcaron una segunda carga con 300 cajas de material peligroso pero no radiactivo, esta vez con destino a otra firma estatal iraní, la Parts Oil & Company, que ofrecía servicios petroleros, con oficinas en Teherán[801].

Los dos cargamentos, presumiblemente explosivos para uso en la industria petrolera, serían parte de los últimos aprobados por la IATA para ser enviados desde Venezuela a Irán. Dos meses y medio después, el organismo internacional se unió a las sanciones de Estados Unidos, imponiendo restricciones a los vuelos de pasajeros y cargas desde y hacia Teherán, principalmente por la participación iraní en un complot para colocar bombas en las embajadas de Arabia Saudita e Israel en Washington, y por un plan para asesinar al embajador saudita Adel Al-Jubeir[802].

El 7 de julio, un grupo de expertos convocados por congresistas del Comité de Seguridad Nacional volvió a describir un panorama preocupante de amenazas a la seguridad de Estados Unidos, provenientes de las actividades del grupo radical Hezbolá en Venezuela.

El reporte más alarmante provino del embajador Roger Noriega, ex subsecretario de Estado para América Latina, quien volvió a señalar al diplomático Ghazi Nasseredine, previamente sancionado por el Departamento del Tesoro, de dirigir una red de lavado de dinero y entrenamiento de operativos "para expandir la influencia de Hezbolá en Venezuela y en toda América Latina".

Nasseredine usaba a sus hermanos para apoyar las operaciones. Uno de ellos, Abdallah, era un directivo de la Federación de Asociaciones Arabes y Americanas, con afiliadas en Suramérica y el Caribe. El hermano menor, Oday, conducía "una base en Venezuela organizando operaciones de entrenamiento en la Isla de Margarita, y actualmente está reclutando seguidores a través de los Círculos Bolivarianos en Barquisimeto"[803].

Las actividades de los Nassereddine eran supervisadas por Moshen Rabbani, un alto oficial iraní acusado de participar en los ataques terroristas contra objetivos israelíes en Buenos Aires en 1992 y 1994.

Rabbani jugaba un papel crucial en el reclutamiento de cuadros en la región, seleccionados para ser entrenados en Venezuela e Irán, específicamente en la región de Qom, la base de operaciones de las Fuerzas Especiales iraníes (Fuerzas Qods). Aunque estaba activamente solicitado por la Interpol, Rabbani viajaba periódicamente a la región. "Por ejemplo, Rabbani estuvo en Venezuela en marzo de 2011 y en Brasil en septiembre de 2010, donde él y su hermano (que vive en Brasil) han reclutado docenas de seguidores a su causa radical", precisó Noriega.

Otros investigadores como Douglas Farah, experto del International Assessment and Strategy Center, encontraron que varios radicales musulmanes operaban en Venezuela o en connivencia con el gobierno venezolano, entre ellos Fawzi Kan'an, un patrocinante de Hezbolah en Venezuela acusado de ser "significativo proveedor de apoyo financiero", y responsabilizado por Washington de organizar ataques terroristas.

El especialista dijo que la principal fuente de la doctrina militar adoptada por Chávez era el libro "Guerra periférica y el Islam Revolucionario: orígenes, reglas y ética de la guerra asimétrica", escrito por el político español Jorge Verstrynge, que propugna el uso del terrorismo como arma para lograr los objetivos en la guerra asimétrica[804].

A Chávez le gustó tanto el libro de Verstrynge que ordenó reeditarlo en una versión de bolsillo a fin de que fuese distribuido entre militares chavistas, con el mandato de que debía ser leído de la primera a la última página. Entre otros detalles llamativos, Vestrynge consideraba como parte de la guerra asimétrica el uso de métodos no tradicionales a la Guerra de Guerrillas: bioterrorismo, y terrorismo nuclear[805].

Por su parte, Ilan Berman, vicepresidente del Consejo Americano de Política Exterior, describió a Venezuela como un "gran eje de operaciones para Hezbolá", y aseguró a los congresistas que Hezbolá dirigía centros de entrenamiento de militantes radicales venezolanos en el sur de Líbano "para posibles ataques en territorio norteamericano", y operaba campos de entrenamiento dentro de Venezuela "con el apoyo de funcionarios gubernamentales simpatizantes"[806].

Otro de los eventos que produjo fuertes críticas entre congresistas fue el ascenso a mediados de 2011 del general Henry Rangel Silva como ministro de la Defensa, pese a que estaba señalado por Estados Unidos como un estrecho cooperador de la narcoguerrilla colombiana; y al entonces canciller Nicolás Maduro, para el cargo de Vicepresidente de Venezuela.

El congresista republicano Connie Mack cuestionó duramente la supuesta intención de Chávez de favorecer una vez más a Rangel Silva, un funcionario "íntimamente ligado al tráfico de drogas y el terrorismo", con estrechos vínculos con las FARC.

El republicano dijo que, si el nombramiento era realizado, el gobierno chavista se arriesgaba a ponerse al margen de la leyes internacionales. Expresó la misma opinión con respecto al canciller, y calificó a ambos de "criminales".

"Nicolás Maduro no es la excepción en esta tendencia dentro del régimen de Chávez", agregó el congresista, urgiendo nuevamente al Departamento de Estado a no continuar "dando reconocimiento a estos peligrosos criminales"[807].

La respuesta del Departamento de Estado a la exhortación de Mack no se hizo pública, pero quedó reflejada en memos y reportes internos del *Venezuela Desk* del Departamento de Estado. Además de las sanciones contra las empresas estatales venezolanas Pdvsa y Cavim, por comerciar con Irán, Corea del Norte y Siria, otras evidencias indicaban que Venezuela seguía permitiendo las operaciones del Banco Internacional de Desarrollo, una subsidiaria del Banco de Desarrollo y Exportación de Irán, ambos sancionados por el Departamento de Estado desde 2008 por contribuir a la proliferación de armas de destrucción masiva[808].

9 CONSPIRACIÓN TERRORISTA

COCAÍNA PARA HEZBOLÁ

El 25 de julio se produjo más ruido. Ese día, el almirante Mike Mullen, jefe del Estado Mayor conjunto de las fuerzas armadas estadounidenses, dijo en una conferencia de prensa que los lazos entre Venezuela e Irán no sólo estaban operativos desde hacía varios años, sino que estaban "creciendo".

"Ciertamente comparto la preocupación en términos de los lazos de Venezuela con Irán, que han estado allí por un significativo período de tiempo y están creciendo"[809], apuntó Mullen.

Cuando le preguntaron si Venezuela era el objeto de una investigación especial a causa de sus vínculos con Irán, el influyente almirante dijo que no tenía conocimiento, pero dejó en claro que su comando estaba prestando "mucha atención a lo que ellos (los iraníes) hacen en todo el mundo", incluyendo Venezuela.

El almirante Mullen repitió sus críticas el armamentismo desenfrenado de Chávez.

"No veo a Venezuela como una amenaza significativa para Estados Unidos en este momento, pero al mismo tiempo (Chávez) está gastando mucho dinero en armas que llegarán al país en los próximos años", declaró el alto oficial, agregando que estaba monitoreando las negociaciones militares[810].

Pero el tráfico de armas no era la única transacción monitoreada por Estados Unidos. También estaban recabando evidencias de que Caracas estaba usando los vuelos Venezuela-Siria-Irán que salían de la rampa presidencial, controlada estrictamente por Chávez, para enviar cargamentos de cocaína a Hezbolá en el Líbano.

La ruta fue confirmada por el propio zar antidrogas libanés, el coronel Adel Mashmoushi, que aseguró que la droga llegaba a Damasco, y de allí era transportada por tierra al Líbano, a células operadas por Hezbolá[811].

En Caracas, Chávez se mantenía visiblemente activo y refractario a las presiones norteamericanas, en medio de un apretado cronograma de tratamientos médicos y quimioterapias en Cuba y Venezuela.

El 29 de diciembre, en tono desafiante, sugirió que Estados Unidos estaba detrás de una repentina epidemia de cáncer entre líderes de la izquierda suramericana, además de él mismo: los presidentes de Paraguay, Fernando Lugo, de Argentina, Cristina Kirchner, de Brasil, Dilma Rousseff, y el ex presidente Lula Da Silva.

"No sería extraño que (los norteamericanos) hubieran desarrollado una tecnología para inducir el cáncer y nadie lo sepa hasta ahora, y se descubra dentro de 50 años", acotó, en un discurso en la Academia Militar de Venezuela[812].

Un día antes de estas declaraciones, Chávez había anunciado que en cuestión de días un importante visitante llegaría al país en gira oficial. El anuncio de la gira de Mahmoud Ahmadinejad a Caracas provocó en Washington más interés que las especulaciones cancerígenas del comandante bolivariano.

LAS VIVIENDAS MULTIMILLONARIAS

Cuando Venezuela aún no había despertado de las festividades de Año Nuevo 2012, el vicepresidente venezolano Elías Jaua se encontraba rindiendo honores militares al presidente iraní Mahmoud Ahmadinejad, que llegó el 9 de enero acompañado de una comitiva de un centenar de ministros y colaboradores, para llevar a cabo una de sus últimas visitas al mandatario venezolano.

El encuentro tenía el objetivo general de pasar revista a una docena de costosos convenios binacionales que enfrentaban dificultades por las sanciones contra Irán.

Con entusiasmo, anunciando triunfante que el cáncer había desaparecido de su cuerpo, Chávez le abrió los brazos a su colega iraní, calificándolo como "un verdadero hermano de la patria". Aprovechó para descalificar las críticas internacionales por la presencia de Ahmadinejad en Caracas.

"Voceros del imperialismo y sus medios de comunicación que dicen que Irán está en Venezuela porque en este mismo instante vamos casi a afinar la puntería rumbo a Washington y que van a salir de aquí unos cañones muy grandes porque los vamos a atacar. Casi que eso es lo que dicen, para reírnos, pero para estar muy alertas también", precisó Chávez[813].

La relación entre ambos líderes, que Chávez exhibía como muy estrecha y sobre rieles, estaba en realidad llena de obstáculos y desacuerdos, en gran parte por problemas de corrupción e ineficiencia de ambas partes, y debido a las fuertes restricciones impuestas a las transacciones iraníes en el sistema financiero internacional.

Por ejemplo, la Iranian Housing Company, la empresa encargada de construir 7,000 viviendas a un costo de $518 millones, a razón de $74,000 por unidad, tenía tal retraso en el cronograma de entregas, que el presidente de Pdvsa, Rafael Ramírez, recomendó frenar nuevos contratos para otras 12,000 unidades, "hasta tanto la empresa se ponga al día en el ritmo de ejecución de la obra ya adjudicada", de acuerdo con un Punto de Cuenta presentado a Chávez días después de la visita de Ahmadinejad[814].

Kayson, otra firma iraní de construcción, tenía a su cargo edificar 10,000 viviendas en cuatro ciudades venezolanas, pero enfrentaba inconvenientes por falta de pagos.

Los funcionarios chavistas también criticaron la responsabilidad de Irán en los notables defectos de la fabricación de vehículos de la firma binacional Venirauto Industrias, los retrasos en la meta de fabricar 5,000 tractores anuales, y el fracaso de la fábrica de bicicletas, que estaba en estado de "abandono" por parte de la empresa iraní Ghoochan Bicycle Manufacturing, que había vendido equipos de manufactura "inutilizados y/o de segunda mano", a un gran costo.

Otro serio inconveniente que encaraban los proyectos venezolano-iraníes eran las deudas pendientes y las dificultades para transferir dinero entre Caracas y Teherán.

"Ante los engorrosos trámites que se deben cumplir para realizar con éxito transferencias bancarias a Irán, dado el bloqueo económico y financiero que este país sufre, la delegación iraní solicitó a nuestro gobierno evaluar otras opciones de pago", se quejaron asesores de Chávez en un reporte confidencial.

Las otras opciones abarcaban desde la apertura de fideicomisos en Europa y cuentas en bancos rusos, hasta el trueque de servicios con minerales, especialmente oro, "opción que más llama la atención del gobierno iraní".

La gira de Ahmadinejad resultó de gran beneficio para Irán. En reuniones con Chávez, el mandatario iraní logró el pago de casi $300 millones en deudas a empresas privadas y estatales de Irán, a pesar de que muchos de los proyectos experimentaban fuertes retrasos[815].

Sin embargo, pese a las expresiones de mutuo aprecio, las relaciones venezolano-iraníes estaban marcadas por la desconfianza.

Funcionarios iraníes viajaban en aviones oficiales para supervisar viviendas construidas en varias zonas del país, sometidos a la vigilancia de la dirección de contrainteligencia del Sebin.

Por ejemplo, a principios de abril de 2012, una comitiva iraní integrada por Mohammad Hoseeinpour, ejecutivo de la Iran Tractor Manufacturing Company, Sohrab Salimi, jefe de exportaciones de la Organización Iraní de Promoción del Comercio, y el importador de productos iraníes Alí Mirarefi, visitaron varias localidades del estado Zulia, para supervisar entre otros proyectos el complejo habitacional Fabricio Ojeda, en el sector El Menito de la población de Lagunillas.

Las casas eran construidas por la firma Iranian International Housing Company, especializada en el levantamiento de edificios prefabricados, gracias a un contrato firmado con la petrolera estatal Pdvsa de $476 millones para fabricar 12 mil unidades de vivienda[816].

Las visitas de la comisión iraní de alto nivel fueron reportadas al alto gobierno venezolano por agentes del Sebin que seguían a la comitiva[817].

Fuerzas especiales iraníes en Venezuela

A mediados de febrero de 2012, una nueva audiencia en el Congreso norteamericano volvió a enfocar el tema de la amenaza venezolana-iraní.

La situación era particularmente tensa. Un mes antes, Ahmadinejad había visitado varios países latinoamericanos para buscar apoyo a su causa. Al mismo tiempo, el alto mando militar iraní desde Teherán amenazaba con bloquear el estrecho de Hormuz en caso de que se sancionara la venta de petróleo iraní.

Los temas de preocupación no eran pocos: la presencia de la Guardia Revolucionaria de Irán en Venezuela; el aumento acelerado de las inversiones iraníes en Latinoamérica; la ofensiva diplomática a un nivel sin precedentes, y los opacos acuerdos de Irán con los países de la Alianza Bolivariana de las Américas (ALBA).

"El secretismo y la falta de transparencia que caracterizan la conducta del régimen iraní, incluyendo sus negociaciones con aliados en América Latina en asuntos tanto económicos como militares, incrementan el nivel de preocupación", dijo Cynthia Arnson, especialista del Centro Internacional Woodrow Wilson para Académicos, un importante centro de pensamiento en Washington, en la audiencia congresional[818].

El testimonio de Arnson mostró también algunas inconsistencias sobre la presencia iraní. Calificó de "exagerados" los centenares de convenios firmados sin el suficiente respaldo financiero.

Cuando una representante del centro académico intentó adquirir un boleto de la aerolínea venezolana Conviasa para viajar desde Caracas a Teherán, le informaron que el vuelo no existía. Y cuando trató de comprar un vehículo y un tractor de fabricación iraní, le anticiparon que había una lista de espera de más de 4,000 clientes ya llevaban casi dos años esperando por comprar uno[819].

Sin embargo, concluyó Arnson, "existe cada razón para estar atentos y vigilantes, y tratar las alegaciones sobre las activid.

des militares y de inteligencia de Irán en la región con la mayor seriedad".

En otro reporte, el Servicio de Investigación del Congreso (CRS) estadounidense reveló una importante presencia de fuerzas especiales iraníes en territorio venezolano, y unos 400 ingenieros enviados por Teherán para diversos proyectos conjuntos[820].

En otros sectores, como el financiero, el gobierno chavista parecía entender que le convenía cumplir con las regulaciones internacionales para evitar dificultades engorrosas.

Finalmente en abril entró en vigencia una ley contra el crimen organizado y el financiamiento del terrorismo, una legislación cuya tardanza en aprobarse había sido criticada por Estados Unidos.

Otras dos resoluciones conjuntas posteriores, en los meses de junio y agosto, resolvieron importantes deficiencias de las regulaciones contra el lavado de dinero y financiamiento del terrorismo en el sistema bancario venezolano, consistente con las normas internacionales.

La nueva legislación comenzó a exigir que todas las instituciones financieras en Venezuela informaran sobre cualquier transacción sospechosa de estar relacionada con actos terroristas, lavado de dinero o crimen organizado, a la Unidad de Inteligencia Financiera bajo control de la Superintendencia de Bancos[821].

Sin embargo, a pesar de la existencia un convenio de cooperación en materia de delitos financieros firmados entre Estados Unidos y Venezuela en 1997, el gobierno chavista había decidido limitar la entrega de información sensible a muy pocos casos.

No todo era negativo con respecto al desempeño por parte de Venezuela. Los analistas del Departamento de Estado registraron un total de 6 casos de financiamiento terrorista en curso, con 9 personas formalmente acusadas por el gobierno venezolano durante 2012, pero sólo dos de los casos bajo investigación oficial, y apenas dos de los acusados efectivamente sentenciados por delitos financieros.

LA ÚLTIMA VISITA DE AHMADINEJAH

Chávez y Ahmadinejad se reunieron por última vez durante la visita realizada por el mandatario iraní a Caracas el 22 de junio.

"Venezuela está hoy de júbilo, hermano Presidente, por tu visita, damos la bienvenida en ti a un hermano, a un aliado, a un verdadero líder de su pueblo y de nuestro pueblo, los pueblos que luchamos por la independencia, por la dignidad contra las fuerzas imperiales", dijo en un emotivo discurso.

Ahmadinejad venía de participar en la Cumbre de la Tierra, en Río de Janeiro, y de visitar a su homólogo boliviano Evo Morales en La Paz.

Chávez prometió una vez más el respaldo de la revolución bolivariana a Irán contra "los obstáculos impuestos por el Imperialismo, bloqueos, amenazas, sanciones unilaterales que pretenden rendir lo que no podrán rendir".

El líder iraní destacó su admiración por "el gran revolucionario" que luchaba "contra el gran imperialismo defendiendo los derechos de sus pueblos".

"Hoy me complace mucho el hecho de encontrarme con un querido hermano revolucionario y gran reformista", continuó. "Agradezco una vez más el caluroso recibimiento de mi hermano señor Chávez y suplico a Dios para él y su pueblo salud y victorias continuas", acotó Ahmadinejad[822].

Ambos líderes abordaron el perenne tema nuclear iraní, que enfrentaba fuertes presiones de Estados Unidos y Europa, y las consecuencias para Teherán de la llamada primavera árabe en Siria y Egipto, según un memorándum interno de la oficina del entonces canciller venezolano Nicolás Maduro[823].

También las comisiones binacionales examinaron los proyectos conjuntos y discutieron cinco nuevos acuerdos en materia cultural, de transferencia tecnológica y agrícola.

El memorándum reveló que, pese a las dificultades, el banco Binacional Venezolano-Iraní había declarado ganancias de $17 millones al fin del año persa de 1390, equivalente a marzo de

2012, aunque había sido incapaz de concretar acuerdos con bancos corresponsales para funcionar en el ámbito internacional.

DRONES Y F-16

La existencia de un plan secreto entre Chávez y Ahmadinejad para construir aviones no tripulados con tecnología iraní salió por primera vez a la luz pública en julio de 2012, luego que reportes de prensa revelaron que la fiscalía de Nueva York llevaba dos años investigando el plan y la posible violación de sanciones contra Irán establecidas por Washington.

Pero el proyecto se remontaba al año 2006, cuando CAVIM firmó el primer contrato con Irán para el diseño y construcción de varios modelos de drones con una variedad de usos "revolucionarios".

Para el año 2008 el proyecto estaba siendo gerenciado por Ramin Kesharvarz, un ingeniero vinculado a la Guardia Revolucionaria de Irán, un cuerpo militar élite que estaba sometido a sanciones por parte de Estados Unidos.

Kesharvarz era un invitado regular a la embajada venezolana en Teherán, y participaba en el programa de entrenamiento de militares venezolanos destacados en Irán, de acuerdo con un memorándum de la cancillería de Venezuela de noviembre de 2008[824].

Chávez no sólo quería los drones, sino una fábrica entera para producirlos en Venezuela, con apoyo de los tecnólogos iraníes. Para cubrir el costo del proyecto sólo en 2009, el gobierno chavista inicialmente pagó $7.2 millones[825].

Pocos meses después, añadió otros $1.8 millones para complementar incrementos no previstos, para un total de $9 millones, según documentos oficiales.

Chávez estaba tan entusiasmado con el proyecto, que envió a decenas de oficiales para entrenarse en los nuevos sistemas aéreos no tripulados creados con asesoría de la Guardia Revolucionaria iraní.

En 2010, por ejemplo, el general Aref Richani, presidente de CAVIM, estableció una "tabla de requerimiento de personal" para operar los drones, que incluía pilotos y especialistas venezolanos para que fuesen entrenados en una serie de disciplinas asociadas: telecomunicaciones, aviónica, estructura aeronáutica, motores, carga útil, instalaciones eléctricas y lanzadores neumáticos.

Richani ya había enviado a Teherán a doce oficiales venezolanos que estaban estudiando diversas ramas de la ingeniería, principalmente de la Fuerza Aérea, a fin de que fuesen entrenados por expertos iraníes durante todo un año en el manejo de drones.

CAVIM comenzó a organizar incluso una "escuela en el aire" destinada a entrenar personal para el manejo de los drones tipo Arpía-1 en un curso de seis semanas en la Base Aeroespacial Manuel Ríos, en la localidad de El Sombreo, estado Guárico, en la región central de Venezuela[826].

Los drones del Sistema Aéreo No Tripulado Arpía 1 tenían una envergadura de 3.8 metros (unos 12 pies), un peso máximo de 85 kilogramos (187 libras), con capacidad de desarrollar una velocidad máxima de 200 kilómetros (124 millas) por hora. La cobertura alcanzaba unos 100 kilómetros, con un tiempo de vuelo de 90 minutos, y podía llevar una carga de hasta 18 kilogramos (40 libras).

El sistema incluía además una unidad terrestre móvil y un lanzador neumático. Las aeronaves estaban diseñadas para tomar y transmitir fotografías e imágenes en tiempo real, en misiones de reconocimiento, no de ataque. Los ingenieros de Irán y Venezuela trabajaron en forma conjunta para darles a los drones capacidad de vuelos nocturnos, según un informe secreto detallado de CAVIM sobre los sistemas de armamentos en desarrollo en 2012[827].

SANT Arpía 1 formaba parte de los principales proyectos militares desarrollados por CAVIM, al lado de la Planta de Fusiles AK-103, construida con tecnología rusa; los vehículos multipropósito Tiuna, o los fusiles para francotiradores Catatumbo, exhibidos como triunfos de la revolución chavista.

La tecnología iraní, abrazada por Chávez sin cuestionamientos, generó sin embargo críticas entre los técnicos de CAVIM. Un escuadrón de 12 aviones no tripulados tenía un costo de $174,000, pero el mantenimiento no sólo era costoso sino engorroso por la tardanza si eran enviados a reparar o refaccionar a Teherán. Adicionalmente, era una acuerdo que generaba "dependencia tecnológica", de acuerdo a varios reportes técnicos de CAVIM[828].

Pese a las críticas, los envíos de drones a Venezuela continuaron indetenibles.

En un informe del 17 de marzo de 2012, la firma estatal de armamentos CAVIM incluyó bajo el segmento de "sistemas de armamento" tres contenedores que habían llegado desde Irán con una nueva carga de aviones no tripulados adquiridos a la Organización de Industrias Aeronáuticas de la Fuerzas Armadas iraníes (AIOAF)[829].

El trasiego de drones entre Irán y Venezuela no pasó inadvertido para el gobierno de Estados Unidos.

El 11 de julio, reportes de prensa revelaron que Preet Bharara, jefe de la Fiscalía del Distrito Sur de Nueva York, había ordenado una investigación sobre la compra de una docena de aviones no tripulados modelo Mohajer por parte de Venezuela, el mismo tipo de drones que Irán había vendido al grupo terrorista Hezbolá[830].

Otro de los objetivos de la Fiscalía era comprobar el proyecto secreto entre CAVIM y la AIOAF para construir una planta de fabricar drones en Venezuela, y si todas estas transacciones violaban las sanciones impuestas por Estados Unidos a Irán.

Dos días después de las revelaciones, el 14 de julio, el propio Chávez se vio obligado a organizar una conferencia de prensa para mostrar personalmente los aviones no tripulados adquiridos a Irán, a fin de frenar las especulaciones.

"Este avión nos va a ser muy útil para ahorrar esfuerzos y ser más eficientes con tecnología", dijo Chávez, explicando que los aviones ya estaban siendo construidos por ingenieros venezolanos en una fábrica de CAVIM en el estado Aragua.

No sólo dio detalles técnicos de los aparatos, que coincidían con los reportes mantenidos en secreto por el gobierno venezolano. Chávez también confirmó que el personal encargado de manejar los drones "recibió adiestramiento en Irán". "No tenemos planes de agredir a nadie, pero que nadie se vaya a equivocar. Estamos obligados a defender la independencia del país con la vida", afirmó Chávez en tono dramático[831].

Pero la construcción de drones con tecnología iraní no era el único secreto celosamente guardado por Chávez sobre sus negociaciones para incrementar la capacidad militar de Venezuela e Irán.

Por lo menos desde 2008, ambos países avanzaban en el estudio estructural y tecnológico de los aviones caza F-16 de fabricación norteamericana, 20 de los cuales estaban en poder de Venezuela desde la década de los 80 y se encontraban prácticamente inutilizados por la falta de repuestos como consecuencia del embargo militar de Estados Unidos.

Irán había recibido uno de estos aparatos, enviados por vía aérea a Teherán completamente desarmado con aprobación de Chávez, para su estudio detallado, en abierta violación a los contratos con Estados Unidos que prohibían la transferencia de los aviones a otros países[832].

En una misiva enviada en agosto de 2008 al coronel Saúl Utrera Ramírez, agregado militar venezolano en la capital iraní, un gerente de exportaciones y asuntos internacionales de la estatal Iran Aircraft Industries detalló una serie de aspectos a ser discutidos en una visita a Venezuela en septiembre de ese mismo año, que incluían reparaciones de importantes piezas del F-16 como el *bulkhead*, una estructura de aluminio comprimido que forma el esqueleto básico de la aeronave; y los sistemas de escape de los motores del avión caza. Otro de los temas a discutir era el entrenamiento de personal para reparar motores T-56, fabricados por la firma británica Rolls Royce y usados principalmente en los aviones de carga militar C-130, de fabricación norteamericana.

La cooperación fue más allá con la firma de una Carta de Intención, firmada el 3 de abril de 2009, entre el general de Brigada Mohammad Beig Mohammadlou, viceministro logístico del Ministerio de la Defensa de Irán, y el entonces ministro para el Despacho de la Presidencia de Venezuela, Luis Reyes Reyes. El objetivo del convenio era realizar "los estudios destinados a la transferencia de tecnología para dar un salto adelante, ya que Venezuela tiene necesidad de desarrollar su industria militar de manera de impulsar el verdadero potencial militar".

Entre las necesidades expresadas por la contraparte venezolana, se incluían asistencia para reparación y mantenimiento de 20 *bulkheads* y del sistema de *augmentor* del motor del caza F-16, reparación de los motores usados por el tanquero de reabastecimiento Boeing 707, y de los motores T-56 para los aviones Hércules de la Fuerza Aérea venezolana; y el desarrollo y transferencia para instalar una planta de detonantes para el sistema de eyección de las aeronaves F-16.

De la parte iraní había una petición especial: "la constitución de un equipo para la evaluación del sistema F-16 y evaluar el mantenimiento y sostenimiento del avión por la parte iraní".

El convenio iba mucho más allá del interés por la tecnología del F-16. También consideraba la posibilidad de construir en Venezuela desde misiles aire/tierra tipo Misagh, hasta aviones de transporte militar Antonov 140, de tecnología rusa, pasando por la producción de nitrato de amonio, un elemento clave para fabricar explosivos y propulsores sólidos para misiles balísticos.

Irán también ofreció "sus capacidades" para fabricar, reparar y mantener submarinos, patrullas guardacostas, torpedos y misiles, sistemas de radares, equipos de comunicaciones, sistemas de criptografía y equipos de visión nocturna[833].

EFECTOS COLATERALES DEL CÁNCER PRESIDENCIAL

El más grave obstáculo para la integración militar y tecnológica entre Venezuela e Irán no provenía de las presiones internacionales contra Teherán ejercidas por Estados Unidos y la Comunidad Europea, con el consiguiente impacto sobre Venezuela, sino de un factor radicalmente distinto: el agravamiento irreversible del cáncer presidencial.

En julio, Chávez anunció al mundo que estaba "totalmente libre" de cáncer, pero seis meses después quedó claro que se trató de una estrategia electoral[834].

Aunque logró reelegirse en las presidenciales de octubre, perdió la batalla del cáncer. El 8 de diciembre no tuvo más remedio que admitir lo peor en una cadena nacional de televisión.

"Fueron varios días de tratamiento, de seguimiento; sin embargo, por algunos otros síntomas decidimos, con el equipo médico, adelantar exámenes, adelantar una revisión, una nueva revisión exhaustiva, y bueno, lamentablemente, así lo digo al país, en esa revisión exhaustiva surge la presencia, en la misma área afectada, de algunas células malignas nuevamente", declaró, anunciando que volvía a La Habana para someterse a una nueva operación[835].

El 5 de enero de 2013, cuando arreciaban los rumores de que Chávez había fallecido a fin de año, el presidente Ahmadinejad realizó una llamada telefónica al vicepresidente Nicolás Maduro para discutir "las últimas condiciones de salud" del mandatario en Cuba.

La agencia oficial iraní Fars News reportó escuetamente que Maduro le dio a Ahmadinejad un reporte detallado del tratamiento médico que estaba siguiendo Chávez. El mandatario iraní le deseó a su colega una "inmediata recuperación"[836].

La siguiente expresión pública de Irán sobre la salud del comandante provino del canciller Ramin Mehmanparast nueve días después. "El señor Chávez es uno de los líderes populares y revolucionarios de América Latina que siempre ha respetado a la República Islámica de Irán y en esta coyuntura, enfatizamos la solidaridad de la nación y el gobierno iraní con el pueblo y el gobierno de Venezuela"[837].

En medio de las expresiones de pesar, un último escándalo internacional sacudió las relaciones entre ambos países antes de que se anunciara formalmente la muerte de Chávez el 5 de marzo de 2013. Implicaba a la Misión Vivienda, uno de los proyectos más defendidos por el mandatario venezolano.

El 21 de enero resultó detenido en el aeropuerto de Düsseldorf, Alemania, el ciudadano iraní Tahmasb Mazaheri, un ex ministro de Finanzas y ex jefe del Banco Central de Teherán. La razón de la detención era que portaba un cheque por 300 millones de bolívares, equivalentes a unos $77 millones al cambio del momento, emitidos por el estatal Banco de Venezuela.

Mazaheri, de 59 años, fue puesto bajo investigación por no haber declarado el cheque, cuya cifra superaba ampliamente los $10,000 legalmente permitidos sin declarar. Las autoridades alemanas confiscaron el cheque, y buscaron establecer si formaba parte de una operación de lavado de dinero.

El embajador de Irán en Venezuela, Hojattolah Soltani, explicó que la suma estaba destinado a pagar salarios y comprar materiales para concluir un proyecto de 10,000 viviendas financiado por el gobierno venezolano.

"El origen del dinero eran pagos del gobierno de Venezuela a la compañía Kayson aquí en Venezuela para los proyectos que ellos están haciendo aquí", dijo Soltani.

El diplomático informó que Mazaheri ya no era un funcionario activo del gobierno iraní, sino que estaba actuando como un asesor de Kayson y que simplemente traía consigo el cheque desde Irán a Venezuela a fin de hacerlo efectivo[838].

"Son edificios, no bombas, no misiles", dijo en una declaración un abogado de la firma en Venezuela, que se negó a identificarse[839].

Eventualmente, Mazaheri fue liberado por las autoridades alemanas y pudo retornar a Irán. Lo que no salió a la luz pública fue el largo historial de Mazaherei de participar en operaciones y empresas cuestionadas y sancionadas o sometidas a investigación por organismos oficiales de Estados Unidos y el Reino Unido.

Mazaheri no sólo había operado previamente en Caracas como uno de los principales operadores financieros entre Venezuela e Irán, integrando la directiva de bancos y empresas en territorio venezolano. También estuvo implicado en operaciones con entidades sancionadas por el Departamento del Tesoro norteamericano, y por el Departamento de Innovaciones de Negocios británico; y fue vinculado a un escándalo de evasión millonaria de impuestos de una fundación islámica con sede en Nueva York, controlada por el gobierno iraní.

Mazaheri se estableció en Caracas como representante de varias organizaciones financieras y empresariales controladas por el gobierno iraní, hacia fines de 2008. Mazaheri abandonó Teherán tras ser despedido por desacuerdos con el presidente Mahmoud Ahmadinejah sobre las políticas para controlar la inflación en Irán, en septiembre de 2008[840].

Pero ya desde principios de 2008 era director principal del Banco Internacional de Desarrollo, C.A. (BIDCA), una entidad financiera fundada en Caracas con fondos del banco estatal iraní Saderat. Tanto BIDCA como el banco Saderat habían sido calificadas por el Departamento del Tesoro de Estados Unidos como entidades que prestaron asistencia a organizaciones terroristas como Hezbolah, y proveyeron de servicios financieros al Ministerio de Defensa de Irán[841].

Kayson Construction, la firma para la cual Mazaheri trabajaba como asesor, también había sido cuestionada por sus presuntos lazos con el comercio o adquisición de materiales destinados a la fabricación de armas de destrucción masiva, de acuerdo con un reporte del gobierno británico[842].

Mientras operaba como directivo de BIDCA y Kayson, Mazaheri fue incluido en una investigación iniciada en 2008 en Nueva York, sobre presuntas operaciones ilegales para ocultar transacciones y negocios y evadir impuestos de la Fundación Alavi, una entidad sin fines de lucro con sede en Manhattan y que, según la fiscalía federal, estaba controlada y financiada por Teherán[843].

Postchavismo

A fines de mayo de 2013, mes y medio después de confirmarse el triunfo de Nicolás Maduro en las elecciones del 14 de abril, el canciller iraní Alí Akbar Salehi ratificó las relaciones binacionales afirmando que estaban "profundamente enraizadas", y dijo que tras la muerte de Hugo Chávez "se abre un nuevo capítulo" con el sucesor, en un encuentro con un enviado de la cancillería venezolana en Teherán.

El propio Maduro expresó su interés de "profundizar la alianza estratégica" con Irán durante una llamada telefónica a mediados de junio con el presidente electo Hasan Rohaní, que sustituyó a Mahmoud Ahmadinejad tras 8 años de gobierno.

A principios de agosto, Diosdado Cabello viajó a la capital iraní para encontrarse con el nuevo mandatario iraní. La visita buscaba garantizar la continuidad de proyectos claves entre ambas naciones, en medio de un clima de incertidumbres para ambas naciones, enfrentadas a inusuales presiones económicas y políticas.

FUENTES/AGRADECIMIENTOS

Este libro está basado en centenares de documentos y entrevistas que realicé a lo largo de 14 años. Muchos de los documentos están publicados por primera vez. Otros formaron parte de reportajes y artículos publicados por diversos medios de comunicación en Estados Unidos, principalmente The Miami Herald Media Company y Univision Network, donde me he desempeñado como reportero de investigación.

En su mayoría, las entrevistas fueron hechas *on the record*, pero una parte de las fuentes, una amplia gama de abogados, funcionarios públicos, empresarios, militares, diplomáticos, informantes y analistas de inteligencia, tanto en Estados Unidos como en Venezuela, accedió sólo a hablar bajo condición de anonimato, debido al peligro que enfrentaban si se conocieran sus identidades públicamente. Agradezco a todas las personas que encararon riesgos para filtrarme información y documentos a los cuales no habría podido acceder de otra manera.

Para la historia sobre las negociaciones del general Hugo Carvajal, tres fuentes me permitieron confirmar los detalles que narré en el primer capítulo.

Para el capítulo 2 sobre el cabildeo venezolano en Estados Unidos, usé una larga lista de centenares de documentos, muchos de ellos publicados por primera vez, provenientes del copioso archivo del Departamento de Justicia bajo la Ley de Registro de Agentes Extranjeros (Foreign Agents Registration Act, FARA), dedicado a Venezuela. También empleé los registros de cabilderos que actuaron a favor del gobierno de Chávez tanto en la Cámara de Representantes como el Senado del Congreso norteamericano. Estos archivos me proveyeron de una detallada minuta de actividades de más de una decena de cabilderos para promover la causa chavista entre congresistas estadounidenses. En el capítulo sobre la ofensiva electoral, fueron cruciales aportes de fuentes anónimas que me consignaron copias de documentos internos que debieron atravesar por un proceso de confirmación, sobre las operaciones financieras de Smartmatic tanto en Estados Unidos como en Venezuela.

Los asistentes de la oficinas de la congresista demócrata por Nueva York Carolyn Maloney me fueron de gran ayuda durante el proceso de investigación congresional de las operaciones de Smartmatic. El veterano concejal de Chicago Edmund Burke, que promovió intensamente una indagación del papel de Smartmatic en las elecciones en esa ciudad en 2006, estuvo siempre disponible y me permitió el acceso a documentos internos de su investigación sobre Smartmatic. Los registros oficiales de la firma electoral venezolana fueron obtenidos a través de los registros públicos de los estados de Florida, Delaware y Nueva York. Aunque me tocó cubrir desde el principio las polémicas en torno a Smartmatic junto a mis colegas entonces de El Nuevo Herald y The Miami Herald Gerardo Reyes, Alfonso Chardy y Richard Brand, utilicé información provista por otros investigadores y blogueros, entre ellos Orlando Ochoa Terán (Inteligencia Corporativa), Alek Boyd (Vcrisis) y Brad Friedman (The Brad Blog), quienes publicaron información inédita que reveló aspectos secretos de las actividades de Smartmatic.

El capítulo 4 sobre los negocios petroleros es, en esencia, una detallada cronología de eventos sobre las actividades de la petrolera estatal venezolana Pdvsa en Estados Unidos, legales e ilegales, con énfasis en temas poco reportados en Venezuela. Por ejemplo, el papel de importantes congresistas como Jack Kemp o Joseph Kennedy II en promover la imagen de "buen vecino" de Chávez ante la opinión pública norteamericana, y la estrategia de largo plazo de Chevron tanto en Caracas como en Washington. Expertos y ex directivos de Pdvsa como Pedro Mario Burelli, Gustavo Coronel y Juan Fernández, me suministraron importante información interna y de contexto para entender el alcance real de la estrategia chavista de usar el petróleo en una ofensiva de relaciones públicas, y el impacto negativo sobre la economía venezolana.

En el capítulo 5 sobre los ricos y famosos de la revolución, utilicé una amplia gama de fuentes y recursos documentales que me permitieron narrar la vida de los boligarcas en Estados Unidos.

Para el capítulo 6 sobre corrupción y espionaje, acumulé una gran colección de documentos de juicios federales en varios tribunales de Arizona, Colorado, Florida, Nueva York, Nuevo México y Virginia, a través del sistema electrónico de archivos judiciales federales (PACER). También usé amplia documentación de fuentes oficiales como el Congreso norteamericano y el Departamento de Estado, y algunos cables diplomáticos filtrados por Wikileaks. Para el caso de la ex cónsul de Venezuela en Miami, Livia Acosta, acusada por Washington de espionaje y expulsada en enero de 2012, me basé en el extraordinario trabajo documental de la Unidad de Investigación de Univision, dirigido por Gerardo Reyes, que produjo el especial "La Amenaza Iraní" transmitido en diciembre de 2011.

Una parte importante de la documentación en la que está basada el capítulo 7 sobre las redes del narcotráfico está contenida en los archivos judiciales de varias cortes federales, principalmente del Distrito de Columbia, Florida, Nueva Jersey, Nueva York y Puerto Rico, y en el Tribunal Supremo de Justicia de Venezuela. Parte de la narrativa para este capítulo la basé en los reportes anuales de la Estrategia Internacional de Control de Narcóticos del Departamento de Estado, entre 2000 y 2013, y de los reportes de la Oficina de Control de Bienes Extranjeros del Departamento del Tesoro, que sanciona a individuos y entidades vinculadas o que prestan cooperación al narcotráfico internacional. Una parte sustancial la obtuve en entrevistas con expertos y fuentes tanto en Venezuela como en Estados Unidos y Colombia, que conocían de cerca los mecanismos del narcotráfico.

El capítulo 8, dedicado a la alianza de Chávez y las FARC contra Estados Unidos, está basado en el detallado reporte del Instituto Internacional de Estudios Estratégicos en Londres, sobre los correos electrónicos contenidos en la computadora de alias Raúl Reyes, capturada por el ejército colombiano en marzo de 2008, cuya autenticidad fue confirmada por la Interpol. Los informes anuales del Departamento de Estado sobre el terrorismo internacional proveyeron una relación cronológica de las críticas de Estados Unidos a la alianza Chávez-FARC. Varios reportes de las oficinas de investigaciones (CRS) y de responsabilidad (GAO) del Congreso norteamericano me sirvieron de base para exponer el punto de vista congresional.

Los documentos inéditos publicados por primera vez en el capítulo 9, dedicado a las alianzas antinorteamericanas de Chávez con el islamismo radical fueron proporcionados por fuentes que participaron en muchos de los acuerdos secretos entre Venezuela e Irán, incluyendo informes militares, memoranda diplomática y órdenes aprobadas por Hugo Chávez.

Quiero destacar el apoyo recibido por un grupo de personas que me prestaron un apoyo invaluable.

Isaac Lee, visionario presidente de Univision Noticias, me abrió las puertas a un modo sofisticado de hacer periodismo, brindándome un apoyo crucial del que posiblemente no esté consciente. Igualmente agradezco la comprensión y el desarrollado olfato periodístico de Daniel Coronell, Vicepresidente de Univisión Noticias.

En muchas de las investigaciones en las que participé en más de una década, tanto en el Herald como en Univision, conté con la extraordinaria experiencia y profesionalidad de mi colega Gerardo Reyes.

Agradezco la paciencia y generosidad de Carlos Alberto Montaner quien encontró tiempo en su apretada agenda para leer el manuscrito de este libro, y la industriosidad de mi amigo Jorge Mota. Siempre estaré en deuda con William Klemme por su aguda acuciosidad.

HEMEROGRAFÍA/FUENTES

Reportajes y artículos de diarios, revistas, agencias de noticias, portales y blogs, organismos no gubernamentales, centros de pensamiento y organismos oficiales fueron usados para este libro.

Diarios de Estados Unidos, América Latina y Europa: The Miami Herald, El Nuevo Herald, The Wall Street Journal, The New York Times, The Washington Post, The Washington Times, USA Today, Chicago Tribune, Los Angeles Times, San Francisco Chronicle, Houston Chronicle, Orlando Sentinel, Investor's Business Daily, Die Welt (Alemania), ABC (España), El País (España), La Nación (Argentina), Clarín (Argentina), El Tiempo (Colombia) y El Espectador (Colombia).

Diarios en Venezuela: El Nacional, El Universal, Ultimas Noticias, Tal Cual, Semanario Quinto Día, Correo del Orinoco, El Nuevo País, El Carabobeño, Globovisión y Venezolana de Televisión.

Revistas: Newsweek (USA), South Florida CEO (USA) y Semana (Colombia).

Agencias de Noticias: Associated Press, Reuters, Bloomberg, EFE, DPA, Agence France Presse, Agencia Bolivariana de Noticias, Venpres, Mehr News Agency, Fars News y Voz de América.

Portales/Blogs: Univision, ABC News, BBC News, CNN, Newsmax, LaPatilla, Noticias24, La FM, Wikileaks, Wikipedia, Sunshine State News, Caracol Radio, Latin American Herald Tribune, Telesur, Vcrisis, Veneconomía, The Brad Blog, American Free Press, Global Exchange, Informe21, Reporte Confidencial, Middle East & Africa Monitor, Jihad Monitor.

ONG: Reporteros Sin Fronteras, Junta Internacional de Fiscalización de las Drogas (ONU), EsData, Sumate.

Centros de Pensamiento: Woodrow Wilson Center, International Institute of Strategic Studies, American Enterprise Institute, Americas Forum, Center for Hemispheric Policy, University of Miami.

Fuentes oficiales en Estados Unidos: The White House, U.S. Congress, General Accountability Office (GAO), Congressional Research Service (CRS), Departamento de Estado, Departamento del Tesoro, Oficina de Control de Bienes Extranjeros (OFAC), Departamento de Justicia, FBI, DEA, United States Southern Command.

Organismos del gobierno de Venezuela: Servicio Bolivariano de Inteligencia (Sebin), Dirección de Inteligencia Militar (DIM), Tribunal Supremo de Justicia (TSJ), Ministerio de Interior y Justicia, Ministerio de Información y Comunicación, Ministerio de Relaciones Exteriores, Ministerio de la Defensa.

Bibliografía mínima

He incluido en esta lista sólo los libros a los que se hace referencia en la narrativa.

-Tom Clancy y John Greshman, *Special Forces, a guided tour of U.S. Army Special Forces*, Berkley Books, 2001, p. 256-266.

-Cap. E. S. Geary, *The Venezuelan Conspiracy. Another clear and present danger for the USA*, Trafford Publishing, 2007, 225 pp.

-Cristina Marcano y Alberto Barrera Tyzka, *Hugo Chávez sin uniforme. Una historia personal*, Editorial Debate, Caracas, 2005.

-Agustín Blanco Muñoz, *Habla el Comandante*, Fundación Cátedra Pío Tamayo, Universidad Central de Venezuela, segunda edición, p. 382.

-Hugo Alconada, *Los Secretos de la Valija. Del caso Antonini Wilson a la Petrodiplomacia de Hugo Chávez*, editorial Planeta, Buenos Aires, 2009.

-Norberto Ceresole, *Caudillo, Ejército, Pueblo. La Venezuela del Comandante Chávez*. Edición Digital, Madrid, 1999. Ver: http://www.vho.org/aaargh/espa/ceres/Venezuela2000.html.

-Rosa Miriam Elizalde y Luis Báez, *El Encuentro*, Oficina de Publicaciones del Consejo de Estado, La Habana, 2005, p. 21.

-El Nacional, *Cuentos que hicieron historia: ganadores del concurso anual de cuentos del diario El Nacional 1946-2004*, Editorial CEC. S.A., Caracas, 2005, 4

SOBRE EL AUTOR

Casto Ocando es un periodista de investigación con una carrera de más de 20 años en medios hispanos de Estados Unidos y de su nativa Venezuela, especializado en temas de corrupción, narcotráfico, terrorismo, inmigración en América Latina y Venezuela.

En Estados Unidos ha participado en notables trabajos de investigación que han obtenido importantes distinciones. Como miembro de la Unidad de Investigación de Univision Network desde abril de 2011, trabajó como productor de investigación en varios de las más importantes reportajes, incluyendo un especial sobre las operaciones secretas del gobierno de Irán en América Latina, titulado "La Amenaza iraní", que obtuvo dos premios Telly, otorgados por la industria del entretenimiento en Estados Unidos; y una indagación sobre el tráfico de armas desde Estados Unidos a México con conexiones con los carteles mexicanos de la droga, titulada "Rápido y Furioso", que obtuvo el prestigioso premio Peabody, otorgado por la Universidad de Georgia, y el premio del Investigative Reporters & Editors (IRE), la más importante organización norteamericana de periodismo investigativo.

Ocando también fue periodista de investigación de El Nuevo Herald y The Miami Herald por casi una década. En ese tiempo obtuvo varios reconocimientos por sus investigaciones sobre la crisis política y económica en Venezuela, entre ellos el Premio Benjamin Spears, otorgado por el Overseas Press Club of America, la más antigua organización de periodismo en Estados Unidos. En la Florida obtuvo el Sunshine State Journalism Award, y varios reconocimientos de la Asociación Nacional de Periodismo Hispano (NAHJ).

Ocando ha trabajado en medios venezolanos como El Universal y el semanario Quinto Día, donde obtuvo el Premio Nacional de Periodismo en 1997.

Casto Ocando
casto.ocando@gmail.com
@cocando

NOTAS

CONEXIONES IMPERIALES

1 U.S. Treasury Department, *Treasury targets Venezuelan government officials supporting the FARC*, Press Release, 12 de Septiembre de 2008. Ver: http://www.treasury.gov/press-center/press-releases/Pages/hp1132.aspx.

2 *Jefe de Inteligencia militar de Venezuela fue destituido por el presidente Chávez*, 12 de Diciembre de 2011. Ver: http://www.reporteconfidencial.info/noticia/3163829/jefe-de-inteligencia-militar-de-venezuela-fue-destituido-por-el-presidente-chavez/.

3 *El general Hugo Carvajal y el magistrado Marco Tulio Dugarte habrían huido*, Informe21.com, 3 de Mayo de 2012. Ver: http://informe21.com/politica/12/05/03/denuncian-que-magistrado-de-la-sala-constitucional-del-tsj-abandono-el-pais.

4 *Designan a Hugo Carvajal como director contra la delincuencia organizada y financiamiento al terrorismo*, Globovisión, 19 de Octubre de 2012. Ver: http://globovision.com/articulo/designan-a-hugo-carvajal-como-director-contra-la-delincuencia-organizada-y-financiamiento-al-terrorismo.

5 *Chávez se reunió con George Bush en Houston*, El Nacional, 12 de junio de 1999.

6 *Hugo Chávez desayuna con los Bush*, El Nuevo Herald, sábado 12 de junio de 1999, p. 3B.

7 *Chávez se reunió con George Bush en Houston*, Idem.

8 *EU se 'compromete' con Hugo Chávez*, Agence France Presse, del 17 de enero de 1999, El Nuevo Herald, p. 3B.

9 *Visa de Estados Unidos en trámite*, Reuters, 18 de Diciembre de 1998, publicado por El Nacional, sección Internacional y Diplomacia.

10 Luis José Hernández, *El gestor de la visa de Chávez*, semanario Quinto Día, página 22, edición 98, del 14 de agosto de 1998.

11 *Visa de Estados Unidos en trámite*, IBID.

12 Everett Bauman, *Grandes Expectativas en Washington*, El Universal, 25 de Enero de 1999. Ver: http://buscador.eluniversal.com/1999/01/25/apo_art_25102BB.shtml.

13 *Alianza Washington-Caracas*, EFE, El Nacional, 13 de enero de 1999, sección Internacional y Diplomacia.

14 Yeneiza Delgado Mijares y Gioconda Soto, *Chávez y Clinton sostendrán esta tarde su primera cara a cara en la Casa Blanca*, El Nacional, 27 de enero de 1999, sección Internacional y Diplomacia.

15 *'Buena' la química entre Chávez y Clinton*, El Nuevo Herald, 28 de Enero de 1999, p. 4A.

16 Gerardo Reyes, ¡Manos fuera de Colombia!, El Nuevo Herald, 2 de Octubre de 1999, p. 1A.

17 *Presidente desayunará con Camdessus*, Reuters y AFP, publicado en El Nacional, 26 de Enero de 1999, sección Internacional y Diplomacia.

18 *Chávez garantizó a Clinton que Venezuela seguirá siendo un proveedor seguro de petróleo*, diario El Nacional, 28 de Enero de 1999, primera página.

19 *Chávez acepta visitar a Clinton en junio*, Reuters, 29 de abril de 1999, El Nuevo Herald, p.1B.

20 Tom Clancy and John Greshman, *Special Forces: a guided tour of U.S. Army Special Forces*, Berkley Books, 2001, pp. 256-266.

21 Viviana Muñoz, *El Ejército de EU acude al rescate de víctimas en Venezuela*, El Nuevo Herald, jueves 23 de diciembre de 1999, p. 4A.

22 *Clinton promociona solidaridad con Venezuela*, cables de AFP y EFE, El Nacional, 26 de Diciembre de 1999, sección Internacional y Diplomacia.

23 Fabiola Zerpa, *EE UU aún espera aclaratoria de Venezuela por rechazo a ayuda*, El Nacional, 15 de Enero de 2000, sección Internacional y Diplomacia.

24 *Chávez acusa de complot al Post y al NYT*, Reuters, 7 de Noviembre de 2000, publicado por El Nuevo Herald, p. 14A.

25 Gerardo Reyes, *Los Chavistas buscan apoyo más allá de la frontera*, El Nuevo Herald, 19 de septiembre de 1999, p. 1A.

26 Gerardo Reyes, *Legislador fustiga 'campaña' anti Chávez*, El Nuevo Herald, 21 de febrero de 2001, p. 2A.

27 Taynem Hernández, *Saab solicitará reunión a embajador de Estados Unidos*, El Universal, 3 de octubre de 2002. Ver: http://buscador.eluniversal.com/2002/10/03/pol_art_03106EE.shtml.

28 Casto Ocando, *Redes Chavistas penetran en EEUU*, El Nuevo Herald, 20 de marzo de 2005, p. 1A.

29 En el capítulo 2 de este libro examinamos en detalle las complejas actividades de la VIO en Estados Unidos desde que fue creada en 2004.

30 Ibidem.

31 Laura Weffer, *Gobierno asegura que tiene informantes dentro de la CIA*, El Nacional, 16 de Marzo de 2005, p. A2.

32 *Redes Chavistas penetran en EEUU*, Idem.

33 Avatar Wiki, Ver: http://james-camerons-avatar.wikia.com/wiki/Earth.

34 Ibidem.

35 Casto Ocando, *Redes chavistas chocan con leyes de EEUU*, El Nuevo Herald, 21 de Marzo de 2005, p. 14A.

36 Ibidem.
37 Casto Ocando, *Revocan la residencia a activista de Chávez*, El Nuevo Herald, 31 de Mayo de 2004, p. 12A.
38 Fernando Almazar, *En Miami recolectan $328 para multa del presidente*, El Nuevo Herald, 22 de Julio de 1999, p.1B.
39 Ibidem.
40 Casto Ocando, *Chavistas cautivan a académicos de Estados Unidos*, El Nuevo Herald, 22 de Marzo de 2005, pp. 1A-2A.
41 Ver: http://www.globalexchange.org/tours/640.html.
42 Ibidem.
43 Ibidem.
44 Ver: http://www.handsoffvenezuela.org/constitution_hands_off_venezuela_campaign.htm.
45 Gerardo Reyes, *Venezuela alega acoso a un académico*, El Nuevo Herald, 11 de Marzo de 2006, p. 18A.
46 Ver capítulo 2.
47 Eva Golinger, *The CIA was involved in the coup against Venezuela's Chavez*, publicado el 22 de noviembre de 2004 en http://venezuelanalysis.com/analysis/800, párrafo 16.
48 *A Review of U.S. Policy Toward Venezuela, November 2001- April 2002*, report number 02-OIG-003, July 2002, United States Department of State and the Broadcasting Board of Governors, Office of Inspector General, p. 37, en http://oig.state.gov/documents/organization/13682.pdf.
49 Ibidem.
50 Captain E. S. Geary, *The Venezuelan Conspiracy. Another clear and present danger for the USA*, Trafford Publishing, 2007, 225 pp.
51 Casto Ocando y Gerardo Reyes, *La CIA apoyó golpe de Chávez, dice ex oficial*, El Nuevo Herald, 13 de abril de 2008, p. 1A.
52 *The Venezuelan Conspiracy*, Idem, p.91.
53 Idem, pp. 91-92.
54 Idem, p. 92.
55 *La CIA apoyó golpe de Chávez*, dice ex oficial, Idem.

EL LOBBY MULTIMILLONARIO

56 *Chávez dice que capturaron a supuesto mercenario de EE.UU.*, Agencia EFE, 9 de Agosto de 2012. Ver: http://www.noticiascaracol.com/mundo/articulo-272217-chavez-dice-capturaron-a-supuesto-mercenario-de-ee-uu.
57 A. C. Clark, *Revolutionary has no clothes: Hugo Chávez Bolivarian Farce*, Encounter Books, New York, 2009, p. 129.
58 Ver los archivos sobre Venezuela en la lista de cabilderos del Departamento de Justicia, según la Foreign Agents Registration Act (FARA), en: http://www.justice.gov/criminal/fara/links/qs_primary.html.

59 Ver: http://www.fara.gov/docs/1750-Exhibit-AB-19990803 -GTWAAP01.
pdf.
60 Ver: http://bit.ly/cRbpi2.
61 Ver: http://www.fara.gov/docs/2165-Exhibit-AB-19990809 -GF6UD402.
pdf.
62 Ver: http://www.fara.gov/docs/2165-Exhibit-AB-20031021 -HPDS8L04.
pdf.
63 María José Mairena, *Congresistas de Estados Unidos: no ayuda para nada dudar del CNE*, El Nacional, 12 de Diciembre de 2003, p. A6.
64 Ibidem.
65 Ver: http://www.fara.gov/docs/2165-Exhibit-AB-20040804 -I2184T04.pdf.
66 Mary Anastasia O'Grady, *Winning Hearts and Minds Inside the Beltway*, The Wall Street Journal, 9 de abril de 2004, p. A9.
67 Gerardo Reyes, *Chávez paga para mejorar su imagen en EE.UU.*, El Nuevo Herald, 11 de Abril de 2004, p. 6A.
68 Charles Shapiro sirvió como embajador de Estados Unidos en Caracas entre marzo de 2002 y agosto de 2004, y jugó un papel importante como mediador durante el referéndum revocatorio de 2004.
69 Gustavo Coronel, *Hugo Chavez's Venezuela and Patton Boggs LLP*, 14 de Abril de 2004. Ver: http://www.vcrisis.com/print.php?content=lette rs/200404140743.
70 Ver: http://www.fara.gov/docs/2165-Exhibit-AB-200408 04-I2184T04.
pdf.
71 Ver: http://www.fara.gov/docs/5564-Exhibit-AB-20030619-HI2WCM03.pdf.
72 Ibidem.
73 Ver: http://www.fara.gov/docs/5567-Exhibit-C-20030711 -HI6KCX01.
pdf.
74 Ver: http://www.fara.gov/docs/5567-Supplemental-Statement-2004 0131-HUTZM903.pdf.
75 El autor conoció personalmente e interactuó con varios misioneros laicos norteamericanos que eran enviados por la congregación Maryknoll a zonas depauperadas de Venezuela para predicar el Evangelio. Los misioneros, que vivían con sus familiares en zonas marginales, conocían de primera mano las penurias de los sectores de escasos recursos, semillero en el que prosperó el chavismo.
76 *No Podemos Callar Más*, Documento de Cristianos de Comunidades Marginadas de Barquisimeto. En: http://www.aporrea.org/imprime/a1952. html.
77 Ver: http://www.fara.gov/docs/5567-Supplemental-Statement-20040131-HUTZM903.pdf.
78 Ibidem.
79 Ibidem.
80 Los documentos de registros pueden ser revisados en el portal de corporaciones de la Florida, www.sunbiz.org. En el campo de búsqueda por nombres de la corporación, introducir el nombre *VIO Investments LLC*.

81 Robert L. Sheina, *Latin American Wars: The Age of the professional soldier, 1900-2001*, Brassey's Inc. Editors, Dulles, Virginia, USA, 2002, First Edition, pp. 232.

82 El general Gilmond apoyó en abril de 2002 un pronunciamiento del Frente Institucional Militar, que responsabilizó el alzamiento militar a la "intolerancia" y "al constante abuso de poder" del gobierno de Hugo Chávez. Ver: http://www.analitica.com/va/politica/documentos/7220975.asp.

83 Ver: http://infovenezuela.org/informe-pdval.pdf.

84 *Lula pidió a Chávez 'bajar el tono' frente al referéndum revocatorio*, DPA, 18 de Febrero de 2004. DPA citó en este cable una información publicada originalmente por la agencia Globo de Brasil, que a su vez citó como fuente de la información a "una alta fuente del gobierno brasileño".

85 Corina Rodríguez Pons, *Citigroup: El CNE es un obstáculo para el revocatorio*, El Nacional, 14 de Febrero de 2004, p. A-16.

86 Ver: http://www.fara.gov/docs/5609-Supplemental-Statement-20040829-I5KUBS02.pdf.

87 Ver: http://www.globalexchange.org/getInvolved/speakers /21.html.

88 Ver: http://www.fara.gov/docs/5609-Supplemental-Statement-20050228-IEH7IP04.pdf.

89 *Watch Venezuela*, Editorial, The Washington Post, 20 de Noviembre de 2004, p. A18.

90 Ver: http://www.fara.gov/docs/5609-Supplemental-Statement-20050228-IEH7IP04.pdf.

91 Ver: http://www.fara.gov/docs/5624-Exhibit-AB-200405 20-HYN72M04.pdf.

92 Ibidem.

93 Ver: http://www.sourcewatch.org/index.php?title=Erin_Malec. También: http://www.linkedin.com/pub/erin-malec/3/A77/75A.

94 La organización entrega donativos en el orden de los $200 millones al año. Ver: http://www.rockpa.org/Page.aspx?pid=238.

95 Ver: http://www.fara.gov/docs/5609-Supplemental-Statement-20050930-1. pdf.

96 Los analistas de VIO enviaron 125 correos electrónicos a igual número de periodistas y corresponsales para responder al informe de 2005 del Departamento de Estado sobre el presunto aumento del tráfico humano en Venezuela.

97 Ver: http://www.fara.gov/docs/5609-Supplemental-Statement-20060328-2.pdf.

98 *Paying for Pens*, Oscar Medina, El Universal, 26 de Marzo de 2005. En: http://english.eluniversal.com/2005/03/26/en_pol_art_26A545111.shtml.

99 María Lilibeth Da Corte, *Izarra niega que pague para que hablen bien del gobierno*, El Universal, 23 de marzo de 2005.

100 En un polémico intercambio de mensajes con el blogero venezolano Alek Boyd, director del portal *www.vcrisis.com* en torno a los pagos recibidos por el cabildeo de su firma a favor del gobierno venezolano, Mercado-Llorens

reveló su condición de "ex-monje". Ver: http://www.vcrisis.com/index.php?c
ontent=letters/200410121725.
101 *Unions labor over prisioner right-to-work issue*, David R. Sands, Insight
on the News Newspaper, 19 de Septiembre, 1994.
102 Ver: http://disclosures.house.gov/ld/pdfform.aspx?id=10 0035625.
103 Ver: http://disclosures.house.gov/ld/pdfform.aspx?id=10 0052336.
104 Ver: http://disclosures.house.gov/ld/pdfform.aspx?id=20 0035966.
105 Ver: http://www.fara.gov/docs/5609-Supplemental-Statement-20060929-3.
pdf.
106 Ver: http://disclosures.house.gov/ld/pdfform.aspx?id=100 021977.
107 Ver: http://www.fara.gov/docs/5609-Supplemental-State-
ment-20070920-5.pdf.
108 Ver: http://www.fara.gov/docs/5609-Supplemental-Statement-20080923-7.
pdf.
109 Ver: http://www.fara.gov/docs/5609-Exhibit-AB-200812 17-1.pdf.
110 Ver: http://es.wikipedia.org/wiki/Poder_Ciudadano_Siglo_XXI.
111 Ver: http://www.fara.gov/docs/5609-Exhibit-AB-2009052 7-3.pdf.
112 Ernesto Villegas, *Vamos hacia una ruptura de relaciones*, Ultimas Noticias, 5 de febrero de 2006. Tomado en: http://www.aporrea.org/actualidad/
n72765.html.
113 Ibidem.
114 Ibidem.
115 El documento público de incorporación de VSC puede consultarse aquí:
http://bit.ly/cC28YM.
116 Eva Golinger, *Declassified Documents Back Venezuelan President's
Claim of US Aid to Opposition Groups*, Venezuelanalysis.com, 10 de Febrero
de 2004, en: http://venezuelanalysis.com/news/351.
117 Ibidem.
118 *Golinger denuncia ante la Fiscalía financiamiento estadounidense a
ONG's opositoras*, Agencia Venezolana de Noticias (AVN), 17 de Agosto de
2010. En: http://www.avn.info.ve/node/11891.
119 Ver: http://www.democracynow.org/2004/3/4/hugo_chavez_accuses_u_s_of.
120 Eva Golinger, *The Chavez Code*, Olive Branch Press, Northampton,
Massachussetts, 2006, p. 7. El libro tiene varias ediciones en español. La
primera se publicó bajo el título de "El Código Chávez: descifrando la intervención de Estados Unidos en Venezuela", Editorial de Ciencias Sociales,
Caracas, 2005, 300 pp.
121 John Dinges and Saul Landau, *Asssassination on Embassy Row*, Pante-
hon Books, 1980, New York, 411 pp.
122 Ver: http://vcrisis.com/?content=letters/200506021909.
123 Ibidem.
124 Golinger ha escrito los libros *Bush vs. Chávez: Washington's War on
Venezuela* (2007, Monthly Review Press), *The Empire's Web: Encyclopedia
of Interventionism and Subversion*, *La Mirada del Imperio sobre el 4F: Los
Documentos Desclasificados de Washington sobre la rebelión militar del 4*

de febrero de 1992, y *La Agresión Permanente: USAID, NED y CIA.* Según escribió Golinger en el portal www.chavezcode.com, varias ediciones de El Código Chávez se ha publicado en francés, alemán, italiano y ruso, además de inglés y español, y se espera una versión cinematográfica.

125 Una amplia y detalla relación de estas denuncias puede verse en: http://vcrisis.com/index.php?content=letters/200503042206.

126 Letter to the Criminal Investigation Unit of the IRS, RE Eva Golinger, Febrero 17, 2005. En: http://vcrisis.com/index.php?content=pr/200503050700.

127 Roberto Giusti, *The Sins of Eva Golinger in the Big Apple: Alleged Charges of Fraud and Illegally Practicing Law in the U.S.A.,* El Universal, 24 de Abril de 2005.

128 En el reporte de enero de 2004 de la VIO ante el Departamento de Justicia se muestra que Golinger recibió un pago de $380 para "atender una conferencia sobre la reforma de los medios de comunicación", que tuvo lugar en Madison, Wisconsin, entre el 7 y el 9 de noviembre de 2003.

129 Ver: http://keywiki.org/index.php/Leila_McDowell#cite_note-about-1.

130 Ver http://naacp.com/about/mcdowell/index.htm. Curiosamente, la página de contactos en LinkedIn de McDowell (http://www.linkedin.com/pub/leila-mcdowell/7/7b9/6b), no incluye entre sus anteriores trabajos haber trabajado para el gobierno del presidente Hugo Chávez.

131 Ver: http://www.fara.gov/docs/5764-Exhibit-AB-20060908 -1.pdf.

132 Ver: http://bit.ly/d1pfJg.

133 *U.S. could learn a lot from Chavez's rule*, Leila McDowell, 12 de Diciembre de 2007, p. A10.

134 Ver: http://www.fara.gov/docs/5452-Exhibit-AB-20010817- GRSDYV02.pdf.

135 Ver: http://disclosures.house.gov/ld/pdfform.aspx?id=807 6589.

136 Ver: http://disclosures.house.gov/ld/pdfform.aspx?id=10001 3692.

137 Ver: http://disclosures.house.gov/ld/pdfform.aspx?id=807 2254.

138 Ver: http://www.embavenez-us.org/news.php?nid=268.

139 Bruce Bigelow, *SAIC to recoup some losses in Venezuela Deal*, The San Diego Union-Tribune, 20 de Julio de 2004. En: http://www.signonsandiego.com/uniontrib/20040720/news_1b20saic.html.

140 Ver: http://disclosures.house.gov/ld/pdfform.aspx?id=80 69138.

141 Ver: http://disclosures.house.gov/ld/pdfform.aspx?id=808 7072.

142 Ver: http://disclosures.house.gov/ld/pdfform.aspx?id=200 029918.

143 Ver: http://disclosures.house.gov/ld/pdfform.aspx?id=1000 08472.

144 Noam Chomsky, *Failed States: the abuse of power and the assault on Democracy*, Owl Books, 2006, New York (315 pp), p. 137.

145 Ibidem.

146 Noam Chomsky, *Hegemony or survival. America's quest for global dominance,* Henry Holt And Company publishers, New York, 2003, 301 pp. La edición en español Hegemonía leida por Chávez fue editada por el Grupo Editorial Norma, Bogotá, 2003.

147 Motoko Rich, *U.S. best seller, thanks to rave by latin leftist*, The New York Times, 23 de septiembre de 2006, Books section.
148 Noam Chomsky, *Interventions*, City Light Books, 2007 (235 pp), pp. 157-159.
149 Lisa W. Foderaro, *With bouquet and wave, Boudin is free 22 years later*, The New York Times, N.Y./Region section, 18 de Septiembre de 2003, .
150 *Hugo Chávez Speaks with Marta Harnecker*, Monthly Review Press, 2005.
151 Chesa Boudin, Gabriel González, Wilmer Rumbos, *The Venezuelan Revolution: 100 Questions – 100 Answers*, Thunder's Mouth Press, 2006, 120pp.
152 Ver comentario crítico del libro en el portal amazon.com, en http://www.amazon.com/dp/1560257733.
153 Ver: http://www.cepr.net/index.php/biographies/mark-we isbrot/.
154 Francisco Rodríguez, *An empty revolution. The unfulfilled promises of Hugo Chávez*, Foreign Affairs, March/April 2008, p. 50. Ver resumen en: http://www.foreignaffairs.com/articles/63220/francisco-rodrÃ%C2%ADguez/an-empty-revolution. Artículo completo en: http://www.hacer.org/pdf/Rodriguez00.pdf. Una versión del artículo fue publicada en la sección de opinión de The New York Times, el 27 de febrero de 2008.
155 Ibidem.
156 Mark Weisbrot, *An empty research agenda: the creation of myths about contemporary Venezuela*, Issue Brief, March 2008. Ver: http://www.cepr.net/documents/publications/venezuela_research_2008_03.pdf.
157 Ibidem.
158 Durante una conferencia organizada por la Universidad de Miami en 2008, el economista Rodríguez dijo en una entrevista al autor que la dificultad de polemizar con Weisbrot se centraba en que sus artículos no eran sometidos al sistema de *peer review*, en el que los artículos son revisados por un comité editorial académico independiente para verificar la rigurosidad metodológica, antes de ser publicados.
159 Ver: http://southoftheborderdoc.com/cast-credits/.
160 Larry Rither, *Olive Stone's Latin America*, New York Times, 26 de Junio de 2010
161 *"Váyanse al carajo, yanquis de mierda", ahora y siempre*, misionverdad.com, 11 de Septiembre de 2008. Ver: http://misionverdad.com/?p=1874.
162 *U.S. expelling Venezuelan envoy in response to Chavez*, cnn.com, 12 de Septiembre de 2008. Ver: http://edition.cnn.com/2008/WORLD/americas/09/12/venezuela.us/.
163 *Hugo Chávez: si yo fuera estadounidense votaría por Obama*, Correo del Orinoco, 24 de Septiembre de 2013. Ver: http://www.correodelorinoco.gob.ve/nacionales/hugo-chavez-si-yo-fuera-estado unidense-votaria-por-obama/.
164 *Obama quiere reunirse con Chávez y "cambiar" política de EEUU hacia Latinoamérica*, Prensa YVKE/Agencias, 25 de Agosto de 2008, en: http://www.radiomundial.com.ve/yvke/noticia.php?10229.

NOTAS

165 Ver: http://www.fara.gov/docs/5931-Exhibit-AB-200904 17-1.pdf.
166 *Chavez US envoy back, wants ex-CIA agent extradited*, Reuters, 27 de Junio de 2009. Ver: http://www.stabroeknews.com/2009/archives/06/27/chavez-us-envoy- back-wants-ex-cia-agent-extradited/.
167 U.S. Departament of Justice, Registrant Pertierra & Toro, P.C., registration 5731, Supplemental Statement, Foreign Agents Registration Act (FARA), 31 de Agosto de 2009.
168 *Respuestas del embajador designado de EEUU Larry Palmer al senador Richard Lugar*, El Universal, 18 de Agosto de 2010. Ver: http://www.eluniversal.com/2010/08/18/pol_esp_respuestas-del-embaj_18A4353731.
169 *Venezuela no recibirá a Larry Palmer como embajador de Estados Unidos*, Correo del Orinoco, 8 de agosto de 2010. Ver: http://www.correodelorinoco.gob.ve/impacto/venezuela-no-recibira-a-larry-palmer-como-embajador-estados-unidos/.
170 *Venezuela: Ambassador's visa revoked*, Reuters, 30 de Diciembre de 2010. Ver: http://www.nytimes.com/2010/12/30/world/americas/30briefs-Venezuela.html?_r=0.
171 *Ministro Nicolás Maduro sostuvo que relaciones con EE.UU. están congeladas*, Correo del Orinoco, 5 de Junio de 2011. Ver: http://www.correodelorinoco.gob.ve/impacto/ministro-nicolas-maduro-sostuvo-que-relaciones-ee-uu-estan-congeladas/.
172 *Relación Venezuela-EEUU está "congelada" y sin signos de avance*, Entrevista con el Canal Televen, Noticias 24, 5 de Junio de 2011. Ver: http://www.noticias24.com/actualidad/noticia/261551/maduro-en-latinoamerica-vamos-hacia-un-nuevo-proceso-de-independencia/.
173 *Chávez cree que ni Obama ni Romney cambiarán las relaciones de EEUU con el mundo*, Noticias24.com, 5 de Noviembre de 2012. Ver: http://www.noticias24.com/venezuela/noticia/134333/chavez-nos-interesan-las-elecciones-en-ee-uu-pero-ni-obama-ni-romney-cambiaran-las-relaciones-con-el-mundo/.
174 Los registros de Smartmatic en el Departamento de Estado de Delaware pueden ser consultados en este portal: https://delecorp.delaware.gov/tin/GI-NameSearch.jsp.

LA OFENSIVA ELECTORAL

175 Marianna Pearraga, *Panagroup invierte Bs. 1 millardo en un nuevo plan de negocios*, El Nacional, 1 de Junio de 2001.
176 Los documentos de registro de Smartmatic, que son de carácter público, pueden encontrarse en el portal www.sunbiz.org.
177 Van Hutchinson, *Vote Smart*, South Florida CEO, Octubre de 2004.
178 Ibidem.
179 Ver: http://www.smartmatic.com/company/board-of-directors/.
180 *"Panagroup invierte..."*, idem.

181 Ibidem.

182 Ricardo Escalante, *El CNE firmó contratos que afectan el interés de la República*, El Nacional, 20 de Julio de 1998.

183 Ramón Navarro, *Proceso de automatización podría definirse esta semana*, El Nacional, 19 de Enero de 2004.

184 Marianela Palacios, *Automatización de elecciones cuesta 111 millones de dólares*, El Nacional, 18 de febrero de 2004.

185 Ver: http://hbr.org/product/corporate-social-responsibility-at-cantv/an/SKE094-PDF-ENG.

186 *Doubts over touchscreen tech choice for Venezuela recall*, Alexandra Olson, cable de Associated Press publicado en USA Today, 12 de Julio de 2004.

187 Richard Brand y Alfonso Chardy, *Venezuela Has Stake in Ballots*, The Miami Herald, 28 de Mayo de 2004.

188 Ibidem.

189 *Gobierno tiene acciones en empresa de automatización*, reproducción del artículo de Brand y Chardy de The Miami Herald por el diario El Nacional, el 29 de Mayo de 2004, con un apartado de respuesta por parte los directivos del consorcio SBC al artículo.

190 Casto Ocando, *Senador alerta sobre fraude en Venezuela*, El Nuevo Herald, 25 de junio de 2004, p. 5A.

191 Brian Ellsworth, *A crucial Vote for Venezuela and a Company*, The New York Times, 20 de Julio de 2004.

192 Casto Ocando, *Firma floridiana puede tener un papel crucial en Venezuela*, El Nuevo Herald, 20 de Abril de 2004, p. 4A.

193 Ibidem.

194 Orlando Ochoa Terán, *Smartmatic y las cajas negras de la lotería*, El Universal, 14 de junio de 2004.

195 Ver: http://www.olivetti.com.ar/news/news_040430.htm.

196 *Smartmatic: Hugo Chávez e-firm*, Info Venezuela News. Ver: http://infovenezuela.org/corruption/smartmatic-e-voting.php.

197 En la columna de sociedad Gritos y Susurros, del cronista Roland Carreño, publicada en El Nacional el 26 de Abril de 2003, se comenta la boda y se identificó a Anzola como el "director fundador de la empresa estadounidense de software Smartmatic Corp".

198 Casto Ocando, *Compleja red en torno al voto venezolano*, El Nuevo Herald, 21 de Julio de 2004, p. 6A.

199 Cenovia Casas, *Imposible vulnerar el secreto del voto*, El Nacional, 14 de agosto de 2004, p. A9.

200 Ibidem.

201 *CNE firmó contrato con Smartmatic por $27 millones*, primera página de El Nacional, 15 de Julio de 2004.

202 The Carter Center, *Observing the Venezuela Presidential Recall Referendum. Comprehensive Report*, Febrero de 2005, p. 78. Ver: http://www.cartercenter.org/documents/2020.pdf.

203 Michael Barone, *Exit polls in Venezuela*, U.S. News & World Report, 20 de Agosto de 2004.

204 Laura Weffer Cifuentes, *Smartmatic propone a la oposición otra auditoría*, El Nacional, 24 de Agosto de 2004.

205 Elizabeth Núñez, *Máquina de Smartmatic pudo ser intervenida*, El Nacional, 21 de agosto de 2004, p. A4.

206 Vanessa Gómez Quiroz, *Tulio Álvarez: comunicado de la Cantv contradice a Smartmatic*, El Nacional, 11 de Septiembre de 2004, p. A2.

207 Idem. Álvarez citó el artículo 157 de la Ley Orgánica del Sufragio y Participación Política, que establece que "En los casos en que se adopten sistemas mecanizados de votación, se deberá garantizar que sólo se transmitirán datos una vez concluido el acto de escrutinio".

208   Freddy Malpica, Horacio Velasco e Isbelia Martín, *El voto electrónico en Venezuela. Evaluación técnica de un proceso electoral. Caso de estudio: Referendum Revocatorio Presidencial – 15AGO2004*, Esdata, Caracas, octubre 2004, pp. 23-24. Ver: http://esdata.info/pdf/VotoElectronico_es.pdf.

209 Ibidem.

210 Marianela Palacios, *Rodríguez: Si hubo fraude en transmisión de la data, la Cantv es responsable*, El Nacional, 10 de septiembre de 2004, p. A2.

211 Van Hutchinson, *Vote Smart*, South Florida CEO, Octubre de 2004.

212 Marianela Palacios, *Ministerio Público abrió investigación contra Smartmatic*, El Nacional, 13 de Septiembre de 2004, p. A4.

213 Ascensión Reyes, *En 10% de las máquinas de votación se repite el patron del tope al Sí*, El Nacional, 20 de agosto de 2004, p. A4.

214 *Piden al Congreso de Estados Unidos que investigue a Smartmatic*, cable de DPA publicado por El Nacional, 23 de Agosto de 2004, p. A3.

215 Ver: http://jorgerodriguez.psuv.org.ve/?p=2897.

216 Ver: http://www.abrebrecha.com/2217_Jorge-Rodr%C3%ADguez-Gómez.html.

217 *Cuentos que hicieron historia: ganadores del concurso anual de cuentos del diario El Nacional 1946-2004*, Editorial CEC, S.A., Caracas, 2005, pp. 485. El cuento de Rodríguez está entre las páginas 413 y 422.

218 Federico Vegas, *Sobre la obra de Jorge Rodríguez*, El Nacional, 21 de marzo de 2004, p. A9.

219 Por ejemplo, en una entrevista María Corina Machado, presidenta de la organización no gubernamental Súmate, que monitorea las elecciones en Venezuela, calificó de "mezcla perversa" la combinación máquinas de votación y máquinas captahuellas porque contribuyen a "crear desconfianza en el secreto del voto". Ver: http://lasarmasdecoronel.blogspot.com/2009/11/eneas-biglione-entrevista-maria-corina.html.

220 Alfredo Meza, *Mejías y Rodríguez polemizaron por entrega de buena pro a consorcio SBC*, El Nacional, 20 de febrero de 2004.

221 Edgar López, *TSJ designó a Jorge Rodríguez como nuevo presidente del CNE*, El Nacional, 21 de enero de 2005, p. A6.

222 Citado en *Jorge Rodríguez Gómez: un siquiatra para Miraflores*, redacción del diario Tal Cual, 15 de enero de 2007.

223 Casto Ocando y Gerardo Reyes, *Pagan gastos de lujo a funcionario electoral*, El Nuevo Herald, 3 de diciembre de 2005, p. 1A.
224 Ibidem.
225 Eugenio Martínez, *La democracia respira por los votos*, El Universal, 4 de Diciembre de 2005.
226 *Lara niega reunión entre Chávez y Jorge Rodríguez*, El Nacional, 13 de Agosto de 2005, p. A4.
227 Gerardo Reyes y Casto Ocando, *Involucran en Miami al director de la Disip*, El Nuevo Herald, 21 de diciembre de 2007, p. 1A.
228 *El abogado chavista arrepentido*, redacción de La Nación, 26 de enero de 2008. Ver: http://www.lanacion.com.ar/notas.asp?nota_id=982136.
229 Ibidem.
230 *Remitido millonario*, sin autor, El Nacional, 30 de septiembre de 2004, p. A2.
231 Marianela Palacios, *Smartmatic negocia ocho nuevos contratos de automatización de comicios*, El Nacional, 25 de Agosto de 2004, p. A2.
232 Van Hutchinson, *Vote Smart*, South Florida CEO, Octubre de 2004.
233 *Sequoia Voting Systems and Smartmatic combine*, Sequoia Media Release, 9 de Marzo de 2005. Ver: http://www.votetrustusa.org/index.php?option=content&task=view&id=562&itemid=162.
234 *Joint Committee Hearing on March 21st Primary Elections*, City of Chicago, Committee on Finance, Committee on the Budget and Government Operations, Committee on Committees, Rules and Ethics, 13 de Abril de 2006.
235 Christopher Bollyn, *Chicago ballot chaos*, American Free Press, 26 de marzo de 2006. Ver: http://www.americanfreepress.net/html/chicago_ballot_chaos.html.
236 Ibidem.
237 Andy Shaw, *Alderman: Election day troubles could be a conspiracy*, WLS-TV, ABC Channel, 7 de Abril de 2006. Ver: http://abclocal.go.com/wls/story?section=news/local&id=4065162.
238 Ibidem.
239 Gary Washburn, *Alderman sees a plot in voting machines; Burke connects dots to Venezuela leader*, Chicago Tribune, 8 de Abril de 2006, p. 1C.
240 *Hugo wants your vote*, Editorial, Investor's Business Daily, National Edition, 6 de Abril de 2006, p. A12.
241 Orlando Ochoa Terán, ¿Quién controla Smartmatic?", semanario Quinto Día, semana del 5 al 12 de Agosto de 2005.
242 Aleksander Boyd, editor del portal vcrisis.com, se dedicó a hurgar en los archivos de la Cámara de Comercio de Amsterdam, para revisar los registros de originales de Smartmatic en Holanda. Lo que encontró dejó más interrogantes que respuestas, y una compleja estructura que ocultaba parte de los verdaderos accionistas.
243 Aleksander Boyd, *Smartmatic, all things connected*, portal VCrisis.com, 14 de agosto de 2005. Ver: http://vcrisis.com/index.php?content=lette

rs/200508141135. La página tiene vínculos a los documentos originales en holandés de la Cámara de Comercio de Amsterdam.

244 Alfonso Chardy, *U.S. digs for vote-machine links to Hugo Chávez*, The Miami Herald, 28 de octubre de 2006.

245 Orlando Ochoa Terán, *Capitalistas ocultos controlan a Smartmatic*, semanario Quinto Día, semana del 19 al 26 de Agosto de 2005.

246 *Legal Entity Structure*, Smartmatic, prior and after 2005. El documento describe las firmas y subsidiarias que integran el conglomerado de Smartmatic en Estados Unidos, Barbados, México, Holanda, Curazao, Portugal y Venezuela.

247 *U.S. digs for vote-machine links to Hugo Chávez*, Idem.

248 Ian Offman, *California: Sequoia quietly leading state e-voting*, Inside Bay Area, 20 de Junio de 2006.

249 Lou Dobbs, *Democracy at risk*, CNN Transcripts of Lou Dobbs show, 25 de Julio de 2006.

250 *DP World enters into Agreement to sell P&O's U.S. Marine Terminal Operations to AIG Global Investment Group*, Press Release, DP World, 11 de Diciembre de 2006. Ver: http://webapps.dpworld.com/portal/page/portal/DP_WORLD_WEBSITE/Media-Centre/News-Releases/News-Releases-2006/POPNA_PRESS_RELEASE.PDF.

251 Richard Brand, *Forget Dubai – Worry About Smartmatic Instead*, The Miami Herald, 27 de Marzo de 2006.

252 Carta enviada por la congresista republicana por Nueva York Carolyn Maloney, a Henry Paulson, Secretario del Tesoro, 6 de Octubre de 2006.

253 *U.S. digs for vote-machine links to Hugo Chavez*, Idem.

254 *Democracy at Risk*, Idem.

255 Zachary A. Goldfarb, *Voting Machine Firm Denies Chavez Ties*, The Washington Post, 31 de Octubre de 2006.

256 Casto Ocando, *Bajo la lupa federal firma de tecnología electoral*, El Nuevo Herald, 30 de Noviembre de 200, p. 1A.

257 Ibidem.

258 Ibidem.

259 Casto Ocando, *Firma de máquinas de votar busca frenar polémica*, El Nuevo Herald, 23 de Diciembre de 2006, p. 4A.

260 Smartmatic announces the sale of its subsidiary Sequoia Voting Systems, Press Release de Smartmatic, 8 de Noviembre de 2007. Ver: http://www.smartmatic.com/pressroom/view/article/smartmatic-announces-the-sale-of-its-subsidiary-sequoia-voting-systems/.

261 Ilya Saphiro y Richard Brand, *A step in the right direction*, The Weekly Standard, 19 de Diciembre de 2007.

262 Edward L. Rubinoff y Henry A. Terhune, *New CFIUS Reform Act Presents challenges to foreign investment in the United States*, The Metropolitan Corporate Counsel, 1 de Septiembre de 2007.

263 Krem Racines Arévalo, *6 muertos y 2 heridos por accidente aéreo en Catia La Mar*, El Nacional, 29 de Abril de 2008, p. 12.

264 Gerardo Reyes y Casto Ocando, *Perece en un accidente aéreo fundador de firma Smartmatic*, El Nuevo Herald, 30 de Abril de 2008, p. 4A.

265 *Smartmatic Corp. v. SVS Holdings, Inc. and Sequoia Voting Systems, Inc.; and SVS Holdings, Inc. and Sequoia Voting Systems, Inc. v. Smartmatic Corp. and Hart InterCivic, Inc.* Civil Action No. 3585-VCL, Court of Chancery of the State of Delaware. Submitted March 31, 2008; decided: April 4, 2008, p. 3

266 Brad Friedman, *Hart InterCivic attempts hostile takeover of Sequoia Voting Systems*, The Brad Blog (www.bradblog.com), 10 de agosto de 2008. Las negociaciones en Delaware entre Smartmatic, Sequoia y Hart InterCivic fueron reportadas por primera vez por Friedman.

267 Brad Friedman, *Sequoia touch-screen voting machines subpoenaed in NJ*, The Brad Blog, 8 de Abril de 2008.

268 John Gideon, *Sequoia e-voting machines reporting inaccurate totals in New Jersey*, The Brad Blog, 20 de febrero de 2008.

269 Brad Friedman, NJ *Judge gives go ahead to independent review of Sequoia's failed touch-screen voting machines*, The Brad Blog, 25 de Abril de 2008. Ver: http://www.bradblog.com/?p=5927.

270 José Mejía, *Empresa extranjera hará cédula*, El Universal, 25 de Noviembre de 2009. Ver: http://www.eluniversal.com.mx/primera/33989.html.

271 Loida Nicolas Lewis, *Open Letter*, 17 de Abril de 2010. Ver: http://xa.yimg.com/kq/groups/18214705/231484376/name/Loida_Lewis_Smartmatic.pdf.

272 Alek Boyd, *Smartmatic revisited*, 3 de Agosto de 2011. Ver: http://alekboyd.blogspot.co.uk/2011/03/smartmatic-revisited.html.

273 *Smartmatic Electronic Voting will have to pay por failing computeres during last Belgian regional elections*, 16 de Abril de 2013. Ver: http://dedroidify.blogspot.de/2013/04/smartmatic-electronic-voting-will-have.html.

274 Antonio Mugica, *An honest outcome in Venezuela, but what about here?*, The Hill, 18 de Octubre de 2012. Ver: http://thehill.com/blogs/congress-blog/presidential-campaign/262827-an-honest-outcome-in-venezuela-but-what-about-here.

275 Alek Boyd, *Smartmatic's bogus claim about Venezuela election*, The Hill, 19 de Octubre de 2012. Ver: http://thehill.com/blogs/congress-blog/foreign-policy/263013-smartmatics-bogus-claims-about-venezuela-election.

NEGOCIOS PETROLEROS

276 U.S. Energy Information Administration, *Petroleum & Other Liquids, Company Level Imports*, Junio de 2013. Ver: http://www.eia.gov/petroleum/imports/companylevel/.

277 *Muerte de Chávez no altera mercado de petróleo en EEUU*, Agencia EFE, 6 de Marzo de 2013. Ver: http://www.eldiariony.com/muerte-chavez-altera-mercado-petroleo-eeuu-venezuela-negocios.

278 Gerardo Reyes, *Caso judicial revela alegatos de soborno en Venezuela*, El Nuevo Herald, 27 de Enero de 2002, 10A.

279 *Earth Tech v. Miguel Delgado Bello*, caso 00-cv-01536, U.S. District Court, Middle District of Florida, Orlando Division, *Notice of Filing*, 15 de Noviembre de 2001, p. 3

280 *Earth Tech*, p. 3.

281 Earth Tech, Inc., v. Miguel Delgado Bello, caso 00-cv-01536, U.S. District Court, Middle District of Florida, Orlando Division, *Plaintiffs' and Defendant's joint motion to withdraw sanctions*, 12 de Noviembre de 2002.

282 Víctor Poleo Uzcátegui, *Golpe Petrolero III*, publicado en www.soberania.info el 29 de abril de 2003.

283 Francisco Toro, *La verdadera e increíble historia de Free Market Petroleum*, Veneconomía Hemeroteca, volumen 20, No. 9, Junio de 2003.

284 Francisco Toro, op. cit.

285 Mary Anastasia O'Grady, *Read the fine print on the Chavez charm offensive*, The Wall Street Journal, 23 de Mayo de 2003.

286 Bernardo Álvarez, *Venezuela and US need productive exchange*, The Wall Street Journal, 4 de Junio de 2003.

287 Ver: http://www.defenddemocracy.org/index.php?option=com_acajoom&act=mailing&task=view&listid=1&mailingid=89&Itemid=99.

288 Un extenso perfil sobre la larga carrera política y la vida privada de Jack Kemp puede encontrarse en: http://en.wikipedia.org/wiki/Jack_Kemp.

289 Patricia Ventura, *Pdvsa le sonríe a Estados Unidos*, El Universal, 12 de Mayo de 2003.

290 Simón Alberto Consalvi, *Jack Kemp and Company*, El Nacional, 8 de Junio de 2003, p. A11.

291 Thor Halvorssen, *Hugo Chavez vs. the Media*, The Weekly Standard, 9 de Junio de 2003.

292 Una versión en español del informe de Stratfor, de fecha 26 de Julio de 2003, fue publicado por el portal www.soberanía.org, bajo el título *Contrato para abastecer la SPR es illegal bajo la ley venezolana*. Ver: http://www.soberania.org/Articulos/articulo_343.htm

293 Francisco Toro, op. cit.

294 Francisco Toro, op. cit.

295 Marck Lifsher, *Venezuela to use marketing group to sell oil in US*, The Wall Street Journal, 2 de Junio de 2003.

296 Eduardo Camel Anderson, *El ministro defiende la transparencia de venta de crudo a Estados Unidos*, El Universal, 1 de Julio de 2003.

297 PetroleumArgus, Venezuela seeks $1bn oil-backed loan, publicado el 13 de junio de 2003 en el portal www.petroleumargus.com. Una versión en español del informe fue publicado por el portal www.soberanía.info. Ver: http://www.soberania.org/Articulos/articulo_325.htm

298 Matt Krantz, *Big Oil tanks up: Exxon's profit near $10B*, USA Today, 27 de Octubre de 2005. Ver: http://www.usatoday.com/money/companies/earnings/2005-10-27-xom_x.htm

299 *CITGO to begin discounted heating oil distribution to poor U.S. communities*, publicado originalmente en venezuelanalysis.com, 18 de Noviembre de 2005. Ver: http://venezuelanalysis.com/news/1472

300 Isabel Piquer, *El Bronx de Chávez*, Rebelión, 4 de Noviembre de 2007. Ver: http://www.rebelion.org/noticia.php?id=58504

301 Op. Cit.

302 Manny Fernández y Juan Forero, *Gesture from Venezuela Heats the Bronx*, The New York Times, 7 de Diciembre de 2005.

303 *Serrano announces historic low-cost heating oil program in The Bronx*, Press Release from Congressman José E. Serrano's office, 21 de Noviembre de 2005. Ver: http://www.house.gov/apps/list/press/ny16_serrano/051121heatingoil.html

304 Pedro Mario Burelli, *On a scheme to hoodwink America's poor: Hugo Chávez enlists a Kennedy por his anti-U.S. campaign*, publicado originalmente en el blog PMBComments el 22 de Noviembre de 2005, y reproducido por el portal www.vcrisis.com. En este artículo, Burelli intentó desmontar la orientación netamente propagandística del programa chavista de combustible barato a residentes pobres de Nueva York y Massachussets, sosteniendo que en realidad los norteamericanos estaban pagando combustible más caro en gran parte debido a la política energética agresiva de Chávez, que empujó los precios a niveles históricos en 2008. "Mientras 45,000 familias en el área de Boston pueden estar teniendo un beneficio temporal de tres semanas gracias a la generosidad del señor Chávez, CADA familia en los Estados Unidos está pagando mucho más todos los días por gasolina, diesel, combustible para calefacción, lubricantes, electricidad...".

305 Idem.

306 *Congressman Fattah, Citizens Energy, Citgo, launch local low-cost heating oil program*, News Release from the office of congressman Chaka Fattah, 28 de Enero de 2006.

307 Joseph Kennedy II, *Yes, Oil from Venezuela*, The Boston Globe, 24 de Diciembre de 2006.

308 Gen. Donald Blaine Smith y Christopher Brown, *Chavez, Joe Kennedy and oil math*, humanevents.com, publicado el 9 de Enero de 2008.

309 Michael Rezendes y Noah Bierman, *As Joe Kennedy considers run, Chávez ties loom*, The Boston Globe, 6 de Septiembre de 2009.

310 James M. Roberts, *Heritage Foundation: Citgo and Joseph Kennedy: Hugo Chavez's agents of influence*, FoxNews.com, 18 de Enero de 2008.

311 Michael Rezendes y Noah Bierman, op. cit.

312 Abby Goodnough, *A nephew of Kennedy will not run for his seat*, The New York Times, 8 de Septiembre de 2009.

313 Andrew King, *Warming up the Bronx: Citgo Venezuelan heating & social development program*, venezuelanalysis.com, 9 de Julio de 2010.

314 6th annual Citgo-Venezuela Heating Oil Program helps the most vulnerable, Citgo Press Release, 27 de Enero de 2011. Ver: www.citgo.com.

315 Casto Ocando, *Ofrecen petróleo venezolano a través de Internet*, El Nuevo Herald, 11 de Enero de 2003, p.4A.
316 Henry Goldman y Jonathan D. Salant, *Giuliani law firm lobbies in Texas por Chávez-controlled Citgo*, agencia Bloomberg, 14 de Marzo de 2007.
317 Russ Buettner, *Hugo Chávez is tied to Giuliani firm*, The New York Times, 15 de Marzo de 2007.
318 Brendan Farrington, *Giuliani defends firm's work for Citgo*, agencia The Associated Press, 18 de Marso de 2007, publicado en el portal www.washingtonpost.com.
319 Joaquin Utset y Gerardo Reyes, *Lazos con Citgo afectarían a Giuliani*, El Nuevo Herald, 15 de Marzo de 2007.
320 *Venezolanos piden a Giuliani que entregue el dinero recibido de Citgo*, agencia EFE, 20 de Marzo de 2007, publicado en el portal www.terra.com. Ver: http://www.terra.com.pr/noticias/articulo/html/act774894.htm
321 Idem.
322 Evan Thomas, *Growing up Giuliani*, Newsweek, 24 de Noviembre de 2007. Ver: http://www.newsweek.com/2007/11/24/growing-up-giuliani.print.html
323 Casto Ocando, *Salpica a Miami fraude de petrolera venezolana*, El Nuevo Herald, 17 de Julio de 2005, p. 1A.
324 Ibidem.
325 Casto Ocando, *Investigación en Miami por fraude en Venezuela*, El Nuevo Herald, 30 de Julio de 2005, p. 6A.
326 *Irrevocable Fee Protection Agreement*, FPA, en inglés.
327 Casto Ocando, *Desangran a la petrolera venezolana* y *Petrolera venezolana teje red de beneficiarios*, serie de dos artículos publicados en El Nuevo Herald el 11 y el 12 de Abril de 2005.
328 Omar Luis Colmenares, *La fortuna de otro intermediario de Pdvsa*, diario Tal Cual, 6 de Julio de 2005. Publicado por el portal www.soberanía.org. Ver: http://www.soberania.org/Articulos/articulo_1350.htm
329 Idem.
330 Casto Ocando, *Chávez swallows rhetoric, purchases american food*, The Miami Herald, 25 de Enero de 2008, p. 14A.
331 Casto Ocando, *Compañía de Miami demanda a Pdvsa por soborno*, 2 de Junio de 2009, p. 1A.
332 Idem.
333 Para mi artículo sobre este caso en El Nuevo Herald *Compañía de Miami demanda a Pdvsa por soborno*, el 2 de junio de 2009, incluí este *disclaimer*: "El Nuevo Herald no pudo obtener reacciones a la demanda por parte de Bariven, S.A., ni de PSI, luego de varias llamadas telefónicas. Brian Mark Silverio, de la firma Silverio & Hall, en Miami, que representa a las empresas demandadas, declinó comentar a El Nuevo Herald. Neal Austin y Anthony Mirenda, abogados del bufete Foley Hoag, de Boston, Massachusetts, que representan a Bariven y PSI, no respondieron llamadas. Tampoco se pudo contactar a Chourio".

334 *Chevron executives meet with Venezuela's president-elect Chavez*, Chevron Press Release, 7 de Enero de 1999. Ver: http://phx.corporate-ir.net/phoenix.zhtml?c=66900&p=irol-pressreleaseArticle_pf&ID=16256&highlight=

335 *Chevron CEO underscores company's 'strong future' based on internatonal growth projects*, Chevron Press Release, 28 de Abril de 1999. Ver: http://phx.corporate-ir.net/phoenix.zhtml?c=66900&p=irol-pressreleaseArticle_pf&ID=29027&highlight=VENEZUELA

336 Rafael Uzcátegui, *Un tercer socio llamado Chevron-Texaco*, 29 de Julio de 2994. Publicado en el portal www.soberania.info

337 *Presidente entregó buena pro a Chevron-Texaco*, nota de la oficina de prensa presidencial, 9 de Marzo de 2004, publicada en el portal de Radio Nacional de Venezuela. Ver: http://www.rnv.gob.ve/noticias/index.php?s=68 3e767519e5a23219a504f14ccacc4c&act=ST&f=2&t=4038

338 Idem.

339 *Chevron-Texaco invierte 400 millones de dólares en Venezuela*, Prensa Presidencial, gobierno de Venezuela, 9 de marzo de 2004. Publicado en www.aporrea.org//n14722.html

340 *ChevronTexaco reports fourth quarter net income or $3.4 billion and record $13.3 billion for year*, Chevron Press Release, 28 de Enereo de 2005. Ver: http://investor.chevron.com/phoenix.zhtml?c=130102&p=irol-newsArti cle&ID=667958&highlight=Venezuela

341 *Chevron awarded Cardon III license in Venezuela's Rafael Urdaneta bid round*, Chevron Press Release, 12 de Septiembre de 2005.

342 Robert Collier, *Battle over Venezuela's oil industry heats up/Creeping nationalizations brings tough talks with major firms over future operations*, 2 de Mayo de 2007, San Francisco Chronicle, SFGate.com

343 Kristen Hays, *Chevron keeps the door open with Venezuela/It retains 30% interest, makes some concessions*, 29 de Junio de 2007, Houston Chronicle, publicado en www.SFGate.com. Ver: http://articles.sfgate.com/2007-06-29/business/17248746_1_petroleos-oil-ventures-conocophillips.

344 Isabel Ordoñez, *Chevron happy in Venezuela, says it's there for the 'long term'*, 29 de Febrero de 2008, Marketwatch. Ver: http://www.marketwatch.com/story/chevron-happy-in-venezuela-says-its-there-for-the-long-term.

345 *Chevron: Hay oportunidad de inversión en Venezuela*, Nota de Prensa de Pdvsa, 19 de Marzo de 2009. Publicada en el diario Ultimas Noticias, de Caracas.

346 *Chevron awarded rights to develop new Venezuelan energy project*, Chevron Press Release, 10 de Febrero de 2010. Ver: http://www.chevron.com/news/press/release/?id=2010-02-10.

347 Kirsten Korosec, *Chevron's big bet on crazy Chavez pays off – for now*, 11 de Febrero de 2010. Publicado en BNET. Ver: http://www.bnet.com/blog/clean-energy/chevrons-big-bet-on-crazy -chavez-pays-off-8212-for-now/1189.

348 Chevron, *Venezuela Fact Sheet*, Abril de 2013. Ver: http://www.chevron.com/documents/pdf/venezuelafactsheet.pdf.

349 Reuters, *Venezuela gets $2 bln Chevron loan for Petroboscan oil venture*, 27 de Mayo de 2013. Ver: http://www.reuters.com/article/2013/05/27/ venezuela-chevron-idUSL2N0E80OM20130527.

RICOS, FAMOSOS Y CONTROVERSIALES

350 Informe de "Remisión de Información" de la Base de Contrainteligencia del Sebin en Maiquetía, estado Vargas, realizado por el comisario Wilfredo Figueroa Brito, el 28 de agosto de 2012.

351 Jennifer Woo y Equestrian Sport Productions LLC, *2011 FTI Great Charity Challenge presented by Fidelity Investments is huge success and awards more than $1 million to 32 Palm Beach County Charities*, .Usef Network, 21 de febrero de 2011. Ver: http://www.usefnetwork.com/ news/6659/2011/2/21/2011_fti_great_charity_challenge_pr/print.aspx.

352 Jodie Wagner, *Teen champion Andrade dominates equestrian competition*, Palm Beach Post, 10 de abril de 2012. Ver: http://youthsportsdaily.palmbeachpost.com/ uncategorized/2012/04/10/teen-champion-andrade-dominates-equestrian-competition/.

353 Ver: http://www.hollowcreekfarms.com/horses/.

354 Perfil de Emanuel Andrade, Starting Gate Communications. Ver: http://www.startinggate.ca/ourclients/Emanuel_Andrade.htm.

355 *Hollow Creek Farm sponsors new Nation's Cup for children, junior and young riders*, Starting Gate Communications, 27 de febrero de 2013. Ver: http://www.startinggate.ca/latestnews/Press_Releases_2013/02_27_2013_ Hollow_Creek_Farm_Sponsors_New_Nations_Cup.html.

356 Kenneth J. Braddick, *Children, Junior & Yound riders from Ecuador blocked by FEI from competing in Florida Jumping Nations cups*, Dressage news, 28 de febrero de 2013. Ver: http://www.dressage-news.com/?p=19727.

357 Luis Pineda Castellanos, *El diablo paga con traición a quien le sirve con lealtad. Anécdotas de mi vida como amigo de Hugo Chávez Frías*, edición propia, Mérida, 2003, p. 109.

358 Fabiola Zerpa y Laura Helena Castillo, *Alejandro Andrade, el teniente a caballo*, El Nacional, 21 de julio de 2013.

359 James Suggett, *Venezuela buys Bank of Venezuela for $US 1.05 billion*, Venezuelanalysis.com, 25 de Mayo de 2009. Ver: http://venezuelanalysis. com/news/4467.

360 *Alejandro Andrade, La llave de la caja chica*, Revista Poder, 1 de abril de 2013. Ver: http://www.podermagazine.com/article_detail.php?id_article=3154.

361 Ludmila Vinogradoff, *La corrupción en el gobierno de Chávez está dominada por cuatro mafias*, ABC, 14 de diciembre de 2009. Ver: http://www. abc.es/20091214/internacional-iberoamerica/corrupcion-gobierno-chavez-esta-200912141824.html.

362 *Allegations of Minister Diosdado Cabellor's corruption expanding to financial sector*, U.S. Department of State, 11 de julio de 2009, publicado en wikileaks.org.

Ver: http://wikileaks.org/cable/2009/07/09CARACAS918.html.
363 Una descripción detallada de la investigación del FBI puede verse en el capítulo 5.
364 Judith Thurman, *Artful flair in Palm Beach*, Arquitectural Digest, julio de 2008. Este artículo dedicado enteramente a describir el interior de la propiedad, se refiera a Víctor Vargas como "Don X" para proteger su identidad, y a su esposa Leonor como "Doña X", "matriarca de una familia de Sur América con casas en varios continentes".
365 Augustus Mayhew, *Palm Beach real estate roud up: Billionaires bubble; Farish house for sale*, New York Social Diary. Ver: http://www.newyorksocialdiary.com/node/126602.
366 Victor Vargas: *"Polo gives me peace"*, PQ International, 25 de septiembre de 2012. La entrevista con el banquero se efectuó a bordo del yate Ronin, anclado en la costa de Sotogrande, en Andalucía, España. Ver:
367 *Ronin Yacht*, www.superyatchs.com. Ver: http://www.superyachts.com/motor-yacht-3618/ronin-specification.htm.
368 John Lyons, *Polo-loving banker lives really large in Chávez socialism*, The Wall Street Journal, 29 de enero de 2008. Ver: http://online.wsj.com/news/articles/SB120157299096224193.
369 Tim Padget, *The dead polo ponies and their millionaire owner*, Time magazine, 23 de abril de 2009.
370 *Structured notes resolutions: Targeted at Vargas?* Cable clasificado por el consejero económico Darnall Steuart, 23 de julio de 2008, publicado en Wikileaks.org.
Ver: http://wikileaks.org/cable/2008/07/08CARACAS1042.html.
371 Gerardo Reyes y Casto Ocando, *Boliburgueses y el encanto del imperio*, Univision Investiga, 4 de agosto de 2013. Ver: http://m.noticias.univision.com/univision-investiga/investigaciones/article/2013-08-04/boliburgueses-y-el-encanto-del-imperio?id=1625882&cmpid=FBshare:article.
372 Charles Elmore, *Business leader cries as horses die in his arms*, Palm Beach Post, 20 de abril de 2009. Ver: http://www.democraticunderground.com/discuss/duboard.php?az=view_all&address=103x442895
373 Julio Rivas Pita, *El Banquero 'Borbón' de Chávez*, 9 de diciembre de 2007, El Mundo. Ver: http://www.elmundo.es/suplementos/cronica/2007/633/1197154804.html.
374 Daniel Lozano y Beatriz Miranda, *La revolución del suegro banquero de Luis Alfonso de Borbón*, 25 de enero de 2014, El Mundo. Ver: http://www.elmundo.es/loc/2014/01/25/52e2b919268e3ebe7f8b457f.html.
375 La lista de destinos y el costo estimado de cada vuelo del avión siglas N5VS fue tomado de la base de datos publicada por el diario The Wall Street Journal. Ver: http://projects.wsj.com/jettracker/#a=PBI&d=SVMI&e=2011-01-01&m=grouped&o=&p=0&s=2007-01-01&sort=d&t=N5VS&v=table.
376 *Arné Chacón Escamillo, Magnate bolivariano, de "mendigo" a millonario*, La Nueva Semana, 26 de octubre de 2009.

460

377 *Arné Chacón es propietario de purasangres más acaudalado de Venezuela*, El Nacional, 10 de diciembre de 2009.

378 South Handyman, *Thoroughbred database*, Pedigree Online. Ver: http://www.pedigreequery.com/south+handyman.

379 *Liberan a banquero Arné Chacón, hermano de ex ministro Jesse Chacón*, El Mundo/Ultimas Noticias, 29 de diciembre de 2012. Ver: http://www.elmundo.com.ve/noticias/economia/banca/liberan-a-banquero-arne-chacon,-hemano-de-exminist.aspx.

380 El documento de registro de Rontos Racing Stable Corp, está disponible en el portal www.sunbiz.org.

381 *Venezuelan securities commission official charged with extortion*, FBI, Miami Division, 26 de octubre de 2010. Ver: http://www.fbi.gov/miami/press-releases/2010/mm102610.htm.

382 Gerardo Reyes y Casto Ocando, *El FBI descubrió extorsión de funcionarios venezolanos*, Univision, 3 de marzo de 2012. Ver: http://noticias.univision.com/video/202434/2012-03-03/noticiero-univision/videos/el-fbi-descubrio-extorsion-de.

383 La firma de inteligencia estrategica Stratfor, con sede en Houston, Texas, analizó los vínculos entre Sánchez Rondón y Cabello en un cable del 13 de febrero de 2013 publicado por Wikileaks. Ver: https://search.wikileaks.org/gifiles/?viewemailid=78438.

384 Stats Central, Owner Profile, *Rontos Racing Stable Corp.*, Equibase Company, 17 de febrero de 2014. Ver: http://www.equibase.com/profiles/Results.cfm?type=People&searchType=O&eID=1842598.

385 Registro de Corporaciones de la Florida, *Industrial Finishing Systems Inc.* Ver archivo de registro: http://search.sunbiz.org/Inquiry/CorporationSearch/SearchResultDetail/EntityName/domp-p01000040149-147fcc2b-385c-4cb4-b22c-f0ad06bf7aa9/industrial%20Finishing%20System%20inc/Page1.

386 *Presidente Chávez designa Junta Directiva de VIT*, 7 de noviembre de 2005. Ver: http://www.sencamer.gob.ve/sencamer/action/get-news?id=33958.

387 Gerardo Reyes y Casto Ocando, *Boliburgueses y el encanto del Imperio*, 4 de agosto de 2013, Univision.com. Ver: http://noticias.univision.com/univision-investiga/investigaciones/.

388 Casto Ocando, *Washington ordena el cierre de oficina militar de Venezuela en Miami*, El Nuevo Herald, 8 de septiembre de 2006.

389 Nelson Bocaranda Sardi, *Confidencias*, 3 de mayo de 2012, Runrunes. es. Ver: http://runrun.es/runrunes/42595/runrunes-el-universal-03-05-2012.html.

390 Orden de arresto contra Eudo Enrique Carruyo, caso número F05012548, 15 de agosto de 2005. Ver: http://notiven.com/CarruyoArrestWarrant.jpg.

391 *Recompensa de $10,000 por la captura de Eudo Carruyo*, Notiven, 16 de agosto de 2005. Ver: http://www.vcrisis.com/index.php?content=esp/200508170646.

392 *Acusan a ex empleado de Pdvsa de recibir pagos de Illarramendi*, El Universal, 8 de febrero de 2012. Ver: http://www.eluniversal.com/economia/120208/acusan-a-exempleado-de-pdvsa-de-recibir-pagos-de-illarramendi. Para un recuento detallado sobre las implicaciones de este caso ver el capítulo 5, "Corrupción y Espionaje".

393 Andy Webb-Vidal, *El equilibrista*, revista Poder 360 grados, noviembre de 2008. Ver: http://www.poder360.com/article_detail_print. php?id_article=993.

394 Gerardo Reyes, *Investigan millonario pago doble de Pdvsa*, El Nuevo Herald, 18 de junio de 2005.

395 Cable from Tegucigalpa, Honduras: *Dippsa sale may fo to Trafigura, but Pdvsa connection remains*, ambassador Charles A. Ford, 11 de julio de 2006. Ver: https://wikileaks.org/cable/2006 /07/06TEGUCIGALPA1238.html.

396 Sadia Raheem, *Boston-based builder helping to rebuild Haiti in a major way*, Boston Real Estate Examiner, 10 de febrero de 2010. Ver: http://www.examiner.com/article/boston-based-builder-helping-to-rebuild-haiti-a-major-way.

397 *Shipping magnate, Wilmer Ruperti, launches Ruperti Scholarship Program for Latin Americans*, 25 de junio de 2009, Youtube.com. Ver: http://www.youtube.com/watch?v=cRvWzQc8PME.

398 *Jefe de Estado muestra al país dos pistolas pertenecientes al Libertador*, video publicado en Youtube.com el 24 de julio de 2012. Ver: http://www.youtube.com/watch?v=h-4L6KD9dfU.

399 Vanessa Arenas, *Caldera denunció presunta emboscada*, 5 de junio de 2013, Ultimas Noticias. Ver: http://www.ultimasnoticias.com.ve/noticias/actualidad/politica/video---caldera-denuncio-presunta-emboscada.aspx.

400 Gerardo Reyes, *Investigan fondos con los que venezolano adquirió aseguradora en Ecuador*, El Nuevo Herald, 30 de mayo de 2009.

401 José Gregorio Martínes, *Rafael Sarría: el hombre que aumentó sus ganancias de la cuarta con la bonanza de la revolución*, 18 de mayo de 2013, www.noticactual.com. Ver: http://www.noticactual.com/rafael-sarria-el-hombre-que-aumento-sus-ganancias-de-la-cuarta-con-la-bonanza-de-la-revolucion/.

402 Palm Beach County Property Appraiser, Florida. Ver registro de la propiedad: http://www.pbcgov.com/papa/Asps/PropertyDetail/PropertyDetail. aspx?parcel=00424728270016040&.

403 Palm Beach County Property Appraiser, Florida. Ver registro de la propiedad: http://www.pbcgov.com/papa/Asps/PropertyDetail/PropertyDetail. aspx?parcel=06424702020010060&.

404 Sai Advisors Inc, business information. Ver: http://www.manta.com/c/mtc8z26/sai-advisors.

405 Sai Advisors Inc., what we do. Ver: www.saiadvisor.com.

406 *Rafael Isea negó haber declarado en la DEA*, El Carabobeño, 21 de septiembre de 2013. Ver: http://www.el-carabobeno.com/impreso/articulo/76614/-rafael-isea-neg-haber-declarado-en-la-dea-.

407 Ver su cuenta Twitter @Isea_enContacto: https://twitter.com/ Isea_enContacto.

408 Odell López, *Presidente del Banco del Alba estuvo implicado en casos de corrupción*, El Carabobeño, 25 de abril de 2013. Ver: http://www.el-carabobeno.com/impreso/articulo/57584/pdte-del-banco -del-alba-estuvo-implicado-en-casos-de-corrupcin.

409 Yohana Vargas, *Acusan a Isea de mantener 38 escuelas fantasmas*, Ultimas Noticias, 26 de octubre de 2012. Ver: http://www.ultimasnoticias. com.ve/noticias/actualidad/politica/acusan-a-isea-de-mantener-38-escuelas-fantasmas.aspx.

410 Los registros oficiales de la propiedad de los Isea puede consultarse aquí: https://www6.montgomerycountymd.gov/apps/tax/ViewDetail. asp?RID=1479055.

411 Glorian Burns, *Rotary Club has busy social and community outreach calendar*, Coral Gables news, 22 de septiembre de 2012. Ver: http://www. communitynewspapers.com/?p=46565.

412 *Fall of the Boligarchs*, The Economist, 10 de diciembre de 2009. Ver: http://www.economist.com/node/15066082.

413 Gerardo Reyes y Casto Ocando, *Fernández: un empresario de la casa Chávez*, 31 de diciembre de 2009, El Nuevo Herald. Ver: http://www.elnuevoherald.com/2009/12/30/v-fullstory/619157/fernandez-un-empresario-de-la.html.

414 Alek Boyd, *Who is FTI Consulting's Frank Holder?*, 14 de mayo de 2013, Infodio.com. Ver: http://infodio.com/content/who -fti-consultings-frank-holder.

415 Liberan al ex banquero Ricardo Fernández Barrueco, 1 de abril de 2013, El Universal. Ver: http://www.eluniversal.com/economia/130401/ liberan-al-ex-banquero-ricardo-fernandez-barrueco.

416 Manuel Isidro Molina, *Pasando la hoja*, 18 de agosto de 2008. Ver: http://manuelisidroxxi.blogspot.cz/2008_08_18_archive.html.

417 www.sbglobalcargo.com. Visita al portal realizada el 31 de julio de 2013.

418 Joseph Poliszuk, *Negocios cruzados*, El Universal, 22 de marzo de 2009. Ver: http://www.eluniversal.com/2009/03/22/pol_art_negocios-cruzados_1309634.shtml.

419 Joseph Poliszuk, *Refugio de primera dama*, El Universal, 29 de marzo de 2009. Ver: http://www.eluniversal.com/2009/03/29/pol_art_refugio-de-primera-d_1325394.shtml.

420 *Ocariz consigna informe sobre irregularidades durante gestión de Rangel Avalos*, El Universal, 29 de abril de 2009. Ver: http://www.eluniversal.com/2009/04/29/ccs_ava_ocariz-consigna -info_29A2310523.

421 Joseph Poliszuk, *Investigan a Rangel Avalos*, El Universal, 28 de febrero de 2010. Ver: http://www.eluniversal.com/2010/02/28/pol_art_investigan-a-rangel_1779754.

422 Patrick Duddy, *Venezuela: Banco Bicentenario opens, but is the banking*, 23 de diciembre de 2009.

423 Juan Carlos Zapata, *La plata de Pedro Torres Ciliberto y la compra de La Previsora*, El Mundo, 19 de junio de 2009. Ver: https://espanol.groups.yahoo.com/neo/groups/ExtraSeguros/conversations/topics/796.

424 *Pedro Torres Ciliberto, socio ideal*, diciembre 2009, revista Poder 360. Ver: http://www.poder360.com/article_detail.php?id_article=3176&pag=4#ixzz0deaQA01b.

425 *Henry Ramos Allup denunció nuevos casos de presunta corrupción*, Globovision.com, 9 de diciembre de 2009. Ver: http://globovision.com/articulo/henry-ramos-allup-denuncio-nuevos-casos-de-presunta-corrupcion.

426 *Interpol publica "alerta roja" contra Pedro Torres Ciliberto*, aporrea.org, 29 de enero de 2010. Ver: http://www.aporrea.org/venezuelaexterior/n149889.html.

427 Juan Carlos Zapata, *Pedro Torres Ciliberto: Chávez no me perdona mi amistad con Baduel*, El Mundo, 2 de junio de 2010. Ver: http://www.noticierodigital.com/forum/viewtopic.php?t=657389&sid=1283728659f435771110cc184ff9d9df.

428 Andrea Daza Tapia, *Gonzalo Tirado extrajo en 10 meses BsF. 5.000 millones de sus instituciones bancarias*, El Mundo, 19 de marzo de 2010. Ver: http://economia.noticias24.com/noticia/18939/gonzalo-tirado-extrajo-en-10-meses-bsf-5000-millones-de-sus-bancos/.

429 *Acusan a Gonzalo Tirado de fraude tributario*, Ultimas Noticias, 26 de abril de 2011. Ver: http://www.ultimasnoticias.com.ve/noticias/actualidad/acusan-a-gonzalo-tirado-de-fraude-tributario.aspx.

430 Command Consulting team: http://commandcg.com/search/gonzalo%20tirado.

431 Armando Pernía, *Capitalistas rojos: sin temor al riesgo*, Revista Gerente, julio de 2009.

432 *Venepirámides: $30 millones de los jubilados de Pdvsa se perdieron financiándole a José Zambrano la compra de Banorte*, Lapatilla.com, 29 de agosto de 2011. Ver: http://www.lapatilla.com/site/2011/08/29/venepiramides-30-millones-de-los-jubilados-de-pdvsa-se-perdieron-financiandole-a-jose-zambrano-la-compra-de-banorte/.

433 En una serie de varios reportajes de investigación, el periodista venezolano César Bátiz, de Ultimas Noticias, expuso el modus operandi de cómo desaparecieron decenas de millones de dólares en préstamos a falsos solicitantes, aparentemente con la aprobación de la directiva de Banorte.

434 Zambrano Foundation, Inc., *About Us*. Ver: http://zambranofoundation.org/about-us/

435 PR Newswire Services, *La Fundación Zambrano ha anunciado el primer Simposio Anual de Democracia en Las Américas 2012*, 20 de septiembre de 2012. Ver: http://www.prnewswire.com/news-releases/la-fundacion-zambrano-ha-anunciado-el-primer-simposio-anual-de-democracia-en-las-americas-2012-170518796.html.

436 *José Zambrano: de prófugo de la justicia a paladín de la democracia*, Venepirámides, 27 de septiembre de 2012. Ver: http://venepiramides.blogspot.de/2012/09/jose-zambrano-de-profugo-de-la-justicia.html.
437 SOA graduates from Venezuela. (Information scanned from documents provided by the US Army School of the Americas under the Freedom of Information Act (FOIA). Ver: http://www.derechos.org/soa/ve-r.html
438 Gerardo Reyes, *Denuncian anomalías en Consulado de Venezuela en Miami*, El Nuevo Herlad, 27 de febrero de 2011. Ver: http://www.elnuevoherald.com/2011/02/26/893901/denuncian-anomalias-en-consulado.html.
439 *Las fotos que Chávez no quieres que veas*, Venezolanoscapitalistas. blogspot.com, 5 de julio de 2010. Ver: http://venezolanoscapitalistas.blogspot.com/2009/05/blog-post_4187.html
440 *Foto: María Gabriela Chávez y Shia LaBeouf*, Ultimas Noticias, 28 de agosto de 2012. Ver: http://www.ultimasnoticias.com.ve/noticias/chevere/espectaculos/la-foto--maria-gabriela-chavez-y-shia-labeouf.aspx.
441 *Rosinés recibió a Justin Bieber en el aeropuerto de Maiquetía (foto)*, Lapatilla.com, 18 de octubre de 2011. Ver: http://www.lapatilla.com/site/2011/10/18/rosines-recibio-a-justin -bieber-en-el-aeropuerto-de-maiquetia-foto/.
442 *La boliburguesía y la libre-burguesía es revolución*, ojodeaguila.org, 24 de agosto de 2013. Ver: http://ojodeaguila.org/archivos/1889.
443 Jhonny Castillo, *Entrevista al diputado de la A.N. Germán Ferrer: "Lo importante es dar la pelea por la Revolución"*, Aporrea.org, 16 de julio de 2010. Ver: http://www.aporrea.org/trabajadores/n161475.html.
444 Embry-Riddle Aeronautical University, Datona Beach, Florida. Ver: http://daytonabeach.erau.edu.
445 German Ferrer, CEO at GECA Airlines, Dominican Republic. Linkedin. com. Ver: http://www.linkedin.com/pub/german-ferrer/30/ 73b/935.
446 GECA Airlines, destinos. Ver: http://airgeca.com/destinos.html.
447 César Bátiz, Cable pelao en la electricidad, Ultimas Noticias, 7 de agosto de 2011. Ver: http://www.scribd.com/doc/62457658/Cable-Pelao-Ultimas-Noticias-2011-08-07.
448 Cesar Bátiz, Bariven compró con sobreprecio, Ultimas Noticias, 18 de septiembre de 2011. Ver: http://www.capi.ipys.org/cable-pelado -electricidad.
449 César Batiz, Derwick retiró demanda contra Oscar García Mendoza, El Mundo, 16 de abril de 2013. Ver: http://www.elmundo.com.ve/noticias/economia/banca/derwick-retiro-demanda-contra-oscar-garcia-mendoza.aspx.
450 United States Distric Court for the Southern District of New York, The Honorable Otto J. Reich and Otto Reich Associates, LLC, plaintiffs, v. Leopoldo Alejandro Betancourt López, Pedro José Trebbau López and Francisco D'Agostino Casado, defendants, Juri Trial Demanded, *First Amended Complaint*, 13 de enero de 2014, pp. 9-10 . Ver: http://infodio.com/docs/otto-reich-rico-lawsuit-derwick-associates-011314.pdf.
451 Street easy, Unit #PH6 Information, located at Olympic Tower, 641 Fifth Avenue, New York, NY. Ver: http://streeteasy.com/nyc/property/1254864-olympic-tower-ph6.

452 José de Córdoba, Tres 'bolichicos' de Venezuela, acusados de corrupción, The Wall Street Journal, 1 de agosto de 2013. Ver: http://online.wsj.com/article/SB10001424127887323681904578640590625862514.html?dsk=y.
453 New York City Departament of Finance, Office of the City Register, Document ID 2010110900090001. Ver: http://a836-acris.nyc.gov/Scripts/DocSearch.dll/Detail?Doc_ID=2010110900090001.
454 Department of Justice, Office of Public Affairs, *Two U.S. broker-dealer employees and Venezuelan government official charged for massive international bribery scheme*, 7 de Mayo de 2013. Ver: http://www.justice.gov/opa/pr/2013/May/13-crm-515.html.

CORRUPCIÓN Y ESPIONAJE

455 United States of America v. Tomas Alberto Clarke Bethancourt, José Alejandro Hurtado and Maria de los Ángeles González de Hernández, *Sealed Complaint*, United States Southern District of New York, 7 de Mayo de 2013, Case 1:13-mj-02646-AOR.
456 Marina Walker Guevara y Emilia Díaz-Struck, *Ponzi scheme used tax havens to shuffle investors' money*, huffingtonpost.com, 5 de abril de 2013. Ver: http://www.huffingtonpost.com/2013/04/05/tax-havens-ponzi-scheme_n_3022949.html.
457 Marina Walker Guevara y Emilia Díaz-Struck, *Illarramendi o la punta de la pirámide*, Armando Investiga,4 de abril de 2013. Ver: http://armando.info/sitio/index.php?id=17&tx_ttnews%5Btt_news%5D=10&cHash=7961d4d21f72c3b4a45fcc6778c97824.
458 Marina Walker Guevara y Emilia Díaz-Struck, *Illarramendi o la punta de la pirámide*, Armando Investiga,4 de abril de 2013. Ver: http://armando.info/sitio/index.php?id=17&tx_ttnews%5Btt_news%5D=10&cHash=7961d4d21f72c3b4a45fcc6778c97824.
459 Gerardo Reyes, *Dinero desviado por el gobierno de Venezuela acaba en banco de EU*, El Nuevo Herald, 25 de junio de 2002.
460 Oscar Medina, *Fraude para armar a Círculos Bolivarianos*, El Universal, 22 de abril de 2002. Ver: www.eluniversal.com /2002/04/22/apo_art_22104MM.shtml.
461 Shannon Hanson, *Affidavit*, United States District Court, Southern District of Florida, United States vs. Jesus Bermudez, Case number 04-3587, 4 de diciembre de 2004.
462 United States of America vs. Rafael Ramos de la Rosa, *Criminal Complaint*, Attachment A, United States District Court for the Southern District of Florida, Case 10-3468-AMS, 26 de Octubre de 2010.
463 *Venezuelan Securities Commission Official charged with extorsion*, FBI press release, 26 de Octubre de 2010. Ver: http://www.fbi.gov/miami/press-releases/2010/mm102610.htm.

464 United States of America v. Gerardo Chavez, *Criminal Information*, US District Court for the Eastern District of Virginia, e 1:08-cr-00433-TSE, 6 de Noviembre de 2008.

465 Michael P. Dawson, *Affidavit in Support of Criminal Complaint*, United States of America v. Gerardo Chavez, District Court for the Eastern District of Virginia, 1 de Octubre de 2008.

466 United States of America v. Gerardo Chavez, *Attachment 2*, US District Court for the Eastern District of Virginia, case 1:08-cr-00433-TSE, 6 de febrero de 2009, Documento 24-2.

467 Gaceta Oficial 315.286, 6 de Septiembre de 2000, p. 4. Ver: http://www.tsj. gov.ve/gaceta/septiembre/060900/060900-37030-04.html.

468 Paul Burman et al, v. Phoenix Worldwide Industries, Inc, et al, *Second Amended Complaint*, District of Columbia, Case No. 1:04CV1276, 3 de Octubre de 2005, p. 11. Ver: http://wlstorage.net/file/phoenix-judgement-2005. pdf.

469 Idem. Ver Exhibit 2, p. 51.

470 El documento fue dado a conocer originalmente en Julio de 2008 en el portal Wikileaks.org. Ver Julian Assange, *US may have sold mass surveillance gear to Chavez*, Wikileaks, 9 de Julio de 2008. http://www.wikileaks. org/wiki/US_may_have_sold_mass_surveillance_gear_to_Chavez.

471 La lista de los equipos solicitados por la DIM a Phoenix Worldwide Industries está disponible en el portal Wikileaks en esta dirección: http://wlstorage. net/file/venezuela-us-phone-tapping-equipment-quotation.pdf.

472 Paul Burman et al, Plaintiffs, V. Phoenix Worldwide Industries, Inc., et al. Op. Cit. pp. 52 y 54.

473 Stephen M. Wilson, et al, v. Imagesat International N.V., Israel Aerospace Industries LTD et al, *Complaint*, Southern New York District, Case 1:07-cv-06176-DLC, 2 de Julio de 2007.

474 Casto Ocando y Gerardo Reyes, *Chávez trató de acceder a satélite de espionaje*, El Nuevo Herald, 20 de Abril de 2008, p. 1A.

475 Stephen M. Wilson, et al, op cit., p. 61.

476 "WoH regresa ... y besa mi trasero porque ya el tuyo es de mi propiedad – el sistema de computación del Departamento de Defensa de la Fuerza Aérea de Estados Unidos pertenece a RaFa".

477 United States of America, Plaintiff, v. Rafael Nunez-Aponte, a/k/a RaFa, Defendant, United States District of Colorado, Criminal Case No. 05-CR-143WM, 5 de Abril de 2005.

478 Alfredo Meza, *Mi hermano fue un irreverente, pero hoy es incapaz de hacer daño*, El Nacional, 8 de Abril de 2005, p. A6.

479 Alfredo Meza, *Hacker venezolano detenido en EE.UU. asesoró al CICPC en delitos informáticos*, El Nacional, 7 de Abril de 2005, p. A4.

480 Ibidem.

481 United States of America v. Rafael Nunez-Aponte, a/k/a RaFa, *Minutes of Sentencing*, United States District of Colorado, Criminal Case No. 05-CR-143WM, Documento 37, 21 de Octubre de 2005.

482 *Who protects reputation for the Bolibourgeoisie?*, Setty's Notebook, 27 de Agosto de 2013. Ver: http://settysoutham.wordpress.com/2013/08/27/who-protects-reputation-for-the-bolibourgeoisie/.

483 Las grabaciones fueron divulgadas en diciembre de 2001 de forma exclusiva en un extenso documental producido por la cadena Univisión, titulado "La Amenaza Iraní", en el cual el autor participó como colaborador. Ver: http://noticias.univision.com/documentales/la-amenaza-irani/article/2011-12-09/la-amenaza-irani#axzz1k1CJF1iC.

484 El embajador Chaderton fue informado de las actividades de agregada cultural Acosta Noguera en una carta con fecha 21 de Enero de 2008, que le enviaron el profesor Francisco Guerrero Lutteroth, que coordinaba el equipo de hackers, y Juan Carlos Muñoz Ledo, entonces *webmaster* de la Unión de Profesores de la Facultad de Ingeniería de la UNAM. En la misiva se detalla que "hemos ya hablado con la lic. Livia Acosta, con quien entablamos un primer acercamiento". La carta fue publicada en exclusiva por Univisión en: http://noticias.univision.com/univision-investiga/fotos/slideshow/2011-12-06/documentos-amenaza-irani.

485 Casto Ocando, Gerardo Reyes y Jorge Mota, *Cónsul Livia Acosta buscó desprestigiar a Hillary Clinton y John McCain*, Univision.com, 9 de Enero de 2012. Ver: http://noticias.univision.com/documentales/la-amenaza-irani/article/2012-01-09/consul-livia-acosta-busco-desprestigiar#ixzz1k3AQnZnK.

486 Una copia de la carta firmada por los cuatro congresistas puede verse aquí: http://rivera.house.gov/sites/rivera.house.gov/files/Letter%20to%20Secretary%20Clinton%20Regarding%20Consul%20General%20of%20Venezuela%20in%20Miami.pdf.

487 *Chairman of the Subcommittee on the Western Hemisphere, Robert Menendez, calls for a congressional investigation on Iranian influence and activities in Latin America*, oficina de prensa del senador, 9 de diciembre de 2011. Ver: http://menendez.senate.gov/newsroom/press/release/?id=0af4f56b-e0e3-4b7c-8df4-a49dd8e246c1.

488 Mark C. Toner, Deputy Spokeperson, Daily Press Briefing, Washington DC, December 12, 2011, Department of State. Ver: http://www.state.gov/r/pa/prs/dpb/2011/12/178625.htm#IRAN.

489 *Gobierno de EE.UU. expulsa a la cónsul de Venezuela en Miami* (documento), www.lapatilla.com, 8 de enero de 2012. Ver documento: http://www.lapatilla.com/site/2012/01/08/gobierno-de-ee-uu-expulsa-a-la-consul-de-venezuela-en-miami-documento/.

490 Victoria Nuland, spokeperson, Daily Press Briefing, Washington DC, January 9, 2012, Department of State. Ver: http://www.state.gov/r/pa/prs/dpb/2012/01/180287.htm#VENEZUELA.cierran

491 Chávez sobre la expulsión de Livia Acosta, video de conferencia de prensa conjunta de Hugo Chávez y Mahmoud Ahmadinejah, 9 de enero de 2012. Ver: http://www.dailymotion.com/video/xnkba6_chavez-sobre-expulsion-de-livia-acosta_news#.UZY5SZV9n0c.

492 Venezuela anuncia cierre de consulado de Miami, Video de Telesur. Ver: http://www.youtube.com/watch?v=moSMieJZoFY.

493 Gobierno destituyó a ex consul en Miami, El Nacional, 14 de mayo de 2013. Ver: http://www.el-nacional.com/mundo/Bandes-Cancilleria-China-Livia_Acosta-Maduro-Rocio_Maneiro-Temir_Porras_0_190181232.html.

494 William J. Broad, *Property of nuclear critic is seized by federal agents*, The New York Times, 21 de octubre de 2009, p. A25.

495 Gerardo Reyes y Casto Ocando, *Venezuela y científico ligados a espionaje nuclear*, El Nuevo Herald, 22 de octubre de 2009, p. 1A.

496 Steven Bodzin, *Chavez says U.S. nuclear probe part of anti-Venezuela campaign*, Bloomberg, 21 de octubre de 2009. Ver: http://www.bloomberg.com/apps/news?pid=newsarchive&sid=a9OcZ7LRGWN0.

497 Jerry Seper, *Couple indicted in nuclear weapons case*, The Washington Times, 17 de septiembre de 2010. Ver: http://www.washingtontimes.com/news/2010/sep/17/couple-indicted-nuclear-weapons-case/?page=all#pagebreak.

498 William J. Broad, *Couple accused of passing nuclear arms secrets*, The New York Times, 18 de septiembre de 2010, p. A13.

499 Etienne Mougeotte, *Ma main reste tendue vers Obama et son people*, Le Figaro, 8 de septiembre de 2009. Ver: http://www.lefigaro.fr/international/2009/09/08/01003-20090908ARTFIG00580-ma-main-reste-tendue-vers-obama-et-son-peuple-.php.

500 *Explaining Venezuela's coziness with Iran*, Cable 06CARACAS958, abril 7, 2006. Clasificación Secreta. Ver: http://wikileaks.org/cable/2006/04/06CARACAS958.html#.

501 *Inician proceso a representantes del Pacific Industrial Bank en Perú/ También a directivos*, La República, 16 de marzo de 2001. Ver: http://www.larepublica.pe/16-03-2001/inician-proceso-representantes-del-pacific-industrial-bank-en-peru-tambien-directivos.

502 José Guevara, Luis Alfredo Percovich, vs. Republic of Peru, Ministerio del Inter, Antonio Ketin Vidal, Fernando Rospigliosi, Departament of Justice, *Appeals from the United States District Court for the Southern District of Florida*, Court of Appeals for the Eleventh Circuit, Case 08-17213, DC Docket No. 04-23223-CV-MGC, 18 de junio de 2010.

503 Idem, p. 11.

504 Hugo Alconada Mon, *Los Secretos de la Valija. Del caso Antonini Wilson a la Petrodiplomacia de Hugo Chávez*, editorial Planeta, Buenos Aires, 2009, p. 147.

505 Idem, p. 146.

506 Idem, p. 149.

507 United States of America vs. Moises Maionica, Antonio Jose Canchica Gomez, Rodolfo Wanseele Paciello, Franklin Duran y Carlos Kauffman, Indictment, United States District Court, Southern District of Florida, Case 07-20999-CR-LENARD/TORRES, 20 de diciembre de 2007.

508 United States of America vs. Gerald Morey, Gerald Ducheine, Romo-lo Martinez and Jose Gregorio Lugo, a/k/a "Jose Leal", *Indictment*, United States District Court, Southern District of Florida, case 02-2093-23 CR-MOORE.

509 Jake Bergman y Gerardo Reyes, *Ex-Venezuelan military official convicted of arms trafficking*, Center for Investigative Reporting, 11 de febrero de 2004. Ver: http://cironline.org/reports/ex-venezuelan-military-official-convicted-arms-trafficking-2101.

510 Peter Katel y Gerardo Reyes, *Miami: la gran armería de la guerrilla colombiana*, El Nuevo Herald, 23 de mayo de 1999, p. 1A.

511 Idem.

512 Ver los Capítulos 1 y 2 para ampliar más sobre este tema.

513 Advance Questions for Lieutenant General Bantz J. Craddock, USA nominee for Commander, United States Southern Command, 22 de julio de 2004, p. 16. Ver: http://armed-services.senate.gov/statemnt/2004/July/Craddock.pdf.

514 Posture statement of General Grantz J. Craddock, United States Army Commander, United States Southern Command, before the 109th Congress, Senate Armed Services Committee, 15 de marzo de 2005, p. 7. Ver documento: http://armed-services.senate.gov/statemnt/2005/March/Craddock%2003-15-05.pdf.

515 *Venezuela ends military ties and evicts some U.S. officers*, Reuters, 25 de abril de 2005.

516 Idem.

517 *Venezuela leader accuses DEA of espionage*, Associated Press, 7 de agosto de 2005. Ver Capítulo 6.

518 *Venezuelan to expel U.S. naval attaché*, Associated Press, 2 de febrero de 2006.

519 Casto Ocando, *Washington ordena el cierre de oficina militar de Venezuela en Miami*, El Nuevo Herald, 8 de septiembre de 2006, p. 1A.

520 United States of America Vs. Alberto Ramón Soto Camaute, *Indictment*, 13 de abril de 2006, United States District Court, Southern District of Florida, Case # 06-20229 CR-KING.

521 Casto Ocando, *Decomisan en Miami altas sumas a militares venezolanos*, El Nuevo Herald, 10 de abril de 2006.

522 United States of America, vs. Floyd D. Stilwell, Marsh Aviation Company, *Indictment*, 12 de octubre de 2010, United States District Court, District of Arizona, case # CR 101463 PHX DKD, 12 de octubre de 2010.

523 United States of America vs Alberto Pichardo and Freddy Arguelles, *Information/General Allegations*, United States District Court, Southern District of Florida, case 12-20478-CR-DIMITRIOULEAS/SNOW, 25 de junio de 2012.

524 Paula McMahon, *Broward man imprisoned and fined for selling parts to Venezuelan military*, Sun Sentinel, 20 de septiembre de 2012. Ver:

http://articles.sun-sentinel.com/2012-09-20/news/fl-venezuelan-plane-parts-20120920_1_skyhigh-accessories-freddy-arguelles-kirk-drellich.
525 *Venezuelan Air Force Colonel sentenced in U.S. for arms export conspiracy*, Latin America Herald Tribune, 19 de agosto de 2013. Ver: http://www.laht.com/article.asp?ArticleId=974855&CategoryId=10717.

LAS REDES DEL NARCOTRÁFICO

526 *Treasury targets Venezuelan narcotics trafficker*, Press release U.S. Department of the Treasury, 21 de agosto de 2013. Ver: http://www.treasury.gov/press-center/press-releases/Pages/jl2146.aspx.
527 Entrevista del autor con Manuel Corao, diciembre 2011.
528 Citado por Gerardo Reyes y Nohemí Alarcón, *Chávez sí contaba con filial de grupo político en Miami*, El Nuevo Herald, 18 de octubre de 1998, p. 1A.
529 Gerardo Reyes y Nohemí Alarcón, *Acusan por drogas a un activista de Chávez en Miami*, El Nuevo Herald, 15 de octubre de 1998, p. 1A.
530 Idem.
531 Idem.
532 Caso 1:98-cr-00473-JLK, *United States of America vs. Eliezer Ruiz*, Documento 23, 22 de diciembre de 1998.
533 U.S. State Department, *International Narcotics Control Strategy Report 1999*, marzo de 2000, capítulo dedicado a América del Sur, p. 35. Cf.: http://www.state.gov/j/inl/rls/nrcrpt/1999/903.htm.
534 Idem, p. 42.
535 Agencia Reuters, *Canciller venezolano dice vuelos antidrogas son anacrónicos*, 4 de julio de 2000.
536 U.S. State Department, *International Narcotics Control Strategy Report*, 1 de marzo de 2000, capítulo América del Sur, p. 39.
537 U.S. State Department, *International Narcotics Control Strategy Report*, 1 de marzo de 2001, capítulo América del Sur, p. 41.
538 U.S. State Department, *International Narcotics Control Strategy Report*, 1 de marzo de 2003, capítulo América del Sur, p. 38.
539 U.S. State Department, *International Narcotics Control Strategy Report*, 1 de marzo de 2004, capítulo América del Sur, p. 33.
540 Ibid.
541 U.S. State Department, *International Narcotics Control Strategy Report*, 1 de marzo de 2005, capítulo América del Sur, p. 36.
542 U.S. State Department, *International Narcotics Control Strategy Report*, 1 de marzo 2005. Cf.: http://www.state.gov/j/inl/rls/nrcrpt/2005/vol1/html/50352.htm.
543 Javier Ignacio Mayorca, *Comando antidrogas de la Guardia Nacional cesó actividades con la DEA*, El Nacional, 25 de julio de 2005.

544 Clodovaldo Hernández, *Venezuela deja de colaborar con EE.UU. en la lucha antidroga*, El País, 9 de agosto de 2005. Ver: http://elpais.com/diario/2005/08/09/internacional/1123538417_850215.html.

545 Salud Hudson, *U.S. mulls sanctions on Venezuela over drug move*, Reuters, 8 de agosto de 2005.

546 Javier Ignacio Mayorca, *Declararon en la Fiscalía agentes señalados por informantes de la DEA*, El Nacional, 5 de agosto de 2005.

547 General Accountability Office, *U.S.Counternarcotics cooperation with Venezuela has declined*, 20 de julio de 2009, p. 2.

548 Casto Ocando, *General del Comando Sur alerta del peligro de Venezuela para el hemisferio*, El Nuevo Herald, 13 de junio de 2005, p. 1A.

549 Juan Forero, *U.S. and Venezuela in diplomatic tiff over drug accusations*, The New York Times, 12 de agosto de 2005

550 Revista Semana, *Los militares y la droga*, 2 de octubre de 2005.

551 Agencia DPA, *Destituido Jefe Antidrogas de Venezuela tras polémica por acuerdo de cooperación con la DEA*, 3 de septiembre de 2005.

552 Resolución 014643, del Ministerio del Poder Popular para la Defensa, 22 de julio de 2010.

553 Steven Dudley y Pablo Bachelet, *Venezuela no longer U.S. ally in drug war*, The Miami Herald, 19 de septiembre de 2005.

554 Merco Ferreira Torres, *Hermágoras González Polanco*, 16 de mayo de 2010. Ver: http://marcoaferreira.blogspot.com/2009/05/hermagoras-gonzalez-polanco.html.

555 Revista Semana, op. cit.

556 United States of America v. Hermágoras González-Polanco, *Superseding Indictment*, United States District court, District of New Jersey, Case 2:02-cr-00714-WHW, 9 de agosto de 2005.

557 U.S.Department of State, Narcotics Rewards Program: Hermagoras Gonzalez Polanco. Cf.: http://www.state.gov/j/inl/narc/rewards/115395.htm.

558 U.S. Department of Justice, *Colombian National Sentenced to 25 years in prison on cocaine charges*, 7 de diciembre de 2007. Cf.: http://www.justice.gov/opa/pr/2007/December/07_crm_974.html.

559 Dámaso Jiménez y Javier Ignacio Mayorca, *González Polanco fue investigado durante la Operación Catatumbo*, El Nacional, 13 de marzo de 2008.

560 Dámaso Jiménez y Javier Ignacio Mayorca, *Juzgan al líder del cartel de La Guajira en Venezuela*, El Nacional, 11 de marzo de 2008.

561 Gustavo Rodríguez y Mónica Castro, *El capo Polanco tenía "chapa" de la GN*, El Universal, 10 de marzo de 2008.

562 Alias Iván Márquez (Luciano Marín Arango) & Alias Nariño (Noel Mata Mata), mensaje enviado a Alias Manuel Marulanda Vélez (Pedro Antonio Marín Marín) & Alias Raúl Reyes (Luis Edgar Devia Silva), 8 de marzo de 2003, mensaje 1,534, *The FARC files: Venezuela, Ecuador and the Secret Archive of Raúl Reyes*, The International Institute for Strategic Studies (IISS). Ver: http://www.iiss.org/publications/strategic-dossiers/the-farc-files-venezuela-ecuador-and-the-secret-archive-of-ral-reyes/.

563 En el mensaje 1,543 del Dossier de las FARC, con fecha 24 de marzo de 2003, publicado por el IISS, Alias Iván Márquez le informa a Raúl Reyes que "el presidente Chávez designó a Freddy Bernal, alcalde de Caracas, como responsable de las relaciones políticas con FARC". También afirma que "la designación (de Bernal) ha sido muy favorable para nosotros porque Freddy es un hombre que de verdad es amigo de FARC". Bernal también era un proveedor de armas de la guerrilla colombiana.

564 El cartel de los Soles ya operaba en el oriente venezolano desde antes de la llegada de Hugo Chávez al poder, de acuerdo con investigaciones realizadas por la Dirección de Inteligencia Militar. Sobre la estructura jerárquica del sector militar venezolano, ver:
http://es.wikipedia.org/wiki/General_de_Brigada.

565 Reporters Without Borders (RSF), *Arrest of man suspected of ordering killing of journalist Mauro Marcano*, 4 de septiembre de 2006. Ver: http://en.rsf.org/venezuela-arrest-of-man-suspected-of-04-09-2006,18762.html.

566 Hugo Mario Cárdenas L., *FF.AA. venezolanas tienen cartel propio*, El País, Cali, Colombia, 23 de julio de 2007.

567 Reporters Without Borders, op. cit.

568 United States of America v. Jose Maria Corredor Ibague, Edilma Morales Loaiza, *Indictment*, United States District Court for the District of Columbia, Case 1:06-cr-00344, 30 de noviembre de 2006, Documento 1, pp. 4-5.

569 Tribunal Supremo de Justicia de Venezuela, Decisión que acuerda la extradición de los ciudadanos Luis Alfredo Nañez Duarte y José María Corredor Ibagué, 9 de diciembre de 2004. Magistrado Ponente Dr. Julio Elías Mayaudón Graü, expediente 2004-0453. Ver: http://www.tsj.gov.ve/decisiones/scp/Diciembre/475-031204-E040 453.htm.

570 El Universal, *Jefe de los mil nombres*, 13 de junio de 2005. Ver: http://www.eluniversal.com/2005/06/13/imp_ccs_apo_13410C.shtml.

571 Javier Ignacio Mayorca, *Comando antidrogas de la Guardia Nacional cesó actividades con la DEA*, El Nacional, 25 de julio de 2005.

572 United States of America v. José María Corredor Ibagué y Edilma Morales Loaiza, op. cit.

573 Agencia Bolivariana de Noticias (ABN), *Ministro Chacón: la fuga de "Boyaco Chepe" de la Disip se produjo por complicidad interna*, 14 de junio de 2005.

574 Gustavo Rodríguez, *"El Boyaco" reinició operaciones en la frontera*, El Universal, 5 de septiembre de 2005. Cf.: http://www.eluniversal.com/2005/09/05/imp_ccs_art_05412B.shtml.

575 Gustavo Rodríguez, *Revisan celda de "Boyaco"*, El Universal, 15 de junio de 2005. Ver: http://www.eluniversal.com/2005 /06/15/imp_ccs_art_15482A.shtml.

576 El Universal, *"Boyaco" tenía cédula de identidad venezolana*, 19 de junio de 2005.

577 Gustavo Rodríguez, *Saldrán en libertad imputados por fuga de Boyaco*, El Universal, 2 de septiembre de 2005. Cf.: http://www.eluniversal.com/2005/09/02/imp_ccs_art_02482E.shtml.

578 El Espectador, *Extraditan a alias 'Boyaco' y otros seis presuntos narcotraficantes*, 8 de octubre de 2008.

579 Néstor Julio González, *Mindefensa: captura de 'El Boyaco' golpe contundente a estructura del narcotráfico de las Farc*, Caracol Radio, 18 de octubre de 2010. Ver: http://www.caracol.com.co/nota_imp.aspdx?id=345908.

580 Presidencia de la República de Colombia, *Policía Nacional entrega con fines de extradición a alias 'El Boyaco'*, 8 de octubre de 2008. Ver:: http://web.presidencia.gov.co/sp/2008/octubre/08/02082008_i.html.

581 Steven Dudley, *Venezuela se vuelve refugio de narcos*, El Nuevo Herald, 17 de diciembre de 2005, p. 1A.

582 Gloria Congote, *En sede de la policía, 10 agentes secuestraron a dos socios de 'Chupeta' para extorsionarlos*, Semana, sin fecha. Ver: http://www.semana.com/wf_ImprimirArticulo.aspx?IdArt=106658

583 *Llegó a Estados Unidos 'Don Diego', extraditado a E.U.*, El Tiempo de Bogotá, 12 de diciembre de 2008. Ver: http://www.eltiempo.com/archivo/documento/CMS-4719704

584 Debido a que los registros dactilares del capo en Colombia habían sido misteriosamente destruidos, la única manera de identificarlo era a través de un reconocimiento visual. Pero Venezuela nunca permitió la presencia de funcionarios colombianos en el proceso de identificación del cadáver. El gobierno de Caracas tampoco cumplió con la solicitud de enviar a Bogotá la tarjeta dactilar del fallecido. Para más complicaciones, el gobierno venezolano ordenó sepultar el cuerpo de Jabón en una fosa común en la localidad de Tovar, en los andes venezolanos, sin permitir que los colombianos examinaran los restos. Las dudas aumentaron cuando las autoridades colombianas encontraron dos meses después del supuesto fallecimiento de Jabón, varias computadoras que revelaban una serie de operaciones relacionadas con propiedades del capo, realizadas después de la presunta muerte. Cf.: *Contenido de las computadoras de alias 'Jabón' alimenta las dudas sobre su muerte*, revista Cambio, 9 de abril de 2008.

585 Revista Semana, *El computador de 'Rasguño'*, 24 de marzo de 2007. Ver: http://www.semana.com/nacion/computador-rasguno /101703-3.aspx.

586 Gerardo Reyes, *Colombiano pudiera revelar corrupta trama venezolana*, El Nuevo Herald, 10 de agosto de 2007.

587 William Brownfield, *Chavez's new cabinet: a look at some new ministers*, Embassy Caracas, 1 de enero de 2007, "confidential". Ver: http://cables.mrkva.eu/cable.php?id=94247

588 *Venezuela deporta a Colombia al narcotraficante Farid Feris Domínguez*, Venezolana de Televisión, 23 de septiembre de 2006.

589 *Narcos colombianos sacan por 25 rutas de Venezuela la tercera parte de cocaína que producen cada año*, El Tiempo de Bogotá, 9 de diciembre de 2007. Ver: http://www.eltiempo.com/archivo/documento/CMS-3852197

590 Gerardo Reyes, op. cit.

591 United States of America v. Hugo Alberto Rojas-Yepes et al, defendants, *Order*, caso criminal número 04-05-465, United States District Court for the District of Columbia, 23 de enero de 2012, documento 134.

592 U.S. State Department, *International Narcotics Control Strategy Report*, 1 de marzo de 2006, capítulo Venezuela, p. 33.

593 Yvonne Schon, Special Agent of the United States Department of Justice, Drug Enforcement Administration (DEA), *Unsworn declaration in support of forfeiture complaint*, U.S, District Court of Puerto Rico, Case 3:09-cv-01909-FAB, Exhibit 1, 9 de septiembre de 2009, p. 3.

594 Idem, p. 2.

595 Gregory Ball, United States of America v. Walid Makled-García, *Affidavit in support for request for extradition*, United States District Court, Southern District of New York, Case 1:09-cr-00614-RWS, 6 de noviembre de 2011, p. 4.

596 Idem, p. 5. El documento de la declaración jurada menciona nombres de presuntos cooperadores de Makled dentro de las fuerzas policiales y de seguridad venezolanas, pero extractos enteros aparecen eliminados para proteger estas identidades.

597 U.S. State Department, *International Narcotics Control Strategy Report*, marzo de 2008, capítulo Venezuela, p. 33.

598 Idem, p. 35.

599 *Venezuela is best and easiest path for Colombian cocaine*, Associated Press report, 1 de julio de 2007. Ver: http://english.pravda.ru/news/world/01-07-2007/94345-cocaine-0/#.

600 Christopher Toothaker, *Venezuela rejects U.S. drug report, acuses DEA of collaborating with traffickers*, Asociated Press, 3 de marzo de 2007. Ver: http://www.nctimes.com/news/national/article_3dfbdc93-dccc-5da4-bbb0-94e240d6fda0.html.

601 Junta Internacional de Fiscalización de Estupefacientes, *Informe 2008*, p. 80, publicado el 19 de febrero de 2009. Ver: http://www.incb.org/documents/Publications/AnnualReports/AR2008/AR_2008_Spanish.pdf.

602 Abdala Makled recibió el agradecimiento a sus esfuerzos por promover la reforma constitucional chavista en una carta enviada desde el despacho presidencial el 22 de enero de 2008. "En nombre del Comandante Presidente de la República Bolivariana de Venezuela, acuso recibo de su atenta comunicación en la que le participa el trabajo hecho por la fundación que usted preside en aras de dar a conocer el espíritu de la Reforma Constitucional propuesta por el Primer Mandatario Nacional. El Señor Presidente le agradece el trabajo individual y colectivo desplegado...", indicó la misiva con el número de registro 0075.

603 Tribunal Supremo de Justicia de Venezuela, *Solicitud de Avocamiento*, 13 de julio de 2010. Cf.: http://www.tsj.gov.ve/decisiones/scp/julio/275-13710-2010-a10-205.html.

604 *Walid Makled: Seré la sombnra de Clíver Alcalá*, El Carabobeño, 12 de marzo de 2011. Ver: http://www.el-carabobeno.com /articulo/articulo/9956/ walid-makled-quotser-la-sombra-de-clver-alcalquot

605 Entrevista del autor con agentes de la DEA que participaron en el *team* Makled.

606 Yvonne Schon, op. cit., p. 3.

607 De acuerdo a fuentes federales consultadas para este libro por el autor, los altos oficiales venezolanos facilitaron el proceso de carga y transporte de aviones cargados principalmente con cocaína, a cambio del pago de una comisión.

608 Las entrevistas tuvieron lugar entre octubre de 2010 y abril de 2011.

609 *Había una nominita como de 1 millón de dólares para los altos mandos en Venezuela*, Casto Ocando, entrevista de Makled en exclusiva para Univisión, 31 de marzo de 2011. Cf.: http://noticias.univision.com/aqui-y-ahora/ article/2011-03-31/entrevista-exclusiva-walid-makled-aqui-ahora-denuncia-narco-corrupcion-chavez?ftloc=channel1519:wcmWidgetUimStage&ftpos= channel1519:wcmWidgetUimStage:1#axzz1sIW6HAsB

610 *Chávez habla del caso Makled*, Venezolana de Televisión, 7 de noviembre de 2010. Cf.: http://www.youtube.com/watch?v=hxzx138JBqs&feature= player_embedded

611 *El Aissami niega tener vínculos con Walid Makled*, El Universal de Caracas, 27 de octubre de 2010. Cf.: http://www.eluniversal.com/2010/10/27/ pol_art_el-aissami-niega-ten_2082684.shtml

612 Oswaldo López Martínez, *Acosta Carlez rompe su silencio y responde a las acusaciones de Makled*, www.noticias24.com, 27 de marzo de 2011. Ver: http://www.noticias24.com/actualidad/noticia/224992/ acosta-carlez-rompe-su-silencio-y-responde-a-las-acusaciones-de-makled/

613 Alfredo Fermín y Alejandro Villalobos, *Alcalá: Makled tendrá la sombra de los barrotes*, El Carabobeño, 13 de marzo de 2011. Ver: http://www.el-carabobeno.com/portada/articulo/9966/alcal-makled -tendr-la-sombra-de-los-barrotes

614 Kevin Derby, *Connie Mack hammers Obama on matter regarding drug lord*, Sunshine State News, 15 de noviembre de 2010. Cf.: http://www.sunshinestatenews.com/blog/connie-mack-hammers-obama -matter-regarding-druglord

615 *Santos dice que presunto narco Walid Makled será enviado a Venezuela*, El Tiempo, 16 de noviembre de 2010. Ver: http://www.eltiempo.com/justicia/ ARTICULO-WEB-NEW_NOTA_INTERIOR-8371020.html

616 Ros-Lehtinen speaks to Colombian president Santos, discusses FTA and case of Walid Makled Garcia, Committee on Foreign Affairs, 7 de abril de 2011. Ver: http://www.internationalrelations.house.gov/press_display. asp?id=1783.

617 U.S. Department of the Treasury, Office of Foreign Assets Control (OFAC), *Foreign Narcotics Kingpin Designation Act*, 29 de mayo de 2009, p. 2.

618 *Treasury targets Venezuelan Government Officials Supporting the FARC*, U.S. Department of the Treasury press release, 9 de septiembre de 2008. Ver: http://www.treasury.gov/press-center/press-releases/Pages/hp1132.aspx.
619 Ibidem.
620 *El Montesinos de Chávez*, revista Semana, 2 de febrero de 2008. Ver: http://www.semana.com/nacion/articulo/el-montesinos-chavez/90845-3.
621 United States of America v. Daniel Barrera Barrera, *Indictment*, United States District Court, Southern District of New York, 22 de abril de 2010, Caso 1:07-cr-00862-AKH.
622 William Neuman, *A top Colombian drug trafficker is captured in Venezuela*, The New York Times,18 de septiembre de 2012. Ver: http://www.nytimes.com/2012/09/19/world/americas/daniel-barrera-top-colombian-drug-trafficker-is-captured.html.
623 Presidencia de la República de Colombia, *Declaración del presidente de la República, Juan Manuel Santos, sobre la captura de alias 'El Loco Barrera'*, 18 de septiembre de 2012. Ver: http://wsp.presidencia.gov.co/Prensa/2012/Septiembre/Paginas/20120918_18.aspx.
624 United States of America v. Daniel Barrera Barrera, *Indictment*, United States District Court, Southern District of New York, 22 de abril de 2010, Caso 1:07-cr-00862-AKH.
625 *Nace un Patrón*, revista Semana, 17 de noviembre de 2007. Ver: http://www.semana.com/Imprimir.aspx?idItem=89544.
626 Idem.
627 Laura Weffer Cifuentes, *"El Loco" Barrera tenía 127 propiedades en Venezuela*, Ultimas Noticias, 15 de noviembre de 2012. Ver: http://www.ultimasnoticias.com.ve/noticias/actualidad/sucesos/el-loco-barrera-tenia-127-propiedades-en-venezuela.aspx.
628 Anabel Hernández, *De Maracaibo a Cancún y Toluca, Toneladas de Coca*, Agencia Reforma, 26 de septiembre de 2012. Ver: http://pagina24.com.mx/index.php?option=com_content&view=article&id=7072:de-maracaibo-a-cancun-y-toluca-toneladas-de-coca&catid=44:nacional&Itemid=94.
629 *Sergio Villarreal "El Grande" fue extraditado a Estados Unidos*, 23 de mayo de 2012, www.univision.com. Ver: http://noticias.univision.com/narcotrafico/noticias/article/2012-05-23/sergio-villarreal-el-grande-fue-extraditado-a-estados-unidos#axzz2VoYiqI4G.
630 *Venezuela detiene a un 'narco' colombiano requerido por EE.UU.*, El Espectador, 24 de junio de 2010. Ver: http://www.elespectador.com/noticias/judicial/articulo-210188-venezuela-detiene-un-narco-colombiano-requerido-eeuu.
631 *Capturan en Venezuela a supuesta narcotraficante colombiana*, El Tiempo, 18 de enero de 2011. Ver: http://www.eltiempo.com/colombia/ejecafetero/ARTICULO-WEB-NEW_NOTA_INTERIOR-8788586.html.
632 United States of America vs. Gloria Rojas Valencia, *Indictment*, United States District Court Eastern District of New York, Case No. 1:09-CR-

00435-ARR, 30 de junio de 2009. En el texto de la acusación no se mencionan sus actividades en Venezuela, por lo que se presume que proporcionó información clave que no podía hacerse pública sin afectar otras investigaciones en curso.

633 United States of America v. Luis Frank Tello Candelo, *Transcript of Criminal cause for pleading before the honorable Robert M. Levy, United States Magistrate Judge*, United States District Court, Eastern District of New York, 11 de febrero de 2011, caso 10-CR-6 (RJD), documento 58, p. 5.

634 Magistrado Eladio Ramón Aponte Aponte, *Ponencia*, Tribunal Supremo de Justicia de Venezuela, Causa C11-6495-05, 18 de diciembre de 2006.

635 Juez de Control Abel Crespo Perozo, *Decision de Sobresemiento de Pedro Maggino Belicchi*, caso KP01-P-2006-007114, Juzgado Cuarto de Primera Instancia en funciones de control del Circuito Judicial Penal del Estado Lara, Barquisimeto, 16 de mayo de 2009, p. 9.

636 La entrevista fue realizada por la periodista Verioska Velasco, para el canal de televisión SOI, de Miami, y transmitida el 18 de abril de 2012. Cf.: http://runrun.es/runrunes/41457/41457.html

637 De acuerdo al Registro Electoral Permanente (REP), Pedro Maggino Belicchi estuvo inscrito para votar en la embajada de Venezuela en Argentina entre noviembre de 2007 y mayo de 2010, cuando se registró en un centro de votación de Caracas. El sobresemiento fue firmado por el juez de control Abel Crespo Perozo el 16 de mayo de 2009, cuando Maggino Belicchi se encontraba aún destacado en Argentina.

638 En la comunicación con el número 52-200-0045, de fecha 23 de enero de 2007, el consultor jurídico del Ejército, Rodolfo Camacho Rincones le comunica al general Eliseo Lugo Hernández, presidente de la Junta Permanente de Evaluación del Ministerio de la Defensa, la opinión favorable para ascender al teniente coronel Maggino al grado de Coronel. En el oficio MD-CJ-DD-530, de fecha 8 de marzo de 2007, el consultor jurídico del Ministerio de la Defensa, Ciro Antonio Rincón Vera, le comunica al general Oscar Carrizales Pinto, director del despacho del Ministerio de la Defensa, la recomendación de "tramitar en cuenta" al Presidente Hugo Chávez el ascenso de Maggino.

639 U.S. State Department, *International Narcotics Control Strategy Report*, marzo de 2010, capítulo Venezuela, p. 76.

640 United States Government Accountability Office, Report to the Ranking Member, Committee on Foreign Relations, U.S. Senate, Drug Control, *U.S. Counternarcotics Cooperation with Venezuela H, Julas Declined*, julio 2009, p. 2.

641 *Cocaine kings target Kenya*, Publicaciones IC, febrero de 2005. Ver: http://www.africasia.com/scripts/print_it.php?ID=468&location =www.africasia.com/africanbusiness/ab.php.

642 *True accunt of Asem Dakey & missing 77 parcels of cocaine... NPP govt's complicity*, Peace FM online, 14 de febrero de 2012. Ver: http://elections.peacefmonline.com/politics/201202/94922.php.

1

643 James Traub, Africa's drug problem, The New York Times magazine, 9 de abril de 2010. Ver: http://www.nytimes.com/ 2010/04/11/magazine/11Trade-t. html?_r=1&pagewanted=print.
644 *Cocaine bonfire sens 600 kilos up in smoke*, Serious Organised Crime Agency (SOCA) press release, 24 de abril de 2009.
645 U.S. State Department, *International Narcotics Control Strategy Report*, marzo de 2010, capítulo Venezuela, p. 77.
646 United States of America v. Chigbo Peter Umeh et al, *Sealed Indictment*, United States District Court, Southern District of New York, Case 1:09-CR-00524-JSR, 5 de mayo de 2010. P. 9
647 Idem, p. 12.
648 *Nigerian narcotics trafficer and Russian pilot convicted on international cocain conspiracy charges in Manhattan Federal Court*, United States Attorney Southern Distric of New York, 28 de abril de 2011. Ver: http://www.justice.gov/usao/nys/pressreleases/April11/umehetalverdictpr.pdf.
649 Casto Ocando, *The mistery of the narcoavionetas*, univisionnews. tumblr.com, 29 de agosto de 2011. Ver: http://univisionnews.tumblr.com/post/9557665802/the-mystery-of-the-narcoavionetas.
650 U.S. State Department, *International Narcotics Control Strategy Report*, marzo de 2010, capítulo Venezuela, p. 77.
651 Department of the Treasury, Office of Foreign Assets Control, *Venezuelan Officials acting on behalf of the FARC*, Foreign Narcotics Kingpin Designation Act, septiembre de 2011. Ver: http://www.treasury.gov/resource-center/sanctions/Programs/Documents/20110908_venezuelan_officials.pdf.
652 Treasury designates four Venezuelan officials for providing arms and security to the FARC, U.S. Department of the Treasury, press release, 8 de septiembre de 2011.
Ver: http://www.treasury.gov/press-center/press-releases/Pages/tg1295.aspx.
653 *Nicolás Maduro habla sobre el narcotráfico*, declaraciones al canal oficial Venezolana de Televisión (VTV). Ver: http://www.youtube.com/watch?feature=player_embedded&v=vhV0iQ2Mcuo.
654 *Venezuela rejects new U.S. sanctions against high-ranking officials*, Venezuelanalysis.com, 9 de septiembre de 2011. Ver: http://venezuelanalysis.com/news/6479.

La Estrategia Subversiva

655 The International Institute for Strategic Studies, *The Farc Files: Venezuela, Ecuador and the Secret Archive of 'Raúl Reyes'*, London, 2011. Carta I.22, de alias Raúl Reyes (Luis Edgardo Devía Silva) a Hugo Rafael Chávez Frías, 16 de marzo de 2000. (CARTA A VENEZ abril30).
656 The International Institute for Strategic Studies, op. cit., p. 47.

657 Correo 773, del 31 de julio de 2004, enviado por Alias Ricardo (Rodrigo Granda) a alias Raúl Reyes (Luis Edgar Devía Silva).

658 Idem. Carta I.2997, de alias Iván Márquez y alias Ricardo (Rodrigo Granda), a alias Manuel Marulanda Vélez, 9 de febrero de 2008 (SEC12RA).

659 *ELN iba a entrenar a 75 venezolanos*, El Tiempo, 25 de junio de 1992. Ver: http://www.eltiempo.com/archivo/documento/MAM-144912.

660 Prensa Latina, *Rememoran primera visita de Chávez a Cuba*, 13 de marzo de 2013, El Correo del Orinoco, en: www.correodelorinoco.gob.ve/politica/rememoran-primera-visita-chavez-a-cuba/.

661 Rosa Miriam Elizalde y Luis Báez, *El Encuentro*, Oficina de Publicaciones del Consejo de Estado, La Habana, 2005, p. 21.

662 Citado por Cristina Marcano y Alberto Barrera Tyzka, *Hugo Chávez sin uniforme. Una historia personal*, Editorial Debate, Caracas, 2005, p. 295.

663 *Vinculados 9 venezolanos: Botero*, El Tiempo, Bogotá, 29 de marzo de 1995. Ver: www.eltiempo.com/archivo/documento/MAM-283936.

664 Idem.

665 En la noche del 25 de febrero de 1995, una columna integrada por unos 100 guerrilleros del ELN atacaron un remoto puesto fluvial de la Infantería de Marina venezolana ubicada en el llamado Caño Cararabo, contiguo al Departamento colombiano del Vichada. La columna estaba al mando de Francisco Javier León Paolini, un desertor de la Guardia Nacional de Venezuela e integrante del movimiento MBR-200, fundado por Chávez. Tras un ataque sorpresa en la madrugada, los guerrilleros asesinaron a un total de 8 *marines* venezolanos, algunos con tiros de gracia. Una docena de soldados lograron salvar la vida fingiendo estar muertos, de acuerdo con reportes del diario El Universal de Caracas. Los irregulares tomaron posesión de todo el parque de armas disponibles en el puesto fronterizo, incluyendo 3 ametralladoras, 20 mil proyectiles, 30 fusiles FAL, dos lanchas artilladas, y lanzacohetes AT-4 de fabricación sueca. La participación de Chávez fue reportada por Mario Montoya, coronel del ejército colombiano. Montoya dijo en un reporte oficial que la tarde anterior al ataque, Chávez había estado en una localidad cercana (La Culebra) al sitio de la masacre. A pesar de que posteriormente, una investigación del ejército venezolano descartó la participación del comandante golpista en el incidente, varios ex guerrilleros insistieron en vincular a Chávez al ataque. Gabriel Puerta Aponte, líder de Bandera Roja que había acompañado al teniente coronel a Colombia para reunirse con la guerrilla, dijo que se opuso al ataque y que Chávez se inclinó por no detenerlo. Otro ex guerrillero, Pompeyo Márquez, entonces ministro de Fronteras de Venezuela, indicó por su lado que tenía pruebas enviadas por el gobierno de Ernesto Samper. Chávez respondió a los señalamientos calificándolos de falsedad.

666 Andrés Oppenhemier y Tim Johnson, *Candidate's ties to Marxist rebels alleged*, The Miami Herald, 5 de octubre de 1998. Ver: http://www.latinamericanstudies.org/venezuela/candidate2.htm.

667 Agencia France Presse, *La "narcoguerrilla" preocupa a Venezuela*, El Nuevo Herald, 6 de abril de 1999, p. 8A.

668 Gerardo Reyes, *Miami: La gran armería de la guerrilla colombiana*, El Nuevo Herald, 23 de mayo de 1999.

669 Una copia del informe de la *Operación Poseidón* llegó de forma anónima a la redacción del Semanario Quinto Día, del que había sido Jefe de Redacción, a mediados de 1998.

670 Carta de Hugo Chávez a Ilich Ramírez Sánchez, alias El Chacal. Ver: http://www.analitica.com/bitblioteca/hchavez/carta_chacal.asp.

671 Gerardo Reyes, *El Chacal, preso mimado de Venezuela*, El Nuevo Herald, 19 de febrero de 2002, p. 10A.

672 Norberto Ceresole, Wikipedia. Ver: http://en.wikipedia.org/wiki/Norberto_Ceresole.

673 Agustín Blanco Muñoz, *Habla el Comandante*, Fundación Cátedra Pío Tamayo, Universidad Central de Venezuela, Segunda Edición, p. 382.

674 Gerardo Reyes, *El sombrío ideólogo del presidente Hugo Chávez*, El Nuevo Herald, 16 de mayo de 1999.

675 Una versión digital del libro está disponible en el portal: www.vho.org/aaargh/espa/ceres/Venezuela2000.html.

676 U.S. Department of State, Patterns of Global Terrorism, *Western Hemisphere Overview 2002*, Office of the Coordinator for Counterterrorism, 30 de abril de 2003. Ver: http://www.state.gov/j/ct/rls/crt/2002/html/19987.htm.

677 Documentos Secretos de Chávez, El Universal, 25 de junio de 2000. Ver: http://www.eluniversal.com/2000/06/25/apo_art_25112BB.shtml.

678 *Los rastros que dejó la captura de Rodrigo Granda en Venezuela*, El Tiempo, 9 de enero de 2005. Ver: http://www.eltiempo.com/archivo/documento/MAM-1677711.

679 Nelson Padilla, *La historia secreta de la captura en Venezuela del "canciller" de las FARC*, Clarin, 23 de enero de 2005. Ver: http://edant.clarin.com/diario/2005/01/23/elmundo/i-02401.htm.

680 *Cronología: Colombia vs. Venezuela*, BBC, 4 de febrero de 2005. Ver: http://news.bbc.co.uk/hi/spanish/latin_america/newsid_4182000/4182195.stm.

681 Los adminículos electrónicos fueron enviados por el gobierno de Colombia a la Interpol casi inmediatamente después de su incautación, para que se llevara a cabo un análisis forense completo, con la participación de expertos internacionales. Los resultados de la investigación detallada de Interpol, dos meses después, mostró que los archivos eran originales y no habían sido falsificados o modificados después de su captura. El informe final de la Interpol puede ser visto aquí: http://www.interpol.int/Public/ICPO/PressReleases/PR2008/pdfPR200817/ipPublicReportNoCoverEN.pdf.

682 *RCN confirma que una llamada de Chávez a "Reyes" permitió localizar campamento de FARC*, El Universal, 5 de marzo de 2008. Ver: http://www.eluniversal.com/2008/03/05/colcd_ava_llamada-telefonica-d_05A1409999.shtml.

683 *Hallan 30 de kilos de uranio que según el computador de 'Raúl Reyes'* *pretendían adquirir las FARC*, El Tiempo, 26 de marzo de 2008. Ver: http://www.eltiempo.com/archivo/documento/CMS-4037974.

684 Mitchell Prothero, *Revealed: trap that lured the merchant of death*, The Guardian, 8 de marzo de 2008. Ver: http://www.guardian.co.uk/world/2008/mar/09/armstrade.internationalcrime.

685 *Chavez-Farc: la relación que se hizo evidente*, El Tiempo, 5 de marzo de 2013. Ver: http://www.eltiempo.com/politica/muerte-hugo-chavez-relacion-farc-y-venezuela_12644742-4.

686 Casto Ocando, *Los secretos de las FARC sobre Nicolás Maduro*, Noticiero Univisión, 11 de abril de 2013. Ver: http://noticias.univision.com/univision-investiga/article/2013-04-10/los-secretos-de-las-farc#axzz2Xj5QjesF.

687 U.S. Department of the Treasury, *Treasury targets Venezuelan government officials supporting the FARC*, 12 de septiembre de 2008. Ver: http://www.treasury.gov/press-center/press-releases/Pages/hp1132.aspx.

688 U.S. Departament of State, *Country Report on Terrorism 2009*, 5 de agosto de 2010. Ver: http://www.state.gov/j/ct/rls/crt/2009/140888.htm.

689 Casto Ocando, *Recogerán evidencias contra Chávez*, El Nuevo Herald, 17 de junio de 2010.

690 *Chávez insta a guerrilla a dejar la lucha armada*, El Universal.com, 9 de junio de 2008. Ver: www.eluniversal.com/ 2008/06/09/int_art_chavez-insta-a-guerr_897117.shtml.

691 *McCain confía en que FARC acepten consejo de Chávez y abandonen lucha armada*, AFP, 2 de julio de 2008. Ver: http://www.emol.com/noticias/internacional/2008/07/02/311187/mccain-confia-en-que-farc-acepten-consejo-de-chavez-y-abandonen-lucha-armada.html.

692 Gerardo Reyes, *Ex rehenes de EEUU: "Venezuela y Ecuador facilitan a las FARC"*, El Nuevo Herald, 13 de marzo de 2009.

693 Government Accountability Office (GAO), *U.S. counternarcotics cooperation with Venezuela has declined*, 20 de julio de 2009. Ver: http://www.gao.gov/assets/300/292722.pdf.

694 Representantes Connie Mack y Ron Klein, *House Resolution 872*, 111th Congress, 1st Session, 27 de octubre de 2009, p. 4.

695 Mark P. Sullivan, *Venezuela: Issues in the 111th Congress*, Congressional Research Service (CRS), prepared for members and committees of Congress, 17 de noviembre de 2009, p. 27.

696 Casto Ocando, *Piden a EEUU llame a Venezuela país terrorista. Congresistas citaron como evidencia informes federales*, El Nuevo Herald, 8 de enero de 2010.

697 Senator Richard Lugar, Senate Foreign Relations Committee, *Questions for the record submitted to Ambassador-Designate Larry Leon Palmer*, 27 de julio de 2010.

698 U.S. Departamento of State, *Country Reports on Terrorism 2010*, p. 146. Ver: http://www.state.gov/j/ct/rls/crt/2010/170259.htm.

699 Antonio María Delgado, *Denuncian envío de armas a las FARC*, El Nuevo Herald, 31 de agosto de 2010. Ver: http://www.elnuevoherald.com/2010/08/29/v-print/791954/molina.html.

700 Douglas Fraser, *Posture Statement* before the 112th Congress, Senate Armed Services Committee, 5 de abril de 2011.

701 Connie Mack: *'Drug Kingpin to run Venezuela?'*, boletín de prensa de la oficina del Congresista floridiano, 7 de julio de 2011.

702 U.S. Departament of State, *Country Reports on Terrorism*, 2011, p. 12. Ver: http://www.state.gov/j/ct/rls/crt/2011/195546.htm.

703 *Las FARC se pronuncian por muerte de Chávez*, Revista Semana, 5 de marzo de 2013. Ver: http://www.semana.com/mundo/articulo/las-farc-pronuncian-muerte-chavez/335594-3.

704 *FARC dicen que Nicolás Maduro "sera ejemplo para los latinoamericanos"*, La F.M., 14 de abril de 2013. Ver: http://www.lafm.com.co/noticias/farc-dicen-que-nicolas-maduro-135503.

705 The White House, *Remarks to the Press by Vice President Biden and Colombian President Santos, Bogotá, Colombia*, 27 de mayo de 2013. Ver: http://www.whitehouse.gov/the-press-office/2013/05/27/remarks-press-vice-president-biden-and-colombian-president-santos-bogota.

706 *Las FARC critican a Santos por recibir a Capriles R.*, Ultimas Noticias, 8 de junio de 2013. Ver: http://www.ultimasnoticias.com.ve/noticias/actualidad/mundo/las-farc-critican-a-santos-por-recibir-a-capriles-.aspx.

CONSPIRACIÓN TERRORISTA

707 United Nations' Security Council Committee on resolution 1737, *Individuals and entities designates as subjetcs to the travel notificacion requirements and assets freee imposed by resolution 1737 (2006) and 1747 (2007)*. Ver: http://www.un.org/sc/committees/1737/desindv.shtml.

708 Casto Ocando, *A look inside the mysterious Venezuela-Iranian gunpowder plant*, Univisiontumblr.com. Ver: http://univisionnews.tumblr.com/post/15741649531/a-look-inside-the-mysterious-venezuelan-iranian.

709 U.S. Department of State, Patterns of Global Terrorism, *Latin America Overview 2000*, Office of the Coordinator for Counterterrorism, 30 de abril de 2001. Ver: http://www.state.gov/j/ct/rls/crt/2000/2437/htm.

710 U.S. Departament of State, Country Report on Terrorism, *Latin America Overview 2001*, Office of the Coordinator for Counterterrorism, 21 de mayo de 2002. Ver: http://www.state.gov/j/ct/rls/crt/2001/html/10246.htm.

711 Carta enviada por la Oficina del Agregado Jurídico de la Embajada de Estados Unidos en Caracas, al general de División Luis Alberto Camacho Kairuz, viceministro de Seguridad Ciudadana del Ministerio del Interior y Justicia de Venezuela, 4 de marzo de 2002. Expediente # 199N-NW-41237 del Departamento de Justicia de Estados Unidos.

712 *By Popular Demand: Iranian elections, 1997-2001*, Frontline, Pbs.org. Ver: http://www.pbs.org/wgbh/pages/frontline/shows/tehran/inside/elections.html.

713 Brian Knowlton, *Chavez, defiant, tells OPEC to show its power: Venezuelan visits Iraq, angering Washington*, The New York Times, 11 de agosto de 2011. Ver: http://www.nytimes.com/2000/08/11/news/11iht-venz.2.t.html.

714 Paul Hughes, *Defying the U.S., Chavez will visit Iraq*, ABC News, 8 de agosto de 2000. Ver: http://abcnews.go.com/International/story?id=82942&page=1.

715 Venezuela e Irán en camino hacia una 'alianza estratégica', El Universal, 21 de mayo de 2001. Ver: http://buscador.eluniversal.com/2001/05/21/eco_art_21204AA.shtml.

716 Casto Ocando, *Denuncian ayuda de Chávez a Al Qaeda*, 5 de enero de 2003, El Nuevo Herald.

717 Johan Freitas y Luis García, *9/11: Chavez financed Al Qaeda, details of $1M donation emerge*, 31 de diciembre de 2002. Ver: http://www.freerepublic.com/focus/news/814934/posts.

718 Casto Ocando, *Embajador niega haber financiado a la red Al-Qaida*, 21 de febrero de 2003, El Nuevo Herald.

719 *Gatwick grenade suspect remanded*, BBC News, 17 de febrero de 2003. Ver: http://news.bbc.co.uk/2/hi/uk_news/2770115.stm.

720 *Policía británica investiga en Venezuela*, BBC Mundo, 19 de febrero de 2003.

721 Fioldalisa Margic, *Pasaporte de supuesto venezolano detenido en Londres es falso*, Venpres, 18 de febrero de 2003.

722 Barry Wigmore, *The grenade suspect; we just cannot believe he is accused of terrorism, say his rich familiy back in Venezuela*, The Daily Mail, 21 de febrero de 2003.

723 *U.S. General: Islamic rebels get cash from Latin America gangs*, Orlando Sentinel, 10 de marzo de 2003.

724 U.S. Department of State, Country Report on Terrorism 2003, *Western Hemisphere Overview*, p. 82. También: Rex Hudson, *Terrorist and organized crime groups in the Tri-Border area (TBA) of South America*, Federal Research Division, Library of Congress, julio 2003, p. 4.

725 Pascal Fletcher, *Venezuela Arabs stung by U.S. charges of aiding terror*, Reuters, 22 de abril de 2003.

726 Linda Robison, *In oil rich Venezuela, a volatile leader befriends bad actors from the Mideast, Colombia and Cuba*, U.S. World and News Report, 28 de septiembre de 2003.

727 U.S. Department of State, Country Report on Terrorism 2004, *Western Hemisphere Overview*, p. 87.

728 James Brooke, Caracas getting continent's biggest mosque, 3 de enero de 1993. Ver: http://www.nytimes.com/1993/01/03/ world/caracas-getting-continent-s-biggest-mosque.html. También revisar la entrada en Wikipedia de

la mezquita Sheikh Ibrahim Al-Ibrahim, en: http://en.wikipedia.org/wiki/
Mosque_of_Sheikh_Ibrahim_Al-Ibrahim.
729 Gerardo Reyes, *Suspenden visa a empresario bolivariano*, El Nuevo
Herald, 27 de junio de 2004.
730 Ken Rijock, *PEPwatch Venezuela: beware of government-controlled
private corporations* (Part 2), www.vcrisis.com, 2 de marzo de 2006. Ver:
http://www.vcrisis.com/index.php?content=letters/200602031125.
731 U.S. Department of State, Country Report on Terrorism 2004, *Western
Hemisphere Overview*, p. 86.
732 *Fiscal General: EEUU vinculada a muerte de Anderson*, Ultimas Noticias, 20 de diciembre de 2006. Ver: http://www.aporrea.org/ddhh/n88133.
html.
733 *No deportation for Cuban militant*, BBC News, 28 de septiembre de 2005.
Ver: http://news.bbc.co.uk/2/hi/americas/4289136.stm.
734 *Posada Carriles es inocente*, Voz de América, 4 de julio de 2011.
Ver: http://www.voanoticias.com/content/carriles-su-turno-para-defender-
se-118606719/96759.html.
735 U.S. Department of State, Country Report on Terrorism 2004, *Western
Hemisphere Overview*, p. 169.
736 Jefferson Morley, *Venezuela's 'Anti-Bush' fears assassination*, The
Washington Post, 17 de marzo de 2005. Ver: http://www.washingtonpost.
com/wp-dyn/articles/A41572-2005Mar16.html.
737 Alex Morales, *Evangelist Robertson says U.S. should kill Chavez*,
Bloomberg News Service, 23 de agosto de 2005. Ver:
http://www.bloomberg.com/apps/news?pid=newsarchive&sid=aOaL2cCz.
Wr8&refer=latin_america.
738 *Venezuela seeks nuclear technology*, The Washington Times, 16
de octubre de 2005. Ver: http://www.washingtontimes.com/news/2005/
oct/16/20051016-112537-4689r/?page=all#pagebreak.
739 *Chávez exige respetar Irán y aclara que no tiene plan nuclear*, El Universal, 21 de mayo de 2006. Ver: http://buscador.eluniversal.com/2006/05/21/
pol_ava_21A710337.shtml.
740 Asociated Press, *Chavez, Ahmedinejad pledge mutual support in Tehran
meeting*, 31 de julio de 2006.
741 Jesse Perdomo, Luis Reyes, *Venezuela perspective for introduction of a
nuclear power programme*, Paper for the Workshop on steps for conducting
nuclear power plant technology assessments, Viena, Austria, 17-20 de noviembre de 2008. Ministerio del Poder Popular para la Energía y Petróleo,
Despacho de la viceministra de Energía, Dirección General de Energías Al-
ternativas, Dirección de Energía Atómica.
742 *Acta Final*, I Reunión del Comité Coordinador del Memorándum de Entendimiento de Cooperación Científica, Tecnológica e Innovación entre el Ministerio del Poder Popular para Ciencia y Tecnología de la República Bolivariana de Venezuela y el Ministerio de Ciencia, Investigación y Tecnología de

la República Islámica de Irán, 10 al 14 de noviembre de 2008. Documento en poder del autor.

743 Simón Romero, *Venezuela says Iran is helping it look for Uranium*, The New York Times, 25 de septiembre de 2009. Ver: http://www.nytimes.com/2009/09/26/world/americas/26venez.html?_r=0.

744 *Irán ayuda a Venezuela a localizar nuevos yacimientos de uranio*, Reuters, 26 de septiembre de 2009.

745 *Chavez says Iran helping Venezuela find Uranium*, Reuters, 17 de octubre de 2009. Ver: http://www.reuters.com/article/2009/10/17/us-venezuela-iran-uranium-idUSTRE59G1WQ20091017.

746 Ministerio de Finanzas, Oficina Nacional del Tesoro, *Micro-Memo Urgente*, de Walter Rodríguez, sub Tesorero Nacional, para Alí Rodríguez Araque, ministro del Poder Popular para la Economía y Finanzas, 9 de diciembre de 2009. Una copia del memo confidencial está en poder del autor.

747 Mark P. Sullivan, *Venezuela: Issues in the 111th Congress*, Congressional Research Service, 17 de noviembre de 2009.

748 *Venezuela: Terrorism hub of South America?*, Hearing before the Subcommittee on International Terrorism and NonProliferation, of the Committee on Internacional Relations, House of Representatives, 31 de julio de 2006, pp.4-5. Ver: http://commdocs.house.gov/committees/intlrel/hfa28638.000/hfa28638_0f.htm.

749 Douglas Farah, *Iran in the Western Hemisphere*, International Assessment and Strategy Center, presentation before the House Committee on Foreign Affairs, Subcommittee on the Western Hemisphere, The Middle East, Terrorism, Non Proliferation and Trade, 27 de octubre de 2009.

750 Congressman Connie Mack, *House Resolution 872*, 111th Congress, 1st Session, 27 de octubre de 2009.

751 United States Senate, *Letter to the Honorable Hillary Rodham Clinton*, Secretary of State, 25 de mayo de 2010, p. 2.

752 *Solicitud de aprobación de recursos correspondientes a los proyectos que conduce la Compañía Venezolana de Industrias Militares (CAVIM)*. Una copia del documento está en poder del autor.

753 Casto Ocando, *Piden EE.UU. llame a Venezuela país terrorista. Congresistas citaron como evidencia informes federales*, El Nuevo Herald, 8 de enero de 2010.

754 Jim Meyers, *Rep. Myrick: Hezbollah major threat on Mexican border*, Newsmax, 15 de julio de 2010. Ver:http://www.newsmax.com/InsideCover/myrick-hezbollah-mexico-border-terrorism/2010/07/15/id/364796?s=al&promo_code=A4B9-1.

755 *Iran, Venezuela ink several agreements*, Mehr News Agency, 12 de marzo de 2005.

756 Agence France Press, *Presidente iraní llegó a Venezuela*, 17 de septiembre de 2006. Ver: http://historico.elpais.com.uy/06/09/17/ultmo_237632.asp.

757 *Iran and Venezuela bolster ties*, BBC News, 17 de septiembre de 2006. Ver: http://news.bbc.co.uk/2/hi/americas/5354812.stm.

758 *Alleged explosive device found near US Embassy*, El Universal, 23 de octubre de 2006. Ver: http://english.eluniversal.com/2006/10/23/en_pol_art_23A794417.shtml.

759 Ely Karmon, *Hezbollah America Latina: Strange group or real threat?*, 14 de noviembre de 2006, International Security & Defence Systems (ISDS). Ver: http://www.isds.co.il/imageBank/pdf/Hezbollah%20America%20Latina%20-%20Strange%20Group%20or%20Real%20Threat.pdf.

760 Javier Jordan, Manuel R. Torres, *Jihad Monitor Special Report*, 2 de noviembre de 2006. Ver: www.ugr.es/~terris/JMSRE.pdf.

761 Elodie Brun, *Iran's place in Venezuelan Foreign Policy*, analysys in Iran in Latin America, threat of 'axis of anoyance'?, Woodrow Wilson International Center reports on the Americas, 2010, p. 41.

762 *Chávez and Iran unveil anti-US fund*, Al Jazeera, 14 de enero de 2007. Ver: http://www.aljazeera.com/news/americas/2007/01/2008525144836670455.html.

763 Documento Constitutivo-Estatutario de Banco Internacional de Desarrollo C.A., Banco Universal, copia en poder del autor.

764 *Export Development Bank of Iran designated as a proliferator*, Department of the Treasury, 22 de octubre de 2008. Ver: http://www.treasury.gov/press-center/press-releases/Pages/hp1231.aspx.

765 *Crearán Banco Binacional Iraní-Venezolano*, Ministerio para la Comunicación y la Información, 21 de mayo de 2008. Ver: http://minci2.minci.gob.ve/noticias-minci/1/178048/crearan_banco_binacional.html.

766 *EE.UU. sanciona a banco binacional con Irán*, El Universal, 10 de mayo de 2013. Ver: http://www.eluniversal.com/nacional-y-politica/130510/eeuu-sanciona -a-banco-binacional-con-iran.

767 Patricia Poleo, *Factores de Poder*, El Nuevo País, 11 de junio de 2008.

768 *Treasury targets Hizballah in Venezuela*, U.S. Department of the Treasury, 18 de junio de 2008. Ver: http://www.treasury.gov/press-center/press-releases/pages/hp1036.aspx.

769 *Venezuela: looking ahead*, Hearing before the Subcommittee on the Western Hemisphere of the Committee on Foreign Affairs, House of Representatives, 17 de julio de 2008.

770 *Iran, North Korea, and Syria Nonproliferation Act: Imposed sanctions*, U.S. Department of State, actualización del 29 de mayo de 2013. Ver: http://www.state.gov/t/isn/inksna/c28836.htm.

771 *Turkey holds suspicious Iran-Venezuela shipment*, Associated Press, 6 de enero de 2009.

772 *Shipment of UAVS from Iran to Venezuela*, Secretary of State, 24 de marzo de 2009, Secret/Noforn, Reference ID 09STATE28302. Ver: http://wikileaks.org/cable/2009/03/09STATE28302.html.

773 *17 arrested on Curacao for involvement in Hezbollah-linked drug ring*, Associated Press, 20 de abril de 2009.

774 Chris Zambelis, *Mystery surrounds alleged Hezbollah links to drug arrests in Curacao*, The Jamestown Foundation, 25 de junio de 2009. Ver: http://oladd.com/bin/content.cgi?news=647.

775 Robert Morgenthau, *The link between Iran and Venezuela: A crisis in the making?*, Briefing, 8 de septiembre de 2009.

776 Casto Ocando, *Caracas y Teherán al margen de las leyes bancarias*, El Nuevo Herald, 13 de septiembre de 2009.

777 Norman A. Bailey, *What are the Persians doing over here?*, paper for the Center for Hemispheric Policy, University of Miami, 30 de marzo de 2010. La investigación de Bailey fue financiada en parte por el Grupo de Tarea Retos a la Seguridad en el Hemisferio (Challenges to Security in the Hemisphere Task Force), del Departamento de Estado.

778 Lieutenant General Ronald L. Burgess, Jr., United States Army Director, Defense Intelligence Agency, *Iran's Military Power*, Statement before the Committee on Armed Services, United States Senate, 14 de abril de 2010. *Unclassified report on Military Power of Iran*, U.S. Department of Defense, abril de 2010.

779 Facsímil enviado por Imad Saab Saab, embajador de Venezuela en Siria, al canciller venezolano Nicolás Maduro y al viceministro para Asia, Medio Oriente y Oeanía, Temir Porras Ponceleón, 11 de mayo de 2010. Una copia del documento está en poder del autor.

780 Roger Noriega, *Is there a Chavez terror network on America's doorstep?*, The Washington Post, 20 de marzo de 2011. Ver: http://www.washingtonpost.com/opinions/is-there-a-chavez-terror-network-on-americas-doorstep/2011/03/18/ABauYU3_print.html.

781 Federal Bureau of Investigation, *Most Wanted Terrorists List*, Ramadan Abdullah Mohammad Shallah. El líder de la Yihad Islámica fue acusado por el FBI de dirigir una serie de actividades de crimen organizado incluyendo atentados explosivos, asesinatos, extorsiones y lavado de dinero, y ofrecía una recompensa de hasta $5 millones por información que condujera a su captura. Ver: http://www.fbi.gov/wanted/wanted_terrorists/ramadan-abdullah-mohammad-shallah.

782 United States Senate, Letter to the Honorable Hillary Rodham Clinton, Secretary of State, 25 de mayo de 2010.

783 Casto Ocando, *Expertos denuncian amenaza venezolana*, El Nuevo Herald, 4 de junio de 2010.

784 Department of the Treasury, Financial Crimes Enforcement Network, *Advisory: update on the continuing illicit finance threat emanating from Iran*, 22 de junio de 2010, p. 5.

785 Una copia del reporte original se encuentra en posesión del autor.

786 Department of the Treasury, *Recent OFAC actions*, September 7, 2010. Ver: http://www.treasury.gov/resource-center/sanctions/OFAC-Enforcement/Pages/20100907.shtml.aspx.

787 Temas Políticos Irán, reunión ASPA (América del Sur-Países Arabes), noviembre 2010. Una copia del documento está en poder del autor.

788 Von C. Wergin y H. Stausberg, *Iran plans to build a missile base in Venezuela*, Die Welt Onilne, 26 de noviembre de 2011. Artículo original en alemán: http://www.welt.de/politik/ausland/article11219574/Iran-plant-Bau-einer-Raketenstellung-in-Venezuela.html.

789 Benjamin Weinthal, *Die Welt: Iran building rocket bases in Venezuela*, The Jerusalem Post, 17 de mayo de 2011. Ver: http://www.jpost.com/International/Die-Welt-Iran-building-rocket -bases-in-Venezuela.

790 *U.S. knocks down report of Iran*, Venezuela missile base, CNN, 21 de mayo de 2011. Ver: http://edition.cnn.com/2011/WORLD/americas/05/21/venezuela.iran.missiles/index.html.

791 Sailú Urribarrí Núñez, *En 6 meses estará lista base misilística en Paraguaná*, El Universal, 29 de marzo de 2012. Ver: http://www.eluniversal.com/nacional-y-politica/120329/en-6-meses -estara-lista-base-misilistica-en-paraguana.

792 Sailú Urribarrí Núñez, *A principios de 2013 estará lista la base de misiles de Paraguaná*, El Universal, 26 de diciembre de 2012. Ver: http://www.eluniversal.com/nacional-y-politica/121226/a-principios -de-2013-estara-lista-la-base-de-misiles-de-paraguana.

793 U.S. State Department, *Country Reports Western Hemisphere 2010*, 18 de agosto de 2011, p. 12. Ver: http://www.state.gov/j/ct/rls/crt/2010/170259.htm.

794 General Douglas M. Fraser, United States Air Force Commander, United States Southern Command, Posture Statement before the 12th Congress, Senate Armed Services Committee, p. 8.

795 *Iran, Latin America solidarity has Washington "watching closely"*, Associated Press, 5 de abril de 2011.

796 Comprehensive Iran Sanctions, Accountability, and Divestment Act of 2010, Public Law 111-195, 111th Congress. Ver: http://www.gpo.gov/fdsys/pkg/PLAW-111publ195/html/PLAW-111publ195.htm; y http://www.treasury.gov/resource-center/sanctions/Programs/Documents/CISADA_english.pdf.

797 GAO, *Firms reported in open sources as having commercial activity in Iran's oil gas, and petrochemical sectors*, 3 de agosto de 2011, pp. 6,17.

798 *Seven companies sanctioned under the amended Iran Sanctions Act*, U.S. Department of State, 24 de mayo de 2011. Ver: http://www.state.gov/r/pa/prs/ps/2011/05/164132.htm.

799 *Fact Sheet: U.S. imposes sanctions on foreign entities*, U.S. Department of State, 24 de mayo de 2011. Ver: http://iipdigital.usembassy.gov/st/english/texttrans/2011/05/20110524114832su0.5906445.html#axzz2eDngdt5S.

800 Vanessa Davies, *Presidente Chávez informó que se recupera satisfactoriamente de cancer detectado en Cuba*, Correo del Orinoco, 1 de julio de 2011, p. 8. Ver: http://www.correodelorinoco.gob.ve/wp-content/uploads/2011/07/CO6571.pdf.

801 Declaración del expedidor de mercancías peligrosas, International Air Transportation Association (IATA). Documentos en poder del autor.

802 Reza Kahlili, *Putting an end to Iran Air terror fligths*, The Washington Times, 14 de octubre de 2011. Ver: http://www.washingtontimes.com/news/2011/oct/14/putting -an-end-to-iran-air-terror-flights/?page=all.

803 Ambassador Roger Noriega, *Hezbollah in Latin America: implications for U.S. Homeland Security*, Written testimony before a hearing of the sub-committee on Counterterrorism and Intelligence, Committee on Homeland Security, U.S. House of Representatives, 7 de julio de 2011.

804 Douglas Farah, *Hezbollah in Latin America: Impications for U.S. Security*, testimony before the House Committee on Homeland Security, Sub-committee on Counterterrorism and Inteligence, United State Congress, 7 de julio de 2011.

805 Douglas Farah, *Criminalized states and terrorist-criminal pipelines, The Farc, Venezuela and Iran*, Second Line of Defense website, 26 de julio de 2011. Ver: http://www.sldinfo.com/emerging-alliance-part-vi/#_ftn1.

806 Ilan Berman, *Hezbollah in the Western Hemisphere*, statement before the U.S. House of Representatives Committee on Homeland Security, Sub-committee on Counterterrorism and Intelligence, 7 de julio de 2011.

807 Mack: *"Drug Kingpin to run Venezuela?"*, Press Release, Office of Con-gressman Connie Mack, Washington, D.C., 7 de julio de 2011.

808 U.S. Department of State, Country Report on Terrorism 2011, *Western Hemisphere Overview*, 31 de julio de 2012, pp 11-12. Ver: http://www.state.gov/j/ct/rls/crt/2011/195546.htm.

809 Joint Chief of Staff Speech, Foreign Press Center Briefing as delivered by Adm. Mike Mullen, 25 de julio de 2011. Ver: http://www.jcs.mil/speech.aspx?id=1634.

810 *U.S. high military command questions Venezuela's spending in weapons*, El Universal, 12 de enero de 2011. Ver: http://www.eluniversal.com/2011/01/12/en_pol_esp_us-high-military-com_12A4971011.

811 Jo Becker, *Beirut Bank seen as a hub of Hezbolá's financing*, The New York Times, 13 de diciembre de 2011.

812 *Chávez sospecha que EE.UU. está detrás de su enfermedad*, El Univer-sal, 28 de diciembre de 2011. Ver: http://www.eluniversal.com/nacional-y-politica/111228/chavez-sospecha -que-eeuu-esta-detras-de-su-enfermedad.

813 Alicia de la Rosa, *Chávez aseguró que junto al gobierno de Irán "frenará al imperialismo"*, El Universal, 9 de enero de 2012. Ver: http://www.eluniversal.com/nacional-y-politica/120109/chavez-aseguro -que-junto-al-gobierno-de-iran-frenara-al-imperialismo.

814 Punto de Cuenta al Comandante Presidente de la República Bolivariana de Venezuela, presentado por el vicepresidente Elías Jaua y el ministro para las Industrias, Ricardo Menéndez, 14 de enero de 2011. Una copia del docu-mento original está en poder del autor.

815 *Irán cobró deudas por más de $290 millones*, El Universal, 11 de enero de 2012. Ver: http://www.eluniversal.com/nacional-y-politica/120111/iran-cobro-deudas -por-mas-de-290-millones-imp.

816 Presentación Gran Misión Vivienda Venezuela, Entrega 384 viviendas correspondientes al desarrollo habitacional "Nueva Ciudad Fabricio Ojeda", Convenio Binacional Irán-Venezuela, 21 de junio de 2012, p. 6. Una copia de la presentación está en poder del autor.

817 Ministerio de Relaciones Interiores y Justicia, Servicio Bolivariano de Inteligenica Nacional SEBIN, Remisión de Información, Salida de Comitiva Iraní, 10 de abril de 2012. Una copia del documento está en poder del autor.

818 Cynthia J. Arnson, Director Latin American Program Woodrow Wilson International Center for Scholars, *Iran's influence and activity in Latin America*, Testimony before the Senate Foreign Relations Committee, Subcommittee on the Western Hemisphere, Peace Corps, and Global Narcotics Affairs, 16 de febrero de 2012.

819 Citado por Joshua Kucera, *What is Hugo Chávez up to?* Wilson Quarterly, Vol. 35, No. 2, Primavera de 2011.

820 Kenneth Katzman, *Iran: U.S. concerns and policy responses*, Congresional Research Service, 2 de marzo de 2012, p. 54.

821 U.S. Departament of State, Country Reports on Terrorism 2012, *Western Hemisphere Overview*, 30 de mayo de 2013, p. 11.

822 Ministerio de Comunicación e Información, Declaraciones del Presidente de la República Bolivariana de Venezuela, Hugo Chávez, a la llegada del Presidente de la República Islámica de Irán, Mahmud Ahmadinejad, Palacio de Miraflores, Caracas, 22 de junio de 2012.

823 Memorándum, Temas de Conversación República Islámica de Irán, Remitente Nicolás Maduro Moros, ministro del Poder Popular para Relaciones Exteriores, 22 de junio de 2012. Una copia del documento está en poder del autor.

824 Ministerio de Relaciones Exteriores, Military Attache of the Bolivarian Republic of Venezuela in the Islamic Republic of Iran, Memorándum ERBV-AM-036-C-08, 23 de noviembre de 2008. Una copia del memorándum está en poder del autor.

825 Ministerio del Poder Popular para la Defensa, Punto de Cuenta al Comandante Presidente de la República Bolivariana de Venezuela No. 138-09, Solicitud de aprobación de recursos correspondientes a la continuación de la ejecución de los proyectos que conduce la Compañía Anónima de Industrias Militares (CAVIM) con la República Islámica de Irán, adquisición de Aviones No Tripulados (UAV) M2, por un monto total de $7.199.969.72, 2009.

826 Ministerio de la Defensa, Memorándum CAVIM, sin fecha. Copia en poder del autor.

827 Ministerio de la Defensa de Venezuela, Desarrollos CAVIM, Presentación, 7 de junio de 2012. Una copia del documento está en poder del autor.

828 Ramón Montero, *Propuesta de asimilación tecnológica del sistema aéreo no tripulado Sant Arpía-1*, CAVIM, 2010.

829 List of Acquisitions by CAVIM (Compañía Anónima Venezolana de Industiras Militares) from 01 Jan to 17Mar12, 17 de Marzo de 2012. Una copia del documento original está en poder del autor.

830 Emili J. Blasco, *EE.UU. investiga la venta por Irán de aviones espía a Venezuela*, ABC de España, 11 de julio de 2012. Ver: http://www.abc.es/20120611/internacional/abcp-investiga-venta -iran-aviones-20120611.html.

831 *Venezuela fabrica primer avión no tripulado para la defensa nacional*, Correo del Orinoco, 13 de junio de 2012. Ver: http://www.correodelorinoco.gob.ve/nacionales/venezuela-fabrica-primer -avion-no-tripulado-para-defensa-nacional/.

832 Emili J. Blasco, *Irán recibió un caza F-16 de Venezuela para calibrar sus radares*, ABC de España, 22 de junio de 2012. Ver: http://www.abc.es/20120622/internacional/abcp-iran-recibio-caza-venezuela-20120622.html.

833 Carta de Intención entre la República Islámica de Irán y la República Bolivariana de Venezuela, 3 de abril de 2008. Una copia del documento está en poder del autor.

834 *Hugo Chávez dice que está "libre" del cáncer*, Univisión Noticias, 9 de julio de 2012. Ver: http://noticias.univision.com/america-latina/venezuela/elecciones-venezuela/ultimas-noticias/article/2012-07-09/hugo-chavez-afirma-estar-libre -cancer#axzz2fMdo3uv1.

835 Ministerio de Información y Comunicación, Cadena Nacional, Palacio de Miraflores, 8 de diciembre de 2012. Ver: http://www.minci.gob.ve/wp-content/uploads/downloads/2012/12/Mensaje-del-Presidente-Hugo-Chávez-en-Cadena-Nacional-08.12.2012.pdf, p. 4.

836 *Ahmadinejad, Venezuelan VP discuss Chavez's health conditions over phone*, Fars News Agency, 5 de enero de 2013. Ver: http://www.minci.gob.ve/wp-content/uploads/downloads/2012/12/Mensaje-del-Presidente-Hugo-Chávez-en-Cadena-Nacional-08.12.2012.pdf.

837 Iran expresses solidarity with Venezuela, Tehran Times, 14 de enero de 2013. Ver: http://www.tehrantimes.com/politics/104870-iran-expresses-solidarity-with-venezuela?tmpl=component&print=1&page=.

838 *Diplomat: check was for Iranian company's work*, Associated Press, 5 de febrero de 2013. http://bigstory.ap.org/article/diplomat -check-was-iranian-companys-work.

839 William Neuman, *Firm denies deception in big check tied to Iran*, The New York Times, 5 de febrero de 2013. Ver: http://www.nytimes.com/2013/02/06/world/americas/firm-denies-deception-in-big-check-tied-to-iran.html?_r=0.

840 *No return to orthodox monetary policy soon*, Middle East & Africa Monitor, septiembre de 2008. Ver resumen: http://www.meamonitor.com/file/69118/no-return-to-orthodox-monetary-policy-soon.html.

841 *Fact sheet: Overview of Iranian-linked financial indstitutions designated by the United States*, Department of the Treasury. Ver: http://www.treasury.gov/press-center/press-releases/Documents/012312_Fact_Sheet_-_Designated_Iranian_Financial%20Institutions.pdf.

842 *Iran list*, United Kingdom Department for Business Innovation & Skills, 15 de agosto de 2012. Ver: http://bis.gov.uk/assets/biscore/eco/docs/iran-list. pdf.

843 Según una demanda civil interpuesta en la Corte del Distrito Sur de Nueva York en noviembre de 2009 por el fiscal Preet Bharara, Mazaheri participó en un plan para ayudar a la Fundación Alavi a evadir impuestos en conexión con una propiedad en la Quinta Avenida de Nueva York, donde opera esta fundación, y que había sido adquirida mediante un préstamo al banco Melli, de propiedad iraní (*Manhattan U.S. Attorney files civil action seeking forfeiture of Alavi Foundation's interest in Fifth Avenue office tower controlled by Iran*, Press Release, U.S. Attorney's Office, 12 de noviembre de 2009. (Ver: http://www.fbi.gov/newyork/press-releases/2009/nyfo111209a. htm). La demanda formaba parte de una investigación penal en contra de la Fundación, por operar como un frente del gobierno de Teherán, violando disposiciones federales que prohíben vínculos entre entidades que operan en territorio norteamericano y el gobierno de Irán, entre otras alegaciones. Para el momento de la operación citada en el documento federal, en 1987, Mazaheri ocupaba el importante cargo de viceprimer ministro de Irán, y presidía la mayor fundación de beneficiencia de Irán, la Bonyad Mostazafan va Janbazan (Fundación para los Oprimidos y Veteranos de Guerra), un conglomerado de unas 350 empresas con más de 200,000 empleados y $3,000 millones en operaciones, el 10 por ciento del Producto Interno Bruto de Irán, de acuerdo con un informe de la Oficina de Investigaciones del Congreso de Estados Unidos (Shayerah Ilias, *Iran's economy*, CRS Report for Congress, 12 de junio de 2008. (Ver: http://fpc.state.gov/documents/organiza-tion/107234.pdf). En el pasado esta fundación ha sido vinculada a operaciones de la inteligencia de Irán para adquirir productos que podrían usarse en la fabricación de armas de destrucción masiva, según el reporte congresional. Las investigaciones del FBI y la fiscalía de Nueva York concluyeron que Mazaheri diseñó un plan para evitar que la Fundación Alavi pagara unos $3.5 millones en impuestos federales, a través de una compleja operación que implicaba la creación de una nueva compañía en Europa y la transferencia de fondos iraníes a la fundación neoyorquina. Finalmente, en 1989, de acuerdo con las investigaciones, la fundación formó una sociedad con el Banco Melli para crear la firma 650 Fifth Avenue Company, a fin de evitar el pago de impuestos federales derivados de los ingresos por alquiler del edificio sede de Alavi. Según las indagaciones, para ocultar la sociedad con el Banco Melli, fue creada la firma Assa Corporation, con sede en Jersey, Channel Island, un conocido paraíso fiscal británico, como frontis para ocultar la sociedad. En diciembre de 2009, la fiscalía federal determinó la expropiación de cuentas bancarias y propiedades, entre ellas cuatro mezquitas y el polémico edificio de 36 pisos en el corazón de Manhattan, pertenecientes a la Fundación Alavi, como consecuencia del caso de evasión de impuestos urdida en parte por Mazaheri desde Irán.

Made in the USA
Lexington, KY
25 May 2014